SCRIPTORVM CLASSICORVM

BIBLIOTHECA OXONIENSIS

OXONII

E TYPOGRAPHEO CLARENDONIANO

P. VERGILI MARONIS

OPERA

RECOGNOVIT
BREVIQVE ADNOTATIONE CRITICA INSTRVXIT
R. A. B. MYNORS

OXONII
E TYPOGRAPHEO CLARENDONIANO

OXFORD
UNIVERSITY PRESS

Oxford University Press is a department of the University of Oxford.
It furthers the University's objective of excellence in research, scholarship,
and education by publishing worldwide in

Oxford   New York

Auckland   Cape Town   Dar es Salaam   Hong Kong   Karachi
Kuala Lumpur   Madrid   Melbourne   Mexico City   Nairobi
New Delhi   Shanghai   Taipei   Toronto

With offices in

Argentina   Austria   Brazil   Chile   Czech Republic   France   Greece
Guatemala   Hungary   Italy   Japan   South Korea   Poland   Portugal
Singapore   Switzerland   Thailand   Turkey   Ukraine   Vietnam

Oxford is a registered trade mark of Oxford University Press
in the UK and in certain other countries

Published in the United States
by Oxford University Press Inc, New York

ISBN 978-0-19-814653-7

41

Printed and bound by
CPI Group (UK) Ltd, Croydon, CR0 4YY

PRAEFATIO

Itur in antiquam siluam. Sponte sua haec uerba mentem subeunt, circumspicienti uenerandae antiquitatis testes, quibus
innititur textus noster Vergilianus. Inter quos tres praecipui,
ea scripturae forma exarati quae nobis 'capitalis' est 'rustica',
antiquitus ut uidetur 'litterae' erant 'Virgilianae':[1]

$M = Florentinus\ Laurentianus\ xxxix\ I$ (accedit folium
unum, hodie pars cod. Vaticani lat. 3225), dictus 'Mediceus',
saeculo quinto scriptus. Distinxit et emendauit Turcius
Rufius Apronianus Asterins cos. anno post Christum natum
494; possedit postea coenobium s. Columbani Bobiense.
Deest quaternio primus, in quo *E*. i 1–vi 47. Qui plura scire
uelit, adeat *CLA* iii 296, *PCL* tab. lxvi;[2] imaginem phototypicam edidit E. Rostagno Romae an. 1931.

$P = Vaticanus\ Palatinus\ lat.\ 1631$, dictus 'Palatinus',
saeculi quarti uel quinti, inde saltem a saeculo nono in
coenobio Lauresheimensi adseruatus. Desunt folia triginta
duo, in quibus *E*. iii 72–iv 51, *G*. i 323–ii 138, *G*. iv 462–*A*. i
276, iv 116–61, vii 277–644, x 460–508, xi 645–90, 737–82,
xii 47–92. Vide sis *CLA* i 99, *PCL* tab. lxiv; imaginem ed.
R. Sabbadini Parisiis an. 1929.

$R = Vaticanus\ Vat.\ lat.\ 3867$, dictus 'Romanus', saeculo
quinto peritissime exaratus; exeunte medio quod uocamus
aeuo, et haud scio an iam antea, refugium inuenerat apud
s. Dyonisium prope Parisios. Perierunt folia septuaginta
septem, in quibus *E*. vii 1–x 9, *G*. ii 1–215, iv 37–180, *A*. ii 73–
iii 684, iv 217–v 36, xi 757–92, xii 651–86, 759–830, 939–52.

---

[1] B. Bischoff, *Mittelalterliche Studien* i (Stuttgart 1966) 4.
[2] *CLA* = E. A. Lowe, *Codices latini antiquiores* i–xi (Oxonii
1934–66); *PCL* = E. Chatelain, *Paléographie des Classiques latins*
i–ii (Parisiis 1884–1900).

Vide *CLA* i 19, *PCL* tab. lxv; picturas nouemdecim, complura scripturae specimina ed. F. Ehrle Romae an. 1902.

Accedunt quattuor quorum fragmenta tantum supersunt:

$F = Vaticanus Vat. lat. 3225$, dictae 'schedae Vaticanae', scriptae capitali rustica saeculo quarto; supersunt lxxv folia, ex unoquoque libro aliquot praeter Bucolicon, *G*. i et ii, *A*. x et xii, una cum quinquaginta picturis pulcherrimis. Vide *CLA* i 11, *PCL* tab. lxiii; imaginem ed. F. Ehrle Romae an. 1899 (iterum 1930, 1945).

$V = Veronensis xl$ (*38*), saeculo quinto capitali rustica scriptus et haud scio an in Gallia oriundus; ibi enim circa annum fere 700 deleto textui Vergiliano impositus est Gregorii liber Moralium in Iob (pars ultima) scriptura Luxouiensi. Codicis et textus et scholiorum causa pretiosissimi superest decima fere pars, folia quattuor Bucolicon, Georgicon octo, Aeneidos triginta septem. Vide *CLA* iv 498, *PCL* tab. lxxv; descripsit nuper summa primus cura Marius Geymonat.[1]

$A = Vaticanus Vat. lat. 3256$, folia quattuor, una cum tribus quae tenet hodie *Berolinensis lat. fol. 416*, idcirco dictus 'Augusteus' quia capitalibus quadratis depictus maiestatem quandam prae se ferat; creditur autem saeculi quinti esse. Quod superest continet *G*. i 41–280 et iii 181–220; deperditum est saeculo decimo octauo folium octauum cum fragmento libri quarti Aeneidos. Fuerat cum Romano (*R*) olim inter thesauros s. Dyonisii prope Parisios. Vide *CLA* i 13 et viii p. 9, *PCL* tab. lxi: imaginem phototypicam ed. R. Sabbadini Augustae Taurinorum an. 1926.

$G = Sangallensis 1394$, qui continet folia duodecim cum fragmentis librorum *G*. iv, *A*. i iii iv et vi. Reliquiae codicis pulcherrimi, scriptura quadrata fortasse saeculo quinto exarati, traditae sunt librariis et bibliopegis circa an. p. C. n.

---

[1] 'I Codici G e V di Virgilio' ap. *Memorie dell'Istituto Lombardo Accademia di Scienze e Lettere*, vol. xxix. fasc. 3 (1966).

1461. Vide *CLA* vii 977, *PCL* tab. lxii; descripsit nuper idem u. d. Geymonat.

Sunt et nonnulla fragmenta plerumque papyracea, quae nuper in lucem e solo reddiderunt Aegyptus et Palaestina, saeculis iii–v exarata.[1] Haec ad studia Vergiliana apud antiquos illustranda magni sunt momenti, sed adeo lacera ut non multum ad poetae textum conferre possint. Operae pretium est exempli gratia adhibere fragmentum illud Mediolanense Ambrosianum (*B*) quattuor fol. saec. v–vi, in quibus sub textu nescio quo Arabice scripto extant libri primi Aeneidos uu. 588–608, 649–68, 689–708, 729–48 (*CLA* iii 306), et papyros illas Nessanenses saec. v, quae Aen. lib. i–vi fragmenta continent (*P. Colt 1* et *2*; *CLA* xi 1652–3).

His testibus, quos nobis ipsa legauit antiquitas, auxiliantur scriptores grammatici rhetores, quibus adeo cordi erat Maronem laudare, una cum eis qui commentationes et scholia conscripserunt antiqua. Quorum testimonium ut multum ualet, ita nonnullis laborat incommodis. Sunt enim qui ex memoria laudantes fidem nec mereantur nec poscant, in quibus ex. gr. plerumque Seneca philosophus, Columella rerum rusticarum scriptor; grammatici identidem fortasse doctrinam tralaticiam potius quam poetae ipsius uerba uenditant; de commentatoribus aegre iudicabitur, antequam denuo edantur explicentur aestimentur. Et hi omnes ubicumque Maronem laudant, cauendum est ne textus eorum genuinus cum textu uulgato Vergiliano inquinatus sit (ut puta *E.* iv 62).

Illis igitur codicibus (excepto Veronensi, qui iam circa an. 700 pessum ierat), et procul dubio aliis horum similibus, conseruata sunt carmina ab imperii Romani excidio usque ad aetatem illam quam Carolinam uocamus, ubi uergente saeculo octauo refloruerunt bonae litterae. Haec textus fundamenta. Horum, ut par erat, uariam lectionem non

---

[1] R. A. Pack, *The Greek and Latin literary texts from Greco-Roman Egypt* (Ann Arbor 1965) nn. 2935–52; uide etiam quae disputauit R. Marichal ap. *Revue des Études latines* xxxv (1957) 81–4.

omnem posui, ut qui saepius in minutiis peccent; e scripto-
ribus et commentatoribus loca potiora elegi; id pro mea
uirili parte egi, ne lector quidquam desideret, quod in dubiis
usui possit esse, neque me omnibus satis facturum esse con-
fido. Codices ipse non contuli; Ottonem Ribbeck, Remigium
Sabbadini, in *V* et *G* Marium Geymonat, grato animo
secutus sum.[1]

Et ne quis sibi fingat, recensitis collatisque inter se quotquot ab aetate Carolina supersint codices, nos uel anti-
quorum qui hodie exstant progeniem inuenire posse uel
deperditorum textum redintegrare. Longe enim aliter res se
habet, nisi fallor, ubi de tali agitur auctore. *Feruet opus
redolentque thymo fraglantia mella.* Quisquis Vergili codicem
adeptus est, statim corrigit, interpolat, cum aliis libris con-
fert, adnotationibus locupletat, Seruium adit, adit fortasse
etiam Macrobium uel Tib. Donatum (cuius commentarii ea
aetate Turonis lectitabantur); nec longum tempus, et uix
possibile fit codicum cognationes adumbrare; immo partes
operis alia aliam induunt faciem—raro enim, ut suspicor,
qui codicem corrigit, corrigit totum. Sed quomodo haec
audeo dicere, qui e codicibus illius aetatis specimina tantum
adire satis duxerim, atque ea plerumque origine Gallica?
Sunt autem hi:

Exeuntis saeculi octaui sunt Monacensis lat. 29005(18),
fragmentum scilicet duorum foliorum Aen. lib. v et vi (*CLA*
ix 1327) et *p* = *Parisinus lat. 7906*, pulcherrime minuta
manu in Germania occidentali scriptus in usum, ut uidetur,
uiri cuiusdam qui rebus gestis studebat siue Troianorum
siue Francorum. Continebat Aen. usque ad v 734, sed medio
fortasse saeculo sexto decimo bibliopegae traditi sunt
quaterniones primus et secundus, unde postea recuperatum
folium tantummodo primum; perierunt igitur *A*. i 129–iii
681. Vide *CLA supplementum 1744, PCL* tab. lxvi.

[1] Opera ediderunt O. Ribbeck Lipsiae an. 1859–66 et 1894–5; R.
Sabbadini Romae 1930–1, cf. H. R. Fairclough ap. *Transactions of the
Amer. Philol. Assoc.* lxiii (1932) 206–29.

E saeculo nono tredecim elegi, quorum mihi facilis con-
tingebat aditus:

a = *Bernensis 172* (*E.* i–*A.* v) una cum *Parisino lat. 7929* (A.
vi–xii), olim Floriacensis, insignis ob scholiorum uber-
tatem. Olim cum Georgicis incipiebat: secundis curis
accessit liber e cod. *R* Bucolicon. Desunt *E.* i 1–48 et in
A. finis libri quinti et xii 868–952. *PCL* tab. lxviii.

b = *Bernensis 165*, olim Turonensis, optimae notae, sed ea
cura correctus, ut saepius aegre dispiciatur quid manus
prima scripserit (succurrit identidem codex non dis-
similis *r*). Desunt *A.* xii 919–52. *PCL* tab. lxvii.

c = *Bernensis 184*, qui unde uenerit nondum apparet.[1]

d = *Bernensis 255* et *239*, in Gallia septentrionali oriundus.
Desunt *A.* xii 682–952. *PCL* tab. lxxiii.

e = *Bernensis 167*, olim Altissiodorensis. Desunt *A.* xii 452–
579, 772–952. Hic liber ex *a* originem ducere uidetur, sed
ex *a* ita correcto, ut et ipse nouus iam fiat testis.[2]

f = *Oxoniensis* bibl. Bodleianae *Auct. F. 2. 8* (*8851*), ante
annum fere 850 Parisiis in coenobio S. Germani in pratis
(si qua fides scripturae) exaratus; usus est N. Heinsius
sub nomine 'Menteliani primi'. Desunt *E.* i 1–55.

h = *Valentianensis 407*, olim sancti Amandi Elnonensis siue in
Pabula.

r = *Parisinus lat. 7926*, optimae notae, lectu facillimus. Desunt
A. xii 138–952. *PCL* tab. lxxi.

s = *Parisinus lat. 7928*, fragmenta misere habita; supersunt
tantum *E.* vi 75 *G.* iii 124, *A.* v 1–501, vi 785–ix 639.

t = *Parisinus lat. 13043*, olim Corbeiensis. Desunt *E.* i 1–viii
11, *A.* ii 285–iii 79, xi 11 usque ad finem.

u = *Parisinus lat. 13044*, Corbeiensis et ipse, sed non eiusdem
farinae; supersunt *A.* vi 130–609, vi 676–vii 712, vii
748–xii 364.

v = *Vaticanus Vat. lat. 1570*, olim Flauiniacensis, exeuntis
saeculi noni.

[1] Libris *abc* usus est O. Ribbeck; uide *Prolegomena ad Vergili
Maronis opera maiora* (Lipsiae 1866) 329–47.
[2] Argumenta e scholiis petita profert A. F. Stocker ap. *Studies in
Bibliography* iv (1951) 129–41; qui quae contra ponit, aliter posuisset
si ipsos codices uidisset.

γ = *Guelferbytanus Gudianus lat.* 2° 70, origine Lugdunensis, adeo correctus ut saepe difficillimum sit enucleare quid sit primitus scriptum. *PCL* tab. lxviiiA.[1]

Horum (excepto γ) consensum, uel omnium uel maioris partis, littera ω denotaui, non ut omnes e communi aliquo fonte deriuari doceam (id quod longe a uero abesse existimo), sed ut in adnotatione spatii compendium faciam. Quod si quaeritur, quaenam inter hos et antiquos illos intercedat necessitudo, haec saltem iam ab initio (et de initio, non de fine huius inuestigationis agitur) dispicere mihi uideor:

(*a*) Saepissime, ubi de uerbis Vergilianis discrepant codices, inter duas, nec plus quam duas, lectiones eligendum. Hic utramlibet in textu fac ponat codex aliquis saeculi noni, alteram uel adscribet uel potius substituet saeculi noni corrector. Nobis igitur raro operae pretium est lectiones secundae quae dicitur manus in apparatu adferre, sicut in aliis auctoribus recte moris est; habebimus enim fere semper adnotationes istius formae, puta: 'altera lectio wxy^2z^2: lectio altera w^2x^2yz', quod nihil noui nos docebit.

(*b*) Exstant primo aspectu aliquae necessitudines, ut inter codd. *d* et *h* et *t*, et sunt fortasse tanquam sodalitates, ut codd. $a(a^2)euv$, quibus communem subesse originem suspicor; sed res eo nondum perducta est, ut de stirpibus et familiis quidquam adfirmare possimus.

(*c*) Codex *a* in Bucolicis tanta fide unamquamque lectionem codicis *R* singularem (et sunt permultae) seruat, ut dubium esse non possit quin in his *a* ex *R* originem ducat. Idem ualet de *A*. ix 537(?)–xii 819 (ubi noua manus incipit in *a*), exceptis fere x 388–859; et cum lectiones singulares in *E*. vii–x et *A*. xi–xii persistant, etiam ubi hodie deest *R*, ibi pro Romani succedaneo habui *a*. Codex γ in Aen. tanta fide non ipsum Palatinum *P* sed correctum $(P+P^2)$, licet

---

[1] O. Ribbeck, *Prolegomena* 320–9; qui tamen non semper recte codicis primam manum legerat (quod nec ipse facere potui).

non ubique, sequitur, ut mihi quidem dubium non sit quin ex aliquo Palatini apographo, uel saltem e codice aliquo indidem correcto, originem ducat; rarius igitur in Aen. laudaui, praeter eos locos ubi hodie deest *P*, cuius imaginem, non admodum (fateor) fidelem, praestare crediderim. Quod si antiquarii in his carminum partibus adeundi quodam modo codices *P* et *R* copiam habebant, possibile est (ne dicam ueri simile) ut, ubicumque in codicibus Carolinis lectiones inuenimus uel Palatino uel Romano proprias, alterutri ex eis, uel codici ex eo descripto uel correcto, originem debeant. (De Mediceo *M* ceterisque antiquis idem nondum audeo dicere.)

(*d*) Sunt et loci non pauci, ubi textus genuinus melius apud ω seruatur quam in codicibus antiquis. Saepe autem accidit ut eadem uera lectio et alibi inueniatur, puta apud Priscianum aut Seruium, unde oritur suspicio, ne ex aliquo eiusmodi fonte textum suum correxerint docti illi Carolini. Longum erit rem adeo perplexam enucleare. Vix tamen dubium est, quin et alios codices antiquos habuerint nobis deperditos, quos longius persequi intra fines huius libelli impossibile.

Quod ad posterioris aeui codices attinet, aegre crediderim eos ad nostrum finem multum posse conferre; adeo et corruptelis et correctionibus et praesertim lectionibus scatent Seruianis. In isto pelago alius *trahat umida lina*. Si cui quando de studiis Vergilianis inuestigandis cordi tandem erit, messem abundantem inde condere poterit. Nihil igitur hic de Pragensi illo saec. xi (*PCL* tab. lxxivA), nihil de Minoraugiensi saec. xii, nihil de Ambrosiano cui omnes Vergili amatores adsurgamus necesse est, olim Francisci Petrarcae.[1]

Restat ut eos uersus commemorem, quos tanquam a Marone conscriptos tradunt non codices sed commentatores:

---

[1] Sed codices saeculo nono recentiores (*recc.*) identidem aliquid utile praestant: ex. gr. quae ad *A*. v 522, 573; vi 254, 900 laudantur. habet inter alios Bodleianus Auct. F. 2. 6 (8855) saec. xii, qui 'Montalbanius' erat N. Heinsii.

(*a*) post *A*. ii 566, uu. uiginti duos de Tyndaride; hos, ut hodie semper fit, in textu dedi, ut libri ii fiant uu. 567–88.[1]

(*b*) post *A*. iii 204, apud Seruium qui dicitur Danielis, 'Hi uersus circumducti inuenti dicuntur et extra paginam in mundo:

> hinc Pelopis gentes Maleaeque sonantia saxa
> circumstant, pariterque undae terraeque minantur;
> pulsamur saeuis et circumsistimur undis.'

(*c*) post *A*. vi 289 ibidem: 'Sane quidam dicunt uersus alios hos a poeta hoc loco relictos, qui ab eius emendatoribus sublati sint:

> Gorgonis in medio portentum inmane Medusae,
> uipereae circum ora comae cui sibila torquent
> infamesque rigent oculi mentoque sub imo
> serpentum extremis nodantur uincula caudis.'

(*d*) ante *A*. i 1, in uita Vergili Donatiana et in Seruii in Aen. praefatione legimus detractos a Tucca et Vario:

> 'Ille ego qui quondam gracili modulatus auena
> carmen et egressus siluis uicina coegi
> ut quamuis auido parerent arua colono,
> gratum opus agricolis, at nunc horrentia Martis ...'[2]

Quid plura? Non hic agitur de scriptore quamuis nobili, quantumuis inter doctorum manus uersato, sed de poeta qui statim ab origine et in corda hominum penetrat et descendit in ludum litterarium. Erroribus multimodis obnoxius est eiusmodi textus. Commutantur inter se loci similes, ut in poeta praesertim epico facillime fit (fere unaquaeque pagina in Aen. exemplum dabit); corriguntur qui errores censentur metrici (*G*. iii 449, *A*. iii 464); uerbo minus consueto substituitur usitatum (*G*. iv 141, *A*. xii 120); hic illic semel posita syllaba quae bis poni debuit (*A*. vi 495, x 705); alia similia,

---

[1] Secutus sum in libris i–iii Seruii editionem Haruardianam annorum 1946–65, in l. vi eam quam curauit G. Thilo an. 1884.

[2] Suadet E. Brandt ap. *Philologus* lxxxiii (1927/8) 331–5 ut credamus hos uersiculos a nescio quo sciolo scriptos, ut sub poetae imagine in initio uoluminis posita stent, qualem dono dat Martialis xiv 186.

in quibus nihil magni momenti. Apud auctores alios plerumque conamur tanquam per riuulos ad fontem unicum textus
ascendere, ad Hippocrenen aliquam siue integram siue iam
olim corruptelis inquinatam; apud Vergilium potius de
flumine aliquo ingenti cogitandum, de quo si quis aquam
haurit, haurit fortasse eadem opera et omnis generis quae
in superficie natant quisquilias, quas deinde purgare necesse
neque adeo difficile erit; attamen uerum semper haurit
Eridanum. Si haeremus, ibi haeremus ubi quaestio oritur de
poeta nouarum rerum non incurioso, et in Aeneide de
carmine quod numquam manum ultimam expertum sit:
potuitne Vergilius *risere* uel *parentes* uel *parenti* sensu ad-
ridendi ponere? potuitne bis idem, ut nonnullis uidetur,
exprimere (*A*. ix 85–6)? potuitne *A*. iii 127 *concita*, ix 486
funera, x 710 *pastus* uoluisse? In his quaestionibus non
omnibus lectoribus satis facere poterit editor, neque sibi
ipsi omni tempore. Restat fere integer poeta: *non illum
nostri possunt mutare labores*.

Gratias ago in primis Ottoni Ribbeck, qui quantum studiis
Vergilianis tribuerit, difficile est dictu. Non obliuiscor quantum debeam contubernio Eduardi Fraenkel. Et consiliis
et amicitia adiuuerunt R. G. Austin, B. Bischoff, R. W.
Hunt, R. G. M. Nisbet, Chr. von Steiger.

R. A. B. M.

Scribebam Oxonii
  e Collegio Corporis Christi

Laterculus notarum sub quibus
in apparatu adlegantur

ps.Acro	Acronis quae dicuntur scholia in Horatiun Keller, Lipsiae 1902–4).
Agroec.	Agroecius (saec. v), *Ars de orthographia* (*GLK* vɪ.
Apthon.	Apthonius, *De metris* (apud Mar. Vict.).
Arus.	Arusianus Messius (saec. iv ex.), *Exempla elocutionum* (*GLK* vii).
ps.Ascon.	Q. Asconius Pedianus (ut ferunt), commentator Ciceronianus.
Asper	Aem. Asper (saec. iii ?), in *Appendice Seruiana.*
Aug.	Aurelius Augustinus (fl. 400).
Auson.	D. Magnus Ausonius (saec. iv) (ed. R. Peiper, Lips. 1886).
Cassiod.	Cassiodorus Senator (saec. vi), *Institutiones* (ed. Mynors, Oxonii 1937).
Char.	Fl. Sosipater Charisius (saec. iv), *Ars grammatica* (*GLK* i; ed. Barwick, Lips. 1925).
Cledon.	Cledonius (saec. v), *Ars* (*GLK* v).
Col.	L. Junius Moderatus Columella (saec. i).
Cons.	Consentius (saec. v), *Ars* (*GLK* v).
Diom.	Diomedes (saec. iv), *Ars* (*GLK* i).
Don.	Aelius Donatus (saec. iv), *Ars gramm.* (*GLK* iv).
Don. ad Ter.	Donatus, *Commentum Terenti* (ed. Wessner, Lips. 1902–5).
Dosith.	Dositheus (saec. iv ?), *Ars grammatica* (*GLK* vii).
DSeru.	Seruius qui dicitur Danielis.
Gell.	Aulus Gellius (saec. ii), *Noctes Atticae.*
GLK	*Grammatici latini* ex recensione H. Keilii, Lips. 1857–80.
Gramm.	e grammaticis tres pluresue; uide in *GLK* vii indicem scriptorum.
Isid.	Isidorus Hispalensis (fl. 600), *Etymologiae* (ed. Lindsay, Oxon. 1912).
Lact.	L. Caecilius Firmianus Lactantius (saec. iii/iv).

Macrob.	Macrobius Ambrosius Theodosius (saec. v. in.) *Saturnalia* (ed. Willis, Lips. 1963.)
Mar. Vict.	Marius Victorinus (saec. iv), *Ars grammatica* (*GLK* vi ; ed. I. Mariotti, Florentiae 1967).
Non.	Nonius Marcellus (saec. iv), *De compendiosa doctrina* (ed. Lindsay, Lips. 1903).
Pomp.	Pompeius (saec. v), *Commentum artis Donati* (*GLK* v).
Porph. ad Hor.	Pomponius Porphyrio (saec. iii), *Commentum Horatii* (ed. Holder, Aeniponti 1894).
Prisc.	Priscianus Caesariensis (saec. v/vi), *Institutio grammatica* (*GLK* ii–iii).
Prisc. fig. num. praeex.	eiusdem *De figuris numerorum* et *Praeexercitamina* (*GLK* iii).
Probus	M. Valerius Probus (ut ferunt), *Instituta artium* (*GLK* iv).
ps.Probus	Probi qui dicitur Comm. in Buc. et Georgica, in *Appendice Seruiana*.
Quint.	M. Fabius Quintilianus (saec. i), *Institutio oratoria.*
Rufin.	Iulius Rufinianus (saec. iv), *De figuris sententiarum* (*Rhetores lat. minores*, ed. Halm, Lips. 1863).
Sac.	Marius Plotius Sacerdos (saec. iii), *Artes grammaticae* (*GLK* vi).
Scaurus	Terentius Scaurus (saec. i), excerpta (*GLK* vii).
schol. Bern.	Scholia in Verg. Bernensia (ed. Hagen, *Neue Jahrbücher*, suppl. iv, 1861–7).
schol. Veron.	Scholia in Verg. Veronensia, in *App. Seru.*
Sen.	L. Annaeus Seneca (saec. i).
Seru.	Seruius (saec. v in.), in Verg. Commentarii (in *A.* i–v ed. Harvardiana 1946–65, in ceteris ed. Thilo 1881–7; Appendix, ed. Hagen 1902).
Tert.	Q. Septimius Florens Tertullianus (fl. 200).
Tib.	Ti. Claudius Donatus (saec. iv ?), *Interpretationes Aeneidos* (ed. Georgii, Lips. 1905–6).
Velius	Velius Longus (saec. i ex.), *De orthogr.* (*GLK* vii).
Victorinus	Maximus(?) Victorinus (saec. iv ?), (*GLK* vi).

Ric. Bentley coniecturas aliquot exemplari ed. Commelinianae an. 1646 appinxit, quod hodie in Mus. Brit. '688 g. 6' denotatur; cf. *Rhein. Mus.* xxxv (1880) 312–13.

SIGLA CODICVM

A	Schedae Vaticano-Berolinenses	saec. v
B	fragmentum Mediolanense (supra, p. vii)	saec. v/vi
F	Vaticanus lat. 3225	saec. iv
G	Sangallensis 1394	saec. v
M	Florentinus Laur. xxxix. 1	saec. v
P	Vaticanus Palatinus lat. 1631	saec. iv/v
R	Vaticanus lat. 3867	saec. v
V	fragmenta Veronensia	saec. v
p	Parisinus lat. 7906	saec. viii ex.

*M*²*P*²*R*²   corrector aliquis antiquus

Codices saeculi noni:

a	Bernensis 172 cum Parisino lat. 7929 (p. x)
b	Bernensis 165
c	Bernensis 184
d	Bernensis 255+239
e	Bernensis 167
f	Oxoniensis Bodl. Auct. F. 2. 8
h	Valentianensis 407
r	Parisinus lat. 7926
s	Parisinus lat. 7928
t	Parisinus lat. 13043
u	Parisinus lat. 13044
v	Vaticanus lat. 1570

   ω   consensus horum uel omnium uel quotquot
           non separatim nominantur

γ   Guelferbytanus Gudianus lat. 2°. 70 (p. x)

def.   deficit (uel mutilus est uel legi non potest)

recc.   codices saec. nono recentiores

P. VERGILI MARONIS

BVCOLICA

ECLOGA I

MELIBOEVS   TITYRVS

M. TITYRE, tu patulae recubans sub tegmine fagi
siluestrem tenui Musam meditaris auena;
nos patriae finis et dulcia linquimus arua.
nos patriam fugimus; tu, Tityre, lentus in umbra
formosam resonare doces Amaryllida siluas.　　　　　5
T. O Meliboee, deus nobis haec otia fecit.
namque erit ille mihi semper deus, illius aram
saepe tener nostris ab ouilibus imbuet agnus.
ille meas errare boues, ut cernis, et ipsum
ludere quae uellem calamo permisit agresti.　　　　10
M. Non equidem inuideo, miror magis: undique totis
usque adeo turbatur agris. en ipse capellas
protinus aeger ago; hanc etiam uix, Tityre, duco.
hic inter densas corylos modo namque gemellos,
spem gregis, a! silice in nuda conixa reliquit.　　　　15
saepe malum hoc nobis, si mens non laeua fuisset,
de caelo tactas memini praedicere quercus.
sed tamen iste deus qui sit, da, Tityre, nobis.
T. Vrbem quam dicunt Romam, Meliboee, putaui
stultus ego huic nostrae similem, quo saepe solemus　　20
pastores ouium teneros depellere fetus.
sic canibus catulos similis, sic matribus haedos
noram, sic paruis componere magna solebam.
uerum haec tantum alias inter caput extulit urbes

i 1–24 *PR*　　　2 siluestrem] agrestem (*E.* vi 8) *Quint.* ix 4. 85
12 turbatur *Quint.* i 4. 28, *Cons.* 372.35, 'uera lectio' iudice Seru.:
turbamur *PRω, agnoscit Seru.*

   quantum lenta solent inter uiburna cupressi.   25
M. Et quae tanta fuit Romam tibi causa uidendi?
T. Libertas, quae sera tamen respexit inertem,
   candidior postquam tondenti barba cadebat,
   respexit tamen et longo post tempore uenit,
   postquam nos Amaryllis habet, Galatea reliquit.   30
   namque (fatebor enim) dum me Galatea tenebat,
   nec spes libertatis erat nec cura peculi.
   quamuis multa meis exiret uictima saeptis,
   pinguis et ingratae premeretur caseus urbi,   34
   non umquam grauis aere domum mihi dextra redibat.
M. Mirabar quid maesta deos, Amarylli, uocares,
   cui pendere sua patereris in arbore poma;
   Tityrus hinc aberat. ipsae te, Tityre, pinus,
   ipsi te fontes, ipsa haec arbusta uocabant.
T. Quid facerem? neque seruitio me exire licebat   40
   nec tam praesentis alibi cognoscere diuos.
   hic illum uidi iuuenem, Meliboee, quotannis
   bis senos cui nostra dies altaria fumant.
   hic mihi responsum primus dedit ille petenti:
   'pascite ut ante boues, pueri; summittite tauros.'   45
M. Fortunate senex, ergo tua rura manebunt
   et tibi magna satis, quamuis lapis omnia nudus
   limosoque palus obducat pascua iunco:
   non insueta grauis temptabunt pabula fetas,
   nec mala uicini pecoris contagia laedent.   50
   fortunate senex, hic inter flumina nota
   et fontis sacros frigus captabis opacum;
   hinc tibi, quae semper, uicino ab limite saepes
   Hyblaeis apibus florem depasta salicti
   saepe leui somnum suadebit inire susurro;   55
   hinc alta sub rupe canet frondator ad auras,
   nec tamen interea raucae, tua cura, palumbes
   nec gemere aëria cessabit turtur ab ulmo.

25–58 *PR*   37 poma] mala *R*[1]   38 pinus] nobis
(*E*. i 18) *P*[1]

T. Ante leues ergo pascentur in aethere cerui
    et freta destituent nudos in litore piscis,   60
    ante pererratis amborum finibus exsul
    aut Ararim Parthus bibet aut Germania Tigrim,
    quam nostro illius labatur pectore uultus.

M. At nos hinc alii sitientis ibimus Afros,
    pars Scythiam et rapidum cretae ueniemus Oaxen   65
    et penitus toto diuisos orbe Britannos.
    en umquam patrios longo post tempore finis
    pauperis et tuguri congestum caespite culmen,
    post aliquot, mea regna, uidens mirabor aristas?
    impius haec tam culta noualia miles habebit,   70
    barbarus has segetes. en quo discordia ciuis
    produxit miseros: his nos conseuimus agros!
    insere nunc, Meliboee, piros, pone ordine uitis.
    ite meae, felix quondam pecus, ite capellae.
    non ego uos posthac uiridi proiectus in antro   75
    dumosa pendere procul de rupe uidebo;
    carmina nulla canam; non me pascente, capellae,
    florentem cytisum et salices carpetis amaras.

T. Hic tamen hanc mecum poteras requiescere noctem
    fronde super uiridi: sunt nobis mitia poma,   80
    castaneae molles et pressi copia lactis,
    et iam summa procul uillarum culmina fumant
    maioresque cadunt altis de montibus umbrae.

ECLOGA II

FORMOSVM pastor Corydon ardebat Alexin,
delicias domini, nec quid speraret habebat.
tantum inter densas, umbrosa cacumina, fagos

---

i 59–ii 3 *PR*   59 pascuntur *P*   aethere] aequore *Ribbeck e recc.*
63 labantur *P²*   65 Cretae *nomen proprium agnoscit Seru. ad E.*
ii 24 (*ad loc. deest*)   72 perduxit *bdv*   his nos *PRb?γ?*: en quis
ω (en quos *d*)   consueuimus agris *R*   74 felix quondam *Rω*:
quondam felix *Pf*   78 calices *P¹*   79 hanc ... noctem
P¹Rbdr: hac ... nocte *P²ω*   83 de] a *P¹*   ii 1 Alexim *P*

adsidue ueniebat. ibi haec incondita solus
montibus et siluis studio iactabat inani: 5
  'O crudelis Alexi, nihil mea carmina curas?
nil nostri miserere? mori me denique cogis?
nunc etiam pecudes umbras et frigora captant,
nunc uiridis etiam occultant spineta lacertos,
Thestylis et rapido fessis messoribus aestu   10
alia serpyllumque herbas contundit olentis.
at mecum raucis, tua dum uestigia lustro,
sole sub ardenti resonant arbusta cicadis.
nonne fuit satius tristis Amaryllidis iras
atque superba pati fastidia? nonne Menalcan,   15
quamuis ille niger, quamuis tu candidus esses?
o formose puer, nimium ne crede colori:
alba ligustra cadunt, uaccinia nigra leguntur.
despectus tibi sum, nec qui sim quaeris, Alexi,
quam diues pecoris, niuei quam lactis abundans.   20
mille meae Siculis errant in montibus agnae;
lac mihi non aestate nouum, non frigore defit.
canto quae solitus, si quando armenta uocabat,
Amphion Dircaeus in Actaeo Aracyntho.
nec sum adeo informis: nuper me in litore uidi,   25
cum placidum uentis staret mare. non ego Daphnin
iudice te metuam, si numquam fallit imago.
o tantum libeat mecum tibi sordida rura
atque humilis habitare casas et figere ceruos,
haedorumque gregem uiridi compellere hibisco!   30
mecum una in siluis imitabere Pana canendo
(Pan primum calamos cera coniungere pluris
instituit, Pan curat ouis ouiumque magistros),
nec te paeniteat calamo triuisse labellum:
haec eadem ut sciret, quid non faciebat Amyntas?   35

ii 4–35 *PR*   7 coges *Rf*   9 lacertas *P¹*   12 at *ω*, *'melius'*
iudice Seru.: ad *P* (ad me cum *agnoscit Seru.*): ac *R*   19 quis *cf*
20 pecoris niuei, *'melius est' iudice Seru.*   22 lact *P*   desit *de*
27 fallit *P¹c*: fallat *P²Rder*, *Seru.*: fallet *bfy?*   32 primum *PR*:
primus (*E.* viii 24) *ωy*, *Seru. ad E.* iii 25, *Isid.* iii 21. 8

est mihi disparibus septem compacta cicutis
fistula, Damoetas dono mihi quam dedit olim,
et dixit moriens: 'te nunc habet ista secundum';
dixit Damoetas, inuidit stultus Amyntas.
praeterea duo nec tuta mihi ualle reperti   40
capreoli, sparsis etiam nunc pellibus albo,
bina die siccant ouis ubera; quos tibi seruo.
iam pridem a me illos abducere Thestylis orat;
et faciet, quoniam sordent tibi munera nostra.
huc ades, o formose puer: tibi lilia plenis   45
ecce ferunt Nymphae calathis; tibi candida Nais,
pallentis uiolas et summa papauera carpens,
narcissum et florem iungit bene olentis anethi;
tum casia atque aliis intexens suauibus herbis
mollia luteola pingit uaccinia calta.   50
ipse ego cana legam tenera lanugine mala
castaneasque nuces, mea quas Amaryllis amabat;
addam cerea pruna (honos erit huic quoque pomo),
et uos, o lauri, carpam et te, proxima myrte,
sic positae quoniam suauis miscetis odores.   55
rusticus es, Corydon; nec munera curat Alexis,
nec, si muneribus certes, concedat Iollas.
heu heu, quid uolui misero mihi? floribus Austrum
perditus et liquidis immisi fontibus apros.
quem fugis, a! demens? habitarunt di quoque siluas 60
Dardaniusque Paris. Pallas quas condidit arces
ipsa colat; nobis placeant ante omnia siluae.
torua leaena lupum sequitur, lupus ipse capellam,
florentem cytisum sequitur lasciua capella,
te Corydon, o Alexi: trahit sua quemque uoluptas.   65
aspice, aratra iugo referunt suspensa iuuenci,
et sol crescentis decedens duplicat umbras;
me tamen urit amor: quis enim modus adsit amori?

ii 36–68 *PR*   41 albo *Pber, Seru.*: ambo *Rω*   56 es *P²ω*: est
P¹R, nebulo aliquis Pompeianus (C.I.L. iv 1527)   57 certet *R*
61 quae *R*

a, Corydon, Corydon, quae te dementia cepit!
semiputata tibi frondosa uitis in ulmo est: 70
quin tu aliquid saltem potius, quorum indiget usus,
uiminibus mollique paras detexere iunco?
inuenies alium, si te hic fastidit, Alexin.'

ECLOGA III

MENALCAS DAMOETAS PALAEMON

M. Dɪc mihi, Damoeta, cuium pecus? an Meliboei?
D. Non, uerum Aegonis; nuper mihi tradidit Aegon.
M. Infelix o semper, oues, pecus! ipse Neaeram
dum fouet ac ne me sibi praeferat illa ueretur,
hic alienus ouis custos bis mulget in hora,   5
et sucus pecori et lac subducitur agnis.
D. Parcius ista uiris tamen obicienda memento.
nouimus et qui te transuersa tuentibus hircis
et quo (sed faciles Nymphae risere) sacello.
M. Tum, credo, cum me arbustum uidere Miconis   10
atque mala uitis incidere falce nouellas.
D. Aut hic ad ueteres fagos cum Daphnidis arcum
fregisti et calamos: quae tu, peruerse Menalca,
et cum uidisti puero donata, dolebas,
et si non aliqua nocuisses, mortuus esses.   15
M. Quid domini faciant, audent cum talia fures?
non ego te uidi Damonis, pessime, caprum
excipere insidiis multum latrante Lycisca?
et cum clamarem 'quo nunc se proripit ille?
Tityre, coge pecus', tu post carecta latebas.   20
D. An mihi cantando uictus non redderet ille,
quem mea carminibus meruisset fistula caprum?

ii 69–iii 22 *PR*   70 ulmo est *Rω*: ulmo *P*   73 Alexin *Seru.*
(*cf. E.* ii 1, *Mart.* viii 55. 12): Alexim *P*¹*R*: Alexis *P*²*ω*   iii 3 ouis
Pω   6 lact (*ut E.* ii 22) *P*¹   8 hircis *P*²*Rω, Quint.* ix 3. 59,
Macrob. iv 6. 21: hirquis *P*¹: hirquis '*alii*' *ap. Seru., quibus auctore
Suetonio* 'hirqui *sunt oculorum anguli*'

si nescis, meus ille caper fuit; et mihi Damon
ipse fatebatur, sed reddere posse negabat.
M. Cantando tu illum? aut umquam tibi fistula cera   25
iuncta fuit? non tu in triuiis, indocte, solebas
stridenti miserum stipula disperdere carmen?
D. Vis ergo inter nos quid possit uterque uicissim
experiamur? ego hanc uitulam (ne forte recuses,
bis uenit ad mulctram, binos alit ubere fetus)   30
depono; tu dic mecum quo pignore certes.
M. De grege non ausim quicquam deponere tecum:
est mihi namque domi pater, est iniusta nouerca,
bisque die numerant ambo pecus, alter et haedos.
uerum, id quod multo tute ipse fatebere maius   35
(insanire libet quoniam tibi), pocula ponam
fagina, caelatum diuini opus Alcimedontis,
lenta quibus torno facili superaddita uitis
diffusos hedera uestit pallente corymbos.
in medio duo signa, Conon et—quis fuit alter,   40
descripsit radio totum qui gentibus orbem,
tempora quae messor, quae curuus arator haberet?
necdum illis labra admoui, sed condita seruo.
D. Et nobis idem Alcimedon duo pocula fecit
et molli circum est ansas amplexus acantho,   45
Orpheaque in medio posuit siluasque sequentis;
necdum illis labra admoui, sed condita seruo.
si ad uitulam spectas, nihil est quod pocula laudes.
M. Numquam hodie effugies; ueniam quocumque uocaris.
audiat haec tantum—uel qui uenit ecce Palaemon.   50
efficiam posthac ne quemquam uoce lacessas.
D. Quin age, si quid habes; in me mora non erit ulla,
nec quemquam fugio: tantum, uicine Palaemon,
sensibus haec imis (res est non parua) reponas.

<hr>

23–6 *PR*; 27–52 *PRV*; 53–4 *PR*   25 aut] haud *cdv*, haut *e*
26 iuncta *P*, *Rufin.* 42. 3: uincta *Rwy*, *Prisc.* viii 49 (*ut uid.*)
27 stipula miserum *V¹*   38 facili *agnoscit Seru. hic et ad A.* ii 392:
facilis *Vwy*, *Donatus ap. Seru.*: fragilis *R* (*quid P, non liquet*)

P. Dicite, quandoquidem in molli consedimus herba.   55
    et nunc omnis ager, nunc omnis parturit arbos,
    nunc frondent siluae, nunc formosissimus annus.
    incipe, Damoeta; tu deinde sequere, Menalca.
    alternis dicetis; amant alterna Camenae.

D. Ab Ioue principium Musae: Iouis omnia plena;   60
    ille colit terras, illi mea carmina curae.

M. Et me Phoebus amat; Phoebo sua semper apud me
    munera sunt, lauri et suaue rubens hyacinthus.

D. Malo me Galatea petit, lasciua puella,
    et fugit ad salices et se cupit ante uideri.   65

M. At mihi sese offert ultro, meus ignis, Amyntas,
    notior ut iam sit canibus non Delia nostris.

D. Parta meae Veneri sunt munera: namque notaui
    ipse locum, aëriae quo congessere palumbes.

M. Quod potui, puero siluestri ex arbore lecta   70
    aurea mala decem misi; cras altera mittam.

D. O quotiens et quae nobis Galatea locuta est!
    partem aliquam, uenti, diuum referatis ad auris!

M. Quid prodest quod me ipse animo non spernis, Amynta,
    si, dum tu sectaris apros, ego retia seruo?   75

D. Phyllida mitte mihi: meus est natalis, Iolla;
    cum faciam uitula pro frugibus, ipse uenito.

M. Phyllida amo ante alias; nam me discedere fleuit
    et longum 'formose, uale, uale,' inquit, 'Iolla.'

D. Triste lupus stabulis, maturis frugibus imbres,   80
    arboribus uenti, nobis Amaryllidis irae.

M. Dulce satis umor, depulsis arbutus haedis,
    lenta salix feto pecori, mihi solus Amyntas.

D. Pollio amat nostram, quamuis est rustica, Musam:
    Pierides, uitulam lectori pascite uestro.   85

M. Pollio et ipse facit noua carmina: pascite taurum,
    iam cornu petat et pedibus qui spargat harenam.

55–71 *PR*; 72–87 γ*R*   60 Musae *uocatiuo casu agnoscit Seru.*
77 uitula *Macrob.* iii 2. 15, *Seru.*: uitulam *codd., Non.* 313. 31, *Seru.*
ad E. v 75   84 est] sit *bcd, Seru.*

D. Qui te, Pollio, amat, ueniat quo te quoque gaudet;
mella fluant illi, ferat et rubus asper amomum.

M. Qui Bauium non odit, amet tua carmina, Maeui, 90
atque idem iungat uulpes et mulgeat hircos.

D. Qui legitis flores et humi nascentia fraga,
frigidus, o pueri (fugite hinc!), latet anguis in herba.

M. Parcite, oues, nimium procedere: non bene ripae
creditur; ipse aries etiam nunc uellera siccat. 95

D. Tityre, pascentis a flumine reice capellas:
ipse, ubi tempus erit, omnis in fonte lauabo.

M. Cogite ouis, pueri: si lac praeceperit aestus,
ut nuper, frustra pressabimus ubera palmis. 99

D. Heu heu, quam pingui macer est mihi taurus in eruo!
idem amor exitium pecori pecorisque magistro.

M. His certe neque amor causa est; uix ossibus haerent;
nescio quis teneros oculus mihi fascinat agnos.

D. Dic quibus in terris (et eris mihi magnus Apollo)
tris pateat caeli spatium non amplius ulnas. 105

M. Dic quibus in terris inscripti nomina regum
nascantur flores, et Phyllida solus habeto.

P. Non nostrum inter uos tantas componere lites:
et uitula tu dignus et hic, et quisquis amores
aut metuet dulcis aut experietur amaros. 110
claudite iam riuos, pueri; sat prata biberunt.

ECLOGA IV

SICELIDES Musae, paulo maiora canamus!
non omnis arbusta iuuant humilesque myricae;

iii 88–iv 2 γR   91 mulceat *R*   98 aestas *R*
100 eruo *ycfh, Seru. ad A.* ii 69: aruo *Rbderv*   101 est *post*
exitium *add. R, post* pecori γ*bh, post* magistro *cr*   102 his certe
(neque amor causa est) uix *legisse uidetur Don. ad Ter. Eun.* 269,
ut his *nominatiuus sit* (hi *Stephanus*)   105 *et* caeli *et* Caeli
(*nomen erit proprium*) *agnoscit Seru.*   107 nascuntur *bdf*
110 aut . . . aut *codd., Seru.*: haut . . . haut *F. W. Graser in Eph.
litt. Halens.* 1835, 256   amores *r*   amaros/ aut metuet, dulces aut
experietur amores *Peerlkamp*

si canimus siluas, siluae sint consule dignae.
Vltima Cumaei uenit iam carminis aetas;
magnus ab integro saeclorum nascitur ordo.   5
iam redit et Virgo, redeunt Saturnia regna,
iam noua progenies caelo demittitur alto.
tu modo nascenti puero, quo ferrea primum
desinet ac toto surget gens aurea mundo,
casta faue Lucina: tuus iam regnat Apollo.   10
teque adeo decus hoc aeui, te consule, inibit,
Pollio, et incipient magni procedere menses;
te duce, si qua manent sceleris uestigia nostri,
inrita perpetua soluent formidine terras.
ille deum uitam accipiet diuisque uidebit   15
permixtos heroas et ipse uidebitur illis,
pacatumque reget patriis uirtutibus orbem.
At tibi prima, puer, nullo munuscula cultu
errantis hederas passim cum baccare tellus
mixtaque ridenti colocasia fundet acantho.   20
ipsae lacte domum referent distenta capellae
ubera, nec magnos metuent armenta leones;
ipsa tibi blandos fundent cunabula flores.
occidet et serpens, et fallax herba ueneni
occidet; Assyrium uulgo nascetur amomum.   25
at simul heroum laudes et facta parentis
iam legere et quae sit poteris cognoscere uirtus,
molli paulatim flauescet campus arista
incultisque rubens pendebit sentibus uua
et durae quercus sudabunt roscida mella.   30
pauca tamen suberunt priscae uestigia fraudis,
quae temptare Thetim ratibus, quae cingere muris
oppida, quae iubeant telluri infindere sulcos.
alter erit tum Tiphys et altera quae uehat Argo

3–34 γR   7 demittitur γcer: dimittitur Rω   18 ac
tibi nulla pater primo R   20 fundit γ, Macrob. vi 6. 18
21 referant γ   26 ac R   parentis γω, Seru., Non. 331. 34:
parentum R   28 flauescet cder, Lact. inst. vii 24?: flauescit γRbf
33 tellurem inf. sulco R

delectos heroas; erunt etiam altera bella   35
atque iterum ad Troiam magnus mittetur Achilles.
hinc, ubi iam firmata uirum te fecerit aetas,
cedet et ipse mari uector, nec nautica pinus
mutabit merces; omnis feret omnia tellus.
non rastros patietur humus, non uinea falcem;   40
robustus quoque iam tauris iuga soluet arator.
nec uarios discet mentiri lana colores,
ipse sed in pratis aries iam suaue rubenti
murice, iam croceo mutabit uellera luto;
sponte sua sandyx pascentis uestiet agnos.   45
   'Talia saecla' suis dixerunt 'currite' fusis
concordes stabili fatorum numine Parcae.
adgredere o magnos (aderit iam tempus) honores,
cara deum suboles, magnum Iouis incrementum!
aspice conuexo nutantem pondere mundum,   50
terrasque tractusque maris caelumque profundum;
aspice, uenturo laetentur ut omnia saeclo!
o mihi tum longae maneat pars ultima uitae,
spiritus et quantum sat erit tua dicere facta!
non me carminibus uincet nec Thracius Orpheus   55
nec Linus, huic mater quamuis atque huic pater adsit,
Orphei Calliopea, Lino formosus Apollo.
Pan etiam, Arcadia mecum si iudice certet,
Pan etiam Arcadia dicat se iudice uictum.
   Incipe, parue puer, risu cognoscere matrem   60
(matri longa decem tulerunt fastidia menses)
incipe, parue puer: qui non risere parenti,
nec deus hunc mensa, dea nec dignata cubili est.

35–51 γR; 52–63 PR   52 laetantur R   53 longe P
55 uincat P¹   59 Arcadi(a)e P¹R   dicet Macrob. v 14. 6
61 matris P²   tulerunt PRω: tulerant de: abstulerint 'alii' ap.
Seru.: tulerint b²   62 qui Quint. ix 3. 8: cui PRω, Seru.,
Quintiliani codd. (corr. Politianus)   parenti Schrader: parentes
codd.

ECLOGA V

MENALCAS   MOPSVS

Me. Cvr non, Mopse, boni quoniam conuenimus ambo,
tu calamos inflare leuis, ego dicere uersus,
hic corylis mixtas inter consedimus ulmos?

Mo. Tu maior; tibi me est aequum parere, Menalca,
siue sub incertas Zephyris motantibus umbras   5
siue antro potius succedimus. aspice, ut antrum
siluestris raris sparsit labrusca racemis.

Me. Montibus in nostris solus tibi certat Amyntas.

Mo. Quid, si idem certet Phoebum superare canendo?

Me. Incipe, Mopse, prior, si quos aut Phyllidis ignis   10
aut Alconis habes laudes aut iurgia Codri.
incipe: pascentis seruabit Tityrus haedos.

Mo. Immo haec, in uiridi nuper quae cortice fagi
carmina descripsi et modulans alterna notaui,
experiar: tu deinde iubeto ut certet Amyntas.   15

Me. Lenta salix quantum pallenti cedit oliuae,
puniceis humilis quantum saliunca rosetis,
iudicio nostro tantum tibi cedit Amyntas.
sed tu desine plura, puer: successimus antro.

Mo. Exstinctum Nymphae crudeli funere Daphnin   20
flebant (uos coryli testes et flumina Nymphis),
cum complexa sui corpus miserabile nati
atque deos atque astra uocat crudelia mater.
non ulli pastos illis egere diebus   24
frigida, Daphni, boues ad flumina; nulla neque amnem
libauit quadripes nec graminis attigit herbam.
Daphni, tuum Poenos etiam ingemuisse leones
interitum montesque feri siluaeque loquuntur.
Daphnis et Armenias curru subiungere tigris
instituit, Daphnis thiasos inducere Bacchi   30

v 1–30 *PR*   3 considimus *cde*   8 certet *P*   15 ut
Rb: *om. Pω*   27 gemuisse *R*   28 ferunt *P*   siluaesque
P¹   feros siluasque *Markland ad Stat. silu.* ii. 5. 13

et foliis lentas intexere mollibus hastas.
uitis ut arboribus decori est, ut uitibus uuae,
ut gregibus tauri, segetes ut pinguibus aruis,
tu decus omne tuis. postquam te fata tulerunt,
ipsa Pales agros atque ipse reliquit Apollo.   35
grandia saepe quibus mandauimus hordea sulcis,
infelix lolium et steriles nascuntur auenae;
pro molli uiola, pro purpureo narcisso
carduus et spinis surgit paliurus acutis.
spargite humum foliis, inducite fontibus umbras,   40
pastores (mandat fieri sibi talia Daphnis),
et tumulum facite, et tumulo superaddite carmen:
'Daphnis ego in siluis, hinc usque ad sidera notus,
formosi pecoris custos, formosior ipse.'

Me. Tale tuum carmen nobis, diuine poeta,   45
quale sopor fessis in gramine, quale per aestum
dulcis aquae saliente sitim restinguere riuo.
nec calamis solum aequiperas, sed uoce magistrum:
fortunate puer, tu nunc eris alter ab illo.   49
nos tamen haec quocumque modo tibi nostra uicissim
dicemus, Daphninque tuum tollemus ad astra;
Daphnin ad astra feremus: amauit nos quoque Daphnis.

Mo. An quicquam nobis tali sit munere maius?
et puer ipse fuit cantari dignus, et ista
iam pridem Stimichon laudauit carmina nobis.   55

Me. Candidus insuetum miratur limen Olympi
sub pedibusque uidet nubes et sidera Daphnis.
ergo alacris siluas et cetera rura uoluptas
Panaque pastoresque tenet Dryadasque puellas.
nec lupus insidias pecori, nec retia ceruis   60
ulla dolum meditantur: amat bonus otia Daphnis.
ipsi laetitia uoces ad sidera iactant
intonsi montes; ipsae iam carmina rupes,

31–63 *PR*   38 uiola *P²ω*(uiolae *P¹*): uiola et *R*   purpurea
Diom. 453. 36   40 umbras] aras *R*   46 fessis] lassis *R*
49 ab illo] Apollo *R*   52 Daphnim *Pcf*

ipsa sonant arbusta: 'deus, deus ille, Menalca!'
sis bonus o felixque tuis! en quattuor aras: 65
ecce duas tibi, Daphni, duas altaria Phoebo.
pocula bina nouo spumantia lacte quotannis
craterasque duo statuam tibi pinguis oliui,
et multo in primis hilarans conuiuia Baccho
(ante focum, si frigus erit; si messis, in umbra)   70
uina nouum fundam calathis Ariusia nectar.
cantabunt mihi Damoetas et Lyctius Aegon;
saltantis Satyros imitabitur Alphesiboeus.
haec tibi semper erunt, et cum sollemnia uota
reddemus Nymphis, et cum lustrabimus agros.   75
dum iuga montis aper, fluuios dum piscis amabit,
dumque thymo pascentur apes, dum rore cicadae,
semper honos nomenque tuum laudesque manebunt.
ut Baccho Cererique, tibi sic uota quotannis
agricolae facient: damnabis tu quoque uotis.   80
Mo. Quae tibi, quae tali reddam pro carmine dona?
nam neque me tantum uenientis sibilus Austri
nec percussa iuuant fluctu tam litora, nec quae
saxosas inter decurrunt flumina uallis.
Me. Hac te nos fragili donabimus ante cicuta;   85
haec nos 'formosum Corydon ardebat Alexin',
haec eadem docuit 'cuium pecus? an Meliboei?'
Mo. At tu sume pedum, quod, me cum saepe rogaret,
non tulit Antigenes (et erat tum dignus amari),
formosum paribus nodis atque aere, Menalca.   90

ECLOGA VI

Prima Syracosio dignata est ludere uersu
nostra neque erubuit siluas habitare Thalea.
cum canerem reges et proelia, Cynthius aurem

v 64–85 *PR*; v 86–vi 3 *PRV*   68 duos *cfr*   80 uoti *R*
86 Alexim *RVf*   89 tum *RVω*: nunc *P¹*: tunc *P²b*   vi 2 neque
Pω: nec *RVf*   siluis *R*   Thalia *ω, Seru.*

uellit et admonuit: 'pastorem, Tityre, pinguis
pascere oportet ouis, deductum dicere carmen.'　　5
nunc ego (namque super tibi erunt qui dicere laudes,
Vare, tuas cupiant et tristia condere bella)
agrestem tenui meditabor harundine Musam:
non iniussa cano. si quis tamen haec quoque, si quis
captus amore leget, te nostrae, Vare, myricae,　　10
te nemus omne canet; nec Phoebo gratior ulla est
quam sibi quae Vari praescripsit pagina nomen.
　　Pergite, Pierides. Chromis et Mnasyllos in antro
Silenum pueri somno uidere iacentem,
inflatum hesterno uenas, ut semper, Iaccho;　　15
serta procul tantum capiti delapsa iacebant
et grauis attrita pendebat cantharus ansa.
adgressi (nam saepe senex spe carminis ambo
luserat) iniciunt ipsis ex uincula sertis.
addit se sociam timidisque superuenit Aegle,　　20
Aegle Naiadum pulcherrima, iamque uidenti
sanguineis frontem moris et tempora pingit.
ille dolum ridens 'quo uincula nectitis?' inquit;
'soluite me, pueri; satis est potuisse uideri.
carmina quae uultis cognoscite; carmina uobis,　　25
huic aliud mercedis erit.' simul incipit ipse.
tum uero in numerum Faunosque ferasque uideres
ludere, tum rigidas motare cacumina quercus;
nec tantum Phoebo gaudet Parnasia rupes,
nec tantum Rhodope miratur et Ismarus Orphea.　　30
　　Namque canebat uti magnum per inane coacta
semina terrarumque animaeque marisque fuissent
et liquidi simul ignis; ut his ex omnia primis,
omnia et ipse tener mundi concreuerit orbis;
tum durare solum et discludere Nerea ponto　　35

4–20 PRV; 21–35 PR　　5 diductum P　　10 legat d, Prisc.
xviii 87　　12 perscripsit fγ　　23 inridens P²　　30 miratur
Pω (cf. A. ii 317): mirantur Rde, Rufin. 48. 5　　33 ex omnia (cf.
Lucr. i 61) P: exordia Rω, Macrob. vi 2. 22　　34 omnisa P¹

coeperit et rerum paulatim sumere formas;
iamque nouum terrae stupeant lucescere solem,
altius atque cadant summotis nubibus imbres,
incipiant siluae cum primum surgere cumque
rara per ignaros errent animalia montis.   40
hinc lapides Pyrrhae iactos, Saturnia regna,
Caucasiasque refert uolucris furtumque Promethei.
his adiungit, Hylan nautae quo fonte relictum
clamassent, ut litus 'Hyla, Hyla' omne sonaret;
et fortunatam, si numquam armenta fuissent,   45
Pasiphaen niuei solatur amore iuuenci.
a, uirgo infelix, quae te dementia cepit!
Proetides implerunt falsis mugitibus agros,
at non tam turpis pecudum tamen ulla secuta
concubitus, quamuis collo timuisset aratrum   50
et saepe in leui quaesisset cornua fronte.
a! uirgo infelix, tu nunc in montibus erras:
ille latus niueum molli fultus hyacintho
ilice sub nigra pallentis ruminat herbas
aut aliquam in magno sequitur grege. 'claudite, Nymphae,
Dictaeae Nymphae, nemorum iam claudite saltus,   56
si qua forte ferant oculis sese obuia nostris
errabunda bouis uestigia; forsitan illum
aut herba captum uiridi aut armenta secutum
perducant aliquae stabula ad Gortynia uaccae.'   60
tum canit Hesperidum miratam mala puellam;
tum Phaethontiadas musco circumdat amarae
corticis atque solo proceras erigit alnos.
tum canit, errantem Permessi ad flumina Gallum
Aonas in montis ut duxerit una sororum,   65
utque uiro Phoebi chorus adsurrexerit omnis;
ut Linus haec illi diuino carmine pastor
floribus atque apio crinis ornatus amaro

36–47 PR; 48–68 MPR   38 utque R   40 ignaros
R: ignotos Pω   41 hic P   49 secuta MP: secuta est Rω,
Macrob. iv 6. 3   50 timuissent R   51 quesissent P

dixerit: 'hos tibi dant calamos (en accipe) Musae,
Ascraeo quos ante seni, quibus ille solebat   70
cantando rigidas deducere montibus ornos.
his tibi Grynei nemoris dicatur origo,
ne quis sit lucus quo se plus iactet Apollo.'
    Quid loquar aut Scyllam Nisi, quam fama secuta est
candida succinctam latrantibus inguina monstris   75
Dulichias uexasse rates et gurgite in alto
a! timidos nautas canibus lacerasse marinis;
aut ut mutatos Terei narrauerit artus,
quas illi Philomela dapes, quae dona pararit,
quo cursu deserta petiuerit et quibus ante   80
infelix sua tecta super uolitauerit alis?
omnia, quae Phoebo quondam meditante beatus
audiit Eurotas iussitque ediscere lauros,
ille canit, pulsae referunt ad sidera ualles;
cogere donec ouis stabulis numerumque referre   85
iussit et inuito processit Vesper Olympo.

ECLOGA VII

MELIBOEVS   CORYDON   THYRSIS

M. FORTE sub arguta consederat ilice Daphnis,
compulerantque greges Corydon et Thyrsis in unum,
Thyrsis ouis, Corydon distentas lacte capellas,
ambo florentes aetatibus, Arcades ambo,
et cantare pares et respondere parati.   5
huc mihi, dum teneras defendo a frigore myrtos,
uir gregis ipse caper deerrauerat; atque ego Daphnin
aspicio. ille ubi me contra uidet, 'ocius' inquit
'huc ades, o Meliboee; caper tibi saluus et haedi;
et, si quid cessare potes, requiesce sub umbra.   10
huc ipsi potum uenient per prata iuuenci,

69–86 *MPR*; vii 1–11 *MPa*   73 nec *Rd*   74 ut *R*
79 pararet *Pdf*   81 supra *R*   85 referri *M²P²c*   vii 6 huc
Mh: hic *Paω*   11 ueniunt *a*

17

hic uiridis tenera praetexit harundine ripas
Mincius, eque sacra resonant examina quercu.'
quid facerem? neque ego Alcippen nec Phyllida habebam
depulsos a lacte domi quae clauderet agnos, 15
et certamen erat, Corydon cum Thyrside, magnum;
posthabui tamen illorum mea seria ludo.
alternis igitur contendere uersibus ambo
coepere, alternos Musae meminisse uolebant.
hos Corydon, illos referebat in ordine Thyrsis. 20

C. Nymphae noster amor Libethrides, aut mihi carmen,
quale meo Codro, concedite (proxima Phoebi
uersibus ille facit) aut, si non possumus omnes,
hic arguta sacra pendebit fistula pinu.

T. Pastores, hedera crescentem ornate poetam, 25
Arcades, inuidia rumpantur ut ilia Codro;
aut, si ultra placitum laudarit, baccare frontem
cingite, ne uati noceat mala lingua futuro.

C. Saetosi caput hoc apri tibi, Delia, paruus
et ramosa Micon uiuacis cornua cerui. 30
si proprium hoc fuerit, leui de marmore tota
puniceo stabis suras euincta coturno.

T. Sinum lactis et haec te liba, Priape, quotannis
exspectare sat est: custos es pauperis horti.
nunc te marmoreum pro tempore fecimus; at tu, 35
si fetura gregem suppleuerit, aureus esto.

C. Nerine Galatea, thymo mihi dulcior Hyblae,
candidior cycnis, hedera formosior alba,
cum primum pasti repetent praesepia tauri,
si qua tui Corydonis habet te cura, uenito. 40

T. Immo ego Sardoniis uidear tibi amarior herbis,
horridior rusco, proiecta uilior alga,
si mihi non haec lux toto iam longior anno est.

12–37 *MPaV*; 38–43 *MPa*   19 uolebam '*multi*' *ap. Seru.*
22 Phoebo *V*   23 possimus *M¹P¹Vcr*   24 pendebis *DSeru.*
25 crescentem *M²Paω, Seru. ad E.* iv 19: nascentem *M¹Vb, Seru. ad
loc.*   29 capri '*multi*' *ap. DSeru.*

    ite domum pasti, si quis pudor, ite iuuenci.

C.   Muscosi fontes et somno mollior herba,   45
et quae uos rara uiridis tegit arbutus umbra,
solstitium pecori defendite: iam uenit aestas
torrida, iam lento turgent in palmite gemmae.

T. Hic focus et taedae pingues, hic plurimus ignis
semper, et adsidua postes fuligine nigri.   50
hic tantum Boreae curamus frigora quantum
aut numerum lupus aut torrentia flumina ripas.

C.   Stant et iuniperi et castaneae hirsutae,
strata iacent passim sua quaeque sub arbore poma,
omnia nunc rident: at si formosus Alexis   55
montibus his abeat, uideas et flumina sicca.

T. Aret ager, uitio moriens sitit aëris herba,
Liber pampineas inuidit collibus umbras:
Phyllidis aduentu nostrae nemus omne uirebit,
Iuppiter et laeto descendet plurimus imbri.   60

C.   Populus Alcidae gratissima, uitis Iaccho,
formosae myrtus Veneri, sua laurea Phoebo;
Phyllis amat corylos: illas dum Phyllis amabit,
nec myrtus uincet corylos, nec laurea Phoebi.

T. Fraxinus in siluis pulcherrima, pinus in hortis,   65
populus in fluuiis, abies in montibus altis:
saepius at si me, Lycida formose, reuisas,
fraxinus in siluis cedat tibi, pinus in hortis.

M.   Haec memini, et uictum frustra contendere Thyrsin.
ex illo Corydon Corydon est tempore nobis.   70

ECLOGA VIII

PASTORVM Musam Damonis et Alphesiboei,
immemor herbarum quos est mirata iuuenca

vii 44–viii 2 *MPa*   48 lento *M*²*P, interpretari uidetur Seru.*:
laeto *M*¹*aω*   51 hinc '*nonnulli' ap. DSeru.*   54 quaque
*b*²*c*², *Bentley ad Manil.* ii 253   56 aberit *P*   64 corylos]
Veneris *Hebri exemplar ap. DSeru.*   68 cedet *P, interpretari
uidetur Seru.*   69 concedere *a*

certantis, quorum stupefactae carmine lynces,
et mutata suos requierunt flumina cursus,
Damonis Musam dicemus et Alphesiboei.   5
tu mihi, seu magni superas iam saxa Timaui
siue oram Illyrici legis aequoris,—en erit umquam
ille dies, mihi cum liceat tua dicere facta?
en erit ut liceat totum mihi ferre per orbem
sola Sophocleo tua carmina digna coturno?   10
a te principium, tibi desinam: accipe iussis
carmina coepta tuis, atque hanc sine tempora circum
inter uictricis hederam tibi serpere lauros.

Frigida uix caelo noctis decesserat umbra,
cum ros in tenera pecori gratissimus herba: 15
incumbens tereti Damon sic coepit oliuae.

D.   Nascere praeque diem ueniens age, Lucifer, almum,
coniugis indigno Nysae deceptus amore
dum queror et diuos, quamquam nil testibus illis
profeci, extrema moriens tamen adloquor hora.   20
   incipe Maenalios mecum, mea tibia, uersus.
Maenalus argutumque nemus pinusque loquentis
semper habet, semper pastorum ille audit amores
Panaque, qui primus calamos non passus inertis.
   incipe Maenalios mecum, mea tibia, uersus.   25
Mopso Nysa datur: quid non speremus amantes?
iungentur iam grypes equis, aeuoque sequenti
cum canibus timidi uenient ad pocula dammae.
   incipe Maenalios mecum, mea tibia, uersus.   28ᵃ
Mopse, nouas incide faces: tibi ducitur uxor.
sparge, marite, nuces: tibi deserit Hesperus Oetam.   30
   incipe Maenalios mecum, mea tibia, uersus.

viii 3–18 *MPa*; 19–31 *MPaV*   4 linquerunt γ (liqu- γ²)
6 tu] tum *P*¹   11 desinam *P*: desinet *Maω, DSeru.*: desinit *br*
20 adloquar *M*¹*P*²*d*   22 pinosque *P*²*V*   24 primum
Mb (*ut uidetur, cf. E.* ii 32; *def. V*)   28 timidi *P*²*Vω, Quint.* ix
3. 6, *Char.* 269. 2, *Prisc.* v 7, *Seru. hic et ad G.* i 183: timidae *M,
Seru. ad A.* v 122: timide *P*¹*ac*   28ᵃ *uersum intercalarem hic
habet* γ, *ita ut u.* 76 *respondeat; om. ceteri*

o digno coniuncta uiro, dum despicis omnis,
dumque tibi est odio mea fistula dumque capellae
hirsutumque supercilium promissaque barba,
nec curare deum credis mortalia quemquam.   35

    incipe Maenalios mecum, mea tibia, uersus.
saepibus in nostris paruam te roscida mala
(dux ego uester eram) uidi cum matre legentem.
alter ab undecimo tum me iam acceperat annus,
iam fragilis poteram a terra contingere ramos: 40
ut uidi, ut perii, ut me malus abstulit error!

    incipe Maenalios mecum, mea tibia, uersus.
nunc scio quid sit Amor: nudis in cautibus illum
aut Tmaros aut Rhodope aut extremi Garamantes
nec generis nostri puerum nec sanguinis edunt.   45

    incipe Maenalios mecum, mea tibia, uersus.
saeuus Amor docuit natorum sanguine matrem
commaculare manus; crudelis tu quoque, mater.
crudelis mater magis, an puer improbus ille?
improbus ille puer; crudelis tu quoque, mater.   50

    incipe Maenalios mecum, mea tibia, uersus.
nunc et ouis ultro fugiat lupus, aurea durae
mala ferant quercus, narcisso floreat alnus,
pinguia corticibus sudent electra myricae,
certent et cycnis ululae, sit Tityrus Orpheus,   55
Orpheus in siluis, inter delphinas Arion.

    incipe Maenalios mecum, mea tibia, uersus.
omnia uel medium fiat mare. uiuite siluae:
praeceps aërii specula de montis in undas
deferar; extremum hoc munus morientis habeto.   60

    desine Maenalios, iam desine, tibia, uersus.
Haec Damon; uos, quae responderit Alphesiboeus,
dicite, Pierides: non omnia possumus omnes.

32–44 *MPaV*; 45–63 *MPa*   34 demissaque *P*   43 qui *a*
nudis *P¹a?b?*: duris (*cf. A.* iv 366) *MP²Vω*   44 Maros *MP*
(*quid a, latet*): Tmarus *V*: Ismarus *Seruii codd.*   58 fiat *MPbf?r,*
DSeru.: fiant *aω*   63 possimus *cr* (*cf. E.* vii 23)

A.   Effer aquam et molli cinge haec altaria uitta
uerbenasque adole pinguis et mascula tura,   65
coniugis ut magicis sanos auertere sacris
experiar sensus; nihil hic nisi carmina desunt.
    ducite ab urbe domum, mea carmina, ducite Daphnin.
carmina uel caelo possunt deducere lunam,
carminibus Circe socios mutauit Vlixi,   70
frigidus in pratis cantando rumpitur anguis.
    ducite ab urbe domum, mea carmina, ducite Daphnin.
terna tibi haec primum triplici diuersa colore
licia circumdo, terque haec altaria circum
effigiem duco; numero deus impare gaudet.   75
    ducite ab urbe domum, mea carmina, ducite Daphnin.
necte tribus nodis ternos, Amarylli, colores;
necte, Amarylli, modo et 'Veneris' dic 'uincula necto'.
    ducite ab urbe domum, mea carmina, ducite Daphnin.
limus ut hic durescit, et haec ut cera liquescit   80
uno eodemque igni, sic nostro Daphnis amore.
sparge molam et fragilis incende bitumine lauros:
Daphnis me malus urit, ego hanc in Daphnide laurum.
    ducite ab urbe domum, mea carmina, ducite Daphnin.
talis amor Daphnin qualis cum fessa iuuencum   85
per nemora atque altos quaerendo bucula lucos
propter aquae riuum uiridi procumbit in ulua
perdita, nec serae meminit decedere nocti,
talis amor teneat, nec sit mihi cura mederi.   89
    ducite ab urbe domum, mea carmina, ducite Daphnin.
has olim exuuias mihi perfidus ille reliquit,
pignora cara sui, quae nunc ego limine in ipso,
Terra, tibi mando; debent haec pignora Daphnin.
    ducite ab urbe domum, mea carmina, ducite Daphnin.
has herbas atque haec Ponto mihi lecta uenena   95
ipse dedit Moeris (nascuntur plurima Ponto);

64–96 *MPa*
C.I.L. iv 1982)
cumbit *P¹a*

70 Vlixis *aω* (Olyxis *titulus Pompeianus*,
87 procumbit *MP²ω*, *Macrob.* vi 2. 20: con-

his ego saepe lupum fieri et se condere siluis
Moerim, saepe animas imis excire sepulcris,
atque satas alio uidi traducere messis.   99

    ducite ab urbe domum, mea carmina, ducite Daphnin.
fer cineres, Amarylli, foras riuoque fluenti
transque caput iace, nec respexeris. his ego Daphnin
adgrediar; nihil ille deos, nil carmina curat.

    ducite ab urbe domum, mea carmina, ducite Daphnin.
'aspice: corripuit tremulis altaria flammis   105
sponte sua, dum ferre moror, cinis ipse. bonum sit!'
nescio quid certe est, et Hylax in limine latrat.
credimus? an, qui amant, ipsi sibi somnia fingunt?

    parcite, ab urbe uenit, iam parcite carmina, Daphnis.

ECLOGA IX

LYCIDAS   MOERIS

L. Qvo te, Moeri, pedes? an, quo uia ducit, in urbem?
M. O Lycida, uiui peruenimus, aduena nostri
  (quod numquam ueriti sumus) ut possessor agelli
  diceret: 'haec mea sunt; ueteres migrate coloni.'
  nunc uicti, tristes, quoniam fors omnia uersat,   5
  hos illi (quod nec uertat bene) mittimus haedos.
L. Certe equidem audieram, qua se subducere colles
  incipiunt mollique iugum demittere cliuo,
  usque ad aquam et ueteres, iam fracta cacumina, fagos,
  omnia carminibus uestrum seruasse Menalcan.   10
M. Audieras, et fama fuit; sed carmina tantum
  nostra ualent, Lycida, tela inter Martia quantum
  Chaonias dicunt aquila ueniente columbas.
  quod nisi me quacumque nouas incidere lites

viii 97–ix 14 *MPa*   107 Hylax *ed. Ascensiana an.* 1500/1:
Hylas *codd.*   109 carmina (-ne *c*) parcite *Mcer*   ix 1 orbem *P*[1]
6 bene uertat *P*[2]*fhv, Don. ad Ter. Phorm.* 678, *Seru. hic et ad A.* iv 641,
Non. 348. 25   8 incipiant *P*[1]   dimittere *bcdefr*   9 ueteres . . .
fagos *M*: ueteris . . . fagi *Paω, Quint.* viii 6. 46   11 audierat *M*[1]*P*[1]

ante sinistra caua monuisset ab ilice cornix,   15
nec tuus hic Moeris nec uiueret ipse Menalcas.

L. Heu, cadit in quemquam tantum scelus? heu, tua nobis
paene simul tecum solacia rapta, Menalca!
quis caneret Nymphas? quis humum florentibus herbis
spargeret aut uiridi fontis induceret umbra?   20
vel quae sublegi tacitus tibi carmina nuper,
cum te ad delicias ferres Amaryllida nostras?
'Tityre, dum redeo (brevis est uia), pasce capellas,
et potum pastas age, Tityre, et inter agendum
occursare capro (cornu ferit ille) caueto.'   25

M. Immo haec, quae Varo necdum perfecta canebat:
'Vare, tuum nomen, superet modo Mantua nobis,
Mantua uae miserae nimium uicina Cremonae,
cantantes sublime ferent ad sidera cycni.'

L. Sic tua Cyrneas fugiant examina taxos,   30
sic cytiso pastae distendant ubera uaccae,
incipe, si quid habes. et me fecere poetam
Pierides, sunt et mihi carmina, me quoque dicunt
uatem pastores; sed non ego credulus illis.
nam neque adhuc Vario uideor nec dicere Cinna   35
digna, sed argutos inter strepere anser olores.

M. Id quidem ago et tacitus, Lycida, mecum ipse uoluto,
si ualeam meminisse; neque est ignobile carmen.
'huc ades, o Galatea; quis est nam ludus in undis?
hic uer purpureum, uarios hic flumina circum   40
fundit humus flores, hic candida populus antro
imminet et lentae texunt umbracula uites.
huc ades; insani feriant sine litora fluctus.'

L. Quid, quae te pura solum sub nocte canentem
audieram? numeros memini, si uerba tenerem: 45

15–45 *MPa*   17 cadit *Maω*: cadet *Pb*   29 ferant *P²*
30 Cyrneas *M¹aω* (Cyrineas *fs*), *Seru. hic et ad G.* iv 47: Grynaeas
(Grineas) *M²Pcer, utrumque Gramm.*   35 Vario *Pa, Seru.*:
Varo *Mω*, 'alii' *ap. DSeru., ps.Acro ad Hor. carm.* i 6. 8   38 nec *a*
45 tenebam *P*

'Daphni, quid antiquos signorum suspicis ortus?
ecce Dionaei processit Caesaris astrum,
astrum quo segetes gauderent frugibus et quo
duceret apricis in collibus uua colorem.
insere, Daphni, piros: carpent tua poma nepotes.'   50
M. Omnia fert aetas, animum quoque. saepe ego longos
cantando puerum memini me condere soles.
nunc oblita mihi tot carmina, uox quoque Moerim
iam fugit ipsa: lupi Moerim uidere priores.
sed tamen ista satis referet tibi saepe Menalcas.   55
L. Causando nostros in longum ducis amores.
et nunc omne tibi stratum silet aequor, et omnes,
aspice, uentosi ceciderunt murmuris aurae.
hinc adeo media est nobis uia; namque sepulcrum
incipit apparere Bianoris. hic, ubi densas   60
agricolae stringunt frondes, hic, Moeri, canamus;
hic haedos depone, tamen ueniemus in urbem.
aut si nox pluuiam ne colligat ante ueremur,
cantantes licet usque (minus uia laedet) eamus;
cantantes ut eamus, ego hoc te fasce leuabo.   65
M. Desine plura, puer, et quod nunc instat agamus;
carmina tum melius, cum uenerit ipse, canemus.

ECLOGA X

EXTREMVM hunc, Arethusa, mihi concede laborem:
pauca meo Gallo, sed quae legat ipsa Lycoris,
carmina sunt dicenda; neget quis carmina Gallo?
sic tibi, cum fluctus subterlabere Sicanos,
Doris amara suam non intermisceat undam,   5
incipe: sollicitos Galli dicamus amores,
dum tenera attondent simae uirgulta capellae.

ix 46–x 7 *MPa*   46–50 *Lycidae continuant MP¹, Moeridi tribuunt
P²aω*   59 hic *P*   64 laedet *Paω, Seru. (ut uid.)*: laedit *M*:
laedat *f*   66 et] nunc *cde*   x 1 laborum *P¹*

non canimus surdis, respondent omnia siluae.

Quae nemora aut qui uos saltus habuere, puellae
Naides, indigno cum Gallus amore peribat?   10
nam neque Parnasi uobis iuga, nam neque Pindi
ulla moram fecere, neque Aonie Aganippe.
illum etiam lauri, etiam fleuere myricae,
pinifer illum etiam sola sub rupe iacentem
Maenalus et gelidi fleuerunt saxa Lycaei.   15
stant et oues circum; nostri nec paenitet illas,
nec te paeniteat pecoris, diuine poeta:
et formosus ouis ad flumina pauit Adonis.
uenit et upilio, tardi uenere subulci,
uuidus hiberna uenit de glande Menalcas.   20
omnes 'unde amor iste' rogant 'tibi?' uenit Apollo:
'Galle, quid insanis?' inquit. 'tua cura Lycoris
perque niues alium perque horrida castra secuta est.'
uenit et agresti capitis Siluanus honore,
florentis ferulas et grandia lilia quassans.   25
Pan deus Arcadiae uenit, quem uidimus ipsi
sanguineis ebuli bacis minioque rubentem.
'ecquis erit modus?' inquit. 'Amor non talia curat,
nec lacrimis crudelis Amor nec gramina riuis
nec cytiso saturantur apes nec fronde capellae.'   30
tristis at ille 'tamen cantabitis, Arcades,' inquit
'montibus haec uestris; soli cantare periti
Arcades. o mihi tum quam molliter ossa quiescant,
uestra meos olim si fistula dicat amores!
atque utinam ex uobis unus uestrique fuissem   35
aut custos gregis aut maturae uinitor uuae!
certe siue mihi Phyllis siue esset Amyntas
seu quicumque furor (quid tum, si fuscus Amyntas?

8–9 *MPa*; 10–38 *MPR*   10 peribat *M²PRrt*: periret *M¹ω*
12 Aonie *ω Seru.* (Aoinie *Rb*): Aoniae *MPder, Char.* 13. 33, 14. 23
13 etiam (*2°*)] illum *R*   19 upilio *MRbt* (ut filio *P¹*), *Seru.*:
opilio *P²ω*   tarde *Pef*   20 umidus *R*   23 castra] saxa *P¹*
28 ecquis *MP*: et quis *Rω* (*ut iere fit*)   non] nec *R*   29 ripis *M¹*
32 nostris *P¹b*

et nigrae uiolae sunt et uaccinia nigra),
mecum inter salices lenta sub uite iaceret;　　　　　40
serta mihi Phyllis legeret, cantaret Amyntas.
hic gelidi fontes, hic mollia prata, Lycori,
hic nemus; hic ipso tecum consumerer aeuo.
nunc insanus amor duri me Martis in armis
tela inter media atque aduersos detinet hostis.　　　45
tu procul a patria (nec sit mihi credere tantum)
Alpinas, a! dura niues et frigora Rheni
me sine sola uides. a, te ne frigora laedant!
a, tibi ne teneras glacies secet aspera plantas!
ibo et Chalcidico quae sunt mihi condita uersu　　　50
carmina pastoris Siculi modulabor auena.
certum est in siluis inter spelaea ferarum
malle pati tenerisque meos incidere amores
arboribus: crescent illae, crescetis, amores.
interea mixtis lustrabo Maenala Nymphis　　　　　55
aut acris uenabor apros. non me ulla uetabunt
frigora Parthenios canibus circumdare saltus.
iam mihi per rupes uideor lucosque sonantis
ire, libet Partho torquere Cydonia cornu
spicula—tamquam haec sit nostri medicina furoris,　60
aut deus ille malis hominum mitescere discat.
iam neque Hamadryades rursus nec carmina nobis
ipsa placent; ipsae rursus concedite siluae.
non illum nostri possunt mutare labores,
nec si frigoribus mediis Hebrumque bibamus　　　65
Sithoniasque niues hiemis subeamus aquosae,
nec si, cum moriens alta liber aret in ulmo,
Aethiopum uersemus ouis sub sidere Cancri.
omnia vincit Amor: et nos cedamus Amori.'
　　　Haec sat erit, diuae, uestrum cecinisse poetam,　　70

39–70 *MPR*　　40 iaceret *P²Rω*: iaceres *MP¹*　　55 Nymphis]
siluis *R*　　59 Cydonia] Rhodonea *M¹*　　　　　　　60 sint *M*
62 neque] nec *Rb*　　　67 aret Liber *Conington*　　69 uincit *Pω*,
Macrob. v 14. 5 *et* 16. 7: uincet *M*: uicit *R*

dum sedet et gracili fiscellam texit hibisco,
Pierides: uos haec facietis maxima Gallo,
Gallo, cuius amor tantum mihi crescit in horas
quantum uere nouo uiridis se subicit alnus.
surgamus: solet esse grauis cantantibus umbra,   75
iuniperi grauis umbra; nocent et frugibus umbrae.
ite domum saturae, uenit Hesperus, ite capellae.

71–77 *MPR*   73 hora *P*   74 subducit *R*

P. VERGILI MARONIS

GEORGICON

LIBER I

QVID faciat laetas segetes, quo sidere terram
uertere, Maecenas, ulmisque adiungere uitis
conueniat, quae cura boum, qui cultus habendo
sit pecori, apibus quanta experientia parcis,
hinc canere incipiam. uos, o clarissima mundi   5
lumina, labentem caelo quae ducitis annum;
Liber et alma Ceres, uestro si munere tellus
Chaoniam pingui glandem mutauit arista,
poculaque inuentis Acheloia miscuit uuis;
et uos, agrestum praesentia numina, Fauni   10
(ferte simul Faunique pedem Dryadesque puellae:
munera uestra cano); tuque o, cui prima frementem
fudit equum magno tellus percussa tridenti,
Neptune; et cultor nemorum, cui pinguia Ceae
ter centum niuei tondent dumeta iuuenci;   15
ipse nemus linquens patrium saltusque Lycaei
Pan, ouium custos, tua si tibi Maenala curae,
adsis, o Tegeaee, fauens, oleaeque Minerua
inuentrix, uncique puer monstrator aratri,
et teneram ab radice ferens, Siluane, cupressum: 20
dique deaeque omnes, studium quibus arua tueri,
quique nouas alitis non ullo semine fruges
quique satis largum caelo demittitis imbrem.
tuque adeo, quem mox quae sint habitura deorum

1–24 *MPR*   6 lumina] 'numina *fuit, sed emendauit ipse*' *DSeru.*
7 munere] numine *M²*   13 fundit *Pb, DSeru. ad A.* i. 1 (fudit
aquam '*antiquissimi libri plerique*' *ap. DSeru.*)   17 si] seu
Schrader, coll. Theocr. i 124   22 non nullo *achtv, Seru.*

29

concilia incertum est, urbisne inuisere, Caesar,   25
terrarumque uelis curam, et te maximus orbis
auctorem frugum tempestatumque potentem
accipiat cingens materna tempora myrto;
an deus immensi uenias maris ac tua nautae
numina sola colant, tibi seruiat ultima Thule,   30
teque sibi generum Tethys emat omnibus undis;
anne nouum tardis sidus te mensibus addas,
qua locus Erigonen inter Chelasque sequentis
panditur (ipse tibi iam bracchia contrahit ardens
Scorpius et caeli iusta plus parte reliquit);   35
quidquid eris (nam te nec sperant Tartara regem,
nec tibi regnandi ueniat tam dira cupido,
quamuis Elysios miretur Graecia campos
nec repetita sequi curet Proserpina matrem),
da facilem cursum atque audacibus adnue coeptis,   40
ignarosque uiae mecum miseratus agrestis
ingredere et uotis iam nunc adsuesce uocari.

Vere nouo, gelidus canis cum montibus umor
liquitur et Zephyro putris se glaeba resoluit,
depresso incipiat iam tum mihi taurus aratro   45
ingemere et sulco attritus splendescere uomer.
illa seges demum uotis respondet auari
agricolae, bis quae solem, bis frigora sensit;
illius immensae ruperunt horrea messes.
ac prius ignotum ferro quam scindimus aequor,   50
uentos et uarium caeli praediscere morem
cura sit ac patrios cultusque habitusque locorum,
et quid quaeque ferat regio et quid quaeque recuset.
hic segetes, illic ueniunt felicius uuae,
arborei fetus alibi atque iniussa uirescunt   55

25–40 *MPR*; 41–55 *AMPR*   25 urbisne *PRω*, '*liber manu
ipsius correctus*' *teste Probo ap. Gellium* xiii 21. 4, *Seru.*: urbesne
Mabcrv   35 reliquit *MRγ*: relinquit *Pω*, *ps.Probus ad loc.*, *Teren-
tianus Maurus* 1147   36 nec] ne *M*[1]   sperant *M*[1]*P*[1]*Rabcf*:
sperent *M*[2]*P*[2]*ω*, *Seru.*, *ps.Probus*   50 at *γ*   ignotum] immensum *DSeru.*

gramina. nonne uides, croceos ut Tmolus odores,
India mittit ebur, molles sua tura Sabaei,
at Chalybes nudi ferrum uirosaque Pontus
castorea, Eliadum palmas Epiros equarum?
continuo has leges aeternaque foedera certis   60
imposuit natura locis, quo tempore primum
Deucalion uacuum lapides iactauit in orbem,
unde homines nati, durum genus. ergo age, terrae
pingue solum primis extemplo a mensibus anni
fortes inuertant tauri, glaebasque iacentis   65
puluerulenta coquat maturis solibus aestas;
at si non fuerit tellus fecunda, sub ipsum
Arcturum tenui sat erit suspendere sulco:
illic, officiant laetis ne frugibus herbae,
hic, sterilem exiguus ne deserat umor harenam.   70
  Alternis idem tonsas cessare noualis
et segnem patiere situ durescere campum;
aut ibi flaua seres mutato sidere farra,
unde prius laetum siliqua quassante legumen
aut tenuis fetus uiciae tristisque lupini   75
sustuleris fragilis calamos siluamque sonantem.
urit enim lini campum seges, urit auenae,
urunt Lethaeo perfusa papauera somno;
sed tamen alternis facilis labor, arida tantum
ne saturare fimo pingui pudeat sola neue   80
effetos cinerem immundum iactare per agros.
sic quoque mutatis requiescunt fetibus arua,
nec nulla interea est inaratae gratia terrae.
saepe etiam sterilis incendere profuit agros
atque leuem stipulam crepitantibus urere flammis: 85
siue inde occultas uiris et pabula terrae
pinguia concipiunt, siue illis omne per ignem

56–87 *AMPR*   56 Tmolųs ω, *Seru.*, Imolus *R*: Molus *AMefrv*:
Molos *P*   57 mittet *P*¹: mittat *M*²*cr*   60 alternaque *P*
64 a *om. Abcr*   66 solibus] frugibus (*u.* 69) *R*   73 sidere]
semine *R*   81 effectos *R*γ   82 requiescent *R*

excoquitur uitium atque exsudat inutilis umor,
seu pluris calor ille uias et caeca relaxat
spiramenta, nouas ueniat qua sucus in herbas,   90
seu durat magis et uenas astringit hiantis,
ne tenues pluuiae rapidiue potentia solis
acrior aut Boreae penetrabile frigus adurat.
multum adeo, rastris glaebas qui frangit inertis
uimineasque trahit cratis, iuuat arua, neque illum   95
flaua Ceres alto nequiquam spectat Olympo;
et qui, proscisso quae suscitat aequore terga,
rursus in obliquum uerso perrumpit aratro
exercetque frequens tellurem atque imperat aruis.

Vmida solstitia atque hiemes orate serenas,   100
agricolae; hiberno laetissima puluere farra,
laetus ager: nullo tantum se Mysia cultu
iactat et ipsa suas mirantur Gargara messis.
quid dicam, iacto qui semine comminus arua
insequitur cumulosque ruit male pinguis harenae,   105
deinde satis fluuium inducit riuosque sequentis,
et, cum exustus ager morientibus aestuat herbis,
ecce supercilio cliuosi tramitis undam
elicit? illa cadens raucum per leuia murmur
saxa ciet, scatebrisque arentia temperat arua.   110
quid qui, ne grauidis procumbat culmus aristis,
luxuriem segetum tenera depascit in herba,
cum primum sulcos aequant sata, quique paludis
collectum umorem bibula deducit harena?
praesertim incertis si mensibus amnis abundans   115
exit et obducto late tenet omnia limo,
unde cauae tepido sudant umore lacunae.

Nec tamen, haec cum sint hominumque boumque labores
uersando terram experti, nihil improbus anser

88–119 *AMPR*   102 Mysia *MP¹Rab?rtv, Macrob.* v 20. 1,
Non. 340. 33: Moesia *AP²cdefh, mauult Seru.* (*ita DSeru. ad A.* i
140)   103 iactet *DSeru. ibid., ps.Probus*   mirentur *ps.Probus*
106 sequentis] fluentes *R*   114 diducit *A*

Strymoniaeque grues et amaris intiba fibris   120
officiunt aut umbra nocet. pater ipse colendi
haud facilem esse uiam uoluit, primusque per artem
mouit agros, curis acuens mortalia corda
nec torpere graui passus sua regna ueterno.
ante Iouem nulli subigebant arua coloni: 125
ne signare quidem aut partiri limite campum
fas erat; in medium quaerebant, ipsaque tellus
omnia liberius nullo poscente ferebat.
ille malum uirus serpentibus addidit atris
praedarique lupos iussit pontumque moueri,   130
mellaque decussit foliis ignemque remouit
et passim riuis currentia uina repressit,
ut uarias usus meditando extunderet artis
paulatim, et sulcis frumenti quaereret herbam,
ut silicis uenis abstrusum excuderet ignem.   135
tunc alnos primum fluuii sensere cauatas;
nauita tum stellis numeros et nomina fecit
Pleiadas, Hyadas, claramque Lycaonis Arcton.
tum laqueis captare feras et fallere uisco
inuentum et magnos canibus circumdare saltus;   140
atque alius latum funda iam uerberat amnem
alta petens, pelagoque alius trahit umida lina.
tum ferri rigor atque argutae lammina serrae
(nam primi cuneis scindebant fissile lignum),
tum uariae uenere artes. labor omnia uicit   145
improbus et duris urgens in rebus egestas.
prima Ceres ferro mortalis uertere terram
instituit, cum iam glandes atque arbuta sacrae
deficerent siluae et uictum Dodona negaret.
mox et frumentis labor additus, ut mala culmos   150
esset robigo segnisque horreret in aruis
carduus; intereunt segetes, subit aspera silua

120–52 *AMPR*   133 extruderet *P²*: excuderet *br*, extuderet
fhγ   135 et *A*   139 tunc *M¹c, Sen. ep.* 90. 11   145 uincit
cd   146 urgens *M²P²Rω*: surgens *AM¹P¹a*

lappaeque tribolique, interque nitentia culta
infelix lolium et steriles dominantur auenae.
quod nisi et adsiduis herbam insectabere rastris   155
et sonitu terrebis auis et ruris opaci
falce premes umbras uotisque uocaueris imbrem,
heu magnum alterius frustra spectabis aceruum
concussaque famem in siluis solabere quercu.

Dicendum et quae sint duris agrestibus arma,   160
quis sine nec potuere seri nec surgere messes:
uomis et inflexi primum graue robur aratri,
tardaque Eleusinae matris uoluentia plaustra,
tribulaque traheaeque et iniquo pondere rastri;
uirgea praeterea Celei uilisque supellex,   165
arbuteae crates et mystica uannus Iacchi;
omnia quae multo ante memor prouisa repones,
si te digna manet diuini gloria ruris.
continuo in siluis magna ui flexa domatur
in burim et curui formam accipit ulmus aratri.   170
huic a stirpe pedes temo protentus in octo,
binae aures, duplici aptantur dentalia dorso.
caeditur et tilia ante iugo leuis altaque fagus
stiuaque, quae currus a tergo torqueat imos,
et suspensa focis explorat robora fumus.   175

Possum multa tibi ueterum praecepta referre,
ni refugis tenuisque piget cognoscere curas.
area cum primis ingenti aequanda cylindro
et uertenda manu et creta solidanda tenaci,
ne subeant herbae neu puluere uicta fatiscat,   180
tum uariae inludant pestes: saepe exiguus mus
sub terris posuitque domos atque horrea fecit,
aut oculis capti fodere cubilia talpae,

153–83 *AMPR*   155 herbam *Mω*: terram *APRad*   157 umbras *APω*: umbram *MRfy*, *Non*. 365. 26, *Seru. hic et ad E.* x 76
164 traheaeque *PRbdr*, *Seru*.: trahaeque *AMω*   166 uallus
R, *agnoscit Seru.*   175 explorat *MPRω*: exploret *Ach*
178 primum *cefh*   cylindro est *P²*   181 inludant *M¹P¹Rω*:
inludunt *M²P²c*, *Seru*.: ludunt *A*

34

inuentusque cauis bufo et quae plurima terrae
monstra ferunt, populatque ingentem farris aceruum   185
curculio atque inopi metuens formica senectae.
contemplator item, cum se nux plurima siluis
induet in florem et ramos curuabit olentis:
si superant fetus, pariter frumenta sequentur
magnaque cum magno ueniet tritura calore;   190
at si luxuria foliorum exuberat umbra,
nequiquam pinguis palea teret area culmos.
semina uidi equidem multos medicare serentis
et nitro prius et nigra perfundere amurca,
grandior ut fetus siliquis fallacibus esset   195
et quamuis igni exiguo properata maderent.
uidi lecta diu et multo spectata labore
degenerare tamen, ni uis humana quotannis
maxima quaeque manu legeret: sic omnia fatis
in peius ruere ac retro sublapsa referri,   200
non aliter quam qui aduerso uix flumine lembum
remigiis subigit, si bracchia forte remisit,
atque illum in praeceps prono rapit alueus amni.
  Praeterea tam sunt Arcturi sidera nobis
Haedorumque dies seruandi et lucidus Anguis,   205
quam quibus in patriam uentosa per aequora uectis
Pontus et ostriferi fauces temptantur Abydi.
Libra die somnique pares ubi fecerit horas
et medium luci atque umbris iam diuidit orbem,
exercete, uiri, tauros, serite hordea campis   210
usque sub extremum brumae intractabilis imbrem;
nec non et lini segetem et Cereale papauer

184–212 *AMPR*   187 nux **se** *A*   188 induit *γ*
192 paleae *Schol. Bern.*, 'quidam' *ap. DSeru.*   terit *Rb*   200 ac
AMRω, *Col.* ii 9, 12 *et* iii 10. 18, *Gell.* x 29. 4 (*ut A.* ii 169): et
Pbcfhr   203 in *om.* *P*   prono in praec. trahit *R*   208 die
AMPω, *Seru.*, *Gramm.*: diei *Rr*: dies *b*, *quod in libro Vergilii
idiographo inuenerunt nescio qui ap. Gell.* ix 14. 7: dii *ut uid. legit
Auson.* vii 7. 31 (*cf. A.* i 636, *Char.* 126. 31)   209 diuidet
Rbry

tempus humo tegere et iamdudum incumbere aratris,
dum sicca tellure licet, dum nubila pendent.
uere fabis satio; tum te quoque, medica, putres   215
accipiunt sulci et milio uenit annua cura,
candidus auratis aperit cum cornibus annum
Taurus et auerso cedens Canis occidit astro.
at si triticeam in messem robustaque farra
exercebis humum solisque instabis aristis,   220
ante tibi Eoae Atlantides abscondantur
Cnosiaque ardentis decedat stella Coronae,
debita quam sulcis committas semina quamque
inuitae properes anni spem credere terrae.
multi ante occasum Maiae coepere; sed illos   225
exspectata seges uanis elusit auenis.
si uero uiciamque seres uilemque phaselum
nec Pelusiacae curam aspernabere lentis,
haud obscura cadens mittet tibi signa Bootes:
incipe et ad medias sementem extende pruinas.   230
  Idcirco certis dimensum partibus orbem
per duodena regit mundi sol aureus astra.
quinque tenent caelum zonae: quarum una corusco
semper sole rubens et torrida semper ab igni;
quam circum extremae dextra laeuaque trahuntur   235
caeruleae, glacie concretae atque imbribus atris;
has inter mediamque duae mortalibus aegris
munere concessae diuum, et uia secta per ambas,
obliquus qua se signorum uerteret ordo.
mundus, ut ad Scythiam Riphaeasque arduus arces   240
consurgit, premitur Libyae deuexus in Austros.
hic uertex nobis semper sublimis; at illum
sub pedibus Styx atra uidet Manesque profundi.
maximus hic flexu sinuoso elabitur Anguis

213–44 *AMPR*   213 aratris *M¹P¹ω*: rastris *AM²P²Rbd*
218 auerso *APRω, ps.Probus*: aduerso *M, schol. Bern.*, '*alii*' *ap. Seru.*
226 auenis *Pω, ps.Probus, schol. Bern.*: aristis *AMRa, Non.* 301. 20
et 416. 26   229 mittit *AM*   242 at] ad *PRb*

circum perque duas in morem fluminis Arctos,　　245
Arctos Oceani metuentis aequore tingi.
illic, ut perhibent, aut intempesta silet nox
semper et obtenta densentur nocte tenebrae;
aut redit a nobis Aurora diemque reducit,
nosque ubi primus equis Oriens adflauit anhelis　　250
illic sera rubens accendit lumina Vesper.
hinc tempestates dubio praediscere caelo
possumus, hinc messisque diem tempusque serendi,
et quando infidum remis impellere marmor
conueniat, quando armatas deducere classis,　　255
aut tempestiuam siluis euertere pinum;
nec frustra signorum obitus speculamur et ortus
temporibusque parem diuersis quattuor annum.
　　Frigidus agricolam si quando continet imber,
multa, forent quae mox caelo properanda sereno,　　260
maturare datur: durum procudit arator
uomeris obtunsi dentem, cauat arbore lintres,
aut pecori signum aut numeros impressit aceruis.
exacuunt alii uallos furcasque bicornis
atque Amerina parant lentae retinacula uiti.　　265
nunc facilis rubea texatur fiscina uirga,
nunc torrete igni fruges, nunc frangite saxo.
quippe etiam festis quaedam exercere diebus
fas et iura sinunt: riuos deducere nulla
religio uetuit, segeti praetendere saepem,　　270
insidias auibus moliri, incendere uepres
balantumque gregem fluuio mersare salubri.
saepe oleo tardi costas agitator aselli
uilibus aut onerat pomis, lapidemque reuertens
incusum aut atrae massam picis urbe reportat.　　275
　　Ipsa dies alios alio dedit ordine luna

　　245–76 *AMPR*　　248 densentur *PRω*: densantur *AMc*　　252
praedicere *ARb*　　260 mox] post *Mb?*　　263 impressat *A*
266 facili *P*　　Rubea *ab oppidi Ruborum nomine Seru., schol.
Bern. (cf. ps.Acron. in Hor. serm.* i 5. 94); rubea *agnoscit DSeru.*
269 diducere *Mdfr*

felicis operum. quintam fuge: pallidus Orcus
Eumenidesque satae; tum partu Terra nefando
Coeumque Iapetumque creat saeuumque Typhoea
et coniuratos caelum rescindere fratres.   280
ter sunt conati imponere Pelio Ossam
scilicet atque Ossae frondosum inuoluere Olympum;
ter pater exstructos disiecit fulmine montis.
septima post decimam felix et ponere uitem
et prensos domitare boues et licia telae   285
addere. nona fugae melior, contraria furtis.
  Multa adeo gelida melius se nocte dedere
aut cum sole nouo terras inrorat Eous.
nocte leues melius stipulae, nocte arida prata
tondentur, noctes lentus non deficit umor.   290
et quidam seros hiberni ad luminis ignis
peruigilat ferroque faces inspicat acuto.
interea longum cantu solata laborem
arguto coniunx percurrit pectine telas,
aut dulcis musti Volcano decoquit umorem   295
et foliis undam trepidi despumat aëni.
at rubicunda Ceres medio succiditur aestu
et medio tostas aestu terit area fruges.
nudus ara, sere nudus. hiems ignaua colono:
frigoribus parto agricolae plerumque fruuntur   300
mutuaque inter se laeti conuiuia curant.
inuitat genialis hiems curasque resoluit,
ceu pressae cum iam portum tetigere carinae,
puppibus et laeti nautae imposuere coronas.
sed tamen et quernas glandes tum stringere tempus   305
et lauri bacas oleamque cruentaque myrta,
tum gruibus pedicas et retia ponere ceruis
auritosque sequi lepores, tum figere dammas

  277–80 *AMPR*; 281–308 *MPR*   277 Orcus *AMR*ω, *Cornutus ap*.
DSeru.: Horcus *P*, *Celsus ibid*. (*cf. Hesiod. opp*. 804): Orchus *Probus
ibid*.   282 inuertere *P*¹   283 deiecit *R*   284 uites *Raer*
288 aut] uel *R*   290 noctis ω(*praeter hr*)   292 peruigilant *P*
296 trepidi *P*²ω, *Seru*.: trepidis *MR*: tepidi *P*¹   305 tunc *cefh*

stuppea torquentem Balearis uerbera fundae,
cum nix alta iacet, glaciem cum flumina trudunt.   310
  Quid tempestates autumni et sidera dicam,
atque, ubi iam breuiorque dies et mollior aestas,
quae uigilanda uiris? uel cum ruit imbriferum uer,
spicea iam campis cum messis inhorruit et cum
frumenta in uiridi stipula lactentia turgent?   315
saepe ego, cum flauis messorem induceret aruis
agricola et fragili iam stringeret hordea culmo,
omnia uentorum concurrere proelia uidi,
quae grauidam late segetem ab radicibus imis
sublimem expulsam eruerent: ita turbine nigro   320
ferret hiems culmumque leuem stipulasque uolantis.
saepe etiam immensum caelo uenit agmen aquarum
et foedam glomerant tempestatem imbribus atris
collectae ex alto nubes; ruit arduus aether
et pluuia ingenti sata laeta boumque labores   325
diluit; implentur fossae et caua flumina crescunt
cum sonitu feruetque fretis spirantibus aequor.
ipse pater media nimborum in nocte corusca
fulmina molitur dextra, quo maxima motu
terra tremit, fugere ferae et mortalia corda   330
per gentis humilis strauit pauor; ille flagranti
aut Atho aut Rhodopen aut alta Ceraunia telo
deicit; ingeminant Austri et densissimus imber;
nunc nemora ingenti uento, nunc litora plangunt.
hoc metuens caeli mensis et sidera serua,   335
frigida Saturni sese quo stella receptet,
quos ignis caelo Cyllenius erret in orbis.

309–22 *MPR*; 323–37 *MγR*   309 torquentes *R*   315 lactentia
M²Pb(latentia *M¹*): lactantia *ω*, *Seru.*: iacentia *R*   318 consurgere *R*   320 sublime *dey*   321 uolantis] nigrantis *P¹*
327 spumantibus *R*   332 Atho *Valerianus, ut Theocr.* vii 77
(*cf. et A.* xii 701): Athon *codd.* (*ut Val. Flacc.* i 664)   334 plangunt
γω, 'alii' *ap. Seru., idem ad A.* iii 420: plangit *MRb, Seru. ad loc.*
337 caelo *M, ps.Probus*: caeli *γRω, Sen. ep.* 88. 14, *Arus.* 484. 9, *Seru.*
hic et ad A. iv 239

in primis uenerare deos, atque annua magnae
sacra refer Cereri laetis operatus in herbis
extremae sub casum hiemis, iam uere sereno.   340
tum pingues agni et tum mollissima uina,
tum somni dulces densaeque in montibus umbrae.
cuncta tibi Cererem pubes agrestis adoret:
cui tu lacte fauos et miti dilue Baccho,
terque nouas circum felix eat hostia fruges,   345
omnis quam chorus et socii comitentur ouantes
et Cererem clamore uocent in tecta; neque ante
falcem maturis quisquam supponat aristis
quam Cereri torta redimitus tempora quercu
det motus incompositos et carmina dicat.   350
  Atque haec ut certis possemus discere signis,
aestusque pluuiasque et agentis frigora uentos,
ipse pater statuit quid menstrua luna moneret,
quo signo caderent Austri, quid saepe uidentes
agricolae propius stabulis armenta tenerent.   355
continuo uentis surgentibus aut freta ponti
incipiunt agitata tumescere et aridus altis
montibus audiri fragor, aut resonantia longe
litora misceri et nemorum increbrescere murmur.
iam sibi tum a curuis male temperat unda carinis,   360
cum medio celeres reuolant ex aequore mergi
clamoremque ferunt ad litora, cumque marinae
in sicco ludunt fulicae, notasque paludes
deserit atque altam supra uolat ardea nubem.
saepe etiam stellas uento impendente uidebis   365
praecipitis caelo labi, noctisque per umbram
flammarum longos a tergo albescere tractus;
saepe leuem paleam et frondes uolitare caducas

  338–68 *MγR*   340 casu *Re*   341 tum *MRbr*: tunc
γω   agni pingues *ω(praeter br)*, *Seru*.   351 possemus *MRbr*:
possimus *γω*   discere *M¹γω*: dicere *R*: noscere *M²r*   357 arduus
(*A*. vii 624) *R*   360 a curuis *Rω*, *Arus*. 512. 16: curuis *Mγhrs*,
Prisc. xviii 144, *Don. ad Ter. Phorm*. 271, *Seru*.   366 umbram
MγRbr: umbras *ω*, *Isid. de nat. rerum* 25

aut summa nantis in aqua conludere plumas.
at Boreae de parte trucis cum fulminat et cum   370
Eurique Zephyrique tonat domus, omnia plenis
rura natant fossis atque omnis nauita ponto
umida uela legit. numquam imprudentibus imber
obfuit: aut illum surgentem uallibus imis
aëriae fugere grues, aut bucula caelum   375
suspiciens patulis captauit naribus auras,
aut arguta lacus circumuolitauit hirundo
et ueterem in limo ranae cecinere querelam.
saepius et tectis penetralibus extulit oua
angustum formica terens iter, et bibit ingens   380
arcus, et e pastu decedens agmine magno
coruorum increpuit densis exercitus alis.
iam uariae pelagi uolucres et quae Asia circum
dulcibus in stagnis rimantur prata Caystri—
certatim largos umeris infundere rores,   385
nunc caput obiectare fretis, nunc currere in undas
et studio incassum uideas gestire lauandi.
tum cornix plena pluuiam uocat improba uoce
et sola in sicca secum spatiatur harena.
ne nocturna quidem carpentes pensa puellae   390
nesciuere hiemem, testa cum ardente uiderent
scintillare oleum et putris concrescere fungos.
 Nec minus ex imbri soles et aperta serena
prospicere et certis poteris cognoscere signis:
nam neque tum stellis acies obtunsa uidetur,   395
nec fratris radiis obnoxia surgere Luna,
tenuia nec lanae per caelum uellera ferri;
non tepidum ad solem pennas in litore pandunt
dilectae Thetidi alcyones, non ore solutos
immundi meminere sues iactare maniplos.   400

369–400 *MγR*   373 prudentibus *M*[1]   383 uariae
MγRdh(uarie *a*): uarias *ω*, '*uera lectio*' *iudice Seru.* et quae
ω(etque *γe*), *Seru.*: atque *Madru*, adque *R* 386 undas *M*[1]*ω*:
undam *M*[2]*γR*

at nebulae magis ima petunt campoque recumbunt,
solis et occasum seruans de culmine summo
nequiquam seros exercet noctua cantus.
apparet liquido sublimis in aëre Nisus,
et pro purpureo poenas dat Scylla capillo: 405
quacumque illa leuem fugiens secat aethera pennis,
ecce inimicus atrox magno stridore per auras
insequitur Nisus; qua se fert Nisus ad auras,
illa leuem fugiens raptim secat aethera pennis.
tum liquidas corui presso ter gutture uoces 410
aut quater ingeminant, et saepe cubilibus altis
nescio qua praeter solitum dulcedine laeti
inter se in foliis strepitant; iuuat imbribus actis
progeniem paruam dulcisque reuisere nidos.
haud equidem credo, quia sit diuinitus illis 415
ingenium aut rerum fato prudentia maior;
uerum ubi tempestas et caeli mobilis umor
mutauere uias et Iuppiter uuidus Austris
denset erant quae rara modo, et quae densa relaxat,
uertuntur species animorum, et pectora motus 420
nunc alios, alios dum nubila uentus agebat,
concipiunt: hinc ille auium concentus in agris
et laetae pecudes et ouantes gutture corui.
 Si uero solem ad rapidum lunasque sequentis
ordine respicies, numquam te crastina fallet 425
hora, neque insidiis noctis capiere serenae.
luna reuertentis cum primum colligit ignis,
si nigrum obscuro comprenderit aëra cornu,
maximus agricolis pelagoque parabitur imber;
at si uirgineum suffuderit ore ruborem, 430
uentus erit: uento semper rubet aurea Phoebe.

401–31 *MγR* 404 aethere *R* 413 in *om. adefhs*
418 uias] uices *γ*[1] *ut uid., uaria lectio in a, coniecit Markland ad*
Stat. silu. v 2. 152 uuidus *M*: umidus *ceteri, Prisc.* viii 95, *Seru.*
419 densat *df* 420 pectora *MγRbr*: pectore *ω* 422 hic *M*[1]
430 aut *M*[1]

sin ortu quarto (namque is certissimus auctor)
pura neque obtunsis per caelum cornibus ibit,
totus et ille dies et qui nascentur ab illo
exactum ad mensem pluuia uentisque carebunt,   435
uotaque seruati soluent in litore nautae
Glauco et Panopeae et Inoo Melicertae.
sol quoque et exoriens et cum se condet in undas
signa dabit; solem certissima signa sequentur,
et quae mane refert et quae surgentibus astris.   440
ille ubi nascentem maculis uariauerit ortum
conditus in nubem medioque refugerit orbe,
suspecti tibi sint imbres: namque urget ab alto
arboribusque satisque Notus pecorique sinister.
aut ubi sub lucem densa inter nubila sese   445
diuersi rumpent radii, aut ubi pallida surget
Tithoni croceum linquens Aurora cubile,
heu, male tum mitis defendet pampinus uuas:
tam multa in tectis crepitans salit horrida grando.
hoc etiam, emenso cum iam decedit Olympo,   450
profuerit meminisse magis; nam saepe uidemus
ipsius in uultu uarios errare colores:
caeruleus pluuiam denuntiat, igneus Euros;
sin maculae incipiunt rutilo immiscerier igni,
omnia tum pariter uento nimbisque uidebis   455
feruere: non illa quisquam me nocte per altum
ire neque a terra moneat conuellere funem.
at si, cum referetque diem condetque relatum,
lucidus orbis erit, frustra terrebere nimbis
et claro siluas cernes Aquilone moueri.   460
denique, quid Vesper serus uehat, unde serenas
uentus agat nubes, quid cogitet umidus Auster,

432–62 $M\gamma R$ 434 nascetur R 436 ad litora R
439 sequuntur γR^2 440 austris M^1 446 erumpent aev:
rumpunt $R\gamma$, $Seru.$ ad $A.$ i 662   surgit $Rbdf\gamma s$ 448 defendit
$cdf\gamma$ 450 decedit MR: -det ω(decet γc)   454 incipiunt
$M^1\gamma R\gamma$: -ent $M^2\omega$ 457 moueat M^1 460 cernes siluas $b\gamma$
461 uehat ω(ueat γ), $Rufin.$ 53. 5: ferat M^1R(uerat M^2)

43

sol tibi signa dabit. solem quis dicere falsum
audeat? ille etiam caecos instare tumultus
saepe monet fraudemque et operta tumescere bella;   465
ille etiam exstincto miseratus Caesare Romam,
cum caput obscura nitidum ferrugine texit
impiaque aeternam timuerunt saecula noctem.
tempore quamquam illo tellus quoque et aequora ponti,
obscenaeque canes importunaeque uolucres   470
signa dabant. quotiens Cyclopum efferuere in agros
uidimus undantem ruptis fornacibus Aetnam,
flammarumque globos liquefactaque uoluere saxa!
armorum sonitum toto Germania caelo
audiit, insolitis tremuerunt motibus Alpes.   475
uox quoque per lucos uulgo exaudita silentis
ingens, et simulacra modis pallentia miris
uisa sub obscurum noctis, pecudesque locutae
(infandum!); sistunt amnes terraeque dehiscunt,
et maestum inlacrimat templis ebur aeraque sudant.   480
proluit insano contorquens uertice siluas
fluuiorum rex Eridanus camposque per omnis
cum stabulis armenta tulit. nec tempore eodem
tristibus aut extis fibrae apparere minaces
aut puteis manare cruor cessauit, et altae   485
per noctem resonare lupis ululantibus urbes.
non alias caelo ceciderunt plura sereno
fulgura nec diri totiens arsere cometae.
ergo inter sese paribus concurrere telis
Romanas acies iterum uidere Philippi;   490
nec fuit indignum superis bis sanguine nostro
Emathiam et latos Haemi pinguescere campos.
scilicet et tempus ueniet, cum finibus illis
agricola incuruo terram molitus aratro
exesa inueniet scabra robigine pila,   495
aut grauibus rastris galeas pulsabit inanis

463–96 MγR   470 obscenaeque M (cf. A. vi 257): -nique
γRω, Isid. i 37. 12   475 montibus M¹R²bdr

grandiaque effossis mirabitur ossa sepulcris.
di patrii Indigetes et Romule Vestaque mater,
quae Tuscum Tiberim et Romana Palatia seruas,
hunc saltem euerso iuuenem succurrere saeclo   500
ne prohibete. satis iam pridem sanguine nostro
Laomedonteae luimus periuria Troiae;
iam pridem nobis caeli te regia, Caesar,
inuidet atque hominum queritur curare triumphos,   504
quippe ubi fas uersum atque nefas: tot bella per orbem,
tam multae scelerum facies, non ullus aratro
dignus honos, squalent abductis arua colonis,
et curuae rigidum falces conflantur in ensem.
hinc mouet Euphrates, illinc Germania bellum;
uicinae ruptis inter se legibus urbes   510
arma ferunt; saeuit toto Mars impius orbe,
ut cum carceribus sese effudere quadrigae,
addunt in spatia, et frustra retinacula tendens
fertur equis auriga neque audit currus habenas.

497–514 *MγR*   503 caeli nobis *R*   511 improbus *Seru.*
ad E. iv 13   513 in spatia *abdht, Quint.* viii 3. 78, *Seru. (cf. Sil.
Ital.* xvi 373): se in spatia *cev*: se in spatio *rs*: spatia *Rf*: spatio *Mγ*

P. VERGILI MARONIS
GEORGICON
LIBER II

HACTENVS aruorum cultus et sidera caeli;
nunc te, Bacche, canam, nec non siluestria tecum
uirgulta et prolem tarde crescentis oliuae.
huc, pater o Lenaee: tuis hic omnia plena
muneribus, tibi pampineo grauidus autumno   5
floret ager, spumat plenis uindemia labris;
huc, pater o Lenaee, ueni, nudataque musto
tinge nouo mecum dereptis crura coturnis.
  Principio arboribus uaria est natura creandis.
namque aliae nullis hominum cogentibus ipsae   10
sponte sua ueniunt camposque et flumina late
curua tenent, ut molle siler lentaeque genistae,
populus et glauca canentia fronde salicta;
pars autem posito surgunt de semine, ut altae
castaneae, nemorumque Ioui quae maxima frondet   15
aesculus, atque habitae Grais oracula quercus.
pullulat ab radice aliis densissima silua,
ut cerasis ulmisque; etiam Parnasia laurus
parua sub ingenti matris se subicit umbra.
hos natura modos primum dedit, his genus omne   20
siluarum fruticumque uiret nemorumque sacrorum.
sunt alii, quos ipse uia sibi repperit usus:
hic plantas tenero abscindens de corpore matrum
deposuit sulcis, hic stirpes obruit aruo,
quadrifidasque sudes et acuto robore uallos.   25
siluarumque aliae pressos propaginis arcus

1–26 *My*   8 dereptis *adf*: direptis *Myω*   19 subigit *M*
22 alie *M* (*unde* quas *M²*)

46

exspectant et uiua sua plantaria terra;
nil radicis egent aliae summumque putator
haud dubitat terrae referens mandare cacumen.
quin et caudicibus sectis (mirabile dictu)　　　　　30
truditur e sicco radix oleagina ligno;
et saepe alterius ramos impune uidemus
uertere in alterius, mutatamque insita mala
ferre pirum et prunis lapidosa rubescere corna.

　Quare agite o proprios generatim discite cultus,　　35
agricolae, fructusque feros mollite colendo,
neu segnes iaceant terrae.　iuuat Ismara Baccho
conserere atque olea magnum uestire Taburnum.
tuque ades inceptumque una decurre laborem,
o decus, o famae merito pars maxima nostrae,　　　40
Maecenas, pelagoque uolans da uela patenti.
non ego cuncta meis amplecti uersibus opto,
non, mihi si linguae centum sint oraque centum,
ferrea uox.　ades et primi lege litoris oram;
in manibus terrae.　non hic te carmine ficto　　　45
atque per ambages et longa exorsa tenebo.

　Sponte sua quae se tollunt in luminis oras,
infecunda quidem, sed laeta et fortia surgunt;
quippe solo natura subest.　tamen haec quoque, si quis
inserat aut scrobibus mandet mutata subactis,　　50
exuerint siluestrem animum, cultuque frequenti
in quascumque uoles artis haud tarda sequentur.
nec non et, sterilis quae stirpibus exit ab imis,
hoc faciat, uacuos si sit digesta per agros;
nunc altae frondes et rami matris opacant　　　　55
crescentique adimunt fetus uruntque ferentem.
iam quae seminibus iactis se sustulit arbos,
tarda uenit seris factura nepotibus umbram,

　27–52 *My*; 53–8 *M*　　36 fructusque] cultusque *M*¹
*M*¹*γ*: auras *M*²*ω*　　52 uoles *My*: uoces *ω*, *Seru.*　　53–260 *om.*
γ; uu. 53–211 *ex fonte alieno add. manus altera*　　54 faciat *M*¹*bdrs*:
faciet *M*²*ω*, *Seru.*

pomaque degenerant sucos oblita priores
et turpis auibus praedam fert uua racemos.   60
scilicet omnibus est labor impendendus, et omnes
cogendae in sulcum ac multa mercede domandae.
sed truncis oleae melius, propagine uites
respondent, solido Paphiae de robore myrtus,
plantis edurae coryli. nascuntur et ingens   65
fraxinus Herculeaeque arbos umbrosa coronae,
Chaoniique patris glandes; etiam ardua palma
nascitur et casus abies uisura marinos.
inseritur uero et fetu nucis arbutus horrida,
et steriles platani malos gessere ualentis,   70
castaneae fagos; ornusque incanuit albo
flore piri glandemque sues fregere sub ulmis.
    Nec modus inserere atque oculos imponere simplex.
nam qua se medio trudunt de cortice gemmae
et tenuis rumpunt tunicas, angustus in ipso   75
fit nodo sinus; huc aliena ex arbore germen
includunt udoque docent inolescere libro.
aut rursum enodes trunci resecantur, et alte
finditur in solidum cuneis uia, deinde feraces
plantae immittuntur: nec longum tempus, et ingens   80
exiit ad caelum ramis felicibus arbos,
miratastque nouas frondes et non sua poma.
    Praeterea genus haud unum nec fortibus ulmis
nec salici lotoque neque Idaeis cyparissis,
nec pingues unam in faciem nascuntur oliuae,   85
orchades et radii et amara pausia baca,
pomaque et Alcinoi siluae, nec surculus idem
Crustumiis Syriisque piris grauibusque volemis.

59–88 M   65 edurae d, 'alii' ap. Seru.: et durae Mω, utrumque agnoscunt schol. Bern.   nascentur dt   67 Chaonieque M
69 et] ex dy, Probus 228. 9, Victorinus 222. 18   'male quidam
horrens legunt' Seru.   71 fagos Mω, ut nominatiuus sit graecus
'alii' ap. Seru.: fagus Prisc. viii 85   78 alta ad   81 exilit
Non. 302. 5 (exit 339. 22)   82 miratastque M²(-taeque M¹?),
Seru. ut uid. (quid ad G. i 103, non liquet): -ta estque ady: -tasque ω:
-turque e

non eadem arboribus pendet uindemia nostris
quam Methymnaeo carpit de palmite Lesbos;   90
sunt Thasiae uites, sunt et Mareotides albae,
pinguibus hae terris habiles, leuioribus illae,
et passo psithia utilior tenuisque lageos
temptatura pedes olim uincturaque linguam,
purpureae praeciaeque et, quo te carmine dicam,   95
Rhaetica? nec cellis ideo contende Falernis.
sunt et Aminneae uites, firmissima uina,
Tmolius adsurgit quibus et rex ipse Phanaeus,
argitisque minor, cui non certauerit ulla
aut tantum fluere aut totidem durare per annos.   100
non ego te, dis et mensis accepta secundis,
transierim, Rhodia, et tumidis, bumaste, racemis.
sed neque quam multae species nec nomina quae sint
est numerus, neque enim numero comprendere refert;
quem qui scire uelit, Libyci uelit aequoris idem   105
dicere quam multae Zephyro turbentur harenae
aut, ubi nauigiis uiolentior incidit Eurus,
nosse quot Ionii ueniant ad litora fluctus.

    Nec uero terrae ferre omnes omnia possunt.
fluminibus salices crassisque paludibus alni   110
nascuntur, steriles saxosis montibus orni;
litora myrtetis laetissima; denique apertos
Bacchus amat collis, Aquilonem et frigora taxi.
aspice et extremis domitum cultoribus orbem
Eoasque domos Arabum pictosque Gelonos: 115
diuisae arboribus patriae. sola India nigrum
fert hebenum, solis est turea uirga Sabaeis.
quid tibi odorato referam sudantia ligno
balsamaque et bacas semper frondentis acanthi?
quid nemora Aethiopum molli canentia lana,   120
uelleraque ut foliis depectant tenuia Seres?

   89–91 *M*; 92–117 *MV*; 118–121 *M*   97 et] etiam *cehv*
98 Molius *Mγ(def. V)*   106 dicere *MVω*: discere *de, Col.*
iii 2. 29   108 quod *V*   121 depectat '*alii*' *ap. Seru.*,
ut Seres *singularis sit numeri*

aut quos Oceano propior gerit India lucos,
extremi sinus orbis, ubi aëra uincere summum
arboris haud ullae iactu potuere sagittae?—
et gens illa quidem sumptis non tarda pharetris.   125
Media fert tristis sucos tardumque saporem
felicis mali, quo non praesentius ullum,
pocula si quando saeuae infecere nouercae,
[miscueruntque herbas et non innoxia uerba,]
auxilium uenit ac membris agit atra uenena.   130
ipsa ingens arbos faciemque simillima lauro,
et, si non alium late iactaret odorem,
laurus erat: folia haud ullis labentia uentis,
flos ad prima tenax; animas et olentia Medi
ora fouent illo et senibus medicantur anhelis.   135
    Sed neque Medorum siluae ditissima terra
nec pulcher Ganges atque auro turbidus Hermus
laudibus Italiae certent, non Bactra neque Indi
totaque turiferis Panchaia pinguis harenis.
haec loca non tauri spirantes naribus ignem   140
inuertere satis immanis dentibus hydri,
nec galeis densisque uirum seges horruit hastis;
sed grauidae fruges et Bacchi Massicus umor
impleuere; tenent oleae armentaque laeta.
hinc bellator equus campo sese arduus infert,   145
hinc albi, Clitumne, greges et maxima taurus
uictima, saepe tuo perfusi flumine sacro,
Romanos ad templa deum duxere triumphos.
hic uer adsiduum atque alienis mensibus aestas:
bis grauidae pecudes, bis pomis utilis arbos.   150
at rabidae tigres absunt et saeua leonum
semina, nec miseros fallunt aconita legentis,
nec rapit immensos orbis per humum neque tanto

    122–38 M; 139–53 MP   122 proprior Mγ   124 haud]
aut Mbrγ   ullo Non. 241. 26 (ullae 418. 23)   129 (= G. iii 283)
om. M¹, exhibent ω, interpretantur Seru., schol. Bern., seclusit Heyne
miscuerantque aev   136 terra] regna M²   148 at M¹P
151 rapidae P

squameus in spiram tractu se colligit anguis.
adde tot egregias urbes operumque laborem,   155
tot congesta manu praeruptis oppida saxis
fluminaque antiquos subter labentia muros.
an mare quod supra memorem, quodque adluit infra?
anne lacus tantos? te, Lari maxime, teque,
fluctibus et fremitu adsurgens Benace marino?   160
an memorem portus Lucrinoque addita claustra
atque indignatum magnis stridoribus aequor,
Iulia qua ponto longe sonat unda refuso
Tyrrhenusque fretis immittitur aestus Auernis?
haec eadem argenti riuos aerisque metalla   165
ostendit uenis atque auro plurima fluxit.
haec genus acre uirum, Marsos pubemque Sabellam
adsuetumque malo Ligurem Volscosque uerutos
extulit, haec Decios Marios magnosque Camillos,
Scipiadas duros bello et te, maxime Caesar,   170
qui nunc extremis Asiae iam uictor in oris
imbellem auertis Romanis arcibus Indum.
salue, magna parens frugum, Saturnia tellus,
magna uirum: tibi res antiquae laudis et artem
ingredior sanctos ausus recludere fontis,   175
Ascraeumque cano Romana per oppida carmen.
  Nunc locus aruorum ingeniis, quae robora cuique,
quis color et quae sit rebus natura ferendis.
difficiles primum terrae collesque maligni,
tenuis ubi argilla et dumosis calculus aruis,   180
Palladia gaudent silua uiuacis oliuae:
indicio est tractu surgens oleaster eodem
plurimus et strati bacis siluestribus agri.
at quae pinguis humus dulcique uligine laeta,
quique frequens herbis et fertilis ubere campus,   185
qualem saepe caua montis conualle solemus

154–86 *MP*   174 artem *P*: artis *Mω*   178 quis] qui *P¹*
181 gaudent *Pγ*: gaudet *Mω*   184 at quae] atque *ω(praeter bdt)*
186 solemus] uidemus *P*

despicere (huc summis liquuntur rupibus amnes
felicemque trahunt limum), quique editus Austro
et filicem curuis inuisam pascit aratris:
hic tibi praeualidas olim multoque fluentis   190
sufficiet Baccho uitis, hic fertilis uuae,
hic laticis, qualem pateris libamus et auro,
inflauit cum pinguis ebur Tyrrhenus ad aras,
lancibus et pandis fumantia reddimus exta.
sin armenta magis studium uitulosque tueri   195
aut ouium fetum aut urentis culta capellas,
saltus et saturi petito longinqua Tarenti,
et qualem infelix amisit Mantua campum
pascentem niueos herboso flumine cycnos:
non liquidi gregibus fontes, non gramina deerunt,   200
et quantum longis carpent armenta diebus
exigua tantum gelidus ros nocte reponet.
nigra fere et presso pinguis sub uomere terra
et cui putre solum (namque hoc imitamur arando),
optima frumentis: non ullo ex aequore cernes   205
plura domum tardis decedere plaustra iuuencis;
aut unde iratus siluam deuexit arator
et nemora euertit multos ignaua per annos,
antiquasque domos auium cum stirpibus imis
eruit; illae altum nidis petiere relictis,   210
at rudis enituit impulso uomere campus.
nam ieiuna quidem cliuosi glarea ruris
uix humilis apibus casias roremque ministrat;
et tofus scaber et nigris exesa chelydris
creta negant alios aeque serpentibus agros   215
dulcem ferre cibum et curuas praebere latebras.
quae tenuem exhalat nebulam fumosque uolucris,
et bibit umorem et, cum uult, ex se ipsa remittit,

187–214 *MP*; 215–18 *MPR*   187 dispicere *dfsy*   hoc *P¹*
190 multosque *M*   194 pandis] patulis *M¹*   196 fetum
Pd: fetus *Mω*, *Prisc.* v *sub fin.*, *Non.* 206. 5   200 derunt *MPabr*:
desunt *ω*   202 reponit *Mbc*   204 qui *P*   imitatur *M¹*
212–60 *deest omnino γ*

quaeque suo semper uiridi se gramine uestit
nec scabie et salsa laedit robigine ferrum,   220
illa tibi laetis intexet uitibus ulmos,
illa ferax oleo est, illam experiere colendo
et facilem pecori et patientem uomeris unci.
talem diues arat Capua et uicina Vesaeuo
ora iugo et uacuis Clanius non aequus Acerris.   225
    Nunc quo quamque modo possis cognoscere dicam.
rara sit an supra morem si densa requires
(altera frumentis quoniam fauet, altera Baccho,
densa magis Cereri, rarissima quaeque Lyaeo),
ante locum capies oculis, alteque iubebis   230
in solido puteum demitti, omnemque repones
rursus humum et pedibus summas aequabis harenas.
si deerunt, rarum pecorique et uitibus almis
aptius uber erit; sin in sua posse negabunt
ire loca et scrobibus superabit terra repletis,   235
spissus ager: glaebas cunctantis crassaque terga
exspecta et ualidis terram proscinde iuuencis.
salsa autem tellus et quae perhibetur amara
(frugibus infelix ea, nec mansuescit arando
nec Baccho genus aut pomis sua nomina seruat)   240
tale dabit specimen. tu spisso uimine qualos
colaque prelorum fumosis deripe tectis;
huc ager ille malus dulcesque a fontibus undae
ad plenum calcentur: aqua eluctabitur omnis
scilicet et grandes ibunt per uimina guttae;   245
at sapor indicium faciet manifestus et ora
tristia temptantum sensu torquebit amaro.
pinguis item quae sit tellus, hoc denique pacto

219–48 *MPR*   219 uiridi semper ω(*praeter br*)   220 et] aut *M²*
221 intexit *Pc*   222 oleo *PRadhrs, Arus.* 473. 18, *Non.* 500. 28:
oleae *Mω*   225 ora] Nola *primo edidisse poetam narrant Gell.*
vi 20. 1 *et DSeru.*   227 requires *M¹Pbfr*: requiras *M²Rω*
237 exspecta] exerce *R*   247 sensus *t, Hyginus* amaro
MPRω, '*plerique omnes' ap. Gell., Macrob.* vi 1. 47, '*multi' ap. Seru.*:
amaror *bt, Gell.* i 21 *auctore Hygino, 'et uera lectio est' iudice Seru.*

53

discimus: haud umquam manibus iactata fatiscit,
sed picis in morem ad digitos lentescit habendo.   250
umida maiores herbas alit, ipsaque iusto
laetior. a, nimium ne sit mihi fertilis illa,
nec se praeualidam primis ostendat aristis!
quae grauis est ipso tacitam se pondere prodit,   254
quaeque leuis. promptum est oculis praediscere nigram,
et quis cui color. at sceleratum exquirere frigus
difficile est: piceae tantum taxique nocentes
interdum aut hederae pandunt uestigia nigrae.

His animaduersis terram multo ante memento
excoquere et magnos scrobibus concidere montis,   260
ante supinatas Aquiloni ostendere glaebas
quam laetum infodias uitis genus. optima putri
arua solo: id uenti curant gelidaeque pruinae
et labefacta mouens robustus iugera fossor.
at si quos haud ulla uiros uigilantia fugit,   265
ante locum similem exquirunt, ubi prima paretur
arboribus seges et quo mox digesta feratur,
mutatam ignorent subito ne semina matrem.
quin etiam caeli regionem in cortice signant,
ut, quo quaeque modo steterit, qua parte calores   270
austrinos tulerit, quae terga obuerterit axi,
restituant: adeo in teneris consuescere multum est.
collibus an plano melius sit ponere uitem,
quaere prius. si pinguis agros metabere campi,
densa sere (in denso non segnior ubere Bacchus);   275
sin tumulis accliue solum collisque supinos,
indulge ordinibus; nec setius omnis in unguem
arboribus positis secto uia limite quadret:

249–73 *MPR*; 274–8 *MPRV*   253 nec] neu *M²rs*   256 quis
cui *abc?f*: quis cuiciue *R*: quis cuique (*G*. iii 102) *Mc?r*, 'male quidam'
ap. Seru. 'excludentes at': quisquis *Pω, Seru.*   at] et *cr?*: ac *f*:
om. ad   259 animam aduersis *P¹*   260 concidere] circumdare *R*
265 at *Pω*: ac *M*: ad *R*   267 degesta *ω(praeter bt)*   ferantur *P¹*
268 mutata *P, Seru. ad G.* ii 27   270–1 steterint ... tulerint *M*
274 campos *P*

ut saepe ingenti bello cum longa cohortis
explicuit legio et campo stetit agmen aperto,   280
derectaeque acies ac late fluctuat omnis
aere renidenti tellus, necdum horrida miscent
proelia, sed dubius mediis Mars errat in armis.
omnia sint paribus numeris dimensa uiarum,
non animum modo uti pascat prospectus inanem,   285
sed quia non aliter uiris dabit omnibus aequas
terra, neque in uacuum poterunt se extendere rami.
    Forsitan et scrobibus quae sint fastigia quaeras.
ausim uel tenui uitem committere sulco;
altior ac penitus terrae defigitur arbos,   290
aesculus in primis, quae quantum uertice ad auras
aetherias, tantum radice in Tartara tendit.
ergo non hiemes illam, non flabra neque imbres
conuellunt: immota manet multosque nepotes,
multa uirum uoluens durando saecula uincit,   295
tum fortis late ramos et bracchia tendens
huc illuc media ipsa ingentem sustinet umbram.
    Neue tibi ad solem uergant uineta cadentem,
neue inter uitis corylum sere, neue flagella
summa pete aut summa defringe ex arbore plantas   300
(tantus amor terrae), neu ferro laede retunso
semina, neue oleae siluestris insere truncos.
nam saepe incautis pastoribus excidit ignis,
qui furtim pingui primum sub cortice tectus
robora comprendit, frondesque elapsus in altas   305
ingentem caelo sonitum dedit; inde secutus
per ramos uictor perque alta cacumina regnat,
et totum inuoluit flammis nemus et ruit atram
ad caelum picea crassus caligine nubem,
praesertim si tempestas a uertice siluis   310

279–99 *MPRV*; 300–10 *MPR*   282 renitenti *cfhrt*   284 de-
mensa *Mω*(*praeter ctr*)   287 nec *PR*   se *om. PR*   290 terrae penitus *V*   292 radice *RVω*: radicem *MP* (*cf. A.* iv 446)
293 nec *Vγ*   294 nepotes *MPRb*: per annos (*G.* iv 208) *Vωγ*
296 pandens *Vγ*   302 olea *M*

incubuit, glomeratque ferens incendia uentus.
hoc ubi, non a stirpe ualent caesaeque reuerti
possunt atque ima similes reuirescere terra;
infelix superat foliis oleaster amaris.

Nec tibi tam prudens quisquam persuadeat auctor   315
tellurem Borea rigidam spirante mouere.
rura gelu tum claudit hiems, nec semine iacto
concretam patitur radicem adfigere terrae.
optima uinetis satio, cum uere rubenti
candida uenit auis longis inuisa colubris,   320
prima uel autumni sub frigora, cum rapidus Sol
nondum hiemem contingit equis, iam praeterit aestas.
uer adeo frondi nemorum, uer utile siluis,
uere tument terrae et genitalia semina poscunt.
tum pater omnipotens fecundis imbribus Aether   325
coniugis in gremium laetae descendit, et omnis
magnus alit magno commixtus corpore fetus.
auia tum resonant auibus uirgulta canoris,
et Venerem certis repetunt armenta diebus;
parturit almus ager Zephyrique tepentibus auris   330
laxant arua sinus; superat tener omnibus umor,
inque nouos soles audent se gramina tuto
credere, nec metuit surgentis pampinus Austros
aut actum caelo magnis Aquilonibus imbrem,
sed trudit gemmas et frondes explicat omnis.   335
non alios prima crescentis origine mundi
inluxisse dies aliumue habuisse tenorem
crediderim: uer illud erat, uer magnus agebat
orbis et hibernis parcebant flatibus Euri,
cum primae lucem pecudes hausere, uirumque   340

311–40 *MPR*   316 mouere *Mω*: moneri *PRbf, Non.*
380. 29   317 tum *Pω*: tunc *MR*   318 concretum *M*¹
324 pascunt *M*¹   328 tunc *R*   330 Zephyrisque *M*   tepentibus *Mt*: trementibus *PRω, utrumque schol. Bern.*   332 gramine
P: germina *recc. (ex. gr. cod. Lond. regius 15 B. xxi), Celsus ap. DSeru.*
336 alias *P*   339 hiberni *M*   340 primum *bfhry*

terrea progenies duris caput extulit aruis,
immissaeque ferae siluis et sidera caelo.
nec res hunc tenerae possent perferre laborem,
si non tanta quies iret frigusque caloremque
inter, et exciperet caeli indulgentia terras.   345
Quod superest, quaecumque premes uirgulta per agros
sparge fimo pingui et multa memor occule terra,
aut lapidem bibulum aut squalentis infode conchas;
inter enim labentur aquae, tenuisque subibit
halitus, atque animos tollent sata. iamque reperti   350
qui saxo super atque ingentis pondere testae
urgerent: hoc effusos munimen ad imbris,
hoc, ubi hiulca siti findit Canis aestifer arua.

Seminibus positis superest diducere terram
saepius ad capita et duros iactare bidentis,   355
aut presso exercere solum sub uomere et ipsa
flectere luctantis inter uineta iuuencos;
tum leuis calamos et rasae hastilia uirgae
fraxineasque aptare sudes furcasque ualentis,
uiribus eniti quarum et contemnere uentos   360
adsuescant summasque sequi tabulata per ulmos.

Ac dum prima nouis adolescit frondibus aetas,
parcendum teneris, et dum se laetus ad auras
palmes agit laxis per purum immissus habenis,
ipsa acie nondum falcis temptanda, sed uncis   365
carpendae manibus frondes interque legendae.
inde ubi iam ualidis amplexae stirpibus ulmos
exierint, tum stringe comas, tum bracchia tonde
(ante reformidant ferrum), tum denique dura

341-51 *MPR*; 352-69 *MPRV*   341 terrea *M*², *Lact.*
inst. ii 10, *Seru.* (?): ferrea *codd.*   343 sufferre *M*¹   344 calor-
que *P*, '*prior lectio*' *teste DSeru.*   351 ingenti *M*¹, *Non.* 418. 16
353 scindit *P*   354 deducere *Mefstvy*   358 rassa *P*
359 ualentis *MPRω*: bicornes (*G.* i 264) *Vdet, utrumque agnoscunt
schol. Bern.*   362 aestas *P*   364 aget *ω*(*praeter fht*)
365 acie *M*¹*RV*²*ω*: acies *M*²*PV*¹, *utrumque Seru. et schol. Bern.*
368 tunc ... tunc *MR*   369 ne formidant *ω*(-dent *aes*)

exerce imperia et ramos compesce fluentis.   370
  Texendae saepes etiam et pecus omne tenendum,
praecipue dum frons tenera imprudensque laborum;
cui super indignas hiemes solemque potentem
siluestres uri adsidue capreaeque sequaces
inludunt, pascuntur oues auidaeque iuuencae.   375
frigora nec tantum cana concreta pruina
aut grauis incumbens scopulis arentibus aestas,
quantum illi nocuere greges durique uenenum
dentis et admorsu signata in stirpe cicatrix.
non aliam ob culpam Baccho caper omnibus aris   380
caeditur et ueteres ineunt proscaenia ludi,
praemiaque ingeniis pagos et compita circum
Thesidae posuere, atque inter pocula laeti
mollibus in pratis unctos saluere per utres;
nec non Ausonii, Troia gens missa, coloni   385
uersibus incomptis ludunt risuque soluto,
oraque corticibus sumunt horrenda cauatis,
et te, Bacche, uocant per carmina laeta, tibique
oscilla ex alta suspendunt mollia pinu.
hinc omnis largo pubescit uinea fetu,   390
complentur uallesque cauae saltusque profundi
et quocumque deus circum caput egit honestum.
ergo rite suum Baccho dicemus honorem
carminibus patriis lancesque et liba feremus,
et ductus cornu stabit sacer hircus ad aram   395
pinguiaque in ueribus torrebimus exta colurnis.
  Est etiam ille labor curandis uitibus alter,
cui numquam exhausti satis est: namque omne quotannis
terque quaterque solum scindendum glaebaque uersis
aeternum frangenda bidentibus, omne leuandum   400

370–7 *MPRV*; 378–400 *MPR*   370 ualentis *R*   371 **et**
om. Mcr, Non. 412. 8   tuendum *R*   374 capraeque *Mcdr*
379 admorsu *Rb*: amorsu *M²*: admorso *cfhtvγ, Seru. hic et ad uu.*
196, 367: amorso *M¹*: admorsum *P*: admorsus *a?de?γs*   382 ingeniis *R*, 'quidam' *ap. DSeru.*: ingentis (-tes *cdft*) *MPω, Prisc.* ii 35,
Non. 196. 7 (*utrum* ingentes *an* in gentes, *nulla codicibus auctoritas*)

fronde nemus. redit agricolis labor actus in orbem,
atque in se sua per uestigia uoluitur annus.
ac iam olim, seras posuit cum uinea frondes
frigidus et siluis Aquilo decussit honorem,
iam tum acer curas uenientem extendit in annum   405
rusticus, et curuo Saturni dente relictam
persequitur uitem attondens fingitque putando.
primus humum fodito, primus deuecta cremato
sarmenta, et uallos primus sub tecta referto;
postremus metito. bis uitibus ingruit umbra,   410
bis segetem densis obducunt sentibus herbae;
durus uterque labor: laudato ingentia rura,
exiguum colito. nec non etiam aspera rusti
uimina per siluam et ripis fluuialis harundo
caeditur, incultique exercet cura salicti.   415
iam uinctae uites, iam falcem arbusta reponunt,
iam canit effectos extremus uinitor antes;
sollicitanda tamen tellus puluisque mouendus
et iam maturis metuendus Iuppiter uuis.

Contra non ulla est oleis cultura, neque illae   420
procuruam exspectant falcem rastrosque tenacis,
cum semel haeserunt aruis aurasque tulerunt;
ipsa satis tellus, cum dente recluditur unco,
sufficit umorem et grauidas, cum uomere, fruges.
hoc pinguem et placitam Paci nutritor oliuam.   425

Poma quoque, ut primum truncos sensere ualentis
et uiris habuere suas, ad sidera raptim
ui propria nituntur opisque haud indiga nostrae.
nec minus interea fetu nemus omne grauescit,

401-29 *MPR*   405 extendet *M*   406 rusticus] agricola
R   409 primum *br*   411 inducunt *P*   413 asper *M*[1]
rusti *M*[2](etrusci *M*[1])*PR*, *DSeru.*, *agnoscunt schol. Bern.*: rusci ω,
Seru.   414 rupes *P*   416 uictae *M*[1]*Par*   417 ef-
fectus *est*, '*melius*' *iudice Seru.*: effetos *d*   extremos *acesvy*, *Seru.*
420 nonnulla *Ry*, '*alii*' *ap. Seru.*   425 placidam *adt*, *Gramm.*
nutritor *M*[2]*Rω*, *Gramm.*, *Seru.*: -tur *M*[1]*Pb?*, *utrumque schol. Bern.*
426 uncos *P*

sanguineisque inculta rubent auiaria bacis.   430
tondentur cytisi, taedas silua alta ministrat,
pascunturque ignes nocturni et lumina fundunt.
et dubitant homines serere atque impendere curam?
quid maiora sequar? salices humilesque genistae,
aut illae pecori frondem aut pastoribus umbram   435
sufficiunt saepemque satis et pabula melli.
et iuuat undantem buxo spectare Cytorum
Naryciaeque picis lucos, iuuat arua uidere
non rastris, hominum non ulli obnoxia curae.
ipsae Caucasio steriles in uertice siluae,   440
quas animosi Euri adsidue franguntque feruntque,
dant alios aliae fetus, dant utile lignum
nauigiis pinus, domibus cedrumque cupressosque;
hinc radios triuere rotis, hinc tympana plaustris
agricolae, et pandas ratibus posuere carinas.   445
uiminibus salices fecundae, frondibus ulmi,
at myrtus ualidis hastilibus et bona bello
cornus; Ituraeos taxi torquentur in arcus.
nec tiliae leues aut torno rasile buxum
non formam accipiunt ferroque cauantur acuto,   450
nec non et torrentem undam leuis innatat alnus
missa Pado, nec non et apes examina condunt
corticibusque cauis uitiosaeque ilicis aluo.
quid memorandum aeque Baccheia dona tulerunt?
Bacchus et ad culpam causas dedit; ille furentis   455
Centauros leto domuit, Rhoecumque Pholumque
et magno Hylaeum Lapithis cratere minantem.

O fortunatos nimium, sua si bona norint,
agricolas! quibus ipsa procul discordibus armis
fundit humo facilem uictum iustissima tellus.   460
si non ingentem foribus domus alta superbis
mane salutantum totis uomit aedibus undam,

430–62 MPR   433 u. om. M, eiecit Ribbeck   435 illae]
tiliae 'multi' ap. Seru.   umbram (u. 58) MPt: umbras (G. iv 146)
Rω   443 pinos MRω   453 alueo R   454 aeque] et quae
'alii' ap. Seru.   456 Rhoetumque MRω

nec uarios inhiant pulchra testudine postis
inlusasque auro uestis Ephyreiaque aera,
alba neque Assyrio fucatur lana ueneno,   465
nec casia liquidi corrumpitur usus oliui;
at secura quies et nescia fallere uita,
diues opum uariarum, at latis otia fundis,
speluncae uiuique lacus, at frigida tempe
mugitusque boum mollesque sub arbore somni   470
non absunt; illic saltus ac lustra ferarum
et patiens operum exiguoque adsueta iuuentus,
sacra deum sanctique patres; extrema per illos
Iustitia excedens terris uestigia fecit.

Me uero primum dulces ante omnia Musae,   475
quarum sacra fero ingenti percussus amore,
accipiant caelique uias et sidera monstrent,
defectus solis uarios lunaeque labores;
unde tremor terris, qua ui maria alta tumescant
obicibus ruptis rursusque in se ipsa residant,   480
quid tantum Oceano properent se tingere soles
hiberni, vel quae tardis mora noctibus obstet.
sin has ne possim naturae accedere partis
frigidus obstiterit circum praecordia sanguis,
rura mihi et rigui placeant in uallibus amnes,   485
flumina amem siluasque inglorius. o ubi campi
Spercheosque et uirginibus bacchata Lacaenis
Taygeta! o qui me gelidis conuallibus Haemi
sistat, et ingenti ramorum protegat umbra!
felix qui potuit rerum cognoscere causas   490
atque metus omnis et inexorabile fatum

463–91 *MPR*   464 inlusasque *M²ω*: inclusasque *M¹PRa*,
'*male quidam*' *ap. Seru., agnoscunt schol. Bern.*   465 nec *R, DSeru.*
ad A. iv 137   467 uitam *PRachrsv*   469 at *Pω*, ad *R*: et *Mcy*
472 exiguoque *MPRbr, Macrob.* vi 2. 4: paruoque (*A.* ix 607) *ωy, Non.*
433. 16, *Prisc.* xviii 183, *Seru.*   476 percussus (*A.* ix 197)
M¹PRr: perculsus (*A.* i 513, viii 121) *M²ω*   488 conuallibus *Mc?*, -imus *P*: in uallibus *Rω* (*quid r, latet*)   491 ineluctabile factum *R*

subiecit pedibus strepitumque Acherontis auari:
fortunatus et ille deos qui nouit agrestis
Panaque Siluanumque senem Nymphasque sorores.
illum non populi fasces, non purpura regum   495
flexit et infidos agitans discordia fratres,
aut coniurato descendens Dacus ab Histro,
non res Romanae perituraque regna; neque ille
aut doluit miserans inopem aut inuidit habenti.
quos rami fructus, quos ipsa uolentia rura   500
sponte tulere sua, carpsit, nec ferrea iura
insanumque forum aut populi tabularia uidit.
sollicitant alii remis freta caeca, ruuntque
in ferrum, penetrant aulas et limina regum;
hic petit excidiis urbem miserosque penatis,   505
ut gemma bibat et Sarrano dormiat ostro;
condit opes alius defossoque incubat auro;
hic stupet attonitus rostris, hunc plausus hiantem
per cuneos geminatus enim plebisque patrumque
corripuit; gaudent perfusi sanguine fratrum,   510
exsilioque domos et dulcia limina mutant
atque alio patriam quaerunt sub sole iacentem.
agricola incuruo terram dimouit aratro:
hic anni labor, hinc patriam paruosque nepotes
sustinet, hinc armenta boum meritosque iuuencos.   515
nec requies, quin aut pomis exuberet annus
aut fetu pecorum aut Cerealis mergite culmi,
prouentuque oneret sulcos atque horrea uincat.
uenit hiems: teritur Sicyonia baca trapetis,
glande sues laeti redeunt, dant arbuta siluae;   520
et uarios ponit fetus autumnus, et alte
mitis in apricis coquitur uindemia saxis.

492–522 *MPR*   502 insanumue *R*   506 indormiat
M[1]   512 quaerunt patriam *P, Porphyrio ad Hor. carm.* ii 16. 18
513 dimouit] molitus (*G.* i 494) *M*   514 '*aliter* hic' γ[2], *sicut coniecit
Markland ad Stat. silu.* i 2. 144 *coll. G.* iii 288: hinc *codd., Seru.*
nepotes] penates (*A.* viii 543) *M*   515 hic *M*   518 atque]
aut *M*[1]

interea dulces pendent circum oscula nati,
casta pudicitiam seruat domus, ubera uaccae
lactea demittunt, pinguesque in gramine laeto   525
inter se aduersis luctantur cornibus haedi.
ipse dies agitat festos fususque per herbam,
ignis ubi in medio et socii cratera coronant,
te libans, Lenaee, uocat pecorisque magistris
uelocis iaculi certamina ponit in ulmo,   530
corporaque agresti nudant praedura palaestra.
hanc olim ueteres uitam coluere Sabini,
hanc Remus et frater; sic fortis Etruria creuit
scilicet et rerum facta est pulcherrima Roma,
septemque una sibi muro circumdedit arces.   535
ante etiam sceptrum Dictaei regis et ante
impia quam caesis gens est epulata iuuencis,
aureus hanc uitam in terris Saturnus agebat;
necdum etiam audierant inflari classica, necdum
impositos duris crepitare incudibus ensis.   540
    Sed nos immensum spatiis confecimus aequor,
et iam tempus equum fumantia soluere colla.

523–34 *MPR*; 535–42 *MPRV*   525 dimittunt *M¹ad*
531 nudat *cefsv*   perdura *M¹*   palestrae *M*   532 uitam ueteres
P   541 spatii *fort. Quint.* viii 6. 45, ix 3. 20   542 fumantia
MVω: spumantia *PRb*

P. VERGILI MARONIS
GEORGICON
LIBER III

TE quoque, magna Pales, et te memorande canemus
pastor ab Amphryso, uos, siluae amnesque Lycaei.
cetera, quae uacuas tenuissent carmine mentes,
omnia iam uulgata: quis aut Eurysthea durum
aut inlaudati nescit Busiridis aras?   5
cui non dictus Hylas puer et Latonia Delos
Hippodameque umeroque Pelops insignis eburno,
acer equis? temptanda uia est, qua me quoque possim
tollere humo uictorque uirum uolitare per ora.
primus ego in patriam mecum, modo uita supersit,   10
Aonio rediens deducam uertice Musas;
primus Idumaeas referam tibi, Mantua, palmas,
et uiridi in campo templum de marmore ponam
propter aquam, tardis ingens ubi flexibus errat
Mincius et tenera praetexit harundine ripas.   15
in medio mihi Caesar erit templumque tenebit:
illi uictor ego et Tyrio conspectus in ostro
centum quadriiugos agitabo ad flumina currus.
cuncta mihi Alpheum linquens lucosque Molorchi
cursibus et crudo decernet Graecia caestu.   20
ipse caput tonsae foliis ornatus oliuae
dona feram. iam nunc sollemnis ducere pompas
ad delubra iuuat caesosque uidere iuuencos,
uel scaena ut uersis discedat frontibus utque

1–12 *FMPRV*; 13–21 *FMPR*; 22–4 *MPR*   3 carmine *F²P*,
'*ut puto, rectius*' *DSeru.*: carmina *F¹MRVω, schol. Bern.*   5 aras]
arces *M¹*   8 possem *P(def. V)*   12 Idymeas *FMV*
17 illic *R*   19 linquens] pubes *P*   20 duro *R*   decernet
F²ω: decernit *F¹M¹PR*: decertet *M²*

purpurea intexti tollant aulaea Britanni.   25
in foribus pugnam ex auro solidoque elephanto
Gangaridum faciam uictorisque arma Quirini,
atque hic undantem bello magnumque fluentem
Nilum ac nauali surgentis aere columnas.
addam urbes Asiae domitas pulsumque Niphaten   30
fidentemque fuga Parthum uersisque sagittis;
et duo rapta manu diuerso ex hoste tropaea
bisque triumphatas utroque ab litore gentis.
stabunt et Parii lapides, spirantia signa,
Assaraci proles demissaeque ab Ioue gentis   35
nomina, Trosque parens et Troiae Cynthius auctor.
Inuidia infelix Furias amnemque seuerum
Cocyti metuet tortosque Ixionis anguis
immanemque rotam et non exsuperabile saxum.
interea Dryadum siluas saltusque sequamur   40
intactos, tua, Maecenas, haud mollia iussa:
te sine nil altum mens incohat. en age segnis
rumpe moras; uocat ingenti clamore Cithaeron
Taygetique canes domitrixque Epidaurus equorum,
et uox adsensu nemorum ingeminata remugit.   45
mox tamen ardentis accingar dicere pugnas
Caesaris et nomen fama tot ferre per annos,
Tithoni prima quot abest ab origine Caesar.
  Seu quis Olympiacae miratus praemia palmae
pascit equos, seu quis fortis ad aratra iuuencos,   50
corpora praecipue matrum legat. optima toruae
forma bouis cui turpe caput, cui plurima ceruix,
et crurum tenus a mento palearia pendent;
tum longo nullus lateri modus: omnia magna,
pes etiam, et camuris hirtae sub cornibus aures.   55
nec mihi displiceat maculis insignis et albo,

25–56 *MPR*   28 huic *P*[1]: huc *P*[2]?   29 ac] et *R*   naualis *P*
35 gentes *Pbcdɣ*   38 metuens *P*   anguis] orbis (*G.* iv 484) *R*
48 quot *M*[2]*ω*: quod *M*[1]*PRbɣ*   50 pascet *P*   55 sub] cum
M[1]   56 mihi] tibi *M*[1]

aut iuga detrectans interdumque aspera cornu
et faciem tauro propior, quaeque ardua tota
et gradiens ima uerrit uestigia cauda.
aetas Lucinam iustosque pati hymenaeos   60
desinit ante decem, post quattuor incipit annos;
cetera nec feturae habilis nec fortis aratris.
interea, superat gregibus dum laeta iuuentas,
solue mares; mitte in Venerem pecuaria primus,
atque aliam ex alia generando suffice prolem.   65
optima quaeque dies miseris mortalibus aeui
prima fugit; subeunt morbi tristisque senectus
et labor, et durae rapit inclementia mortis.
semper erunt quarum mutari corpora malis:
semper enim refice ac, ne post amissa requiras,   70
ante ueni et subolem armento sortire quotannis.

   Nec non et pecori est idem dilectus equino:
tu modo, quos in spem statues summittere gentis,
praecipuum iam inde a teneris impende laborem.
continuo pecoris generosi pullus in aruis   75
altius ingreditur et mollia crura reponit;
primus et ire uiam et fluuios temptare minacis
audet et ignoto sese committere ponti,
nec uanos horret strepitus. illi ardua ceruix
argutumque caput, breuis aluus obesaque terga,   80
luxuriatque toris animosum pectus. honesti
spadices glaucique, color deterrimus albis
et giluo. tum, si qua sonum procul arma dedere,
stare loco nescit, micat auribus et tremit artus,
collectumque premens uoluit sub naribus ignem.   85
densa iuba, et dextro iactata recumbit in armo;
at duplex agitur per lumbos spina, cauatque
tellurem et solido grauiter sonat ungula cornu.

57–88 *MPR*   63 iuuentas *M²Rω*: -tis *P*: -tus·*M¹bh, Prisc.*
xviii 289   65 alia] aliis *P*   69 mauis *M*   72 delectus *cd*
73 statuis *ω(praeter bri)*   77 minantis *P, Sen. ep.* 95. 68, *schol.*
Bern.   78 ponti *M²PRabd*: ponto *M¹ω, Senecae codd., schol.*
Bern.   85 fremens *M*   88 sonat] quatit (*A.* viii 596) *R*

talis Amyclaei domitus Pollucis habenis
Cyllarus et, quorum Grai meminere poetae,   90
Martis equi biiuges et magni currus Achilli.
talis et ipse iubam ceruice effundit equina
coniugis aduentu pernix Saturnus, et altum
Pelion hinnitu fugiens impleuit acuto.

  Hunc quoque, ubi aut morbo grauis aut iam segnior annis
deficit, abde domo, nec turpi ignosce senectae.   96
frigidus in Venerem senior, frustraque laborem
ingratum trahit, et, si quando ad proelia uentum est,
ut quondam in stipulis magnus sine uiribus ignis,
incassum furit. ergo animos aeuumque notabis   100
praecipue: hinc alias artis prolemque parentum
et quis cuique dolor uicto, quae gloria palmae.
nonne uides, cum praecipiti certamine campum
corripuere, ruuntque effusi carcere currus,
cum spes adrectae iuuenum, exsultantiaque haurit   105
corda pauor pulsans? illi instant uerbere torto
et proni dant lora, uolat ui feruidus axis;
iamque humiles iamque elati sublime uidentur
aëra per uacuum ferri atque adsurgere in auras.
nec mora nec requies; at fuluae nimbus harenae   110
tollitur, umescunt spumis flatuque sequentum:
tantus amor laudum, tantae est uictoria curae.
primus Ericthonius currus et quattuor ausus
iungere equos rapidusque rotis insistere uictor.
frena Pelethronii Lapithae gyrosque dedere   115
impositi dorso, atque equitem docuere sub armis
insultare solo et gressus glomerare superbos.
aequus uterque labor, aeque iuuenemque magistri
exquirunt calidumque animis et cursibus acrem,
quamuis saepe fuga uersos ille egerit hostis   120

89–120 *MPR*   91 Achillis *Radef*   92 effudit *berstv*:
fundit *c*   95 annis] aetas *R*   99 in *om. M*¹γ   stipula *R*
101 partis *P*   109 exsurgere *R*γ   112 tantaest (*uel* -ta est)
MPcetv: tantae est *R*r: tantae *abdfhs*

et patriam Epirum referat fortisque Mycenas,
Neptunique ipsa deducat origine gentem.

His animaduersis instant sub tempus et omnis
impendunt curas denso distendere pingui,
quem legere ducem et pecori dixere maritum,   125
florentisque secant herbas fluuiosque ministrant
farraque, ne blando nequeat superesse labori
invalidique patrum referant ieiunia nati.
ipsa autem macie tenuant armenta uolentes,
atque, ubi concubitus primos iam nota uoluptas   130
sollicitat, frondesque negant et fontibus arcent.
saepe etiam cursu quatiunt et sole fatigant,
cum grauiter tunsis gemit area frugibus, et cum
surgentem ad Zephyrum paleae iactantur inanes.
hoc faciunt, nimio ne luxu obtunsior usus   135
sit genitali aruo et sulcos oblimet inertis,
sed rapiat sitiens Venerem interiusque recondat.

Rursus cura patrum cadere et succedere matrum
incipit. exactis grauidae cum mensibus errant,
non illas grauibus quisquam iuga ducere plaustris,   140
non saltu superare uiam sit passus et acri
carpere prata fuga fluuiosque innare rapacis.
saltibus in uacuis pascunt et plena secundum
flumina, muscus ubi et uiridissima gramine ripa,
speluncaeque tegant et saxea procubet umbra.   145
est lucos Silari circa ilicibusque uirentem
plurimus Alburnum uolitans, cui nomen asilo
Romanum est, oestrum Grai uertere uocantes,
asper, acerba sonans, quo tota exterrita siluis
diffugiunt armenta; furit mugitibus aether   150

121–45 *MPR*; 146–50 *FMPR*   122 gentem] nomen (*A*. x 618) *R*
123 anima aduersis *Mγ*: animum aduersis *P* (*cf. G.* ii 259)   125 pecoris dixere magistrum *P*   127 nequeat *M²Ra* (-ans *M¹*): nequeant
Pω   130 uoluntas *P*   141 saltu *ω, Seru.*: saltus *MPRγ*
agri *Raetvγ*   143 pascant *b?eh, DSeru.*   144 gramina ripae *M*
145 procubet] protegit *M¹*: -gat *M²*   146 lucos *M¹ω*: luco *P*:
lucus *FM²Rbc*   150 fugit *Fγ*

concussus siluaeque et sicci ripa Tanagri.
hoc quondam monstro horribilis exercuit iras
Inachiae Iuno pestem meditata iuuencae.
hunc quoque (nam mediis feruoribus acrior instat)
arcebis grauido pecori, armentaque pasces   155
sole recens orto aut noctem ducentibus astris.

Post partum cura in uitulos traducitur omnis;
continuoque notas et nomina gentis inurunt,
et quos aut pecori malint summittere habendo
aut aris seruare sacros aut scindere terram   160
et campum horrentem fractis inuertere glaebis.
cetera pascuntur uiridis armenta per herbas:
tu quos ad studium atque usum formabis agrestem
iam uitulos hortare uiamque insiste domandi,
dum faciles animi iuuenum, dum mobilis aetas.   165
ac primum laxos tenui de uimine circlos
ceruici subnecte; dehinc, ubi libera colla
seruitio adsuerint, ipsis e torquibus aptos
iunge pares, et coge gradum conferre iuuencos;
atque illis iam saepe rotae ducantur inanes   170
per terram, et summo uestigia puluere signent.
post ualido nitens sub pondere faginus axis
instrepat, et iunctos temo trahat aereus orbis.
interea pubi indomitae non gramina tantum
nec uescas salicum frondes uluamque palustrem,   175
sed frumenta manu carpes sata; nec tibi fetae
more patrum niuea implebunt mulctraria uaccae,
sed tota in dulcis consument ubera natos.

Sin ad bella magis studium turmasque ferocis,
aut Alphea rotis praelabi flumina Pisae   180
et Iouis in luco currus agitare uolantis,
primus equi labor est animos atque arma uidere

151–80 *FMPR*; 181–2 *AFMPR*   155 pecoris *P*   pascis *F*
163 studia *FR*   166 circos *F*[1]*P*   175 uluamque] siluamque *R*
176 nec] sed *R*   177 mulgaria *Non.* 312. 13, *agnoscit DSeru.*
178 set *M*: et *F*   consumant *M*[1]   182 equis *M*[1]

bellantum lituosque pati, tractuque gementem
ferre rotam et stabulo frenos audire sonantis;
tum magis atque magis blandis gaudere magistri   185
laudibus et plausae sonitum ceruicis amare.
atque haec iam primo depulsus ab ubere matris
audeat, inque uicem det mollibus ora capistris
inualidus etiamque tremens, etiam inscius aeui.
at tribus exactis ubi quarta accesserit aestas,   190
carpere mox gyrum incipiat gradibusque sonare
compositis, sinuetque alterna uolumina crurum,
sitque laboranti similis; tum cursibus auras
tum uocet, ac per aperta uolans ceu liber habenis
aequora uix summa uestigia ponat harena: 195
qualis Hyperboreis Aquilo cum densus ab oris
incubuit, Scythiaeque hiemes atque arida differt
nubila; tum segetes altae campique natantes
lenibus horrescunt flabris, summaeque sonorem
dant siluae, longique urgent ad litora fluctus;   200
ille uolat simul arua fuga simul aequora uerrens.
hinc uel ad Elei metas et maxima campi
sudabit spatia et spumas aget ore cruentas,
Belgica uel molli melius feret esseda collo.
tum demum crassa magnum farragine corpus   205
crescere iam domitis sinito; namque ante domandum
ingentis tollent animos, prensique negabunt
uerbera lenta pati et duris parere lupatis.
    Sed non ulla magis uiris industria firmat
quam Venerem et caeci stimulos auertere amoris,   210
siue boum siue est cui gratior usus equorum.
atque ideo tauros procul atque in sola relegant

183–212 *AFMPR*   188 audiat *F¹M²Rbcr*   189 etiam] atque *M*
190 accesserit *AMF²ω*: acceperit *PR*: occeperit *F¹*   aestas *AF¹P*
Rω: aetas *F²Mbch, Seru.*   194 tum uocet] prouocet *P*   195 ponit
A: ponet *aev*   198 dum *ω(praeter ab)*   202 hinc *M²FRω*:
hic *AM¹Pbhrt, ps.Acro ad Hor. carm.* i 1. 3, *ps.Probus, schol. Bern.*
203 aget *AF²Rω*: agit *F²MP*   204 bellica *M¹P*   ferat *A*

pascua post montem oppositum et trans flumina lata,
aut intus clausos satura ad praesepia seruant.
carpit enim uiris paulatim uritque uidendo   215
femina, nec nemorum patitur meminisse nec herbae
dulcibus illa quidem inlecebris, et saepe superbos
cornibus inter se subigit decernere amantis.
pascitur in magna Sila formosa iuuenca:
illi alternantes multa ui proelia miscent   220
uulneribus crebris; lauit ater corpora sanguis,
uersaque in obnixos urgentur cornua uasto
cum gemitu; reboant siluaeque et longus Olympus.
nec mos bellantis una stabulare, sed alter
uictus abit longeque ignotis exsulat oris,   225
multa gemens ignominiam plagasque superbi
uictoris, tum quos amisit inultus amores,
et stabula aspectans regnis excessit auitis.
ergo omni cura uiris exercet et inter
dura iacet pernox instrato saxa cubili   230
frondibus hirsutis et carice pastus acuta,
et temptat sese atque irasci in cornua discit
arboris obnixus trunco, uentosque lacessit
ictibus, et sparsa ad pugnam proludit harena.
post ubi collectum robur uiresque refectae,   235
signa mouet praecepsque oblitum fertur in hostem:
fluctus uti medio coepit cum albescere ponto,
longius ex altoque sinum trahit, utque uolutus
ad terras immane sonat per saxa neque ipso
monte minor procumbit, at ima exaestuat unda   240

213–14 *AFMPR*; 215–20 *AMPR*; 221–40 *MPR*   219 Sila *M²*,
Asper 538. 16, '*alii*' *ap. Seru., schol. Bern.*: silua *AM¹PRω, Arus.*
497. 28 (*cf. A.* xii 715)   221 lauat *br*   223 resonant *M*
longus *M²* (longius *M¹*), *Macrob.* vi 4. 21: magnus *PRω, Non.* 79. 8,
Gramm.   225 abiit *R*   230 pernox *schol. in Iuuenalem* viii
10, '*legunt et* pernox *sed* pernix *melius*' *DSeru.*: pernix *codd., Non.* 368.
21 *et* 444. 12, *Seru. hic et ad A.* xi 718, *schol. Bern.*   235 post] ast
(*A.* iii 410) *M*   refectae *MPb?γ*: receptae *Rω*   236 oblicum *M*
237 uti *PRω*: ut in *Md* (uti in *b*), *Seru.*   medio] primo (*A.* vii 528) *M²*

uerticibus nigramque alte subiectat harenam.

Omne adeo genus in terris hominumque ferarumque
et genus aequoreum, pecudes pictaeque uolucres,
in furias ignemque ruunt: amor omnibus idem.
tempore non alio catulorum oblita leaena   245
saeuior errauit campis, nec funera uulgo
tam multa informes ursi stragemque dedere
per siluas; tum saeuus aper, tum pessima tigris;
heu male tum Libyae solis erratur in agris.
nonne uides ut tota tremor pertemptet equorum   250
corpora, si tantum notas odor attulit auras?
ac neque eos iam frena uirum neque uerbera saeua,
non scopuli rupesque cauae atque obiecta retardant
flumina correptosque unda torquentia montis.
ipse ruit dentesque Sabellicus exacuit sus   255
et pede prosubigit terram, fricat arbore costas
atque hinc atque illinc umeros ad uulnera durat.
quid iuvenis, magnum cui uersat in ossibus ignem
durus amor? nempe abruptis turbata procellis
nocte natat caeca serus freta, quem super ingens   260
porta tonat caeli, et scopulis inlisa reclamant
aequora; nec miseri possunt reuocare parentes,
nec moritura super crudeli funere uirgo.
quid lynces Bacchi uariae et genus acre luporum
atque canum? quid quae imbelles dant proelia cerui?   265
scilicet ante omnis furor est insignis equarum,
et mentem Venus ipsa dedit, quo tempore Glauci
Potniades malis membra absumpsere quadrigae.
illas ducit amor trans Gargara transque sonantem
Ascanium; superant montis et flumina tranant.   270
continuoque auidis ubi subdita flamma medullis
(uere magis, quia uere calor redit ossibus), illae

241–72 *MPR*   241 subiectat *Pω*: subuectat *MR, schol. Bern.*
248 siluam *ω(praeter brt)*   249 agris] aruis *ω(praeter br)*   257 umeros *Mrγ*: umerosque *PRω*   263 supra *P, agnoscunt schol. Bern.*
265 quid quae] quidque *ω*   272 redit calor *R*

ore omnes uersae in Zephyrum stant rupibus altis,
exceptantque leuis auras, et saepe sine ullis
coniugiis uento grauidae (mirabile dictu)   275
saxa per et scopulos et depressas conuallis
diffugiunt, non, Eure, tuos neque solis ad ortus,
in Borean Caurumque, aut unde nigerrimus Auster
nascitur et pluuio contristat frigore caelum.
hic demum, hippomanes uero quod nomine dicunt   280
pastores, lentum destillat ab inguine uirus,
hippomanes, quod saepe malae legere nouercae
miscueruntque herbas et non innoxia uerba.

    Sed fugit interea, fugit inreparabile tempus,
singula dum capti circumuectamur amore.   285
hoc satis armentis: superat pars altera curae,
lanigeros agitare greges hirtasque capellas;
hic labor, hinc laudem fortes sperate coloni.
nec sum animi dubius uerbis ea uincere magnum
quam sit et angustis hunc addere rebus honorem;   290
sed me Parnasi deserta per ardua dulcis
raptat amor; iuuat ire iugis, qua nulla priorum
Castaliam molli deuertitur orbita cliuo.
nunc, ueneranda Pales, magno nunc ore sonandum.

    Incipiens stabulis edico in mollibus herbam   295
carpere ouis, dum mox frondosa reducitur aestas,
et multa duram stipula filicumque maniplis
sternere subter humum, glacies ne frigida laedat
molle pecus scabiemque ferat turpisque podagras.
post hinc digressus iubeo frondentia capris   300
arbuta sufficere et fluuios praebere recentis,
et stabula a uentis hiberno opponere soli
ad medium conuersa diem, cum frigidus olim
iam cadit extremoque inrorat Aquarius anno.

273–84 *MPR*; 285–304 *FMPR*   273 in *Pω, Seru.*: *om. M¹*: ad
M²R   274 exceptantque *M²Rω, Seru., schol. Bern.*: ex(s)pe-
ctantque *M¹Pbr*   279 frigore] sidere *R, schol. Bern.*   286 superat
est *M¹*   297 duram *Mω*: dura *F¹*, dura in *F²*: durum *PR*

hae quoque non cura nobis leuiore tuendae,   305
nec minor usus erit, quamuis Milesia magno
uellera mutentur Tyrios incocta rubores.
densior hinc suboles, hinc largi copia lactis;
quam magis exhausto spumauerit ubere mulctra,
laeta magis pressis manabunt flumina mammis.   310
nec minus interea barbas incanaque menta
Cinyphii tondent hirci saetasque comantis
usum in castrorum et miseris uelamina nautis.
pascuntur uero siluas et summa Lycaei,
horrentisque rubos et amantis ardua dumos,   315
atque ipsae memores redeunt in tecta suosque
ducunt et grauido superant uix ubere limen.
ergo omni studio glaciem uentosque niualis,
quo minor est illis curae mortalis egestas,
auertes, uictumque feres et uirgea laetus   320
pabula, nec tota claudes faenilia bruma.
   At uero Zephyris cum laeta uocantibus aestas
in saltus utrumque gregem atque in pascua mittet,
Luciferi primo cum sidere frigida rura
carpamus, dum mane nouum, dum gramina canent,   325
et ros in tenera pecori gratissimus herba.
inde ubi quarta sitim caeli collegerit hora
et cantu querulae rumpent arbusta cicadae,
ad puteos aut alta greges ad stagna iubebo
currentem ilignis potare canalibus undam;   330
aestibus at mediis umbrosam exquirere uallem,
sicubi magna Iouis antiquo robore quercus
ingentis tendat ramos, aut sicubi nigrum

305-33 FMPR   305 hae Pad: haec FMRω   leuiora bc
tuendae FPRadf: tuenda Mω, et neutrum et femininum agnoscit DSeru.
307 rubores] colores R   309 quam] quo R   ubera M¹Rc
310 flumina FMaehvy: ubera PRbcdfrt, Non. 341. 3, utrumque DSeru.
312 hirqui (cf. E. iii 8) F   314 siluae P   316 inmemores M
323 mittet M¹: mittes ceteri, Seru. (mittis codd. Non. 348. 16)
329 ad (1°)] aut br   aut] adque R   iubebo F¹Pr: iubeto F²MRω,
Non. 216. 37, 'alii' ap. schol. Bern.   331 at] aut F¹MPbr

ilicibus crebris sacra nemus accubet umbra;
tum tenuis dare rursus aquas et pascere rursus   335
solis ad occasum, cum frigidus aëra Vesper
temperat, et saltus reficit iam roscida luna,
litoraque alcyonen resonant, acalanthida dumi.
  Quid tibi pastores Libyae, quid pascua uersu
prosequar et raris habitata mapalia tectis?   340
saepe diem noctemque et totum ex ordine mensem
pascitur itque pecus longa in deserta sine ullis
hospitiis: tantum campi iacet. omnia secum
armentarius Afer agit, tectumque laremque   344
armaque Amyclaeumque canem Cressamque pharetram;
non secus ac patriis acer Romanus in armis
iniusto sub fasce uiam cum carpit, et hosti
ante exspectatum positis stat in agmine castris.
  At non qua Scythiae gentes Maeotiaque unda,
turbidus et torquens flauentis Hister harenas,   350
quaque redit medium Rhodope porrecta sub axem.
illic clausa tenent stabulis armenta, neque ullae
aut herbae campo apparent aut arbore frondes;
sed iacet aggeribus niueis informis et alto
terra gelu late septemque adsurgit in ulnas.   355
semper hiems, semper spirantes frigora Cauri;
tum Sol pallentis haud umquam discutit umbras,
nec cum inuectus equis altum petit aethera, nec cum
praecipitem Oceani rubro lauit aequore currum.
concrescunt subitae currenti in flumine crustae,   360
undaque iam tergo ferratos sustinet orbis,
puppibus illa prius, patulis nunc hospita plaustris;
aeraque dissiliunt uulgo, uestesque rigescunt
indutae, caeduntque securibus umida uina,
et totae solidam in glaciem uertere lacunae,   365

  334–48 *FMPR*; 349–50 *MPR*; 351–65 *MPRV*   335 tunc *R*
345 crassamque *c*, *agnoscunt schol. Bern.*   347 inuito *F*   hosti
FM²Rabhty, *DSeru.*: hostis *P*: hostem *M¹cdefrv*   348 in *om. R*
agmina *P*   352 nec *R*   357 tunc *P*   365 in solidam *R*

stiriaque impexis induruit horrida barbis.
interea toto non setius aëre ningit:
intereunt pecudes, stant circumfusa pruinis
corpora magna boum, confertoque agmine cerui
torpent mole noua et summis uix cornibus exstant.　　370
hos non immissis canibus, non cassibus ullis
puniceaeue agitant pauidos formidine pennae,
sed frustra oppositum trudentis pectore montem
comminus obtruncant ferro grauiterque rudentis
caedunt et magno laeti clamore reportant.　　375
ipsi in defossis specubus secura sub alta
otia agunt terra, congestaque robora totasque
aduoluere focis ulmos ignique dedere.
hic noctem ludo ducunt, et pocula laeti
fermento atque acidis imitantur uitea sorbis.　　380
talis Hyperboreo Septem subiecta trioni
gens effrena uirum Riphaeo tunditur Euro
et pecudum fuluis uelatur corpora saetis.

　Si tibi lanitium curae, primum aspera silua
lappaeque tribolique absint; fuge pabula laeta;　　385
continuoque greges uillis lege mollibus albos.
illum autem, quamuis aries sit candidus ipse,
nigra subest udo tantum cui lingua palato,
reice, ne maculis infuscet uellera pullis
nascentum, plenoque alium circumspice campo.　　390
munere sic niueo lanae, si credere dignum est,
Pan deus Arcadiae captam te, Luna, fefellit
in nemora alta uocans; nec tu aspernata uocantem.

　At cui lactis amor, cytisum lotosque frequentis
ipse manu salsasque ferat praesepibus herbas:　　395
hinc et amant fluuios magis, et magis ubera tendunt
et salis occultum referunt in lacte saporem.

　366–97 *MPRV*　　　366 *u. om. R*　　　369 confectoque *RV*
372 puniceaeque *V*　　　373 sed] et *R*　　　374 ruentes *Vγ*
377 totas (*om.* -que) *bchγ*　　　383 uelatur *PR, Rufin.* 57. 21:
uelantur *Mω(def. V)*　　　395 ipse *MVγ*: ille *PRω*　　　396 et (2°)]
ac *ω(praeter b; om. r)*

multi etiam excretos prohibent a matribus haedos,
primaque ferratis praefigunt ora capistris.
quod surgente die mulsere horisque diurnis,   400
nocte premunt; quod iam tenebris et sole cadente,
sub lucem: exportant calathis (adit oppida pastor),
aut parco sale contingunt hiemique reponunt.

Nec tibi cura canum fuerit postrema, sed una
uelocis Spartae catulos acremque Molossum   405
pasce sero pingui. numquam custodibus illis
nocturnum stabulis furem incursusque luporum
aut impacatos a tergo horrebis Hiberos.
saepe etiam cursu timidos agitabis onagros,
et canibus leporem, canibus uenabere dammas;   410
saepe uolutabris pulsos siluestribus apros
latratu turbabis agens, montisque per altos
ingentem clamore premes ad retia ceruum.

Disce et odoratam stabulis accendere cedrum
galbaneoque agitare grauis nidore chelydros.   415
saepe sub immotis praesepibus aut mala tactu
uipera delituit caelumque exterrita fugit,
aut tecto adsuetus coluber succedere et umbrae
(pestis acerba boum) pecorique aspergere uirus
fouit humum. cape saxa manu, cape robora, pastor,   420
tollentemque minas et sibila colla tumentem
deice! iamque fuga timidum caput abdidit alte,
cum medii nexus extremaeque agmina caudae
soluuntur, tardosque trahit sinus ultimus orbis.
est etiam ille malus Calabris in saltibus anguis   425
squamea conuoluens sublato pectore terga
atque notis longam maculosus grandibus aluum,
qui, dum amnes ulli rumpuntur fontibus et dum

398–402 *MPRV*; 403–28 *MPR*   398 etiam *PV?b*: iam *MRω*
excretos] extremos *P*   402 exportans *Scaliger*   403 'paruo,
alii parco' *schol. Bern.*   408 indignatos *M*[1]   412 turbaris *P*:
terrebis *R*   415 galbaneosque *M*[1]   graui *Non.* 315. 6, *Seru.*
416 ignotis *R*   422 namque *P*   423 agmine *R*
426 pectore] corpore *P*

uere madent udo terrae ac pluuialibus Austris,
stagna colit ripisque habitans hic piscibus atram   430
improbus ingluuiem ranisque loquacibus explet;
postquam exusta palus terraeque ardore dehiscunt,
exsilit in siccum, et flammantia lumina torquens
saeuit agris asperque siti atque exterritus aestu.
ne mihi tum mollis sub diuo carpere somnos   435
neu dorso nemoris libeat iacuisse per herbas,
cum positis nouus exuuiis nitidusque iuuenta
uoluitur, aut catulos tectis aut oua relinquens,
arduus ad solem et linguis micat ore trisulcis.

Morborum quoque te causas et signa docebo.   440
turpis ouis temptat scabies, ubi frigidus imber
altius ad uiuum persedit et horrida cano
bruma gelu, uel cum tonsis inlotus adhaesit
sudor, et hirsuti secuerunt corpora uepres.
dulcibus idcirco fluuiis pecus omne magistri   445
perfundunt, udisque aries in gurgite uillis
mersatur, missusque secundo defluit amni;
aut tonsum tristi contingunt corpus amurca
et spumas miscent argenti uiuaque sulpura
Idaeasque pices et pinguis unguine ceras   450
scillamque elleborosque grauis nigrumque bitumen.
non tamen ulla magis praesens fortuna laborum est
quam si quis ferro potuit rescindere summum
ulceris os: alitur uitium uiuitque tegendo,
dum medicas adhibere manus ad uulnera pastor   455
abnegat et meliora deos sedet omina poscens.
quin etiam, ima dolor balantum lapsus ad ossa
cum furit atque artus depascitur arida febris,

429–58 *MPR*   429 ac] et *R*   433 exsilit *R*,
exilit *r*: extulit *M*: exiit *Pω*   435 ne *PRω, Quint.* ix. 3. 21,
Probus 251. 11, *Seru. ad G.* ii 475, *schol. Bern.*: nec *May, Seru. ad
loc.*   441 ubi] cum *R*   443 inlutus *M¹PR*   444 hirsutis
MR   449 uiuaque sulpura *Macrob.* v 14. 4, *Victorinus* 212. 21,
Seru., schol. Bern. (uiua et sulpura *r*): et sulpura uiua *codd., 'quidam'
ap. Vict.*   452 laborum] malorum *schol. Bern.*   456 et *Pω*:
aut *MRbcrtγ*   omina *Mdhtv, Seru. ut uid.*: omnia *PRω*

profuit incensos aestus auertere et inter
ima ferire pedis salientem sanguine uenam,   460
Bisaltae quo more solent acerque Gelonus,
cum fugit in Rhodopen atque in deserta Getarum,
et lac concretum cum sanguine potat equino.
quam procul aut molli succedere saepius umbrae
uideris aut summas carpentem ignauius herbas   465
extremamque sequi, aut medio procumbere campo
pascentem et serae solam decedere nocti—
continuo culpam ferro compesce, priusquam
dira per incautum serpant contagia uulgus.
non tam creber agens hiemem ruit aequore turbo   470
quam multae pecudum pestes. nec singula morbi
corpora corripiunt, sed tota aestiua repente,
spemque gregemque simul cunctamque ab origine gentem.
tum sciat, aërias Alpis et Norica si quis
castella in tumulis et Iapydis arua Timaui   475
nunc quoque post tanto uideat, desertaque regna
pastorum et longe saltus lateque uacantis.

Hic quondam morbo caeli miseranda coorta est
tempestas totoque autumni incanduit aestu
et genus omne neci pecudum dedit, omne ferarum,   480
corrupitque lacus, infecit pabula tabo.
nec uia mortis erat simplex; sed ubi ignea uenis
omnibus acta sitis miseros adduxerat artus,
rursus abundabat fluidus liquor omniaque in se
ossa minutatim morbo conlapsa trahebat.   485
saepe in honore deum medio stans hostia ad aram,
lanea dum niuea circumdatur infula uitta,
inter cunctantis cecidit moribunda ministros;
aut si quam ferro mactauerat ante sacerdos,

459–89 *MPR*   462 atque] aut *M*   465 aut] et
M[1] ignauius] segnius *R*   466 concumbere (*ut E.* viii 87) *P*
469 serpunt *P*   470 aequora *R*   475 Iapydis *Mω, Seru. hic
et ad A.* xi 247: Iapygis *PRbry,* 'male quidam' *ap. Seru.*   arua ω:
arma *MRcℓυ*: ora *P*   477 uocantis *MP*   481 corripuitque
P   483 attraxerat *P*   488 magistros *R*

79   D

inde neque impositis ardent altaria fibris,   490
nec responsa potest consultus reddere uates,
ac uix suppositi tinguntur sanguine cultri
summaque ieiuna sanie infuscatur harena.
hinc laetis uituli uulgo moriuntur in herbis
et dulcis animas plena ad praesepia reddunt;   495
hinc canibus blandis rabies uenit, et quatit aegros
tussis anhela sues ac faucibus angit obesis.
labitur infelix studiorum atque immemor herbae
uictor equus fontisque auertitur et pede terram
crebra ferit; demissae aures, incertus ibidem   500
sudor et ille quidem morituris frigidus; aret
pellis et ad tactum tractanti dura resistit.
haec ante exitium primis dant signa diebus:
sin in processu coepit crudescere morbus,
tum uero ardentes oculi atque attractus ab alto   505
spiritus, interdum gemitu grauis, imaque longo
ilia singultu tendunt, it naribus ater
sanguis, et obsessas fauces premit aspera lingua.
profuit inserto latices infundere cornu
Lenaeos; ea uisa salus morientibus una.   510
mox erat hoc ipsum exitio, furiisque refecti
ardebant, ipsique suos iam morte sub aegra
(di meliora piis, erroremque hostibus illum!)
discissos nudis laniabant dentibus artus.
ecce autem duro fumans sub uomere taurus   515
concidit et mixtum spumis uomit ore cruorem
extremosque ciet gemitus. it tristis arator
maerentem abiungens fraterna morte iuuencum,
atque opere in medio defixa reliquit aratra.
non umbrae altorum nemorum, non mollia possunt   520
prata mouere animum, non qui per saxa uolutus

490–521 MPR   490 nec M   499 fortisque acde   500 di-
missae cdh   501 morituri M¹γ   506 imaque] altaque M
507 it] et P   509 insertos P   511 exitio hoc ipsum P
513 ardoremque R   519 reliquit Pabr, Seru. ad E. ii 70, fortasse
Don. ad Ter. Andr. 412: relinquit MRω

purior electro campum petit amnis; at ima
soluuntur latera, atque oculos stupor urget inertis
ad terramque fluit deuexo pondere ceruix.
quid labor aut benefacta iuuant? quid uomere terras   525
inuertisse grauis? atqui non Massica Bacchi
munera, non illis epulae nocuere repostae:
frondibus et uictu pascuntur simplicis herbae,
pocula sunt fontes liquidi atque exercita cursu
flumina, nec somnos abrumpit cura salubris.   530
tempore non alio dicunt regionibus illis
quaesitas ad sacra boues Iunonis et uris
imparibus ductos alta ad donaria currus.
ergo aegre rastris terram rimantur, et ipsis
unguibus infodiunt fruges, montisque per altos   535
contenta ceruice trahunt stridentia plaustra.
non lupus insidias explorat ouilia circum
nec gregibus nocturnus obambulat: acrior illum
cura domat; timidi dammae ceruique fugaces
nunc interque canes et circum tecta uagantur.   540
iam maris immensi prolem et genus omne natantum
litore in extremo ceu naufraga corpora fluctus
proluit; insolitae fugiunt in flumina phocae.
interit et curuis frustra defensa latebris
uipera et attoniti squamis astantibus hydri.   545
ipsis est aër auibus non aequus, et illae
praecipites alta uitam sub nube relinquunt.
praeterea iam nec mutari pabula refert,
quaesitaeque nocent artes; cessere magistri,
Phillyrides Chiron Amythaoniusque Melampus.   550
saeuit et in lucem Stygiis emissa tenebris
pallida Tisiphone Morbos agit ante Metumque,

522–52 *MPR*   534 ipsi *Pb*   535 altos (*u.*
412)] arduos *P* (*cf. Germanici u.* 317)   537 insidians *Rvγ*
543 flumine *aceυ*   544 deprensa *P*   545 astantibus] serpentibus *P*   548 iam nec mutari *MPω*: nec iam mutari *Rbr*: nec
mutari iam *Macrob.* vi 2. 13   549 cessare *M¹*

inque dies auidum surgens caput altius effert.
balatu pecorum et crebris mugitibus amnes
arentesque sonant ripae collesque supini.   555
iamque cateruatim dat stragem atque aggerat ipsis
in stabulis turpi dilapsa cadauera tabo,
donec humo tegere ac foueis abscondere discunt.
nam neque erat corüs usus, nec uiscera quisquam
aut undis abolere potest aut uincere flamma;   560
ne tondere quidem morbo inluuieque peresa
uellera nec telas possunt attingere putris;
uerum etiam inuisos si quis temptarat amictus,
ardentes papulae atque immundus olentia sudor
membra sequebatur, nec longo deinde moranti   565
tempore contactos artus sacer ignis edebat.

553–66 *MPR*   555 horrentes *R*   557 delapsa *behv*
563 uerum] quin *R*   temptaret *M*[1]   566 contractos *Peht*

P. VERGILI MARONIS
GEORGICON
LIBER IV

PROTINVS aërii mellis caelestia dona
exsequar: hanc etiam, Maecenas, aspice partem.
admiranda tibi leuium spectacula rerum
magnanimosque duces totiusque ordine gentis
mores et studia et populos et proelia dicam.   5
in tenui labor; at tenuis non gloria, si quem
numina laeua sinunt auditque uocatus Apollo.
  Principio sedes apibus statioque petenda,
quo neque sit uentis aditus (nam pabula uenti
ferre domum prohibent) neque oues haedique petulci   10
floribus insultent, aut errans bucula campo
decutiat rorem et surgentis atterat herbas.
absint et picti squalentia terga lacerti
pinguibus a stabulis, meropesque aliaeque uolucres
et manibus Procne pectus signata cruentis;   15
omnia nam late uastant ipsasque uolantis
ore ferunt dulcem nidis immitibus escam.
at liquidi fontes et stagna uirentia musco
adsint et tenuis fugiens per gramina riuus,
palmaque uestibulum aut ingens oleaster inumbret,   20
ut, cum prima noui ducent examina reges
uere suo ludetque fauis emissa iuuentus,
uicina inuitet decedere ripa calori
obuiaque hospitiis teneat frondentibus arbos.
in medium, seu stabit iners seu profluet umor,   25

1–25 *MPR*   11 campi *P*   14 a] ab *M*   20 aut]
atque *P*   obumbret *c, Col.* ix 5. 4: adumbret *h*   21 ut] at *P*
23 discedere *R*   25 profluit *P*

83

transuersas salices et grandia conice saxa,
pontibus ut crebris possint consistere et alas
pandere ad aestiuum solem, si forte morantis
sparserit aut praeceps Neptuno immerserit Eurus.
haec circum casiae uirides et olentia late   30
serpylla et grauiter spirantis copia thymbrae
floreat, inriguumque bibant uiolaria fontem.
ipsa autem, seu corticibus tibi suta cauatis
seu lento fuerint aluaria uimine texta,
angustos habeant aditus; nam frigore mella   35
cogit hiems, eademque calor liquefacta remittit.
utraque uis apibus pariter metuenda; neque illae
nequiquam in tectis certatim tenuia cera
spiramenta linunt, fucoque et floribus oras
explent, collectumque haec ipsa ad munera gluten   40
et uisco et Phrygiae seruant pice lentius Idae.
saepe etiam effossis, si uera est fama, latebris
sub terra fouere larem, penitusque repertae
pumicibusque cauis exesaeque arboris antro.
tu tamen et leui rimosa cubilia limo   45
ungue fouens circum, et raras superinice frondes.
neu propius tectis taxum sine, neue rubentis
ure foco cancros, altae neu crede paludi,
aut ubi odor caeni grauis aut ubi concaua pulsu
saxa sonant uocisque offensa resultat imago.   50
  Quod superest, ubi pulsam hiemem sol aureus egit
sub terras caelumque aestiua luce reclusit,
illae continuo saltus siluasque peragrant
purpureosque metunt flores et flumina libant
summa leues. hinc nescio qua dulcedine laetae   55
progeniem nidosque fouent, hinc arte recentis
excudunt ceras et mella tenacia fingunt.
hinc ubi iam emissum caueis ad sidera caeli
nare per aestatem liquidam suspexeris agmen

26–36 *MPR*; 37–59 *MP*   43 fodiere *M*[1], fodere *M*[2]   45 ʽe
leui: *alii* et leui' *Seru.*   57 excludunt *Pb?*   58 hic *P*

obscuramque trahi uento mirabere nubem,   60
contemplator: aquas dulcis et frondea semper
tecta petunt. huc tu iussos asperge sapores,
trita melisphylla et cerinthae ignobile gramen,
tinnitusque cie et Matris quate cymbala circum:
ipsae consident medicatis sedibus, ipsae   65
intima more suo sese in cunabula condent.

    Sin autem ad pugnam exierint—nam saepe duobus
regibus incessit magno discordia motu,
continuoque animos uulgi et trepidantia bello
corda licet longe praesciscere; namque morantis   70
Martius ille aeris rauci canor increpat, et uox
auditur fractos sonitus imitata tubarum.
tum trepidae inter se coeunt pennisque coruscant
spiculaque exacuunt rostris aptantque lacertos
et circa regem atque ipsa ad praetoria densae   75
miscentur magnisque uocant clamoribus hostem.
ergo ubi uer nactae sudum camposque patentis,
erumpunt portis, concurritur, aethere in alto
fit sonitus, magnum mixtae glomerantur in orbem
praecipitesque cadunt; non densior aëre grando,   80
nec de concussa tantum pluit ilice glandis.
ipsi per medias acies insignibus alis
ingentis animos angusto in pectore uersant,
usque adeo obnixi non cedere dum grauis aut hos
aut hos uersa fuga uictor dare terga subegit.   85
hi motus animorum atque haec certamina tanta
pulueris exigui iactu compressa quiescent.

    Verum ubi ductores acie reuocaueris ambo,
deterior qui uisus, eum, ne prodigus obsit,
dede neci; melior uacua sine regnet in aula.   90
alter erit maculis auro squalentibus ardens—

60–91 *MP*   63 carmen (*E.* ix 38) *P*   73 dum *P*
87 quiescent *Pω, DSeru. ad u.* 67: -cunt *Mabhr*   88 ambo *Mabry,
Char.* 65. 25, *DSeru. ad E.* vi 18: ambos *Pω, utrumque agnoscunt
DSeru. ad loc. et schol. Bern.*

nam duo sunt genera: hic melior insignis et ore
et rutilis clarus squamis; ille horridus alter
desidia latamque trahens inglorius aluum.
ut binae regum facies, ita corpora plebis: 95
namque aliae turpes horrent, ceu puluere ab alto
cum uenit et sicco terram spuit ore uiator
aridus; elucent aliae et fulgore coruscant
ardentes auro et paribus lita corpora guttis.
haec potior suboles, hinc caeli tempore certo   100
dulcia mella premes, nec tantum dulcia quantum
et liquida et durum Bacchi domitura saporem.

At cum incerta uolant caeloque examina ludunt
contemnuntque fauos et frigida tecta relinquunt,
instabilis animos ludo prohibebis inani.   105
nec magnus prohibere labor: tu regibus alas
eripe; non illis quisquam cunctantibus altum
ire iter aut castris audebit uellere signa.
inuitent croceis halantes floribus horti
et custos furum atque auium cum falce saligna   110
Hellespontiaci seruet tutela Priapi.
ipse thymum tinosque ferens de montibus altis
tecta serat late circum, cui talia curae;
ipse labore manum duro terat, ipse feracis
figat humo plantas et amicos inriget imbris.   115

Atque equidem, extremo ni iam sub fine laborum
uela traham et terris festinem aduertere proram,
forsitan et pinguis hortos quae cura colendi
ornaret canerem biferique rosaria Paesti,
quoque modo potis gauderent intiba riuis   120
et uirides apio ripae, tortusque per herbam
cresceret in uentrem cucumis; nec sera comantem
narcissum aut flexi tacuissem uimen acanthi

92-6 *MP*; 97-123 *FMP*   97 terram sicco *ω(praeter br)*
103 at] aut *P*   105 in stabulis *M¹*   110 furum] frugum *M¹*
112 tinosque *M¹P, agnoscit DSeru.*: pinos *M²Fω* (*cf. u.* 141)
113 circum late *P*   114 'tenaces: *alii* feraces' *schol. Bern.*
122 sero *acv*

pallentisque hederas et amantis litora myrtos.
namque sub Oebaliae memini me turribus arcis,   125.
qua niger umectat flauentia culta Galaesus,
Corycium uidisse senem, cui pauca relicti
iugera ruris erant, nec fertilis illa iuuencis
nec pecori opportuna seges nec commoda Baccho.
hic rarum tamen in dumis olus albaque circum   130
lilia uerbenasque premens uescumque papauer
regum aequabat opes animis, seraque reuertens
nocte domum dapibus mensas onerabat inemptis.
primus uere rosam atque autumno carpere poma,
et cum tristis hiems etiamnum frigore saxa   135
rumperet et glacie cursus frenaret aquarum,
ille comam mollis iam tondebat hyacinthi
aestatem increpitans seram Zephyrosque morantis.
ergo apibus fetis idem atque examine multo
primus abundare et spumantia cogere pressis   140
mella fauis; illi tiliae atque uberrima tinus,
quotque in flore nouo pomis se fertilis arbos
induerat, totidem autumno matura tenebat.
ille etiam seras in uersum distulit ulmos
eduramque pirum et spinos iam pruna ferentis   145
iamque ministrantem platanum potantibus umbras.
uerum haec ipse equidem spatiis exclusus iniquis
praetereo atque aliis post me memoranda relinquo.
 Nunc age, naturas apibus quas Iuppiter ipse
addidit expediam, pro qua mercede canoros   150
Curetum sonitus crepitantiaque aera secutae

124 FMP; 125–51 MP   124 pallentis (om. -que) F   125 arcis
P, Arus. 491. 10, ps.Probus, DSeru.: altis M²ω(autis M¹), Agroec.
118. 3, Seru. hic et ad A. ii 12   132 animo adfhr   135 etiam
nunc ω(praeter r)   137 iam Mbfry: iam tum Pω   acanthi
(achanti) acdet   139 idem atque] idemque P   141 illic P,
agnoscunt schol. Bern.   tilia M   tinus M¹: pinus M²Pω, 'ipsius
autem manu duplex fuit scriptura' somniatur DSeru. (cf. u. 112)
144 in uentum P   147 ipsa M¹   quidem abcd   148 me
codd. b et h correctores fere aequales (ita Col. x 5): om. ceteri (com-
memoranda cdt)

Dictaeo caeli regem pauere sub antro.
solae communis natos, consortia tecta
urbis habent magnisque agitant sub legibus aeuum,
et patriam solae et certos nouere penatis;   155
uenturaeque hiemis memores aestate laborem
experiuntur et in medium quaesita reponunt.
namque aliae uictu inuigilant et foedere pacto
exercentur agris; pars intra saepta domorum
narcissi lacrimam et lentum de cortice gluten   160
prima fauis ponunt fundamina, deinde tenacis
suspendunt ceras; aliae spem gentis adultos
educunt fetus; aliae purissima mella
stipant et liquido distendunt nectare cellas;
sunt quibus ad portas cecidit custodia sorti,   165
inque uicem speculantur aquas et nubila caeli,
aut onera accipiunt uenientum, aut agmine facto
ignauum fucos pecus a praesepibus arcent:
feruet opus, redolentque thymo fraglantia mella.
ac ueluti lentis Cyclopes fulmina massis   170
cum properant, alii taurinis follibus auras
accipiunt redduntque, alii stridentia tingunt
aera lacu; gemit impositis incudibus Aetna;
illi inter sese magna ui bracchia tollunt
in numerum, uersantque tenaci forcipe ferrum: 175
non aliter, si parua licet componere magnis,
Cecropias innatus apes amor urget habendi
munere quamque suo. grandaeuis oppida curae
et munire fauos et daedala fingere tecta.
at fessae multa referunt se nocte minores,   180
crura thymo plenae; pascuntur et arbuta passim
et glaucas salices casiamque crocumque rubentem
et pinguem tiliam et ferrugineos hyacinthos.

152 *MP*; 153–74 *FMP*; 175–80 *MP*; 181–3 *MPR*   154 magnis
(*om.* -que) *P*   163 durissima *M*[1]   169 feruit *F*[1], *DSeru.*
fraglantia *FMbcꝛhtγ*: flagrantia *Padefrv* (*cf. A.* i 436)   170 lenti
F[1]: lente *P*   173 Aet(h)na *Mωγ*: antrum (*A.* viii 451) *FPdf*
181 plena *acdf*

omnibus una quies operum, labor omnibus unus:
mane ruunt portis, nusquam mora; rursus easdem   185
Vesper ubi e pastu tandem decedere campis
admonuit, tum tecta petunt, tum corpora curant;
fit sonitus, mussantque oras et limina circum.
post, ubi iam thalamis se composuere, siletur
in noctem, fessosque sopor suus occupat artus.   190
nec uero a stabulis pluuia impendente recedunt
longius, aut credunt caelo aduentantibus Euris,
sed circum tutae sub moenibus urbis aquantur
excursusque breuis temptant, et saepe lapillos,
ut cumbae instabiles fluctu iactante saburram,   195
tollunt, his sese per inania nubila librant.

Illum adeo placuisse apibus mirabere morem,
quod neque concubitu indulgent, nec corpora segnes
in Venerem soluunt aut fetus nixibus edunt;
uerum ipsae e foliis natos, e suauibus herbis   200
ore legunt, ipsae regem paruosque Quirites
sufficiunt, aulasque et cerea regna refingunt.
saepe etiam duris errando in cotibus alas
attriuere, ultroque animam sub fasce dedere:
tantus amor florum et generandi gloria mellis.   205
ergo ipsas quamuis angusti terminus aeui
excipiat (neque enim plus septima ducitur aestas),
at genus immortale manet, multosque per annos
stat fortuna domus, et aui numerantur auorum.

Praeterea regem non sic Aegyptus et ingens   210
Lydia nec populi Parthorum aut Medus Hydaspes
obseruant. rege incolumi mens omnibus una est;
amisso rupere fidem, constructaque mella
diripuere ipsae et cratis soluere fauorum.
ille operum custos, illum admirantur et omnes   215

184–215 *MPR*   185 numquam *P*   187 tum (*2°*)] tunc
MP   195 stabiles *M¹γ*   flatu *P*   198 neque] nec *Mω*
199 nexibus *M²P¹Rr*   200 e (*1°*) *MRbrγ*: *om. Pω*   e (*2°*) *MPf*:
sed *R*: et *ωγ*   202 refingunt *Rbdf*: relingunt *P*: refigunt *Mωγ*,
Seru.   211 Parthorum populi (*om.* nec) *cd*   aut] et *M¹*

circumstant fremitu denso stipantque frequentes,
et saepe attollunt umeris et corpora bello
obiectant pulchramque petunt per uulnera mortem.

His quidam signis atque haec exempla secuti
esse apibus partem diuinae mentis et haustus   220
aetherios dixere; deum namque ire per omnis
terrasque tractusque maris caelumque profundum;
hinc pecudes, armenta, uiros, genus omne ferarum,
quemque sibi tenuis nascentem arcessere uitas:
scilicet huc reddi deinde ac resoluta referri   225
omnia, nec morti esse locum, sed uiua uolare
sideris in numerum atque alto succedere caelo.

Si quando sedem augustam seruataque mella
thesauris relines, prius haustu sparsus aquarum
ora foue, fumosque manu praetende sequacis.   230
bis grauidos cogunt fetus, duo tempora messis:
Taygete simul os terris ostendit honestum
Pleas et Oceani spretos pede reppulit amnis,
aut eadem sidus fugiens ubi Piscis aquosi
tristior hibernas caelo descendit in undas.   235
illis ira modum supra est, laesaeque uenenum
morsibus inspirant, et spicula caeca relinquunt
adfixae uenis, animasque in uulnere ponunt.
sin duram metues hiemem parcesque futuro
contususque animos et res miserabere fractas,   240
at suffire thymo cerasque recidere inanis
quis dubitet? nam saepe fauos ignotus adedit
stelio et lucifugis congesta cubilia blattis

216–43 *MPR*   217 corpora] pectora *P*   221 omnes *codd.*,
Minucius 19. 2, *Aug. c.d.* iv 11, *Seru.*: omnia (*cf. A.* vi 33) *Peerlkamp
ex Ambrosio de off.* i 13   227 succedere] se condere *R*
228 angustam *Racfhr*   229 thensauri retines *P*   haustu *M²*
(astu *M¹*)*Rbcry*: haustus *Pω*   230 ora foue *M²cehr*: ore foue
Rabvy² (ora faue *γ¹*), *Seru.*: ore faue *M¹Pdft, DSeru., 'alii' ap. Seru.*
manu] sinu *P*   231 fetus] flores *P*, 'flores *emendatum fuit*'
DSeru.   238 adfixa *achtv*   uulnera *Rcy*   239 metuens *Ry*
241 suffire *wy, Prisc.* x 50, *Seru.*: suffere *Pr*: sufferre *MR*   thumos
M¹   242 iam *P*   adhaesit *R*

immunisque sedens aliena ad pabula fucus;
aut asper crabro imparibus se immiscuit armis,   245
aut dirum tiniae genus aut inuisa Mineruae
laxos in foribus suspendit aranea cassis.
quo magis exhaustae fuerint, hoc acrius omnes
incumbent generis lapsi sarcire ruinas
complebuntque foros et floribus horrea texent.   250
   Si uero, quoniam casus apibus quoque nostros
uita tulit, tristi languebunt corpora morbo—
quod iam non dubiis poteris cognoscere signis:
continuo est aegris alius color; horrida uultum
deformat macies; tum corpora luce carentum   255
exportant tectis et tristia funera ducunt;
aut illae pedibus conexae ad limina pendent
aut intus clausis cunctantur in aedibus omnes
ignauaeque fame et contracto frigore pigrae.
tum sonus auditur grauior, tractimque susurrant,   260
frigidus ut quondam siluis immurmurat Auster,
ut mare sollicitum stridit refluentibus undis,
aestuat ut clausis rapidus fornacibus ignis.
hic iam galbaneos suadebo incendere odores
mellaque harundineis inferre canalibus, ultro   265
hortantem et fessas ad pabula nota uocantem.
proderit et tunsum gallae admiscere saporem
arentisque rosas, aut igni pinguia multo
defruta uel psithia passos de uite racemos,
Cecropiumque thymum et graue olentia centaurea.   270
est etiam flos in pratis cui nomen amello
fecere agricolae, facilis quaerentibus herba;
namque uno ingentem tollit de caespite siluam
aureus ipse, sed in foliis, quae plurima circum
funduntur, uiolae sublucet purpura nigrae;   275
saepe deum nexis ornatae torquibus arae;

244-76 *MPR*   244 pocula M¹   246 durum *acdf, Non.*
285. 6   251 nostris *R*   259 ignaua *PR*   260 tunc *P*
262 stridit *MPy*: stridet *Rω*

asper in ore sapor; tonsis in uallibus illum
pastores et curua legunt prope flumina Mellae.
huius odorato radices incoque Baccho
pabulaque in foribus plenis appone canistris.   280
  Sed si quem proles subito defecerit omnis
nec genus unde nouae stirpis reuocetur habebit,
tempus et Arcadii memoranda inuenta magistri
pandere, quoque modo caesis iam saepe iuuencis
insincerus apes tulerit cruor. altius omnem   285
expediam prima repetens ab origine famam.
nam qua Pellaei gens fortunata Canopi
accolit effuso stagnantem flumine Nilum
et circum pictis uehitur sua rura phaselis,
quaque pharetratae uicinia Persidis urget,   290
et diuersa ruens septem discurrit in ora   292
usque coloratis amnis deuexus ab Indis,   293
et uiridem Aegyptum nigra fecundat harena,   291
omnis in hac certam regio iacit arte salutem.
exiguus primum atque ipsos contractus in usus   295
eligitur locus; hunc angustique imbrice tecti
parietibusque premunt artis, et quattuor addunt
quattuor a uentis obliqua luce fenestras.
tum uitulus bima curuans iam cornua fronte
quaeritur; huic geminae nares et spiritus oris   300
multa reluctanti obstruitur, plagisque perempto
tunsa per integram soluuntur uiscera pellem.
sic positum in clauso linquunt et ramea costis
subiciunt fragmenta, thymum casiasque recentis.
hoc geritur Zephyris primum impellentibus undas,   305
ante nouis rubeant quam prata coloribus, ante
garrula quam tignis nidum suspendat hirundo.

277–307 *MPR*   278 et] en *M*[1]   prope] per *R*   Millae *MP*
280 expone *R*   281 quem] quidem ω(*praeter rt*)   282 habebis *P*:
-nis *R*   291 ante *u*. 294 *collocat R* (*aliter positis, iterato et languet
sententia*), *ante* 293 *Mrtγ, ante* 292 *Pω*   294 iacit *M*[1]ω: iacet
M[2]*PRrγ*   295 in *M*[1]*Pa?ht*: ad *M*[2]*Rω, Seru.*   301 opsuitur
M, schol. Bern.   306 ante (*2º*)] et ante *M*[1]*R*   307 lignis *P*

interea teneris tepefactus in ossibus umor
aestuat, et uisenda modis animalia miris,
trunca pedum primo, mox et stridentia pennis,   310
miscentur, tenuemque magis magis aëra carpunt,
donec ut aestiuis effusus nubibus imber
erupere, aut ut neruo pulsante sagittae,
prima leues ineunt si quando proelia Parthi.

Quis deus hanc, Musae, quis nobis extudit artem?   315
unde noua ingressus hominum experientia cepit?
pastor Aristaeus fugiens Peneia Tempe,
amissis, ut fama, apibus morboque fameque,
tristis ad extremi sacrum caput astitit amnis
multa querens, atque hac adfatus uoce parentem: 320
'mater, Cyrene mater, quae gurgitis huius
ima tenes, quid me praeclara stirpe deorum
(si modo, quem perhibes, pater est Thymbraeus Apollo)
inuisum fatis genuisti? aut quo tibi nostri
pulsus amor? quid me caelum sperare iubebas?   325
en etiam hunc ipsum uitae mortalis honorem,
quem mihi uix frugum et pecudum custodia sollers
omnia temptanti extuderat, te matre relinquo.
quin age et ipsa manu felicis erue siluas,
fer stabulis inimicum ignem atque interfice messis,   330
ure sata et ualidam in uitis molire bipennem,
tanta meae si te ceperunt taedia laudis.'

At mater sonitum thalamo sub fluminis alti
sensit. eam circum Milesia uellera Nymphae
carpebant hyali saturo fucata colore,   335
Drymoque Xanthoque Ligeaque Phyllodoceque,
caesariem effusae nitidam per candida colla,   337

308-37 *MPR*   311 magis ac magis *MRf*   captant
Rc²(-tunt *c¹*)   313 erupere *Pω*: eripuere *R*: erumpere *M*
317 Tempae *ω*(*praeter fhr*)   319 sacrum] placidum (*A*. i
127) *M*   320 affatus hac *cdt*   322 ima] iam *PR*   a
stirpe *Rγ*   327 ac *br*   pecudum *Mω*, *Non*. 158. 37 (pecodum
cγ): pecorum *PRbr*   331 ualidam *PRω*, *Arus*. 493. 12: duram
M¹ (*cf*. *A*. xi 651)

Cydippe et flaua Lycorias, altera uirgo, 339
altera tum primos Lucinae experta labores, 340
Clioque et Beroe soror, Oceanitides ambae,
ambae auro, pictis incinctae pellibus ambae,
atque Ephyre atque Opis et Asia Deiopea
et tandem positis uelox Arethusa sagittis.
inter quas curam Clymene narrabat inanem 345
Volcani, Martisque dolos et dulcia furta,
aque Chao densos diuum numerabat amores.
carmine quo captae dum fusis mollia pensa
deuoluunt, iterum maternas impulit auris
luctus Aristaei, uitreisque sedilibus omnes 350
obstipuere; sed ante alias Arethusa sorores
prospiciens summa flauum caput extulit unda,
et procul: 'o gemitu non frustra exterrita tanto,
Cyrene soror, ipse tibi, tua maxima cura,
tristis Aristaeus Penei genitoris ad undam 355
stat lacrimans, et te crudelem nomine dicit.'
huic percussa noua mentem formidine mater
'duc, age, duc ad nos; fas illi limina diuum
tangere' ait. simul alta iubet discedere late
flumina, qua iuuenis gressus inferret. at illum 360
curuata in montis faciem circumstetit unda
accepitque sinu uasto misitque sub amnem.
iamque domum mirans genetricis et umida regna
speluncisque lacus clausos lucosque sonantis
ibat, et ingenti motu stupefactus aquarum 365
omnia sub magna labentia flumina terra
spectabat diuersa locis, Phasimque Lycumque,
et caput unde altus primum se erumpit Enipeus,

339–44 *MPR*; 345–68 *GMPR*   338 Niseae Spioque Thalique (*sic*)
Cymodoceque (= *A*. v 826) *add. acd*   339 Cydippeque *Rγ*
347 aque *Seru. hic et ad E*. vii 13: atque *codd., Arus*. 489. 7   348 dum
fusi *G*: fusis dum *M*   350 amnes *M*1   360 at] ad *Gγ, agno-*
scunt schol. Bern.   361 speciem *M*   circumstitit *G*: -spicit *P*
368 primus *M*   se *om. adtv*   erumpit *Mω*: rumpit *Rbcrγ*: rupit
P(def. G)

unde pater Tiberinus et unde Aniena fluenta
saxosusque sonans Hypanis Mysusque Caicus   370
et gemina auratus taurino cornua uultu
Eridanus, quo non alius per pinguia culta
in mare purpureum uiolentior effluit amnis.
postquam est in thalami pendentia pumice tecta
peruentum et nati fletus cognouit inanis   375
Cyrene, manibus liquidos dant ordine fontis
germanae, tonsisque ferunt mantelia uillis;
pars epulis onerant mensas et plena reponunt
pocula, Panchaeis adolescunt ignibus arae.
et mater 'cape Maeonii carchesia Bacchi: 380
Oceano libemus' ait. simul ipsa precatur
Oceanumque patrem rerum Nymphasque sorores,
centum quae siluas, centum quae flumina seruant.
ter liquido ardentem perfundit nectare Vestam,
ter flamma ad summum tecti subiecta reluxit.   385
omine quo firmans animum sic incipit ipsa:
   'Est in Carpathio Neptuni gurgite uates
caeruleus Proteus, magnum qui piscibus aequor
et iuncto bipedum curru metitur equorum.
hic nunc Emathiae portus patriamque reuisit   390
Pallenen; hunc et Nymphae ueneramur et ipse
grandaeuus Nereus: nouit namque omnia uates,
quae sint, quae fuerint, quae mox uentura trahantur;
quippe ita Neptuno uisum est, immania cuius
armenta et turpis pascit sub gurgite phocas.   395
hic tibi, nate, prius uinclis capiendus, ut omnem
expediat morbi causam euentusque secundet.
nam sine ui non ulla dabit praecepta, neque illum
orando flectes; uim duram et uincula capto

369–99 *GMPR*   370 'saxosum *legendum, non* saxosus' *Seru.*;
ita rtv   373 influit *ω(praeter b), agnoscit DSeru.*   378 men-
sas] aras (*A.* v 101) *P*   384 perfundit *GM¹PR*: -fudit *M²ωγ*,
Seru.   385 sublata *M¹* (*quid Gγ, latet*)   393 trahentur *M¹*:
-untur *γ*   399 flectes] uinces *ω(praeter brt)*

tende; doli circum haec demum frangentur inanes.   400
ipsa ego te, medios cum sol accenderit aestus,
cum sitiunt herbae et pecori iam gratior umbra est,
in secreta senis ducam, quo fessus ab undis
se recipit, facile ut somno adgrediare iacentem.
uerum ubi correptum manibus uinclisque tenebis,   405
tum uariae eludent species atque ora ferarum.
fiet enim subito sus horridus atraque tigris
squamosusque draco et fulua cervice leaena,
aut acrem flammae sonitum dabit atque ita uinclis
excidet, aut in aquas tenuis dilapsus abibit.   410
sed quanto ille magis formas se uertet in omnis
tam tu, nate, magis contende tenacia uincla,
donec talis erit mutato corpore qualem
uideris incepto tegeret cum lumina somno.'
  Haec ait et liquidum ambrosiae defundit odorem,   415
quo totum nati corpus perduxit; at illi
dulcis compositis spirauit crinibus aura
atque habilis membris uenit uigor. est specus ingens
exesi latere in montis, quo plurima uento
cogitur inque sinus scindit sese unda reductos,   420
deprensis olim statio tutissima nautis;
intus se uasti Proteus tegit obice saxi.
his iuuenem in latebris auersum a lumine Nympha
conlocat, ipsa procul nebulis obscura resistit.
iam rapidus torrens sitientis Sirius Indos   425
ardebat caelo et medium sol igneus orbem
hauserat, arebant herbae et caua flumina siccis
faucibus ad limum radii tepefacta coquebant,
cum Proteus consueta petens e fluctibus antra

400–19 *GMPR*; 420–9 *MPR*   400 frangentur *M ω, Seru.*: -untur
PRcr(def. G)   406 ludent *R*: inludent (*G.* i 181) *b, DSeru.*
407 suus *M¹PR(def. G)*   409 sonitum flammae *M*   410 elabsus *G*
411 uertit *Pc, Aug. c.d.* x 10   412 tam tu *Ribbeck, coll. A.* vii 787 *et
Don. ad Ter. Hec.* 417: tantu *MP*: tanto *Rω, Seru.*: tantum *b, 'alii' ap.
Seru.*: *et* -to *et* -tum *agnoscunt schol. Bern.(def. G)*   415 defundit
Gdehu (defudit *at*, defendit *f*): diffundit *Mbcry*: perfundit *P*: de-
promit *R*   416 perfudit *R*   423 a *om. Rbr*

ibat; eum uasti circum gens umida ponti   430
exsultans rorem late dispergit amarum.
sternunt se somno diuersae in litore phocae;
ipse, uelut stabuli custos in montibus olim,
Vesper ubi e pastu uitulos ad tecta reducit
auditisque lupos acuunt balatibus agni,   435
consedit scopulo medius, numerumque recenset.
cuius Aristaeo quoniam est oblata facultas,
uix defessa senem passus componere membra
cum clamore ruit magno, manicisque iacentem
occupat. ille suae contra non immemor artis   440
omnia transformat sese in miracula rerum,
ignemque horribilemque feram fluuiumque liquentem.
uerum ubi nulla fugam reperit fallacia, uictus
in sese redit atque hominis tandem ore locutus
'nam quis te, iuuenum confidentissime, nostras   445
iussit adire domos? quidue hinc petis?' inquit. at ille:
'scis, Proteu, scis ipse, neque est te fallere quicquam:
sed tu desine uelle. deum praecepta secuti
uenimus hinc lassis quaesitum oracula rebus.'
tantum effatus. ad haec uates ui denique multa   450
ardentis oculos intorsit lumine glauco,
et grauiter frendens sic fatis ora resoluit:
  'Non te nullius exercent numinis irae;
magna luis commissa: tibi has miserabilis Orpheus
haudquaquam ob meritum poenas, ni fata resistant,   455
suscitat, et rapta grauiter pro coniuge saeuit.
illa quidem, dum te fugeret per flumina praeceps,
immanem ante pedes hydrum moritura puella
seruantem ripas alta non uidit in herba.

430–5 *MPR*; 436–59 *MPRV*   436 circum uasti *M¹*   431 dispergit *MR*: discerpsit *P*: dispersit *ωγ*   432 diuerso *ω(praeter chrv)*
434 uespere *P*   435 auditique *ω(praeter brh)γ*   436 consedit
M¹Vωγ: -sidit *M²PRbr*   438 *u. om. V*   439 uinclisque *aev*
443 pellacia *aefhrv, agnoscunt DSeru., schol. Bern.*   447 quicquam
MRVbdrt, 'alii' ap. Seru.: cuiquam *Pωγ*   449 lapsis *Ra?*
454 luis *MPVbfhrγ, Seru.*: lues *Rω*   455 ob *MRVωγ, Prisc.*
xiv 25, *Seru.*: ad *P*   ni] nisi *M*

at chorus aequalis Dryadum clamore supremos   460
impleuit montis; flerunt Rhodopeiae arces
altaque Pangaea et Rhesi Mauortia tellus
atque Getae atque Hebrus et Actias Orithyia.
ipse caua solans aegrum testudine amorem
te, dulcis coniunx, te solo in litore secum,   465
te ueniente die, te decedente canebat.
Taenarias etiam fauces, alta ostia Ditis,
et caligantem nigra formidine lucum
ingressus, Manisque adiit regemque tremendum
nesciaque humanis precibus mansuescere corda.   470
at cantu commotae Erebi de sedibus imis
umbrae ibant tenues simulacraque luce carentum,
quam multa in foliis auium se milia condunt,
Vesper ubi aut hibernus agit de montibus imber,
matres atque uiri defunctaque corpora uita   475
magnanimum heroum, pueri innuptaeque puellae,
impositique rogis iuuenes ante ora parentum,
quos circum limus niger et deformis harundo
Cocyti tardaque palus inamabilis unda
alligat et nouies Styx interfusa coercet.   480
quin ipsae stupuere domus atque intima Leti
Tartara caeruleosque implexae crinibus anguis
Eumenides, tenuitque inhians tria Cerberus ora,
atque Ixionii uento rota constitit orbis.
iamque pedem referens casus euaserat omnis,   485
redditaque Eurydice superas ueniebat ad auras
pone sequens (namque hanc dederat Proserpina legem),
cum subita incautum dementia cepit amantem,
ignoscenda quidem, scirent si ignoscere Manes:
restitit, Eurydicenque suam iam luce sub ipsa   490

460–1 *MPRV*; 462–4 *MγRV*; 465–70 *MγR*; 471–90 *FMγR*
460 supremos *MVωγ, Seru.*: -mo *PR*   461 impleuit *Vb* (*cf. E.* vi
66, *A.* v 239, x 220): implerunt *MPRωγ*   473 foliis *FRabdert*:
siluis (*A.* vi 309) *Mcfhvγ*   482 caeruleisque *M*¹   implexae
*M*¹*tvγ, Seru.*: impexae *M*², *schol. Bern.*: innexae *FR* (*cf. A.* vi 281):
amplexae *ω* (*quid r, non liquet*)   488 subito *Rt*

immemor heu! uictusque animi respexit. ibi omnis
effusus labor atque immitis rupta tyranni
foedera, terque fragor stagnis auditus Auernis.
illa 'quis et me' inquit 'miseram et te perdidit, Orpheu,
quis tantus furor? en iterum crudelia retro   495
fata uocant, conditque natantia lumina somnus.
iamque uale: feror ingenti circumdata nocte
inualidasque tibi tendens, heu non tua, palmas.'
dixit et ex oculis subito, ceu fumus in auras
commixtus tenuis, fugit diuersa, neque illum   500
prensantem nequiquam umbras et multa uolentem
dicere praeterea uidit; nec portitor Orci
amplius obiectam passus transire paludem.
quid faceret? quo se rapta bis coniuge ferret?
quo fletu Manis, quae numina uoce moueret?   505
illa quidem Stygia nabat iam frigida cumba.
septem illum totos perhibent ex ordine mensis
rupe sub aëria deserti ad Strymonis undam
flesse sibi, et gelidis haec euoluisse sub antris
mulcentem tigris et agentem carmine quercus: 510
qualis populea maerens philomela sub umbra
amissos queritur fetus, quos durus arator
obseruans nido implumis detraxit; at illa
flet noctem, ramoque sedens miserabile carmen
integrat, et maestis late loca questibus implet.   515
nulla Venus, non ulli animum flexere hymenaei:
solus Hyperboreas glacies Tanaimque niualem
aruaque Riphaeis numquam uiduata pruinis
lustrabat, raptam Eurydicen atque inrita Ditis
dona querens. spretae Ciconum quo munere matres   520
inter sacra deum nocturnique orgia Bacchi
discerptum latos iuuenem sparsere per agros.

491–7 $FM\gamma R$; 498–521 $M\gamma R$; 522 $FM\gamma RV$ 493 stagni est R
Auernis Mt: -ni $FR\omega$ 504 erepta M^2 505 quo] quos R quae]
qua $cfhtv$ moneret M^1 509 flesse sibi R: fleuisse $M\omega\gamma$, $Arus.$
474. 19. $Non.$ 526. 7   antris $M\omega\gamma$: astris Rrv

tum quoque marmorea caput a cervice reuulsum
gurgite cum medio portans Oeagrius Hebrus
uolueret, Eurydicen uox ipsa et frigida lingua,　　　　　525
a miseram Eurydicen! anima fugiente uocabat:
Eurydicen toto referebant flumine ripae.'
　Haec Proteus, et se iactu dedit aequor in altum,
quaque dedit, spumantem undam sub uertice torsit.
at non Cyrene, namque ultro adfata timentem:　　　　　530
'nate, licet tristis animo deponere curas.
haec omnis morbi causa, hinc miserabile Nymphae,
cum quibus illa choros lucis agitabat in altis,
exitium misere apibus. tu munera supplex
tende petens pacem, et facilis uenerare Napaeas;　　　　535
namque dabunt ueniam uotis, irasque remittent.
sed modus orandi qui sit prius ordine dicam:
quattuor eximios praestanti corpore tauros,
qui tibi nunc uiridis depascunt summa Lycaei,
delige, et intacta totidem ceruice iuuencas.　　　　　540
quattuor his aras alta ad delubra dearum
constitue, et sacrum iugulis demitte cruorem,
corporaque ipsa boum frondoso desere luco.
post, ubi nona suos Aurora ostenderit ortus,
inferias Orphei Lethaea papauera mittes　　　　　545
et nigram mactabis ouem, lucumque reuises;
placatam Eurydicen uitula uenerabere caesa.'
haud mora, continuo matris praecepta facessit:
ad delubra uenit, monstratas excitat aras,
quattuor eximios praestanti corpore tauros　　　　　550
ducit et intacta totidem ceruice iuuencas.

　523–34 _FMγRV_; 535–48 _FGMγRV_; 549 _GMγRV_; 550–1 _GMγR_
523 tunc _R_　　　524 medius _F_　　　525–6 uox ... Eurydicen _om. F_
530 namque est _V_　　　531 componere _M_[1]　　　538 eximios _Mω_
(_u._ 550): eximio _RVγ_ (_def. FG_)　　　praestantis _R_　　　540 intacta
MVω, Macrob. iii 5. 5, _Seru. ad A._ vi 38: intactas _Rdγ_ (_def. FG_)
542 dimitte _Macdvγ_　　　545 Orpheo _R_　　　548 capessit _Mr, schol._
Bern. (_quid γ, incertum_; _def._ G)　　　550 eximio _Rγ_　　　praestantis _R_[2]
551 intacta (_u._ 540) _GM_[2]_ω_: -tas _Radγ_: -to _M_[1]

post, ubi nona suos Aurora induxerat ortus,
inferias Orphei mittit, lucumque reuisit.
hic uero subitum ac dictu mirabile monstrum
aspiciunt, liquefacta boum per uiscera toto   555
stridere apes utero et ruptis efferuere costis,
immensasque trahi nubes, iamque arbore summa
confluere et lentis uuam demittere ramis.

  Haec super aruorum cultu pecorumque canebam
et super arboribus, Caesar dum magnus ad altum   560
fulminat Euphraten bello uictorque uolentis
per populos dat iura uiamque adfectat Olympo.
illo Vergilium me tempore dulcis alebat
Parthenope studiis florentem ignobilis oti,
carmina qui lusi pastorum audaxque iuuenta,   565
Tityre, te patulae cecini sub tegmine fagi.

552–66 *GMγR*   558 dimittere *Macdh*   559 cultus *G*
564 oti] aeui *b?γ* (*A*. vii 776)   566 cecini patulae *R*

P. VERGILI MARONIS

AENEIDOS

LIBER I

ARMA uirumque cano, Troiae qui primus ab oris
Italiam fato profugus Lauiniaque uenit
litora, multum ille et terris iactatus et alto
ui superum, saeuae memorem Iunonis ob iram,
multa quoque et bello passus, dum conderet urbem   5
inferretque deos Latio; genus unde Latinum
Albanique patres atque altae moenia Romae.
Musa, mihi causas memora, quo numine laeso
quidue dolens regina deum tot uoluere casus
insignem pietate uirum, tot adire labores   10
impulerit. tantaene animis caelestibus irae?
   Vrbs antiqua fuit (Tyrii tenuere coloni)
Karthago, Italiam contra Tiberinaque longe
ostia, diues opum studiisque asperrima belli,
quam Iuno fertur terris magis omnibus unam   15
posthabita coluisse Samo. hic illius arma,
hic currus fuit; hoc regnum dea gentibus esse,
si qua fata sinant, iam tum tenditque fouetque.
progeniem sed enim Troiano a sanguine duci
audierat Tyrias olim quae uerteret arces;   20
hinc populum late regem belloque superbum
uenturum excidio Libyae; sic uoluere Parcas.
id metuens ueterisque memor Saturnia belli,
prima quod ad Troiam pro caris gesserat Argis—

1–24 MγRVp   2 Lauiniaque M¹Vp, Gell. x 16. 6
(cf. A. iv 236), Tib.: Lauinaque γRω, Macrob. v 2. 8, tegula Italicae
inuenta (C.I.L. ii 4967. 31), probat Seru. (utrumque Gramm.): Lauinia
M²   15 una M¹   18 sinunt M¹   21–22 'in Probi
adpuncti sunt' editione, teste DSeru.

necdum etiam causae irarum saeuique dolores   25
exciderant animo; manet alta mente repostum
iudicium Paridis spretaeque iniuria formae
et genus inuisum et rapti Ganymedis honores:
his accensa super iactatos aequore toto
Troas, reliquias Danaum atque immitis Achilli,   30
arcebat longe Latio, multosque per annos
errabant acti fatis maria omnia circum.
tantae molis erat Romanam condere gentem.

    Vix e conspectu Siculae telluris in altum
uela dabant laeti et spumas salis aere ruebant,   35
cum Iuno aeternum seruans sub pectore uulnus
haec secum: 'mene incepto desistere uictam
nec posse Italia Teucrorum auertere regem!
quippe uetor fatis. Pallasne exurere classem
Argiuum atque ipsos potuit summergere ponto   40
unius ob noxam et furias Aiacis Oilei?
ipsa Iouis rapidum iaculata e nubibus ignem
disiecitque rates euertitque aequora uentis,
illum exspirantem transfixo pectore flammas
turbine corripuit scopuloque infixit acuto;   45
ast ego, quae diuum incedo regina Iouisque
et soror et coniunx, una cum gente tot annos
bella gero. et quisquam numen Iunonis adorat
praeterea aut supplex aris imponet honorem?'

    Talia flammato secum dea corde uolutans   50
nimborum in patriam, loca feta furentibus Austris,
Aeoliam uenit. hic uasto rex Aeolus antro
luctantis uentos tempestatesque sonoras
imperio premit ac uinclis et carcere frenat.
illi indignantes magno cum murmure montis   55

    25–6 Mγ RVp; 27–55 Mγ Rp   25 causa p?c   38 Italiam
γR¹s   44 pectore] tempore *Probus aliique, teste DSeru.*   45 inflixit
Cornutus ap. DSeru. (cf. A. x 303)   48 adoret *Quint.* ix 2. 10,
Seru. ad G. iv 502, A. ii 79, xii 11   49 inponet MRpd?: -nit γω,
Tib.: -nat *recc.*

circum claustra fremunt; celsa sedet Aeolus arce
sceptra tenens mollitque animos et temperat iras.
ni faciat, maria ac terras caelumque profundum
quippe ferant rapidi secum uerrantque per auras;
sed pater omnipotens speluncis abdidit atris   60
hoc metuens molemque et montis insuper altos
imposuit, regemque dedit qui foedere certo
et premere et laxas sciret dare iussus habenas.
ad quem tum Iuno supplex his uocibus usa est: 64
   'Aeole (namque tibi diuum pater atque hominum rex
et mulcere dedit fluctus et tollere uento),
gens inimica mihi Tyrrhenum nauigat aequor
Ilium in Italiam portans uictosque penatis:
incute uim uentis submersasque obrue puppis,
aut age diuersos et dissice corpora ponto.   70
sunt mihi bis septem praestanti corpore Nymphae,
quarum quae forma pulcherrima Deiopea,
conubio iungam stabili propriamque dicabo,
omnis ut tecum meritis pro talibus annos
exigat et pulchra faciat te prole parentem.'   75
   Aeolus haec contra: 'tuus, o regina, quid optes
explorare labor; mihi iussa capessere fas est.
tu mihi quodcumque hoc regni, tu sceptra Iouemque
concilias, tu das epulis accumbere diuum
nimborumque facis tempestatumque potentem.'   80
   Haec ubi dicta, cauum conuersa cuspide montem
impulit in latus; ac uenti uelut agmine facto,
qua data porta, ruunt et terras turbine perflant.
incubuere mari totumque a sedibus imis
una Eurusque Notusque ruunt creberque procellis   85
Africus, et uastos uoluunt ad litora fluctus.
insequitur clamorque uirum stridorque rudentum;
eripiunt subito nubes caelumque diemque
Teucrorum ex oculis; ponto nox incubat atra;
intonuere poli et crebris micat ignibus aether   90

56–90 *MγRp*   70 et] aut *M*   87 rudentem *M¹γ*

praesentemque uiris intentant omnia mortem.
extemplo Aeneae soluuntur frigore membra;
ingemit et duplicis tendens ad sidera palmas
talia uoce refert: 'o terque quaterque beati,
quis ante ora patrum Troiae sub moenibus altis   95
contigit oppetere! o Danaum fortissime gentis
Tydide! mene Iliacis occumbere campis
non potuisse tuaque animam hanc effundere dextra,
saeuus ubi Aeacidae telo iacet Hector, ubi ingens
Sarpedon, ubi tot Simois correpta sub undis   100
scuta uirum galeasque et fortia corpora uoluit!'
    Talia iactanti stridens Aquilone procella
uelum aduersa ferit, fluctusque ad sidera tollit.
franguntur remi, tum prora auertit et undis
dat latus, insequitur cumulo praeruptus aquae mons.   105
hi summo in fluctu pendent; his unda dehiscens
terram inter fluctus aperit, furit aestus harenis.
tris Notus abreptas in saxa latentia torquet
(saxa uocant Itali mediis quae in fluctibus Aras,
dorsum immane mari summo), tris Eurus ab alto   110
in breuia et Syrtis urget, miserabile uisu,
inliditque uadis atque aggere cingit harenae.
unam, quae Lycios fidumque uehebat Oronten,
ipsius ante oculos ingens a uertice pontus
in puppim ferit: excutitur pronusque magister   115
uoluitur in caput, ast illam ter fluctus ibidem
torquet agens circum et rapidus uorat aequore uertex.
apparent rari nantes in gurgite uasto,
arma uirum tabulaeque et Troia gaza per undas.
iam ualidam Ilionei nauem, iam fortis Achatae,   120
et qua uectus Abas, et qua grandaeuus Aletes,
uicit hiems; laxis laterum compagibus omnes

91–122 MγRp   100 undas (A. viii 538) p, agnoscit
Seru.   103 fluctusque M²Rbefv: -tumque M¹γpacdhrt
104 prora pω, Porph. ad Hor. serm. i 3. 55, 'alii' ap. Seru.: proram
MγR, Tib.   109 mediis quae Rbdfrt, Quint. viii 2. 14: mediisque
Mγaceh(aegre legitur p)   110 maris summi Char. 275. 20

accipiunt inimicum imbrem rimisque fatiscunt.

Interea magno misceri murmure pontum
emissamque hiemem sensit Neptunus et imis   125
stagna refusa uadis, grauiter commotus, et alto
prospiciens summa placidum caput extulit unda.
disiectam Aeneae toto uidet aequore classem,
fluctibus oppressos Troas caelique ruina;
nec latuere doli fratrem Iunonis et irae.   130
Eurum ad se Zephyrumque uocat, dehinc talia fatur:
'Tantane uos generis tenuit fiducia uestri?
iam caelum terramque meo sine numine, uenti,
miscere et tantas audetis tollere moles?
quos ego—sed motos praestat componere fluctus.   135
post mihi non simili poena commissa luetis.
maturate fugam regique haec dicite uestro:
non illi imperium pelagi saeuumque tridentem,
sed mihi sorte datum. tenet ille immania saxa,
uestras, Eure, domos; illa se iactet in aula   140
Aeolus et clauso uentorum carcere regnet.'
Sic ait, et dicto citius tumida aequora placat
collectasque fugat nubes solemque reducit.
Cymothoe simul et Triton adnixus acuto
detrudunt nauis scopulo; leuat ipse tridenti   145
et uastas aperit Syrtis et temperat aequor
atque rotis summas leuibus perlabitur undas.
ac ueluti magno in populo cum saepe coorta est
seditio saeuitque animis ignobile uulgus
iamque faces et saxa uolant, furor arma ministrat;   150
tum, pietate grauem ac meritis si forte uirum quem
conspexere, silent arrectisque auribus astant;
ille regit dictis animos et pectora mulcet:
sic cunctus pelagi cecidit fragor, aequora postquam
prospiciens genitor caeloque inuectus aperto   155

123–28 MγRp; 129–55 MγR   129 ruina Mω, Seru. ad G.
i 324: ruinam γRad   150 'multi non uolant sed uolunt
inuenisse se dicunt' DSeru.

flectit equos curruque uolans dat lora secundo.
  Defessi Aeneadae quae proxima litora cursu
contendunt petere, et Libyae uertuntur ad oras.
est in secessu longo locus: insula portum
efficit obiectu laterum, quibus omnis ab alto   160
frangitur inque sinus scindit sese unda reductos.
hinc atque hinc uastae rupes geminique minantur
in caelum scopuli, quorum sub uertice late
aequora tuta silent; tum siluis scaena coruscis
desuper, horrentique atrum nemus imminet umbra.   165
fronte sub aduersa scopulis pendentibus antrum;
intus aquae dulces uiuoque sedilia saxo,
Nympharum domus. hic fessas non uincula nauis
ulla tenent, unco non alligat ancora morsu.
huc septem Aeneas collectis nauibus omni   170
ex numero subit, ac magno telluris amore
egressi optata potiuntur Troes harena
et sale tabentis artus in litore ponunt.
ac primum silici scintillam excudit Achates
succepitque ignem foliis atque arida circum   175
nutrimenta dedit rapuitque in fomite flammam.
tum Cererem corruptam undis Cerealiaque arma
expediunt fessi rerum, frugesque receptas
et torrere parant flammis et frangere saxo.
  Aeneas scopulum interea conscendit, et omnem   180
prospectum late pelago petit, Anthea si quem
iactatum uento uideat Phrygiasque biremis
aut Capyn aut celsis in puppibus arma Caici.
nauem in conspectu nullam, tris litore ceruos
prospicit errantis; hos tota armenta sequuntur   185
a tergo et longum per uallis pascitur agmen.
constitit hic arcumque manu celerisque sagittas
corripuit fidus quae tela gerebat Achates,

156–84 MγR; 185–8 FMγR   169 *ante u.* 168 *collocat,* 170 *om.*
M¹   174 silicis ω(*praeter afhr*)   175 suscepit γω(*praeter at*)
181 quem] qua γ, *Char.* 218. 32, *agnoscit DSeru.*

ductoresque ipsos primum capita alta ferentis
cornibus arboreis sternit, tum uulgus et omnem   190
miscet agens telis nemora inter frondea turbam;
nec prius absistit quam septem ingentia uictor
corpora fundat humi et numerum cum nauibus aequet;
hinc portum petit et socios partitur in omnis.

uina bonus quae deinde cadis onerarat Acestes   195
litore Trinacrio dederatque abeuntibus heros
diuidit, et dictis maerentia pectora mulcet:
  'O socii (neque enim ignari sumus ante malorum),
o passi grauiora, dabit deus his quoque finem.

uos et Scyllaeam rabiem penitusque sonantis   200
accestis scopulos, uos et Cyclopia saxa
experti: reuocate animos maestumque timorem
mittite; forsan et haec olim meminisse iuuabit.

per uarios casus, per tot discrimina rerum
tendimus in Latium, sedes ubi fata quietas   205
ostendunt; illic fas regna resurgere Troiae.
durate, et uosmet rebus seruate secundis.'

  Talia uoce refert curisque ingentibus aeger
spem uultu simulat, premit altum corde dolorem.

illi se praedae accingunt dapibusque futuris: 210
tergora diripiunt costis et uiscera nudant;
pars in frusta secant ueribusque trementia figunt,
litore aëna locant alii flammasque ministrant.

tum uictu reuocant uiris, fusique per herbam
implentur ueteris Bacchi pinguisque ferinae.   215

postquam exempta fames epulis mensaeque remotae,
amissos longo socios sermone requirunt,
spemque metumque inter dubii, seu uiuere credant
siue extrema pati nec iam exaudire uocatos.

praecipue pius Aeneas nunc acris Oronti,   220

189–220 *FMyR*   193 humi *dftv*, *Seru.* (*cf. A.* v 78, vi
423, xi 665): humo *ceteri*, *Non.* 312. 32, *Sac.* 460. 7 (*G.* ii 460;
cf. Val. Flacc. i 710)   209 uultu *F²MRω*: uultus *F¹γacr*   alto *d*
212 frustra *F¹MR¹bcdev*

nunc Amyci casum gemit et crudelia secum
fata Lyci fortemque Gyan fortemque Cloanthum.
    Et iam finis erat, cum Iuppiter aethere summo
despiciens mare ueliuolum terrasque iacentis
litoraque et latos populos, sic uertice caeli   225
constitit et Libyae defixit lumina regnis.
atque illum talis iactantem pectore curas
tristior et lacrimis oculos suffusa nitentis
adloquitur Venus: 'o qui res hominumque deumque
aeternis regis imperiis et fulmine terres,   230
quid meus Aeneas in te committere tantum,
quid Troes potuere, quibus tot funera passis
cunctus ob Italiam terrarum clauditur orbis?
certe hinc Romanos olim uoluentibus annis,
hinc fore ductores, reuocato a sanguine Teucri,   235
qui mare, qui terras omnis dicione tenerent,
pollicitus—quae te, genitor, sententia uertit?
hoc equidem occasum Troiae tristisque ruinas
solabar fatis contraria fata rependens;
nunc eadem fortuna uiros tot casibus actos   240
insequitur. quem das finem, rex magne, laborum?
Antenor potuit mediis elapsus Achiuis
Illyricos penetrare sinus atque intima tutus
regna Liburnorum et fontem superare Timaui,
unde per ora nouem uasto cum murmure montis   245
it mare proruptum et pelago premit arua sonanti.
hic tamen ille urbem Pataui sedesque locauit
Teucrorum et genti nomen dedit armaque fixit
Troia, nunc placida compostus pace quiescit:
nos, tua progenies, caeli quibus adnuis arcem,   250
nauibus (infandum!) amissis unius ob iram
prodimur atque Italis longe disiungimur oris.

221-34 *FMγR*; 235-52 *FMγRV*   229 deorumque (*ut A*. ii 745)
Bentley ad Hor. carm. i 12. 14 (*cf. u*. 332)   235 a om. γ
236 omnis (-nes) *FVc*: omni *MγRω*, 'melius' iudice *Seru*., *Tib*.
246 proruptum *F¹M¹RV¹ω*, 'melius' iudice *Seru*.: praeruptum
F²M²γV²adr, *Sen. quaest. nat*. iii 1. 1, *Tib*.

hic pietatis honos? sic nos in sceptra reponis?'
  Olli subridens hominum sator atque deorum
uultu, quo caelum tempestatesque serenat, 255
oscula libauit natae, dehinc talia fatur:
'parce metu, Cytherea, manent immota tuorum
fata tibi; cernes urbem et promissa Lauini
moenia, sublimemque feres ad sidera caeli
magnanimum Aenean; neque me sententia uertit. 260
hic tibi (fabor enim, quando haec te cura remordet,
longius et uoluens fatorum arcana mouebo)
bellum ingens geret Italia populosque ferocis
contundet moresque uiris et moenia ponet,
tertia dum Latio regnantem uiderit aestas 265
ternaque transierint Rutulis hiberna subactis.
at puer Ascanius, cui nunc cognomen Iulo
additur (Ilus erat, dum res stetit Ilia regno),
triginta magnos uoluendis mensibus orbis
imperio explebit, regnumque ab sede Lauini 270
transferet, et Longam multa ui muniet Albam.
hic iam ter centum totos regnabitur annos
gente sub Hectorea, donec regina sacerdos
Marte grauis geminam partu dabit Ilia prolem.
inde lupae fuluo nutricis tegmine laetus 275
Romulus excipiet gentem et Mauortia condet
moenia Romanosque suo de nomine dicet.
his ego nec metas rerum nec tempora pono:
imperium sine fine dedi. quin aspera Iuno,
quae mare nunc terrasque metu caelumque fatigat, 280
consilia in melius referet, mecumque fouebit
Romanos, rerum dominos gentemque togatam.
sic placitum. ueniet lustris labentibus aetas
cum domus Assaraci Pthiam clarasque Mycenas
seruitio premet ac uictis dominabitur Argis. 285

253–60 *FMγRV*; 261–8 *FMγR*; 269–76 *MγR*; 277–85 *MPR*
258 et *om. V 'sicut multi' ap. Seru.*   270 ab] a *cdev*   272 hinc
cev; et hic *et* hinc *agnoscit Seru.*

nascetur pulchra Troianus origine Caesar,
imperium Oceano, famam qui terminet astris,
Iulius, a magno demissum nomen Iulo.
hunc tu olim caelo spoliis Orientis onustum
accipies secura; uocabitur hic quoque uotis.   290
aspera tum positis mitescent saecula bellis:
cana Fides et Vesta, Remo cum fratre Quirinus
iura dabunt; dirae ferro et compagibus artis
claudentur Belli portae; Furor impius intus
saeua sedens super arma et centum uinctus aënis   295
post tergum nodis fremet horridus ore cruento.'
    Haec ait et Maia genitum demittit ab alto,
ut terrae utque nouae pateant Karthaginis arces
hospitio Teucris, ne fati nescia Dido
finibus arceret. uolat ille per aëra magnum   300
remigio alarum ac Libyae citus astitit oris.
et iam iussa facit, ponuntque ferocia Poeni
corda uolente deo; in primis regina quietum
accipit in Teucros animum mentemque benignam.
    At pius Aeneas per noctem plurima uoluens,   305
ut primum lux alma data est, exire locosque
explorare nouos, quas uento accesserit oras,
qui teneant (nam inculta uidet), hominesne feraene,
quaerere constituit sociisque exacta referre.
classem in conuexo nemorum sub rupe cauata   310
arboribus clausam circum atque horrentibus umbris
occulit; ipse uno graditur comitatus Achate
bina manu lato crispans hastilia ferro.
cui mater media sese tulit obuia silua
uirginis os habitumque gerens et uirginis arma   315
Spartanae, uel qualis equos Threissa fatigat
Harpalyce uolucremque fuga praeuertitur Hebrum.

286–317 *MPR*   288 dimissum *cd*, *Seru. ad A*. iv 234
289 onustum] '*alii* honestum *legunt*' *DSeru*.   297 dimittit *Pcdr*
298 terra *P¹*   310 conuexu *acr*   317 Hebrum *codd.*, *Prisc.*
viii 35, *Non.* 307. 27 *et* 362. 19, *Seru.*, *Tib.*, *imitatur Sil. Ital.* ii 73–5:
Eurum *Rutgers ad Hor. carm.* i 25. 20, *alii*

namque umeris de more habilem suspenderat arcum
uenatrix dederatque comam diffundere uentis,
nuda genu nodoque sinus collecta fluentis.   320
ac prior 'heus,' inquit, 'iuuenes, monstrate, mearum
uidistis si quam hic errantem forte sororum
succinctam pharetra et maculosae tegmine lyncis,
aut spumantis apri cursum clamore prementem.'
    Sic Venus et Veneris contra sic filius orsus: 325
'nulla tuarum audita mihi neque uisa sororum,
o quam te memorem, uirgo? namque haud tibi uultus
mortalis, nec uox hominem sonat; o, dea certe
(an Phoebi soror? an Nympharum sanguinis una?),
sis felix nostrumque leues, quaecumque, laborem   330
et quo sub caelo tandem, quibus orbis in oris
iactemur doceas: ignari hominumque locorumque
erramus uento huc uastis et fluctibus acti.
multa tibi ante aras nostra cadet hostia dextra.'
    Tum Venus: 'haud equidem tali me dignor honore;   335
uirginibus Tyriis mos est gestare pharetram
purpureoque alte suras uincire coturno.
Punica regna uides, Tyrios et Agenoris urbem;
sed fines Libyci, genus intractabile bello.
imperium Dido Tyria regit urbe profecta,   340
germanum fugiens. longa est iniuria, longae
ambages; sed summa sequar fastigia rerum.
huic coniunx Sychaeus erat, ditissimus auri
Phoenicum, et magno miserae dilectus amore,
cui pater intactam dederat primisque iugarat   345
ominibus. sed regna Tyri germanus habebat
Pygmalion, scelere ante alios immanior omnis.
quos inter medius uenit furor. ille Sychaeum
impius ante aras atque auri caecus amore

318–49 *MPR*   323 pharetram '*sed melius in quibusdam
codd.*' pharetra '*inuenitur*' *Prisc.* xvii 101   323 tegmina γ(*def. P*)
328 hominum *abhrt*   333 uastis et *M²Pω*: et uastis *M¹Rr, Tib.*
343 auri *Huet* (*Huetiana,* ed. 1722, p. 144): agri (*A.* x 563) *codd.*
348 medios *M, Seru.*

clam ferro incautum superat, securus amorum 350
germanae; factumque diu celauit et aegram
multa malus simulans uana spe lusit amantem.
ipsa sed in somnis inhumati uenit imago
coniugis ora modis attollens pallida miris;
crudelis aras traiectaque pectora ferro 355
nudauit, caecumque domus scelus omne retexit.
tum celerare fugam patriaque excedere suadet
auxiliumque uiae ueteres tellure recludit
thesauros, ignotum argenti pondus et auri.
his commota fugam Dido sociosque parabat. 360
conueniunt quibus aut odium crudele tyranni
aut metus acer erat; nauis, quae forte paratae,
corripiunt onerantque auro. portantur auari
Pygmalionis opes pelago; dux femina facti.
deuenere locos ubi nunc ingentia cernes 365
moenia surgentemque nouae Karthaginis arcem,
mercatique solum, facti de nomine Byrsam,
taurino quantum possent circumdare tergo.
sed uos qui tandem? quibus aut uenistis ab oris?
quoue tenetis iter?' quaerenti talibus ille 370
suspirans imoque trahens a pectore uocem:
'O dea, si prima repetens ab origine pergam
et uacet annalis nostrorum audire laborum,
ante diem clauso componet Vesper Olympo.
nos Troia antiqua, si uestras forte per auris 375
Troiae nomen iit, diuersa per aequora uectos
forte sua Libycis tempestas appulit oris.
sum pius Aeneas, raptos qui ex hoste penatis
classe ueho mecum, fama super aethera notus;
Italiam quaero patriam, et genus ab Ioue summo. 380
bis denis Phrygium conscendi nauibus aequor,

350–80 MPR; 381 GMPR   365 cernes PRω: cernis Mce, Tib.
369 aut (aud M¹) uenistis M²Pω, DSeru. ad A. iii 337 (?): aduenistis
Rb?   374 componet MP²ω, Tib.: componat P¹R   380 summo
(A. vi 123)] magno R

matre dea monstrante uiam data fata secutus;
uix septem conuulsae undis Euroque supersunt.
ipse ignotus, egens, Libyae deserta peragro,
Europa atque Asia pulsus.' nec plura querentem   385
passa Venus medio sic interfata dolore est:
   'Quisquis es, haud, credo, inuisus caelestibus auras
uitalis carpis, Tyriam qui adueneris urbem;
perge modo atque hinc te reginae ad limina perfer.
namque tibi reduces socios classemque relatam   390
nuntio et in tutum uersis Aquilonibus actam,
ni frustra augurium uani docuere parentes.
aspice bis senos laetantis agmine cycnos,
aetheria quos lapsa plaga Iouis ales aperto
turbabat caelo; nunc terras ordine longo   395
aut capere aut captas iam despectare uidentur:
ut reduces illi ludunt stridentibus alis
et coetu cinxere polum cantusque dedere,
haud aliter puppesque tuae pubesque tuorum
aut portum tenet aut pleno subit ostia uelo.   400
perge modo et, qua te ducit uia, derige gressum.'
   Dixit et auertens rosea ceruice refulsit,
ambrosiaeque comae diuinum uertice odorem
spirauere; pedes uestis defluxit ad imos,
et uera incessu patuit dea. ille ubi matrem   405
agnouit tali fugientem est uoce secutus:
'quid natum totiens, crudelis tu quoque, falsis
ludis imaginibus? cur dextrae iungere dextram
non datur ac ueras audire et reddere uoces?'
talibus incusat gressumque ad moenia tendit.   410
at Venus obscuro gradientis aëre saepsit,
et multo nebulae circum dea fudit amictu,
cernere ne quis eos neu quis contingere posset

382–413 *GMPR*   396 captus (captos *P²*) iam respectare *P*
401 derige *GPR¹*: dirige *MR²ω, Aug. contra Acad.* i 5. 14
412 multum . . . amictum *Gb, Isid.* i 37. 19   nebulae multo *aev*
413 posset *MP²e*: possit *GP¹Rω*

moliriue moram aut ueniendi poscere causas.
ipsa Paphum sublimis abit sedesque reuisit   415
laeta suas, ubi templum illi, centumque Sabaeo
ture calent arae sertisque recentibus halant.

Corripuere uiam interea, qua semita monstrat,
iamque ascendebant collem, qui plurimus urbi
imminet aduersasque aspectat desuper arces.   420
miratur molem Aeneas, magalia quondam,
miratur portas strepitumque et strata uiarum.
instant ardentes Tyrii: pars ducere muros
molirique arcem et manibus subuoluere saxa,
pars optare locum tecto et concludere sulco;   425
iura magistratusque legunt sanctumque senatum.
hic portus alii effodiunt; hic alta theatris
fundamenta locant alii, immanisque columnas
rupibus excidunt, scaenis decora apta futuris:
qualis apes aestate noua per florea rura   430
exercet sub sole labor, cum gentis adultos
educunt fetus, aut cum liquentia mella
stipant et dulci distendunt nectare cellas,
aut onera accipiunt uenientum, aut agmine facto
ignauum fucos pecus a praesepibus arcent;   435
feruet opus redolentque thymo fraglantia mella.
'o fortunati, quorum iam moenia surgunt!'
Aeneas ait et fastigia suspicit urbis.
infert se saeptus nebula (mirabile dictu)
per medios, miscetque uiris neque cernitur ulli.   440

Lucus in urbe fuit media, laetissimus umbrae,
quo primum iactati undis et turbine Poeni
effodere loco signum, quod regia Iuno

414–18 GMPR; 419–43 FMPR   420 spectant F¹, adspectant
F²   425 aptare R¹   427 hic (20º)] hinc Non. 340. 22   alta]
lata F   theatris FP¹Rabcv: theatri MP²defhrt, Non., Seru., Tib.
428 locant (A. iv 266)] petunt F¹   429 apta Bentley: alta (A. ii
448) codd. (nisi potius u. 427 lata legendum)   433 dulcis P¹
436 fraglantia Pabehv, Aug. ep. 41. 1: flagrantia FMRcdfrt (cf. G. iv
169)   441 umbrae F¹, Probus ap. Seru.: umbra F²MPRω, Tib.

monstrarat, caput acris equi; sic nam fore bello
egregiam et facilem uictu per saecula gentem.   445
hic templum Iunoni ingens Sidonia Dido
condebat, donis opulentum et numine diuae,
aerea cui gradibus surgebant limina nexaeque
aere trabes, foribus cardo stridebat aënis.
hoc primum in luco noua res oblata timorem   450
leniit, hic primum Aeneas sperare salutem
ausus et adflictis melius confidere rebus.
namque sub ingenti lustrat dum singula templo
reginam opperiens, dum quae fortuna sit urbi
artificumque manus inter se operumque laborem   455
miratur, uidet Iliacas ex ordine pugnas
bellaque iam fama totum uulgata per orbem,
Atridas Priamumque et saeuum ambobus Achillem.
constitit et lacrimans 'quis iam locus,' inquit, 'Achate,
quae regio in terris nostri non plena laboris?   460
en Priamus. sunt hic etiam sua praemia laudi,
sunt lacrimae rerum et mentem mortalia tangunt.
solue metus; feret haec aliquam tibi fama salutem.'
sic ait atque animum pictura pascit inani
multa gemens, largoque umectat flumine uultum.   465
namque uidebat uti bellantes Pergama circum
hac fugerent Grai, premeret Troiana iuuentus;
hac Phryges, instaret curru cristatus Achilles.
nec procul hinc Rhesi niueis tentoria uelis
agnoscit lacrimans, primo quae prodita somno   470
Tydides multa uastabat caede cruentus,
ardentisque auertit equos in castra prius quam
pabula gustassent Troiae Xanthumque bibissent.
parte alia fugiens amissis Troilus armis,

444-74 *FMPR*   444 monstrabat F^1P^1a sic nam $F^2M^2R\omega$:
signam $F^1M^1P^2a$ (signa P^1) : signum *br*   448 nexaeque $F^2MPR\omega$,
Tib., imitari uidetur Claudianus rapt. Pros. i 239: nixaeque F^1ab,
'*multi*' *ap. DSeru.* (*cf. Hom. Od.* vii 89)   -que *om.* γ   455 intra *c*
458 Atriden *Sen. ep.* 104. 31   469 nec] et F^1P^1 (haut P^2)

infelix puer atque impar congressus Achilli,   475
fertur equis curruque haeret resupinus inani,
lora tenens tamen; huic ceruixque comaeque trahuntur
per terram, et uersa puluis inscribitur hasta.
interea ad templum non aequae Palladis ibant
crinibus Iliades passis peplumque ferebant   480
suppliciter, tristes et tunsae pectora palmis;
diua solo fixos oculos auersa tenebat.
ter circum Iliacos raptauerat Hectora muros
exanimumque auro corpus uendebat Achilles.
tum uero ingentem gemitum dat pectore ab imo,   485
ut spolia, ut currus, utque ipsum corpus amici
tendentemque manus Priamum conspexit inermis.
se quoque principibus permixtum agnouit Achiuis,
Eoasque acies et nigri Memnonis arma.
ducit Amazonidum lunatis agmina peltis   490
Penthesilea furens mediisque in milibus ardet,
aurea subnectens exsertae cingula mammae
bellatrix, audetque uiris concurrere uirgo.
    Haec dum Dardanio Aeneae miranda uidentur,
dum stupet obtutuque haeret defixus in uno,   495
regina ad templum, forma pulcherrima Dido,
incessit magna iuuenum stipante caterua.
qualis in Eurotae ripis aut per iuga Cynthi
exercet Diana choros, quam mille secutae
hinc atque hinc glomerantur Oreades; illa pharetram   500
fert umero gradiensque deas supereminet omnis
(Latonae tacitum pertemptant gaudia pectus):
talis erat Dido, talem se laeta ferebat
per medios instans operi regnisque futuris.
tum foribus diuae, media testudine templi,   505
saepta armis solioque alte subnixa resedit.
iura dabat legesque uiris, operumque laborem

475-507 FMPR   488 a(d)gnouit MPω, Tib.: a(d)gnoscit FRc
497 stipante] comitante (A. ii 40) R   501 deas Fω, Macrob.
v 4. 9, 13. 8: dea MPR, Tib.

partibus aequabat iustis aut sorte trahebat:
cum subito Aeneas concursu accedere magno
Anthea Sergestumque uidet fortemque Cloanthum   510
Teucrorumque alios, ater quos aequore turbo
dispulerat penitusque alias auexerat oras.
obstipuit simul ipse, simul percussus Achates
laetitiaque metuque; auidi coniungere dextras
ardebant, sed res animos incognita turbat.   515
dissimulant et nube caua speculantur amicti
quae fortuna uiris, classem quo litore linquant,
quid ueniant; cunctis nam lecti nauibus ibant
orantes ueniam et templum clamore petebant.

Postquam introgressi et coram data copia fandi,   520
maximus Ilioneus placido sic pectore coepit:
'o regina, nouam cui condere Iuppiter urbem
iustitiaque dedit gentis frenare superbas,
Troes te miseri, uentis maria omnia uecti,
oramus: prohibe infandos a nauibus ignis,   525
parce pio generi et propius res aspice nostras.
non nos aut ferro Libycos populare penatis
uenimus, aut raptas ad litora uertere praedas;
non ea uis animo nec tanta superbia uictis.
est locus, Hesperiam Grai cognomine dicunt,   530
terra antiqua, potens armis atque ubere glaebae;
Oenotri coluere uiri; nunc fama minores
Italiam dixisse ducis de nomine gentem.
hic cursus fuit,
cum subito adsurgens fluctu nimbosus Orion   535
in uada caeca tulit penitusque procacibus Austris
perque undas superante salo perque inuia saxa
dispulit; huc pauci uestris adnauimus oris.

508–21 FMPR; 522–38 MPR   512 auerterat FPa?
513 percussus FP¹Rb: -culsus MP²ω, Tib. (cf. G. ii 476, A. viii 121)
518 cunctis P¹cdfhv: cuncti FMP²Rabert, Seru., Tib.   lectis P²R¹
(letis R¹), agnoscit Seru.   526 proprius MPac, Seru. ad A.
viii 78

quod genus hoc hominum ? quaeue hunc tam barbara morem
permittit patria ? hospitio prohibemur harenae;   540
bella cient primaque uetant consistere terra.
si genus humanum et mortalia temnitis arma,
at sperate deos memores fandi atque nefandi.
rex erat Aeneas nobis, quo iustior alter
nec pietate fuit, nec bello maior et armis.   545
quem si fata uirum seruant, si uescitur aura
aetheria neque adhuc crudelibus occubat umbris,
non metus, officio nec te certasse priorem
paeniteat. sunt et Siculis regionibus urbes
armaque Troianoque a sanguine clarus Acestes.   550
quassatam uentis liceat subducere classem
et siluis aptare trabes et stringere remos,
si datur Italiam sociis et rege recepto
tendere, ut Italiam laeti Latiumque petamus;
sin absumpta salus, et te, pater optime Teucrum,   555
pontus habet Libyae nec spes iam restat Iuli,
at freta Sicaniae saltem sedesque paratas,
unde huc aduecti, regemque petamus Acesten.'
talibus Ilioneus; cuncti simul ore fremebant
Dardanidae.   560
   Tum breuiter Dido uultum demissa profatur:
'soluite corde metum, Teucri, secludite curas.
res dura et regni nouitas me talia cogunt
moliri et late finis custode tueri.
quis genus Aeneadum, quis Troiae nesciat urbem,   565
uirtutesque uirosque aut tanti incendia belli?
non obtunsa adeo gestamus pectora Poeni,
nec tam auersus equos Tyria Sol iungit ab urbe.
seu uos Hesperiam magnam Saturniaque arua
siue Erycis finis regemque optatis Acesten,   570
auxilio tutos dimittam opibusque iuuabo.

    539–71 MPR   541 considere DSeru. ad G. i 12
548 officio] omnino Char. 268. 4   550 aruaque M, DSeru. (def. P)
552 aptare] 'legitur et optare' DSeru.

uultis et his mecum pariter considere regnis?
urbem quam statuo, uestra est; subducite nauis;
Tros Tyriusque mihi nullo discrimine agetur.
atque utinam rex ipse Noto compulsus eodem   575
adforet Aeneas! equidem per litora certos
dimittam et Libyae lustrare extrema iubebo,
si quibus eiectus siluis aut urbibus errat.'

  His animum arrecti dictis et fortis Achates
et pater Aeneas iamdudum erumpere nubem   580
ardebant. prior Aenean compellat Achates:
'nate dea, quae nunc animo sententia surgit?
omnia tuta uides, classem sociosque receptos.
unus abest, medio in fluctu quem uidimus ipsi
submersum; dictis respondent cetera matris.'   585
uix ea fatus erat cum circumfusa repente
scindit se nubes et in aethera purgat apertum.
restitit Aeneas claraque in luce refulsit
os umerosque deo similis; namque ipsa decoram
caesariem nato genetrix lumenque iuuentae   590
purpureum et laetos oculis adflarat honores:
quale manus addunt ebori decus, aut ubi flauo
argentum Pariusue lapis circumdatur auro.
tum sic reginam adloquitur cunctisque repente
improuisus ait: 'coram, quem quaeritis, adsum,   595
Troius Aeneas, Libycis ereptus ab undis.
o sola infandos Troiae miserata labores,
quae nos, reliquias Danaum, terraeque marisque
omnibus exhaustos iam casibus, omnium egenos,
urbe, domo socias, grates persoluere dignas   600
non opis est nostrae, Dido, nec quidquid ubique est
gentis Dardaniae, magnum quae sparsa per orbem.
di tibi, si qua pios respectant numina, si quid

572–85 *MPR*; 586–603 *FMPR*   572 pariter mecum *P*[1]
574 agetur] habetur *Non.* 282. 26   590 numenque *F*[1]   iuuenta
P   591 adflauit *P*[1]   593 Pariusque *P, ps.Acro ad Hor.
carm.* i 19. 6   599 exhaustos *BF*[2]*MPRω, DSeru. ad A.* iv 75, *Tib.*
(*cf. G.* iv 248): exhaustis *F*[1], *DSeru. ad loc.* (*cf. A.* iv 14, x 57)

usquam iustitiae est et mens sibi conscia recti,
praemia digna ferant. quae te tam laeta tulerunt   605
saecula? qui tanti talem genuere parentes?
in freta dum fluuii current, dum montibus umbrae
lustrabunt conuexa, polus dum sidera pascet,
semper honos nomenque tuum laudesque manebunt,
quae me cumque uocant terrae.' sic fatus amicum   610
Ilionea petit dextra laeuaque Serestum,
post alios, fortemque Gyan fortemque Cloanthum.
    Obstipuit primo aspectu Sidonia Dido,
casu deinde uiri tanto, et sic ore locuta est:
'quis te, nate dea, per tanta pericula casus   615
insequitur? quae uis immanibus applicat oris?
tune ille Aeneas quem Dardanio Anchisae
alma Venus Phrygii genuit Simoentis ad undam?
atque equidem Teucrum memini Sidona uenire
finibus expulsum patriis, noua regna petentem   620
auxilio Beli; genitor tum Belus opimam
uastabat Cyprum et uictor dicione tenebat.
tempore iam ex illo casus mihi cognitus urbis
Troianae nomenque tuum regesque Pelasgi.
ipse hostis Teucros insigni laude ferebat   625
seque ortum antiqua Teucrorum a stirpe uolebat.
quare agite o tectis, iuuenes, succedite nostris.
me quoque per multos similis fortuna labores
iactatam hac demum uoluit consistere terra;
non ignara mali miseris succurrere disco.'   630
sic memorat; simul Aenean in regia ducit
tecta, simul diuum templis indicit honorem.
nec minus interea sociis ad litora mittit
uiginti tauros, magnorum horrentia centum
terga suum, pinguis centum cum matribus agnos,   635

604-11 *FMPR*; 612-35 *MPR*   604 iustitiae *BFM²PRcdeft*, P.
Colt., *Tib.*: iustitia *M¹ab?hrv*   607 currunt *B*   608 poscet *F*:
pascit *M*   620 patris *P¹c*   625 insignis *P¹*, *DSeru.*   626 a]
ab *M²bcdt*   629 considere *P* (*cf. u.* 541)

munera laetitiamque dii.
at domus interior regali splendida luxu
instruitur, mediisque parant conuiuia tectis:
arte laboratae uestes ostroque superbo,
ingens argentum mensis, caelataque in auro   640
fortia facta patrum, series longissima rerum
per tot ducta uiros antiqua ab origine gentis.
　Aeneas (neque enim patrius consistere mentem
passus amor) rapidum ad nauis praemittit Achaten,
Ascanio ferat haec ipsumque ad moenia ducat;   645
omnis in Ascanio cari stat cura parentis.
munera praeterea Iliacis erepta ruinis
ferre iubet, pallam signis auroque rigentem
et circumtextum croceo uelamen acantho,
ornatus Argiuae Helenae, quos illa Mycenis,   650
Pergama cum peteret inconcessosque hymenaeos,
extulerat, matris Ledae mirabile donum;
praeterea sceptrum, Ilione quod gesserat olim,
maxima natarum Priami, colloque monile
bacatum, et duplicem gemmis auroque coronam.   655
haec celerans iter ad nauis tendebat Achates.
　At Cytherea nouas artis, noua pectore uersat
consilia, ut faciem mutatus et ora Cupido
pro dulci Ascanio ueniat, donisque furentem
incendat reginam atque ossibus implicet ignem.   660
quippe domum timet ambiguam Tyriosque bilinguis;
urit atrox Iuno et sub noctem cura recursat.
ergo his aligerum dictis adfatur Amorem:
'nate, meae uires, mea magna potentia, solus
nate patris summi qui tela Typhoëa temnis,   665
ad te confugio et supplex tua numina posco.
frater ut Aeneas pelago tuus omnia circum

636–53 MPR; 654–67 FMPR　　　　636 dii Gell. ix 14. 8 (ut sit
pro diei), 'nonnulli' ap. DSeru.: die 'id est diei' (ut G. i 208) 'multi'
ap. Seru.: dei codd., Tib., 'imperitiores' ap. Gellium (Liberum patrem
interpretatur Seru., cf. u. 734)　　　　642 antiqua P¹Rω: antiquae
MP²aeh, Tib.

litora iactetur odiis Iunonis acerbae,
nota tibi, et nostro doluisti saepe dolore.
nunc Phoenissa tenet Dido blandisque moratur   670
uocibus, et uereor quo se Iunonia uertant
hospitia: haud tanto cessabit cardine rerum.
quocirca capere ante dolis et cingere flamma
reginam meditor, ne quo se numine mutet,
sed magno Aeneae mecum teneatur amore.   675
qua facere id possis nostram nunc accipe mentem:
regius accitu cari genitoris ad urbem
Sidoniam puer ire parat, mea maxima cura,
dona ferens pelago et flammis restantia Troiae;
hunc ego sopitum somno super alta Cythera   680
aut super Idalium sacrata sede recondam,
ne qua scire dolos mediusue occurrere possit.
tu faciem illius noctem non amplius unam
falle dolo et notos pueri puer indue uultus,
ut, cum te gremio accipiet laetissima Dido   685
regalis inter mensas laticemque Lyaeum,
cum dabit amplexus atque oscula dulcia figet,
occultum inspires ignem fallasque ueneno.'
paret Amor dictis carae genetricis, et alas
exuit et gressu gaudens incedit Iuli.   690
at Venus Ascanio placidam per membra quietem
inrigat, et fotum gremio dea tollit in altos
Idaliae lucos, ubi mollis amaracus illum
floribus et dulci aspirans complectitur umbra.

Iamque ibat dicto parens et dona Cupido   695
regia portabat Tyriis duce laetus Achate.
cum uenit, aulaeis iam se regina superbis
aurea composuit sponda mediamque locauit,
iam pater Aeneas et iam Troiana iuuentus

668–80 *FMPR*; 681–84 *MPR*; 685–99 *GMPR*   668 iactaetur
F[1], -tetur *a* (*an h, non liquet*): iacteturque *BF*[2]*My*(*def. P*)*Rω, Non.*
328. 5, *Tib.*; '*uacat* -que' *Seru.* (*cf. A.* vi 254)   acerbae *BF*[1]*P*[1]*aehrv*:
iniquae (*A.* viii 292) *F*[2]*MP*[2]*Rbcdft, Tib.*   670 nunc *F*[1]: hunc
F[2]*My*(*def. P*)*Rω*   672 haud] aut *MR*[1](*def. P*)

conueniunt, stratoque super discumbitur ostro.　　　700
dant manibus famuli lymphas Cereremque canistris
expediunt tonsisque ferunt mantelia uillis.
quinquaginta intus famulae, quibus ordine longam
cura penum struere et flammis adolere penatis;
centum aliae totidemque pares aetate ministri,　　　705
qui dapibus mensas onerent et pocula ponant.
nec non et Tyrii per limina laeta frequentes
conuenere; toris iussi discumbere pictis
mirantur dona Aeneae, mirantur Iulum,
flagrantisque dei uultus simulataque uerba,　　　710
pallamque et pictum croceo uelamen acantho.
praecipue infelix, pesti deuota futurae,
expleri mentem nequit ardescitque tuendo
Phoenissa, et pariter puero donisque mouetur.
ille ubi complexu Aeneae colloque pependit　　　715
et magnum falsi impleuit genitoris amorem,
reginam petit. haec oculis, haec pectore toto
haeret et interdum gremio fouet inscia Dido
insidat quantus miserae deus. at memor ille
matris Acidaliae paulatim abolere Sychaeum　　　720
incipit et uiuo temptat praeuertere amore
iam pridem resides animos desuetaque corda.
　Postquam prima quies epulis mensaeque remotae,
crateras magnos statuunt et uina coronant.
fit strepitus tectis uocemque per ampla uolutant　　　725
atria; dependent lychni laquearibus aureis
incensi et noctem flammis funalia uincunt.
hic regina grauem gemmis auroque poposcit

700–22 *GMPR*; 723–8 *MPR*　　　700 *post hunc u. collocat* 709–16 *M*
701 manibus famuli *GRchr, Seru., Tib.*: man. famulae *MP*: famuli
manibus *Bω, Auson. cento* 15, *Prisc. fig. num.* 407. 5　　　703 longam
Char. 74. 30, *imitatur Auson.* iii 1. 28: longo (*u.* 395) *codd.* (*def. GP*),
Non. 247. 37, *Tib., Seru.*; '*utrumque legi solitum' testatur Gell.* iv 1. 15
706 onerant *BGRcev*　　　ponunt *BGR*　　　719 insidat *Mr*: -deat
GRω: -diat γ(*def. P*)*bet?*　　　ac *GP*²(ad *P*¹)　　　724 magnos] laeti (*A.*
vii 147) *Non.* 545. 26　　　725 fit *MRω, Tib.*: id γ(*def. P*): *et* fit *et* it
(*A.* ix 664) *agnoscunt Seru., Tib.* (*unde* it *b*²)

impleuitque mero pateram, quam Belus et omnes
a Belo soliti; tum facta silentia tectis: 730
'Iuppiter, hospitibus nam te dare iura loquuntur,
hunc laetum Tyriisque diem Troiaque profectis
esse uelis, nostrosque huius meminisse minores.
adsit laetitiae Bacchus dator et bona Iuno;
et uos o coetum, Tyrii, celebrate fauentes.'   735
dixit et in mensam laticum libauit honorem
primaque, libato, summo tenus attigit ore;
tum Bitiae dedit increpitans; ille impiger hausit
spumantem pateram et pleno se proluit auro;
post alii proceres. cithara crinitus Iopas   740
personat aurata, docuit quem maximus Atlas.
hic canit errantem lunam solisque labores,
unde hominum genus et pecudes, unde imber et ignes,
Arcturum pluuiasque Hyadas geminosque Triones,
quid tantum Oceano properent se tingere soles   745
hiberni, uel quae tardis mora noctibus obstet;
ingeminant plausu Tyrii, Troesque sequuntur.
nec non et uario noctem sermone trahebat
infelix Dido longumque bibebat amorem,
multa super Priamo rogitans, super Hectore multa;   750
nunc quibus Aurorae uenisset filius armis,
nunc quales Diomedis equi, nunc quantus Achilles.
'immo age et a prima dic, hospes, origine nobis
insidias' inquit 'Danaum casusque tuorum
erroresque tuos; nam te iam septima portat   755
omnibus errantem terris et fluctibus aestas.'

729–56 *MPR*   734 adsis *'alii' ap. Seru.*   741 quem]
quae *bdv, praefert Seru.*

P. VERGILI MARONIS

AENEIDOS

LIBER II

CONTICVERE omnes intentique ora tenebant;
inde toro pater Aeneas sic orsus ab alto:
  Infandum, regina, iubes renouare dolorem,
Troianas ut opes et lamentabile regnum
eruerint Danai, quaeque ipse miserrima uidi   5
et quorum pars magna fui. quis talia fando
Myrmidonum Dolopumue aut duri miles Vlixi
temperet a lacrimis? et iam nox umida caelo
praecipitat suadentque cadentia sidera somnos.
sed si tantus amor casus cognoscere nostros   10
et breuiter Troiae supremum audire laborem,
quamquam animus meminisse horret luctuque refugit,
incipiam. fracti bello fatisque repulsi
ductores Danaum tot iam labentibus annis
instar montis equum diuina Palladis arte   15
aedificant, sectaque intexunt abiete costas;
uotum pro reditu simulant; ea fama uagatur.
huc delecta uirum sortiti corpora furtim
includunt caeco lateri penitusque cauernas
ingentis uterumque armato milite complent.   20
est in conspectu Tenedos, notissima fama
insula, diues opum Priami dum regna manebant,
nunc tantum sinus et statio male fida carinis:
huc se prouecti deserto in litore condunt;
nos abiisse rati et uento petiisse Mycenas.   25
ergo omnis longo soluit se Teucria luctu;
panduntur portae, iuuat ire et Dorica castra

desertosque uidere locos litusque relictum:
hic Dolopum manus, hic saeuus tendebat Achilles;
classibus hic locus, hic acie certare solebant.   30
pars stupet innuptae donum exitiale Mineruae
et molem mirantur equi; primusque Thymoetes
duci intra muros hortatur et arce locari,
siue dolo seu iam Troiae sic fata ferebant.
at Capys, et quorum melior sententia menti,   35
aut pelago Danaum insidias suspectaque dona
praecipitare iubent subiectisque urere flammis,
aut terebrare cauas uteri et temptare latebras.
scinditur incertum studia in contraria uulgus.

Primus ibi ante omnis magna comitante caterua   40
Laocoon ardens summa decurrit ab arce,
et procul 'o miseri, quae tanta insania, ciues?
creditis auectos hostis? aut ulla putatis
dona carere dolis Danaum? sic notus Vlixes?
aut hoc inclusi ligno occultantur Achiui,   45
aut haec in nostros fabricata est machina muros,
inspectura domos uenturaque desuper urbi,
aut aliquis latet error; equo ne credite, Teucri.
quidquid id est, timeo Danaos et dona ferentis.'
sic fatus ualidis ingentem uiribus hastam   50
in latus inque feri curuam compagibus aluum
contorsit. stetit illa tremens, uteroque recusso
insonuere cauae gemitumque dedere cauernae.
et, si fata deum, si mens non laeua fuisset,
impulerat ferro Argolicas foedare latebras,   55
Troiaque nunc staret, Priamique arx alta maneres.

Ecce, manus iuuenem interea post terga reuinctum
pastores magno ad regem clamore trahebant

28–58 MPR   30 acie MPRa: acies papyrus Nessanensis saec.
v (P.Colt I) ω; 'potest utrumque' legi iudice Seru.   37 iubet
P², Non. 400. 23, Pomp. 268. 18   subiectisue 'antiqua exemplaria'
ap. DSeru.   38 utero P¹, Pomp.   56 staret M, 'si staret legeris
maneres sequitur' Seru.: stares PR P.Colt. ω, Gramm., Tib.   maneret
P.Colt aft?, Tib.

Dardanidae, qui se ignotum uenientibus ultro,
hoc ipsum ut strueret Troiamque aperiret Achiuis,   60
obtulerat, fidens animi atque in utrumque paratus,
seu uersare dolos seu certae occumbere morti.
undique uisendi studio Troiana iuuentus
circumfusa ruit certantque inludere capto.
accipe nunc Danaum insidias et crimine ab uno   65
disce omnis.
namque ut conspectu in medio turbatus, inermis
constitit atque oculis Phrygia agmina circumspexit,
'heu, quae nunc tellus,' inquit, 'quae me aequora possunt
accipere? aut quid iam misero mihi denique restat,   70
cui neque apud Danaos usquam locus, et super ipsi
Dardanidae infensi poenas cum sanguine poscunt?'
quo gemitu conuersi animi compressus et omnis
impetus. hortamur fari quo sanguine cretus,
quidue ferat; memoret quae sit fiducia capto.   75
   'Cuncta equidem tibi, rex, fuerit quodcumque, fatebor 77
uera,' inquit; 'neque me Argolica de gente negabo.
hoc primum; nec, si miserum Fortuna Sinonem
finxit, uanum etiam mendacemque improba finget.   80
fando aliquod si forte tuas peruenit ad auris
Belidae nomen Palamedis et incluta fama
gloria, quem falsa sub proditione Pelasgi
insontem infando indicio, quia bella uetabat,
demisere neci, nunc cassum lumine lugent: 85
illi me comitem et consanguinitate propinquum
pauper in arma pater primis huc misit ab annis.
dum stabat regno incolumis regumque uigebat

59–72 *MPR*; 73–9 *MP*; 80–8 *MPV*   59 quis *d, Seru.* ('*alii*' qui)
61 animo *R*   62 dolo *P.Colt? d, Non.* 418. 34, *utrumque Seru.*
certe *MP²,Tib.*   occurrere *P¹*   64 certatque *R*   65 crimen
Tib., 'alii' ap. Seru.   69 nunc] me *Quint.* ix 2. 9   71 et
super] insuper *b?c?d*   75 quiue fuat, memores *Ribbeck, collatis*
A. x 108 *et* 149 *sqq.*   memorem '*alii*' *ap. Seru.*   76 (= *A.* iii
612) *add. in aliquot e nostris correctores saec. ix (def. R)*   77 fuerint
cefht   quaecumque *Pcefht(quid abd, latet)*   81 aliquid *c*
88 regumque *MP²Vchr*: regnumque *P¹ω*

conciliis, et nos aliquod nomenque decusque
gessimus. inuidia postquam pellacis Vlixi   90
(haud ignota loquor) superis concessit ab oris,
adflictus uitam in tenebris luctuque trahebam
et casum insontis mecum indignabar amici.
nec tacui demens et me, fors si qua tulisset,
si patrios umquam remeassem uictor ad Argos,   95
promisi ultorem et uerbis odia aspera moui.
hinc mihi prima mali labes, hinc semper Vlixes
criminibus terrere nouis, hinc spargere uoces
in uulgum ambiguas et quaerere conscius arma.
nec requieuit enim, donec Calchante ministro—   100
sed quid ego haec autem nequiquam ingrata reuoluo,
quidue moror? si omnis uno ordine habetis Achiuos,
idque audire sat est, iamdudum sumite poenas:
hoc Ithacus uelit et magno mercentur Atridae.'
  Tum uero ardemus scitari et quaerere causas,   105
ignari scelerum tantorum artisque Pelasgae.
prosequitur pauitans et ficto pectore fatur:
  'Saepe fugam Danai Troia cupiere relicta
moliri et longo fessi discedere bello;
fecissentque utinam! saepe illos aspera ponti   110
interclusit hiems et terruit Auster euntis.
praecipue cum iam hic trabibus contextus acernis
staret equus, toto sonuerunt aethere nimbi.
suspensi Eurypylum scitatum oracula Phoebi
mittimus, isque adytis haec tristia dicta reportat: 115
"sanguine placastis uentos et uirgine caesa,
cum primum Iliacas, Danai, uenistis ad oras;
sanguine quaerendi reditus animaque litandum
Argolica." uulgi quae uox ut uenit ad auris,
obstipuere animi gelidusque per ima cucurrit   120

  89–105 *MPV*; 106–20 *MP*   89 conciliis *MPV*²ω: consiliis *V*¹*bd*
90 pellacis *MVchtv*, *Velius* 65. 18, *Seru. hic et ad G.* iv 442, *schol.*
Veron., *Tib.*: fallacis *Pabdefr*, *Char.* 68. 23   105 casus *P*¹
108 cupiere] uoluere *Char.* 217. 20   114 scitatum ω, *Char.* 270.
11, *Non.* 386. 24, '*alii*' *ap. Seru.*, *Tib.*: scitantem *Mγ*(*def. P*)*fhrt*, *Seru.*

ossa tremor, cui fata parent, quem poscat Apollo.
hic Ithacus uatem magno Calchanta tumultu
protrahit in medios; quae sint ea numina diuum
flagitat. et mihi iam multi crudele canebant
artificis scelus, et taciti uentura uidebant.   125
bis quinos silet ille dies tectusque recusat
prodere uoce sua quemquam aut opponere morti.
uix tandem, magnis Ithaci clamoribus actus,
composito rumpit uocem et me destinat arae.
adsensere omnes et, quae sibi quisque timebat,   130
unius in miseri exitium conuersa tulere.
iamque dies infanda aderat; mihi sacra parari
et salsae fruges et circum tempora uittae.
eripui, fateor, leto me et uincula rupi,
limosoque lacu per noctem obscurus in ulua   135
delitui dum uela darent, si forte dedissent.
nec mihi iam patriam antiquam spes ulla uidendi
nec dulcis natos exoptatumque parentem,
quos illi fors et poenas ob nostra reposcent
effugia, et culpam hanc miserorum morte piabunt.   140
quod te per superos et conscia numina ueri,
per si qua est quae restet adhuc mortalibus usquam
intemerata fides, oro, miserere laborum
tantorum, miserere animi non digna ferentis.'
   His lacrimis uitam damus et miserescimus ultro.   145
ipse uiro primus manicas atque arta leuari
uincla iubet Priamus dictisque ita fatur amicis:
'quisquis es, amissos hinc iam obliuiscere Graios
(noster eris) mihique haec edissere uera roganti:
quo molem hanc immanis equi statuere? quis auctor?   150
quidue petunt? quae religio? aut quae machina belli?'
dixerat. ille dolis instructus et arte Pelasga

121-52 MP   121 cui] quid *Peerlkamp* (*cf. Lucan.* vi 783)
129 rupit *M*   130 timebat *Mω, Seru., Tib.*: -bant γ(*def. P*)*acr*,
'*figuratius*' *iudice DSeru.*   138 dulcis *MP²ω*: duplicis *P¹a*, '*quidam*'
ap. DSeru.   139 et] ad *cdfhr, Tib.*   142 restet *Pacerv*,
DSeru.: restat *Mbdfht, Tib.*   umquam *M¹*

sustulit exutas uinclis ad sidera palmas:
'uos, aeterni ignes, et non uiolabile uestrum
testor numen,' ait, 'uos arae ensesque nefandi, 155
quos fugi, uittaeque deum, quas hostia gessi:
fas mihi Graiorum sacrata resoluere iura,
fas odisse uiros atque omnia ferre sub auras,
si qua tegunt, teneor patriae nec legibus ullis.
tu modo promissis maneas seruataque serues 160
Troia fidem, si uera feram, si magna rependam.
omnis spes Danaum et coepti fiducia belli
Palladis auxiliis semper stetit. impius ex quo
Tydides sed enim scelerumque inuentor Vlixes,
fatale adgressi sacrato auellere templo 165
Palladium caesis summae custodibus arcis,
corripuere sacram effigiem manibusque cruentis
uirgineas ausi diuae contingere uittas,
ex illo fluere ac retro sublapsa referri
spes Danaum, fractae uires, auersa deae mens. 170
nec dubiis ea signa dedit Tritonia monstris.
uix positum castris simulacrum: arsere coruscae
luminibus flammae arrectis, salsusque per artus
sudor iit, terque ipsa solo (mirabile dictu)
emicuit parmamque ferens hastamque trementem. 175
extemplo temptanda fuga canit aequora Calchas,
nec posse Argolicis exscindi Pergama telis
omina ni repetant Argis numenque reducant
quod pelago et curuis secum auexere carinis.
et nunc quod patrias uento petiere Mycenas, 180
arma deosque parant comites pelagoque remenso
improuisi aderunt; ita digerit omina Calchas.
hanc pro Palladio moniti, pro numine laeso
effigiem statuere, nefas quae triste piaret.
hanc tamen immensam Calchas attollere molem 185
roboribus textis caeloque educere iussit,

153–7 *MP*; 158–69 *MPV*; 170–83 *FMPV*; 184–6 *FMP*
164 scelerum (*om.* -que) *V* 173 '*Probo sane displicet* salsus
sudor' *DSeru.* 182 omnia *abder*

ne recipi portis aut duci in moenia posset,
neu populum antiqua sub religione tueri.
nam si uestra manus uiolasset dona Mineruae,
tum magnum exitium (quod di prius omen in ipsum   190
conuertant!) Priami imperio Phrygibusque futurum;
sin manibus uestris uestram ascendisset in urbem,
ultro Asiam magno Pelopea ad moenia bello
uenturam, et nostros ea fata manere nepotes.'

Talibus insidiis periurique arte Sinonis   195
credita res, captique dolis lacrimisque coactis
quos neque Tydides nec Larisaeus Achilles,
non anni domuere decem, non mille carinae.

Hic aliud maius miseris multoque tremendum
obicitur magis atque improuida pectora turbat.   200
Laocoon, ductus Neptuno sorte sacerdos,
sollemnis taurum ingentem mactabat ad aras.
ecce autem gemini a Tenedo tranquilla per alta
(horresco referens) immensis orbibus angues
incumbunt pelago pariterque ad litora tendunt;   205
pectora quorum inter fluctus arrecta iubaeque
sanguineae superant undas, pars cetera pontum
pone legit sinuatque immensa uolumine terga.
fit sonitus spumante salo; iamque arua tenebant
ardentisque oculos suffecti sanguine et igni   210
sibila lambebant linguis uibrantibus ora.
diffugimus uisu exsangues. illi agmine certo
Laocoonta petunt; et primum parua duorum
corpora natorum serpens amplexus uterque
implicat et miseros morsu depascitur artus;   215
post ipsum auxilio subeuntem ac tela ferentem
corripiunt spirisque ligant ingentibus; et iam
bis medium amplexi, bis collo squamea circum
terga dati superant capite et ceruicibus altis.

187–98 *FMP*; 199–219 *MP*   187 posset *Pah, Tib.*: possit
FMω, Prisc. xvi 5, *DSeru.*   196 coacti *Non.* 253. 25   201 Neptuni *P*   208 sinuantque *ader*

ille simul manibus tendit diuellere nodos   220
perfusus sanie uittas atroque ueneno,
clamores simul horrendos ad sidera tollit:
qualis mugitus, fugit cum saucius aram
taurus et incertam excussit ceruice securim.
at gemini lapsu delubra ad summa dracones   225
effugiunt saeuaeque petunt Tritonidis arcem,
sub pedibusque deae clipeique sub orbe teguntur.
tum uero tremefacta nouus per pectora cunctis
insinuat pauor, et scelus expendisse merentem
Laocoonta ferunt, sacrum qui cuspide robur   230
laeserit et tergo sceleratam intorserit hastam.
ducendum ad sedes simulacrum orandaque diuae
numina conclamant.
diuidimus muros et moenia pandimus urbis.
accingunt omnes operi pedibusque rotarum   235
subiciunt lapsus, et stuppea uincula collo
intendunt; scandit fatalis machina muros
feta armis. pueri circum innuptaeque puellae
sacra canunt funemque manu contingere gaudent;
illa subit mediaeque minans inlabitur urbi.   240
o patria, o diuum domus Ilium et incluta bello
moenia Dardanidum! quater ipso in limine portae
substitit atque utero sonitum quater arma dedere;
instamus tamen immemores caecique furore
et monstrum infelix sacrata sistimus arce.   245
tunc etiam fatis aperit Cassandra futuris
ora dei iussu non umquam credita Teucris.
nos delubra deum miseri, quibus ultimus esset
ille dies, festa uelamus fronde per urbem.

Vertitur interea caelum et ruit Oceano nox   250
inuoluens umbra magna terramque polumque
Myrmidonumque dolos; fusi per moenia Teucri
conticuere; sopor fessos complectitur artus.

et iam Argiua phalanx instructis nauibus ibat
a Tenedo tacitae per amica silentia lunae   255
litora nota petens, flammas cum regia puppis
extulerat, fatisque deum defensus iniquis
inclusos utero Danaos et pinea furtim
laxat claustra Sinon. illos patefactus ad auras
reddit equus laetique cauo se robore promunt   260
Thessandrus Sthenelusque duces et dirus Vlixes,
demissum lapsi per funem, Acamasque Thoasque
Pelidesque Neoptolemus primusque Machaon
et Menelaus et ipse doli fabricator Epeos.
inuadunt urbem somno uinoque sepultam;   265
caeduntur uigiles, portisque patentibus omnis
accipiunt socios atque agmina conscia iungunt.
   Tempus erat quo prima quies mortalibus aegris
incipit et dono diuum gratissima serpit.
in somnis, ecce, ante oculos maestissimus Hector   270
uisus adesse mihi largosque effundere fletus,
raptatus bigis ut quondam, aterque cruento
puluere perque pedes traiectus lora tumentis.
ei mihi, qualis erat, quantum mutatus ab illo
Hectore qui redit exuuias indutus Achilli   275
uel Danaum Phrygios iaculatus puppibus ignis!
squalentem barbam et concretos sanguine crinis
uulneraque illa gerens, quae circum plurima muros
accepit patrios. ultro flens ipse uidebar
compellare uirum et maestas expromere uoces: 280
'o lux Dardaniae, spes o fidissima Teucrum,
quae tantae tenuere morae? quibus Hector ab oris
exspectate uenis? ut te post multa tuorum
funera, post uarios hominumque urbisque labores
defessi aspicimus! quae causa indigna serenos   285
foedauit uultus? aut cur haec uulnera cerno?'
ille nihil, nec me quaerentem uana moratur,

254–87 *FMP*   261 diuus *F¹*, *Char.* 273. 25 (*codex N*): dius
Macrob. v 17. 15 (*cf. u.* 762)

sed grauiter gemitus imo de pectore ducens,
'heu fuge, nate dea, teque his' ait 'eripe flammis.
hostis habet muros; ruit alto a culmine Troia.   290
sat patriae Priamoque datum: si Pergama dextra
defendi possent, etiam hac defensa fuissent.
sacra suosque tibi commendat Troia penatis;
hos cape fatorum comites, his moenia quaere
magna pererrato statues quae denique ponto.'   295
sic ait et manibus uittas Vestamque potentem
aeternumque adytis effert penetralibus ignem.

  Diuerso interea miscentur moenia luctu,
et magis atque magis, quamquam secreta parentis
Anchisae domus arboribusque obtecta recessit,   300
clarescunt sonitus armorumque ingruit horror.
excutior somno et summi fastigia tecti
ascensu supero atque arrectis auribus asto:
in segetem ueluti cum flamma furentibus Austris
incidit, aut rapidus montano flumine torrens   305
sternit agros, sternit sata laeta boumque labores
praecipitisque trahit siluas; stupet inscius alto
accipiens sonitum saxi de uertice pastor.
tum uero manifesta fides, Danaumque patescunt
insidiae. iam Deiphobi dedit ampla ruinam   310
Volcano superante domus, iam proximus ardet
Vcalegon; Sigea igni freta lata relucent.
exoritur clamorque uirum clangorque tubarum.
arma amens capio; nec sat rationis in armis,
sed glomerare manum bello et concurrere in arcem   315
cum sociis ardent animi; furor iraque mentem
praecipitat, pulchrumque mori succurrit in armis.

  Ecce autem telis Panthus elapsus Achiuum,
Panthus Othryades, arcis Phoebique sacerdos,

288–309 *FMPV*; 310–313 *MPV*; 314–19 *MP*   290 a *om.* *F*[1]*a*,
Tib.   299 et] at *M*[1]   303 erectis *V*   307 stupet]
sedet *Quint.* viii 6. 10   317 praecipitat *Pe* (*cf.* *A.* ix 44):
-tant *Mω, Seru., Tib.*

sacra manu uictosque deos paruumque nepotem   320
ipse trahit cursuque amens ad limina tendit.
'quo res summa loco, Panthu? quam prendimus arcem?'
uix ea fatus eram gemitu cum talia reddit:
'uenit summa dies et ineluctabile tempus
Dardaniae. fuimus Troes, fuit Ilium et ingens   325
gloria Teucrorum; ferus omnia Iuppiter Argos
transtulit; incensa Danai dominantur in urbe.
arduus armatos mediis in moenibus astans
fundit equus uictorque Sinon incendia miscet
insultans. portis alii bipatentibus adsunt,   330
milia quot magnis umquam uenere Mycenis;
obsedere alii telis angusta uiarum
oppositis; stat ferri acies mucrone corusco
stricta, parata neci; uix primi proelia temptant
portarum uigiles et caeco Marte resistunt.'   335
talibus Othryadae dictis et numine diuum
in flammas et in arma feror, quo tristis Erinys,
quo fremitus uocat et sublatus ad aethera clamor.
addunt se socios Rhipeus et maximus armis
Epytus, oblati per lunam, Hypanisque Dymasque   340
et lateri adglomerant nostro, iuuenisque Coroebus
Mygdonides—illis ad Troiam forte diebus
uenerat insano Cassandrae incensus amore
et gener auxilium Priamo Phrygibusque ferebat,
infelix qui non sponsae praecepta furentis   345
audierit!
quos ubi confertos ardere in proelia uidi,
incipio super his: 'iuuenes, fortissima frustra
pectora, si uobis audentem extrema cupido
certa sequi, quae sit rebus fortuna uidetis: 350

320–50 *MP*   321 *'legitur et* cursum' *DSeru.*   333 oppositis *Myacer, Tib.*: -ti *bdfhv(def. P)*   346 audierat *cdefh*
347 ardere *Gronouius ad Sen. Herc. fur.* 779 (*cf. A.* xii 71): audere *codd., Tib.*   349 audentem *ev, Seru.*: audendi *Myω (ut uid.), Tib., Isid.* i 37. 20, *'multi' ap. Seru.*: audenti *'multi'* (auden... *P*; *cetera desunt*)

excessere omnes adytis arisque relictis
di quibus imperium hoc steterat; succurritis urbi
incensae. moriamur et in media arma ruamus.
una salus uictis nullam sperare salutem.'
sic animis iuuenum furor additus. inde, lupi ceu   355
raptores atra in nebula, quos improba uentris
exegit caecos rabies catulique relicti
faucibus exspectant siccis, per tela, per hostis
uadimus haud dubiam in mortem mediaeque tenemus
urbis iter; nox atra caua circumuolat umbra.   360
quis cladem illius noctis, quis funera fando
explicet aut possit lacrimis aequare labores?
urbs antiqua ruit multos dominata per annos;
plurima perque uias sternuntur inertia passim
corpora perque domos et religiosa deorum   365
limina. nec soli poenas dant sanguine Teucri;
quondam etiam uictis redit in praecordia uirtus
uictoresque cadunt Danai. crudelis ubique
luctus, ubique pauor et plurima mortis imago.

Primus se Danaum magna comitante caterua   370
Androgeos offert nobis, socia agmina credens
inscius, atque ultro uerbis compellat amicis:
'festinate, uiri! nam quae tam sera moratur
segnities? alii rapiunt incensa feruntque
Pergama: uos celsis nunc primum a nauibus itis?'   375
dixit, et extemplo (neque enim responsa dabantur
fida satis) sensit medios delapsus in hostis.
obstipuit retroque pedem cum uoce repressit.
improuisum aspris ueluti qui sentibus anguem
pressit humi nitens trepidusque repente refugit   380
attollentem iras et caerula colla tumentem,
haud secus Androgeos uisu tremefactus abibat.
inruimus densis et circumfundimur armis,
ignarosque loci passim et formidine captos

351-84 MP   377 dilapsus bde, Char. 269. 13   383 circumfundimur Mhrv: -fudimus P: -fundimus ω

sternimus; aspirat primo Fortuna labori. 385
atque hic successu exsultans animisque Coroebus
'o socii, qua prima' inquit 'Fortuna salutis
monstrat iter, quaque ostendit se dextra, sequamur:
mutemus clipeos Danaumque insignia nobis
aptemus. dolus an uirtus, quis in hoste requirat? 390
arma dabunt ipsi.' sic fatus deinde comantem
Androgei galeam clipeique insigne decorum
induitur laterique Argiuum accommodat ensem.
hoc Rhipeus, hoc ipse Dymas omnisque iuuentus
laeta facit: spoliis se quisque recentibus armat. 395
uadimus immixti Danais haud numine nostro
multaque per caecam congressi proelia noctem
conserimus, multos Danaum demittimus Orco.
diffugiunt alii ad nauis et litora cursu
fida petunt; pars ingentem formidine turpi 400
scandunt rursus equum et nota conduntur in aluo.
   Heu nihil inuitis fas quemquam fidere diuis!
ecce trahebatur passis Priameia uirgo
crinibus a templo Cassandra adytisque Mineruae
ad caelum tendens ardentia lumina frustra, 405
lumina, nam teneras arcebant uincula palmas.
non tulit hanc speciem furiata mente Coroebus
et sese medium iniecit periturus in agmen;
consequimur cuncti et densis incurrimus armis.
hic primum ex alto delubri culmine telis 410
nostrorum obruimur oriturque miserrima caedes
armorum facie et Graiarum errore iubarum.
tum Danai gemitu atque ereptae uirginis ira
undique collecti inuadunt, acerrimus Aiax
et gemini Atridae Dolopumque exercitus omnis: 415
aduersi rupto ceu quondam turbine uenti

385–416 *MP*   387 qua *ω*: quae *Mγ(def. P)ar*; '*non* quae
prima *sed* qua primum' *Seru.*   392 Androgei *codd. (def. P), Char.*
92. 11, *DSeru. hic et ad A*. iii 468 (*cf. A*. vi 20)   396 immixtis *M¹*
398 demittimus (*A*. ix 527) *a*: dim- *MPω*   408 moriturus *ω*
(*praeter cfh; cf. u.* 511)   415 Dolopumue *bcdfr, Tib.* (*uu.* 7, 785)

confligunt, Zephyrusque Notusque et laetus Eois
Eurus equis; stridunt siluae saeuitque tridenti
spumeus atque imo Nereus ciet aequora fundo.
illi etiam, si quos obscura nocte per umbram   420
fudimus insidiis totaque agitauimus urbe,
apparent; primi clipeos mentitaque tela
agnoscunt atque ora sono discordia signant.
ilicet obruimur numero, primusque Coroebus
Penelei dextra diuae armipotentis ad aram   425
procumbit; cadit et Rhipeus, iustissimus unus
qui fuit in Teucris et seruantissimus aequi
(dis aliter uisum); pereunt Hypanisque Dymasque
confixi a sociis; nec te tua plurima, Panthu,
labentem pietas nec Apollinis infula texit.   430
Iliaci cineres et flamma extrema meorum,
testor, in occasu uestro nec tela nec ullas
uitauisse uices, Danaum et, si fata fuissent
ut caderem, meruisse manu. diuellimur inde,
Iphitus et Pelias mecum (quorum Iphitus aeuo   435
iam grauior, Pelias et uulnere tardus Vlixi),
protinus ad sedes Priami clamore uocati.
hic uero ingentem pugnam, ceu cetera nusquam
bella forent, nulli tota morerentur in urbe,
sic Martem indomitum Danaosque ad tecta ruentis   440
cernimus obsessumque acta testudine limen.
haerent parietibus scalae postisque sub ipsos
nituntur gradibus clipeosque ad tela sinistris
protecti obiciunt, prensant fastigia dextris.
Dardanidae contra turris ac tota domorum   445
culmina conuellunt; his se, quando ultima cernunt,
extrema iam in morte parant defendere telis,
auratasque trabes, ueterum decora alta parentum,

417–36 *MP*; 437–48 *FMP*   422 primi] Priami *P*¹
433 uices Danaum *coniungit DSeru. ad A.* iii 376   443 ad *F*¹ω,
Seru.: ac *F*²*MPa, Tib., respuit DSeru.*   tela] tecta *F*¹   445 tota
*P*¹, *Tib., agnoscit DSeru.*: tecta (*A.* xii 132) *FMP*²ω, *Prisc.* vii 27,
Seru.: tuta *ary*   448 alta *F*²*M*ω, *Prisc.* vii 79: illa *F*¹*Par, Tib.*

deuoluunt; alii strictis mucronibus imas
obsedere fores, has seruant agmine denso.   450
instaurati animi regis succurrere tectis
auxilioque leuare uiros uimque addere uictis.

    Limen erat caecaeque fores et peruius usus
tectorum inter se Priami, postesque relicti
a tergo, infelix qua se, dum regna manebant,   455
saepius Andromache ferre incomitata solebat
ad soceros et auo puerum Astyanacta trahebat.
euado ad summi fastigia culminis, unde
tela manu miseri iactabant inrita Teucri.
turrim in praecipiti stantem summisque sub astra   460
eductam tectis, unde omnis Troia uideri
et Danaum solitae naues et Achaica castra,
adgressi ferro circum, qua summa labantis
iuncturas tabulata dabant, conuellimus altis
sedibus impulimusque; ea lapsa repente ruinam   465
cum sonitu trahit et Danaum super agmina late
incidit. ast alii subeunt, nec saxa nec ullum
telorum interea cessat genus.

    Vestibulum ante ipsum primoque in limine Pyrrhus
exsultat telis et luce coruscus aëna: 470
qualis ubi in lucem coluber mala gramina pastus,
frigida sub terra tumidum quem bruma tegebat,
nunc, positis nouus exuuiis nitidusque iuuenta,
lubrica conuoluit sublato pectore terga
arduus ad solem, et linguis micat ore trisulcis.   475
una ingens Periphas et equorum agitator Achillis,
armiger Automedon, una omnis Scyria pubes
succedunt tecto et flammas ad culmina iactant.
ipse inter primos correpta dura bipenni
limina perrumpit postisque a cardine uellit   480
aeratos; iamque excisa trabe firma cauauit

449–68 *FMP*; 469 *MP*; 470–81 *MPV*   450 has seruant]
asseruant *P*¹   455 dum] cum '*alii*' *ap. Seru.*   462 Achaia *F*
465 ea lapsa *FMP*²*ω*: elapsa *P*¹*afhrv*   repente] ruente *P*¹   ruina
*M*¹   474 conuoluens (*G.* iii 426) *V*¹: -uent *V*²

robora et ingentem lato dedit ore fenestram.
apparet domus intus et atria longa patescunt;
apparent Priami et ueterum penetralia regum,
armatosque uident stantis in limine primo.   485
at domus interior gemitu miseroque tumultu
miscetur, penitusque cauae plangoribus aedes
femineis ululant; ferit aurea sidera clamor.
tum pauidae tectis matres ingentibus errant
amplexaeque tenent postis atque oscula figunt.   490
instat ui patria Pyrrhus; nec claustra nec ipsi
custodes sufferre ualent; labat ariete crebro
ianua, et emoti procumbunt cardine postes.
fit uia ui; rumpunt aditus primosque trucidant
immissi Danai et late loca milite complent.   495
non sic, aggeribus ruptis cum spumeus amnis
exiit oppositasque euicit gurgite moles,
fertur in arua furens cumulo camposque per omnis
cum stabulis armenta trahit. uidi ipse furentem
caede Neoptolemum geminosque in limine Atridas,   500
uidi Hecubam centumque nurus Priamumque per aras
sanguine foedantem quos ipse sacrauerat ignis.
quinquaginta illi thalami, spes tanta nepotum,
barbarico postes auro spoliisque superbi
procubuere; tenent Danai qua deficit ignis.   505
    Forsitan et Priami fuerint quae fata requiras.
urbis uti captae casum conuulsaque uidit
limina tectorum et medium in penetralibus hostem,
arma diu senior desueta trementibus aeuo
circumdat nequiquam umeris et inutile ferrum   510
cingitur, ac densos fertur moriturus in hostis.
aedibus in mediis nudoque sub aetheris axe
ingens ara fuit iuxtaque ueterrima laurus

    482–96 *MPV*; 497–513 *MP*   485 uidet *V*   487 clan-
goribus *P²V*, *Tib.* (*cf. A.* xii 607)   497 exit *c*   euicit] erupit
Macrob. v 5. 13   503 tanta *Mω*, *DSeru. hic et ad A.* v 645:
ampla *Pr* (*cf. Prop.* iii 22. 41)   508 medium *MP¹aberv*: mediis
P²cdfh, agnoscit Seru. (in *om. d*)

incumbens arae atque umbra complexa penatis.
hic Hecuba et natae nequiquam altaria circum,　　　515
praecipites atra ceu tempestate columbae,
condensae et diuum amplexae simulacra sedebant.
ipsum autem sumptis Priamum iuuenalibus armis
ut uidit, 'quae mens tam dira, miserrime coniunx,
impulit his cingi telis? aut quo ruis?' inquit.　　　520
'non tali auxilio nec defensoribus istis
tempus eget; non, si ipse meus nunc adforet Hector.
huc tandem concede; haec ara tuebitur omnis,
aut moriere simul.' sic ore effata recepit
ad sese et sacra longaeuum in sede locauit.　　　525
　Ecce autem elapsus Pyrrhi de caede Polites,
unus natorum Priami, per tela, per hostis
porticibus longis fugit et uacua atria lustrat
saucius. illum ardens infesto uulnere Pyrrhus
insequitur, iam iamque manu tenet et premit hasta.　　　530
ut tandem ante oculos euasit et ora parentum,
concidit ac multo uitam cum sanguine fudit.
hic Priamus, quamquam in media iam morte tenetur,
non tamen abstinuit nec uoci iraeque pepercit:
'at tibi pro scelere,' exclamat, 'pro talibus ausis　　　535
di, si qua est caelo pietas quae talia curet,
persoluant grates dignas et praemia reddant
debita, qui nati coram me cernere letum
fecisti et patrios foedasti funere uultus.
at non ille, satum quo te mentiris, Achilles　　　540
talis in hoste fuit Priamo; sed iura fidemque
supplicis erubuit corpusque exsangue sepulcro
reddidit Hectoreum meque in mea regna remisit.'
sic fatus senior telumque imbelle sine ictu
coniecit, rauco quod protinus aere repulsum,　　　545
et summo clipei nequiquam umbone pependit.
cui Pyrrhus: 'referes ergo haec et nuntius ibis
Pelidae genitori. illi mea tristia facta

514-48 MP　　　517 sedebant] tenebant M¹d　　　532 fundit recc.

degeneremque Neoptolemum narrare memento.
nunc morere.' hoc dicens altaria ad ipsa trementem   550
traxit et in multo lapsantem sanguine nati,
implicuitque comam laeua, dextraque coruscum
extulit ac lateri capulo tenus abdidit ensem.
haec finis Priami fatorum, hic exitus illum
sorte tulit Troiam incensam et prolapsa uidentem   555
Pergama, tot quondam populis terrisque superbum
regnatorem Asiae. iacet ingens litore truncus,
auulsumque umeris caput et sine nomine corpus.
    At me tum primum saeuus circumstetit horror.
obstipui; subiit cari genitoris imago,   560
ut regem aequaeuum crudeli uulnere uidi
uitam exhalantem, subiit deserta Creusa
et direpta domus et parui casus Iuli.
respicio et quae sit me circum copia lustro.
deseruere omnes defessi, et corpora saltu   565
ad terram misere aut ignibus aegra dedere.
    [Iamque adeo super unus eram, cum limina Vestae
seruantem et tacitam secreta in sede latentem
Tyndarida aspicio; dant claram incendia lucem
erranti passimque oculos per cuncta ferenti.   570
illa sibi infestos euersa ob Pergama Teucros
et Danaum poenam et deserti coniugis iras
praemetuens, Troiae et patriae communis Erinys,
abdiderat sese atque aris inuisa sedebat.
exarsere ignes animo; subit ira cadentem   575
ulcisci patriam et sceleratas sumere poenas.

549–66 MP   552 comam laeua Mω: coma laeuam Pc
554 *post* Priami *distinguit Char.* 266. 34   559 circuminstetit P¹
562 subiit] subit et b?de   567–88 'hos uersus' teste Seruio
*in uita Vergiliana 'constat esse detractos', scilicet a Tucca et Vario, quos
obleuisse eosdem narrat DSeru. ad u. 566; tradunt codd. Seruiani, inter
Vergilianos perpauci; in textum receperunt editores inde ab ed. Romana
anni* 1473   569 claram Ribbeck: clara codd. Seruiani
572 poenas DSeru. *et codd. Seru. nonnulli (unde* poenas Danaum
ed. Rom.)   576 celeratas Seruii cod. Monacensis: sceleratae
H. Valesius

'scilicet haec Spartam incolumis patriasque Mycenas
aspiciet, partoque ibit regina triumpho?
coniugiumque domumque patris natosque uidebit
Iliadum turba et Phrygiis comitata ministris?   580
occiderit ferro Priamus? Troia arserit igni?
Dardanium totiens sudarit sanguine litus?
non ita. namque etsi nullum memorabile nomen
feminea in poena est, habet haec uictoria laudem;
exstinxisse nefas tamen et sumpsisse merentis   585
laudabor poenas, animumque explesse iuuabit
ultricis †famam et cineres satiasse meorum.'
talia iactabam et furiata mente ferebar,]
cum mihi se, non ante oculis tam clara, uidendam
obtulit et pura per noctem in luce refulsit   590
alma parens, confessa deam qualisque uideri
caelicolis et quanta solet, dextraque prehensum
continuit roseoque haec insuper addidit ore:
'nate, quis indomitas tantus dolor excitat iras?
quid furis? aut quonam nostri tibi cura recessit?   595
non prius aspicies ubi fessum aetate parentem
liqueris Anchisen, superet coniunxne Creusa
Ascaniusque puer? quos omnis undique Graiae
circum errant acies et, ni mea cura resistat,
iam flammae tulerint inimicus et hauserit ensis.   600
non tibi Tyndaridis facies inuisa Lacaenae
culpatusue Paris, diuum inclementia, diuum
has euertit opes sternitque a culmine Troiam.
aspice (namque omnem, quae nunc obducta tuenti
mortalis hebetat uisus tibi et umida circum   605
caligat, nubem eripiam; tu ne qua parentis
iussa time neu praeceptis parere recusa):
hic, ubi disiectas moles auulsaque saxis

589–608 *MP*   579 patris *nescio quis* (*saec. xv, ut uid.*):
patres *codd.*   584 habet haec] nec habet *Seruii codd. recc.*
585 merentis *codd. aliquot*: -tes *plerique*   587 famam *Seruii codd.*
(*et* famae *et* flammae *recentiores*), famae *DSeru.*   588 ferebar
Seru., loquebar *DSeru.* (?)   589 oculos *M*

saxa uides, mixtoque undantem puluere fumum,
Neptunus muros magnoque emota tridenti   610
fundamenta quatit totamque a sedibus urbem
eruit. hic Iuno Scaeas saeuissima portas
prima tenet sociumque furens a nauibus agmen
ferro accincta uocat.
iam summas arces Tritonia, respice, Pallas   615
insedit nimbo effulgens et Gorgone saeua.
ipse pater Danais animos uirisque secundas
sufficit, ipse deos in Dardana suscitat arma.
eripe, nate, fugam finemque impone labori;
nusquam abero et tutum patrio te limine sistam.'   620
dixerat et spissis noctis se condidit umbris.
apparent dirae facies inimicaque Troiae
numina magna deum.
      Tum uero omne mihi uisum considere in ignis
Ilium et ex imo uerti Neptunia Troia: 625
ac ueluti summis antiquam in montibus ornum
cum ferro accisam crebrisque bipennibus instant
eruere agricolae certatim, illa usque minatur
et tremefacta comam concusso uertice nutat,
uulneribus donec paulatim euicta supremum   630
congemuit traxitque iugis auulsa ruinam.
descendo ac ducente deo flammam inter et hostis
expedior: dant tela locum flammaeque recedunt.
      Atque ubi iam patriae peruentum ad limina sedis
antiquasque domos, genitor, quem tollere in altos   635
optabam primum montis primumque petebam,
abnegat excisa uitam producere Troia
exsiliumque pati. 'uos o, quibus integer aeui
sanguis,' ait, 'solidaeque suo stant robore uires,

609–22 *MP*; 623–39 *MPV*   611 a] ab *Pae*   616 nimbo
codd., *DSeru. ad A.* ix 110 (*cf. Hom. Il.* xv 308): limbo *'alii' ap.*
Seru.   620 numquam *M¹, DSeru. ad u.* 801   630 uicta *V*
632 deo *M²V²abd, Char.* 154. 14, *Macrob.* iii 8. 1, *Seru. hic et ad A.*
iv 228, vii 498, *DSeru. ad* i 382: dea *M¹P²* (de *P¹*) *V¹cefhrv, Tib.*;
utrumque schol. Veron. ad loc., deo *ad A.* v 467

146

uos agitate fugam. 640
me si caelicolae uoluissent ducere uitam,
has mihi seruassent sedes. satis una superque
uidimus excidia et captae superauimus urbi.
sic o sic positum adfati discedite corpus.
ipse manu mortem inueniam; miserebitur hostis 645
exuuiasque petet. facilis iactura sepulcri.
iam pridem inuisus diuis et inutilis annos
demoror, ex quo me diuum pater atque hominum rex
fulminis adflauit uentis et contigit igni.'

Talia perstabat memorans fixusque manebat. 650
nos contra effusi lacrimis coniunxque Creusa
Ascaniusque omnisque domus, ne uertere secum
cuncta pater fatoque urgenti incumbere uellet.
abnegat inceptoque et sedibus haeret in isdem.
rursus in arma feror mortemque miserrimus opto. 655
nam quod consilium aut quae iam fortuna dabatur?
'mene efferre pedem, genitor, te posse relicto
sperasti tantumque nefas patrio excidit ore?
si nihil ex tanta superis placet urbe relinqui,
et sedet hoc animo perituraeque addere Troiae 660
teque tuosque iuuat, patet isti ianua leto,
iamque aderit multo Priami de sanguine Pyrrhus,
natum ante ora patris, patrem qui obtruncat ad aras.
hoc erat, alma parens, quod me per tela, per ignis
eripis, ut mediis hostem in penetralibus utque 665
Ascanium patremque meum iuxtaque Creusam
alterum in alterius mactatos sanguine cernam?
arma, uiri, ferte arma; uocat lux ultima uictos.
reddite me Danais; sinite instaurata reuisam
proelia. numquam omnes hodie moriemur inulti.' 670
Hinc ferro accingor rursus clipeoque sinistram
insertabam aptans meque extra tecta ferebam.

640–72 *MPV* 645 manum *PV?a?* morte *uel* morti *P*[1], morti *V*
660 haec *V* 661 istic *ω(sed* -ti *hv,* -ta *a?)* 663 patrem
qui] patremque *Mcγ* 667 mactato *MPV*[1] 671 cingor *P*[1]

ecce autem complexa pedes in limine coniunx
haerebat, paruumque patri tendebat Iulum:
'si periturus abis, et nos rape in omnia tecum;   675
sin aliquam expertus sumptis spem ponis in armis,
hanc primum tutare domum. cui paruus Iulus,
cui pater et coniunx quondam tua dicta relinquor?'
    Talia uociferans gemitu tectum omne replebat,
cum subitum dictuque oritur mirabile monstrum.   680
namque manus inter maestorumque ora parentum
ecce leuis summo de uertice uisus Iuli
fundere lumen apex, tactuque innoxia mollis
lambere flamma comas et circum tempora pasci.
nos pauidi trepidare metu crinemque flagrantem   685
excutere et sanctos restinguere fontibus ignis.
at pater Anchises oculos ad sidera laetus
extulit et caelo palmas cum uoce tetendit:
'Iuppiter omnipotens, precibus si flecteris ullis,
aspice nos, hoc tantum, et si pietate meremur,   690
da deinde auxilium, pater, atque haec omina firma.'
    Vix ea fatus erat senior, subitoque fragore
intonuit laeuum, et de caelo lapsa per umbras
stella facem ducens multa cum luce cucurrit.
illam summa super labentem culmina tecti   695
cernimus Idaea claram se condere silua
signantemque uias; tum longo limite sulcus
dat lucem et late circum loca sulphure fumant.
hic uero uictus genitor se tollit ad auras
adfaturque deos et sanctum sidus adorat.   700
'iam iam nulla mora est; sequor et qua ducitis adsum,
di patrii; seruate domum, seruate nepotem.
uestrum hoc augurium, uestroque in numine Troia est.
cedo equidem nec, nate, tibi comes ire recuso.'

673–99 *FMPV*; 700–4 *MPV*   677 hac *V*[1]   678 re-
linquar *M*[1]   680 subitum *F*[2](-tu *F*[1])*ω*, *DSeru.*: subito
MPVbdhr (*cf.* G. iv 554, *A*. v 522)   683 molli *V*, *Tib. in lemm.*
691 augurium (*A.* iii 89) *ps.Probus ad E.* vi 31   699 tollere *Pr*

dixerat ille, et iam per moenia clarior ignis   705
auditur, propiusque aestus incendia uoluunt.
'ergo age, care pater, ceruici imponere nostrae;
ipse subibo umeris nec me labor iste grauabit;
quo res cumque cadent, unum et commune periclum,
una salus ambobus erit. mihi paruus Iulus   710
sit comes, et longe seruet uestigia coniunx.
uos, famuli, quae dicam animis aduertite uestris.
est urbe egressis tumulus templumque uetustum
desertae Cereris, iuxtaque antiqua cupressus
religione patrum multos seruata per annos;   715
hanc ex diuerso sedem ueniemus in unam.
tu, genitor, cape sacra manu patriosque penatis;
me bello e tanto digressum et caede recenti
attrectare nefas, donec me flumine uiuo
abluero.'   720
haec fatus latos umeros subiectaque colla
ueste super fuluique insternor pelle leonis,
succedoque oneri; dextrae se paruus Iulus
implicuit sequiturque patrem non passibus aequis;
pone subit coniunx. ferimur per opaca locorum,   725
et me, quem dudum non ulla iniecta mouebant
tela neque aduerso glomerati examine Grai,
nunc omnes terrent aurae, sonus excitat omnis
suspensum et pariter comitique onerique timentem.
iamque propinquabam portis omnemque uidebar   730
euasisse uiam, subito cum creber ad auris
uisus adesse pedum sonitus, genitorque per umbram
prospiciens 'nate,' exclamat, 'fuge, nate; propinquant.
ardentis clipeos atque aera micantia cerno.'
hic mihi nescio quod trepido male numen amicum   735
confusam eripuit mentem. namque auia cursu

705-26 *MPV*; 727-36 *MP*   709 cadet *V*   727 nec *Par*
examine *recc.*, *cf. Housman ap. Class. Review* v 294 (*cf. A.* vii 703;
exagm. *uel* exacm. *quater alibi M*): ex agmine *codd., Sen. ep.* 56. 12
731 uiam] uicem *Markland* (*cf. G.* i 418)

dum sequor et nota excedo regione uiarum,
heu misero coniunx fatone erepta Creusa
substitit, errauitne uia seu lapsa resedit,
incertum; nec post oculis est reddita nostris. 740
nec prius amissam respexi animumue reflexi
quam tumulum antiquae Cereris sedemque sacratam
uenimus: hic demum collectis omnibus una
defuit, et comites natumque uirumque fefellit.
quem non incusaui amens hominumque deorumque, 745
aut quid in euersa uidi crudelius urbe?
Ascanium Anchisenque patrem Teucrosque penatis
commendo sociis et curua ualle recondo;
ipse urbem repeto et cingor fulgentibus armis.
stat casus renouare omnis omnemque reuerti 750
per Troiam et rursus caput obiectare periclis.
principio muros obscuraque limina portae,
qua gressum extuleram, repeto et uestigia retro
obseruata sequor per noctem et lumine lustro:
horror ubique animo, simul ipsa silentia terrent. 755
inde domum, si forte pedem, si forte tulisset,
me refero: inruerant Danai et tectum omne tenebant.
ilicet ignis edax summa ad fastigia uento
uoluitur; exsuperant flammae, furit aestus ad auras.
procedo et Priami sedes arcemque reuiso: 760
et iam porticibus uacuis Iunonis asylo
custodes lecti Phoenix et dirus Vlixes
praedam adseruabant. huc undique Troia gaza
incensis erepta adytis, mensaeque deorum
crateresque auro solidi, captiuaque uestis 765
congeritur. pueri et pauidae longo ordine matres
stant circum.
ausus quin etiam uoces iactare per umbram
impleui clamore uias, maestusque Creusam

737–69 MP 739 lapsa M: lassa P²ω: rapta P¹adr
741 animumue Pω: -que Ma?cr 755 animo MPa: animos ω
758 uento] tecti (u. 302) M¹

150

nequiquam ingeminans iterumque iterumque uocaui.   770
quaerenti et tectis urbis sine fine ruenti
infelix simulacrum atque ipsius umbra Creusae
uisa mihi ante oculos et nota maior imago.
obstipui, steteruntque comae et uox faucibus haesit.
tum sic adfari et curas his demere dictis: 775
'quid tantum insano iuuat indulgere dolori,
o dulcis coniunx? non haec sine numine diuum
eueniunt; nec te comitem hinc portare Creusam
fas, aut ille sinit superi regnator Olympi.
longa tibi exsilia et uastum maris aequor arandum,   780
et terram Hesperiam uenies, ubi Lydius arua
inter opima uirum leni fluit agmine Thybris.
illic res laetae regnumque et regia coniunx
parta tibi; lacrimas dilectae pelle Creusae.
non ego Myrmidonum sedes Dolopumue superbas   785
aspiciam aut Grais seruitum matribus ibo,
Dardanis et diuae Veneris nurus;
sed me magna deum genetrix his detinet oris.
iamque uale et nati serua communis amorem.'
haec ubi dicta dedit, lacrimantem et multa uolentem   790
dicere deseruit, tenuisque recessit in auras.
ter conatus ibi collo dare bracchia circum;
ter frustra comprensa manus effugit imago,
par leuibus uentis uolucrique simillima somno.
sic demum socios consumpta nocte reulso.   795
    Atque hic ingentem comitum adfluxisse nouorum
inuenio admirans numerum, matresque uirosque,
collectam exsilio pubem, miserabile uulgus.
undique conuenere animis opibusque parati

770–799 *MP*   770 iterumque (*1⁰*) *Pbf*: iterum *M ω* (*cf. A.*
iii 436)   771 ruenti *Pcd*: furenti *M ω*   775 (= *A*. iii
153, viii 35) '*in plerisque dicitur non fuisse*' *Seru.*   776 labori
(*A*. vi 135) *bd*   778 portare *M correctus, cefh*: asportare
M²Pabdrv, Seru. (*qui* hinc comitem *suadet, ne scansione careat u.*)
783 laetae *P¹ω*: Italae (*A*. viii 626) *MP²*   787 '*hunc u. quidam
ita suppleuit* et tua coniunx' *DSeru.*

in quascumque uelim pelago deducere terras.　　　800
iamque iugis summae surgebat Lucifer Idae
ducebatque diem, Danaique obsessa tenebant
limina portarum, nec spes opis ulla dabatur.
cessi et sublato montis genitore petiui.

800–4 *MP*　　　804 montis *Madr, Tib.*: montem *Pω, Seru.*

P. VERGILI MARONIS
AENEIDOS
LIBER III

Postqvam res Asiae Priamique euertere gentem
immeritam uisum superis, ceciditque superbum
Ilium et omnis humo fumat Neptunia Troia,
diuersa exsilia et desertas quaerere terras
auguriis agimur diuum, classemque sub ipsa   5
Antandro et Phrygiae molimur montibus Idae,
incerti quo fata ferant, ubi sistere detur,
contrahimusque uiros. uix prima inceperat aestas
et pater Anchises dare fatis uela iubebat,
litora cum patriae lacrimans portusque relinquo   10
et campos ubi Troia fuit. feror exsul in altum
cum sociis natoque penatibus et magnis dis.
  Terra procul uastis colitur Mauortia campis
(Thraces arant) acri quondam regnata Lycurgo,
hospitium antiquum Troiae sociique penates   15
dum fortuna fuit. feror huc et litore curuo
moenia prima loco fatis ingressus iniquis
Aeneadasque meo nomen de nomine fingo.
sacra Dionaeae matri diuisque ferebam
auspicibus coeptorum operum, superoque nitentem   20
caelicolum regi mactabam in litore taurum.
forte fuit iuxta tumulus, quo cornea summo
uirgulta et densis hastilibus horrida myrtus.
accessi uiridemque ab humo conuellere siluam
conatus, ramis tegerem ut frondentibus aras,   25

iii 1–25 *FMP*   3 fumat] '*ait Probus circumflectendam ultimam syllabam, ut intelligamus* fumauit' *Seru.*; *contra Char.* 267. 13
7 ferunt *P*[1]

horrendum et dictu uideo mirabile monstrum.
nam quae prima solo ruptis radicibus arbos
uellitur, huic atro liquuntur sanguine guttae
et terram tabo maculant. mihi frigidus horror
membra quatit gelidusque coit formidine sanguis.   30
rursus et alterius lentum conuellere uimen
insequor et causas penitus temptare latentis;
ater et alterius sequitur de cortice sanguis.
multa mouens animo Nymphas uenerabar agrestis
Gradiuumque patrem, Geticis qui praesidet aruis,   35
rite secundarent uisus omenque leuarent.
tertia sed postquam maiore hastilia nisu
adgredior genibusque aduersae obluctor harenae,
(eloquar an sileam?) gemitus lacrimabilis imo
auditur tumulo et uox reddita fertur ad auris: 40
'quid miserum, Aenea, laceras? iam parce sepulto,
parce pias scelerare manus. non me tibi Troia
externum tulit aut cruor hic de stipite manat.
heu fuge crudelis terras, fuge litus auarum:
nam Polydorus ego. hic confixum ferrea texit   45
telorum seges et iaculis increuit acutis.'
tum uero ancipiti mentem formidine pressus
obstipui steteruntque comae et uox faucibus haesit.

   Hunc Polydorum auri quondam cum pondere magno
infelix Priamus furtim mandarat alendum   50
Threicio regi, cum iam diffideret armis
Dardaniae cingique urbem obsidione uideret.
ille, ut opes fractae Teucrum et Fortuna recessit,
res Agamemnonias uictriciaque arma secutus
fas omne abrumpit: Polydorum obtruncat, et auro   55
ui potitur. quid non mortalia pectora cogis,
auri sacra fames! postquam pauor ossa reliquit,
delectos populi ad proceres primumque parentem
monstra deum refero, et quae sit sententia posco.

26–54 FMP; 55–9 MP   33 ater] alter F, Tib.   37 tertio
Char. 222. 2   39 eloquor P²   47 tunc bcd

omnibus idem animus, scelerata excedere terra,   60
linqui pollutum hospitium et dare classibus Austros.
ergo instauramus Polydoro funus, et ingens
aggeritur tumulo tellus; stant Manibus arae
caeruleis maestae uittis atraque cupresso,
et circum Iliades crinem de more solutae;   65
inferimus tepido spumantia cymbia lacte
sanguinis et sacri pateras, animamque sepulcro
condimus et magna supremum uoce ciemus.
   Inde ubi prima fides pelago, placataque uenti
dant maria et lenis crepitans uocat Auster in altum,   70
deducunt socii nauis et litora complent;
prouehimur portu terraeque urbesque recedunt.
sacra mari colitur medio gratissima tellus
Nereidum matri et Neptuno Aegaeo,
quam pius arquitenens oras et litora circum   75
errantem Mycono e celsa Gyaroque reuinxit,
immotamque coli dedit et contemnere uentos.
huc feror, haec fessos tuto placidissima portu
accipit; egressi ueneramur Apollinis urbem.
rex Anius, rex idem hominum Phoebique sacerdos,   80
uittis et sacra redimitus tempora lauro
occurrit; ueterem Anchisen agnouit amicum.
iungimus hospitio dextras et tecta subimus.
   Templa dei saxo uenerabar structa uetusto:
'da propriam, Thymbraee, domum; da moenia fessis   85
et genus et mansuram urbem; serua altera Troiae
Pergama, reliquias Danaum atque immitis Achilli.
quem sequimur? quoue ire iubes? ubi ponere sedes?
da, pater, augurium atque animis inlabere nostris.'
uix ea fatus eram: tremere omnia uisa repente,   90
liminaque laurusque dei, totusque moueri
mons circum et mugire adytis cortina reclusis.

60–78 *MP*; 79–92 *FMP*   61 linquere *recc.*   73 medio
colitur *abehvγ*   75 prius *agnoscit DSeru., ita Tib.*   82 accurrit *M²*   adgnouit *FPω*: agnoscit *Mact*   84 ueneramur *c*

summissi petimus terram et uox fertur ad auris:
'Dardanidae duri, quae uos a stirpe parentum
prima tulit tellus, eadem uos ubere laeto   95
accipiet reduces. antiquam exquirite matrem.
hic domus Aeneae cunctis dominabitur oris
et nati natorum et qui nascentur ab illis.'
haec Phoebus; mixtoque ingens exorta tumultu
laetitia, et cuncti quae sint ea moenia quaerunt,   100
quo Phoebus uocet errantis iubeatque reuerti.
tum genitor ueterum uoluens monimenta uirorum
'audite, o proceres,' ait 'et spes discite uestras.
Creta Iouis magni medio iacet insula ponto,
mons Idaeus ubi et gentis cunabula nostrae.   105
centum urbes habitant magnas, uberrima regna,
maximus unde pater, si rite audita recordor,
Teucrus Rhoeteas primum est aduectus in oras,
optauitque locum regno. nondum Ilium et arces
Pergameae steterant; habitabant uallibus imis.   110
hinc mater cultrix Cybeli Corybantiaque aera
Idaeumque nemus, hinc fida silentia sacris,
et iuncti currum dominae subiere leones.
ergo agite et diuum ducunt qua iussa sequamur:
placemus uentos et Cnosia regna petamus.   115
nec longo distant cursu: modo Iuppiter adsit,
tertia lux classem Cretaeis sistet in oris.'
sic fatus meritos aris mactauit honores,
taurum Neptuno, taurum tibi, pulcher Apollo,
nigram Hiemi pecudem, Zephyris felicibus albam.   120
    Fama uolat pulsum regnis cessisse paternis
Idomenea ducem, desertaque litora Cretae,
hoste uacare domum sedesque astare relictas.
linquimus Ortygiae portus pelagoque uolamus

93-124 *FMP*   93 et om. *F¹P¹*, *Tib.*   aureas *P¹*: auras *a*,
Tib.   98 nascuntur *P¹*   106 urbes, *non* urbis *dixisse poetam*
narrat Gell. xiii 21. 5 *auctore Valerio Probo*   108 in] ad *M*
111 Cybeli *F¹b²ur*, *Non.* 250. 11, *Seru.*: Cybele *F²MPω*, '*nonnulli*'
ap. Seru., *Tib.*   123 domum *FPt*: domos *Mω* (domus *b*), *Tib.*

bacchatamque iugis Naxon uiridemque Donusam,   125
Olearon niueamque Paron sparsasque per aequor
Cycladas, et crebris legimus freta concita terris.
nauticus exoritur uario certamine clamor:
hortantur socii Cretam proauosque petamus.
prosequitur surgens a puppi uentus euntis,   130
et tandem antiquis Curetum adlabimur oris.
ergo auidus muros optatae molior urbis
Pergameamque uoco, et laetam cognomine gentem
hortor amare focos arcemque attollere tectis.

Iamque fere sicco subductae litore puppes,   135
conubiis aruisque nouis operata iuuentus,
iura domosque dabam, subito cum tabida membris
corrupto caeli tractu miserandaque uenit
arboribusque satisque lues et letifer annus.
linquebant dulcis animas aut aegra trahebant   140
corpora; tum sterilis exurere Sirius agros,
arebant herbae et uictum seges aegra negabat.
rursus ad oraclum Ortygiae Phoebumque remenso
hortatur pater ire mari ueniamque precari,
quam fessis finem rebus ferat, unde laborum   145
temptare auxilium iubeat, quo uertere cursus.

Nox erat et terris animalia somnus habebat:
effigies sacrae diuum Phrygiique penates,
quos mecum a Troia mediisque ex ignibus urbis
extuleram, uisi ante oculos astare iacentis   150
in somnis multo manifesti lumine, qua se
plena per insertas fundebat luna fenestras;
tum sic adfari et curas his demere dictis:
'quod tibi delato Ortygiam dicturus Apollo est,

125–54 *FMP*   125 Naxum *FP*   Donusam *F²*, Donysam
F¹MPt, Donisam ω   126 Olearum *FPar*   Parum *FP*
127 concita *codd.*, *Non.* 205. 24, *Tib.*: consita *Seru.*, *recc. pauci*
131 et] si *M¹*   142 negare *F¹*   145 quem *ceht*   146 tem-
ptari *M²*   149 a *MP²ω*, *Tib.*: ab *FP¹*   151 insomnis (*id
est* uigilantis) '*multi*' *ap. Seru.*   153 (= *A.* ii 775, viii 35) '*in
multis non inuenitur*' teste *Seru.*

hic canit et tua nos en ultro ad limina mittit.   155
nos te Dardania incensa tuaque arma secuti,
nos tumidum sub te permensi classibus aequor,
idem uenturos tollemus in astra nepotes
imperiumque urbi dabimus. tu moenia magnis
magna para longumque fugae ne linque laborem.   160
mutandae sedes. non haec tibi litora suasit
Delius aut Cretae iussit considere Apollo.
est locus, Hesperiam Grai cognomine dicunt,
terra antiqua, potens armis atque ubere glaebae;
Oenotri coluere uiri; nunc fama minores   165
Italiam dixisse ducis de nomine gentem.
hae nobis propriae sedes, hinc Dardanus ortus
Iasiusque pater, genus a quo principe nostrum.
surge age et haec laetus longaeuo dicta parenti
haud dubitanda refer: Corythum terrasque requirat   170
Ausonias; Dictaea negat tibi Iuppiter arua.'
talibus attonitus uisis et uoce deorum
(nec sopor illud erat, sed coram agnoscere uultus
uelatasque comas praesentiaque ora uidebar;
tum gelidus toto manabat corpore sudor)   175
corripio e stratis corpus tendoque supinas
ad caelum cum uoce manus et munera libo
intemerata focis. perfecto laetus honore
Anchisen facio certum remque ordine pando.
agnouit prolem ambiguam geminosque parentis,   180
seque nouo ueterum deceptum errore locorum.
tum memorat: 'nate, Iliacis exercite fatis,
sola mihi talis casus Cassandra canebat.
nunc repeto haec generi portendere debita nostro
et saepe Hesperiam, saepe Itala regna uocare.   185
sed quis ad Hesperiae uenturos litora Teucros
crederet? aut quem tum uates Cassandra moueret?

155-87 *FMP*   157 permesi *M*[1], '*multi*' *ap. DSeru.*
166 duxisse *F*   170 requiras *afv*: require *t*   172 et] ac *bcdt*
174 uidebam *M*[1]   187 moneret *cdefv*

cedamus Phoebo et moniti meliora sequamur.'
sic ait, et cuncti dicto paremus ouantes.
hanc quoque deserimus sedem paucisque relictis   190
uela damus uastumque caua trabe currimus aequor.
  Postquam altum tenuere rates nec iam amplius ullae
apparent terrae, caelum undique et undique pontus,
tum mihi caeruleus supra caput astitit imber
noctem hiememque ferens, et inhorruit unda tenebris.   195
continuo uenti uoluunt mare magnaque surgunt
aequora, dispersi iactamur gurgite uasto;
inuoluere diem nimbi et nox umida caelum
abstulit, ingeminant abruptis nubibus ignes,
excutimur cursu et caecis erramus in undis.   200
ipse diem noctemque negat discernere caelo
nec meminisse uiae media Palinurus in unda.
tris adeo incertos caeca caligine soles
erramus pelago, totidem sine sidere noctes.
quarto terra die primum se attollere tandem   205
uisa, aperire procul montis ac uoluere fumum.
uela cadunt, remis insurgimus; haud mora, nautae
adnixi torquent spumas et caerula uerrunt.
seruatum ex undis Strophadum me litora primum
excipiunt. Strophades Graio stant nomine dictae   210
insulae Ionio in magno, quas dira Celaeno
Harpyiaeque colunt aliae, Phineia postquam
clausa domus mensasque metu liquere priores.
tristius haud illis monstrum, nec saeuior ulla
pestis et ira deum Stygiis sese extulit undis.   215
uirginei uolucrum uultus, foedissima uentris
proluuies uncaeque manus et pallida semper
ora fame.
huc ubi delati portus intrauimus, ecce

188–90 *FMP*; 191–216 *FGMP*; 217–19 *GMP*   189 dictis
bcdht   199 abrupti (*ut Lucr.* ii 214) *G*   204 *uide praefationem,
p. xii*   208–9 *def. G*   209 prima *M*[1], *Tib.*   210 accipiunt
Mdh, *Tib.*

laeta boum passim campis armenta uidemus   220
caprigenumque pecus nullo custode per herbas.
inruimus ferro et diuos ipsumque uocamus
in partem praedamque Iouem; tum litore curuo
exstruimusque toros dapibusque epulamur opimis.
at subitae horrifico lapsu de montibus adsunt   225
Harpyiae et magnis quatiunt clangoribus alas,
diripiuntque dapes contactuque omnia foedant
immundo; tum uox taetrum dira inter odorem.
rursum in secessu longo sub rupe cauata
[arboribus clausam circum atque horrentibus umbris]   230
instruimus mensas arisque reponimus ignem;
rursum ex diuerso caeli caecisque latebris
turba sonans praedam pedibus circumuolat uncis,
polluit ore dapes. sociis tunc arma capessant
edico, et dira bellum cum gente gerendum.   235
haud secus ac iussi faciunt tectosque per herbam
disponunt ensis et scuta latentia condunt.
ergo ubi delapsae sonitum per curua dedere
litora, dat signum specula Misenus ab alta
aere cauo. inuadunt socii et noua proelia temptant,   240
obscenas pelagi ferro foedare uolucris.
sed neque uim plumis ullam nec uulnera tergo
accipiunt, celerique fuga sub sidera lapsae
semesam praedam et uestigia foeda relinquunt.
una in praecelsa consedit rupe Celaeno,   245
infelix uates, rumpitque hanc pectore uocem;
'bellum etiam pro caede boum stratisque iuuencis,
Laomedontiadae, bellumne inferre paratis
et patrio Harpyias insontis pellere regno?
accipite ergo animis atque haec mea figite dicta,   250
quae Phoebo pater omnipotens, mihi Phoebus Apollo

220–27 GMP; 228–51 MP   221 herbam (u. 236) M¹, Prisc. vi
3 et vii 9, Seru.   226 alas] auras abev   resonant magnis
stridoribus (G. ii 162) alae DSeru.   230 (= A. i 311) seclusit
Ribbeck   clausam M¹Pac?v: clausa M²h: clausi dert, Tib. (quid bf,
non liquet)   238 dilapsae Pd

praedixit, uobis Furiarum ego maxima pando.
Italiam cursu petitis uentisque uocatis:
ibitis Italiam portusque intrare licebit.
sed non ante datam cingetis moenibus urbem   255
quam uos dira fames nostraeque iniuria caedis
ambesas subigat malis absumere mensas.'
dixit, et in siluam pennis ablata refugit.
at sociis subita gelidus formidine sanguis
deriguit: cecidere animi, nec iam amplius armis,   260
sed uotis precibusque iubent exposcere pacem,
siue deae seu sint dirae obscenaeque uolucres.
et pater Anchises passis de litore palmis
numina magna uocat meritosque indicit honores:
'di, prohibete minas; di, talem auertite casum   265
et placidi seruate pios.' tum litore funem
deripere excussosque iubet laxare rudentis.
tendunt uela Noti: fugimus spumantibus undis
qua cursum uentusque gubernatorque uocabat.
iam medio apparet fluctu nemorosa Zacynthos   270
Dulichiumque Sameque et Neritos ardua saxis.
effugimus scopulos Ithacae, Laertia regna,
et terram altricem saeui exsecramur Vlixi.
mox et Leucatae nimbosa cacumina montis
et formidatus nautis aperitur Apollo.   275
hunc petimus fessi et paruae succedimus urbi;
ancora de prora iacitur, stant litore puppes.
   Ergo insperata tandem tellure potiti
lustramurque Ioui uotisque incendimus aras,
Actiaque Iliacis celebramus litora ludis.   280
exercent patrias oleo labente palaestras
nudati socii: iuuat euasisse tot urbes
Argolicas mediosque fugam tenuisse per hostis.
interea magnum sol circumuoluitur annum

252–84 *MP*   252 pendo *P¹*, mando *P²*   260 diriguit *aefrv*
263 et] at *M²befv, Tib.*   266 placide *P*   267 deripere *Paefhrv,*
Tib.: diripere *Mbcdt*   268 fugimus] ferimur *P²h*

et glacialis hiems Aquilonibus asperat undas.   285
aere cauo clipeum, magni gestamen Abantis,
postibus aduersis figo et rem carmine signo:
AENEAS HAEC DE DANAIS VICTORIBVS ARMA;
linquere tum portus iubeo et considere transtris.
certatim socii feriunt mare et aequora uerrunt: 290
protinus aërias Phaeacum abscondimus arces
litoraque Epiri legimus portuque subimus
Chaonio et celsam Buthroti accedimus urbem.

Hic incredibilis rerum fama occupat auris,
Priamiden Helenum Graias regnare per urbis   295
coniugio Aeacidae Pyrrhi sceptrisque potitum,
et patrio Andromachen iterum cessisse marito.
obstipui, miroque incensum pectus amore
compellare uirum et casus cognoscere tantos.
progredior portu classis et litora linquens,   300
sollemnis cum forte dapes et tristia dona
ante urbem in luco falsi Simoentis ad undam
libabat cineri Andromache manisque uocabat
Hectoreum ad tumulum, uiridi quem caespite inanem
et geminas, causam lacrimis, sacrauerat aras.   305
ut me conspexit uenientem et Troia circum
arma amens uidit, magnis exterrita monstris
deriguit uisu in medio, calor ossa reliquit,
labitur, et longo uix tandem tempore fatur:
'uerane te facies, uerus mihi nuntius adfers,   310
nate dea? uiuisne? aut, si lux alma recessit,
Hector ubi est?' dixit, lacrimasque effudit et omnem
impleuit clamore locum. uix pauca furenti
subicio et raris turbatus uocibus hisco:
'uiuo equidem uitamque extrema per omnia duco;   315
ne dubita, nam uera uides.

285–99 *MP*; 300–16 *FMP*   292 portuque *Pω, Asper* 535.
19, *Seru.*: portusque *Mdht, Tib.*   293 Chaonios *M²d, agnoscit
Seru.*   urbem] arcem *Seru. ad A.* i 244, iii 441   310 uerus]
uerum *M¹*   312 effundit *P*

heu! quis te casus deiectam coniuge tanto
excipit, aut quae digna satis fortuna reuisit,
Hectoris Andromache? Pyrrhin conubia seruas?'
deiecit uultum et demissa uoce locuta est: 320
'o felix una ante alias Priameia uirgo,
hostilem ad tumulum Troiae sub moenibus altis
iussa mori, quae sortitus non pertulit ullos
nec uictoris heri tetigit captiua cubile!
nos patria incensa diuersa per aequora uectae   325
stirpis Achilleae fastus iuuenemque superbum
seruitio enixae tulimus; qui deinde secutus
Ledaeam Hermionen Lacedaemoniosque hymenaeos
me famulo famulamque Heleno transmisit habendam.
ast illum ereptae magno flammatus amore   330
coniugis et scelerum furiis agitatus Orestes
excipit incautum patriasque obtruncat ad aras.
morte Neoptolemi regnorum reddita cessit
pars Heleno, qui Chaonios cognomine campos
Chaoniamque omnem Troiano a Chaone dixit,   335
Pergamaque Iliacamque iugis hanc addidit arcem.
sed tibi qui cursum uenti, quae fata dedere?
aut quisnam ignarum nostris deus appulit oris?
quid puer Ascanius? superatne et uescitur aura?
quem tibi iam Troia—   340
ecqua tamen puero est amissae cura parentis?
ecquid in antiquam uirtutem animosque uirilis
et pater Aeneas et auunculus excitat Hector?'
talia fundebat lacrimans longosque ciebat
incassum fletus, cum sese a moenibus heros   345
Priamides multis Helenus comitantibus adfert,
agnoscitque suos laetusque ad limina ducit,
et multum lacrimas uerba inter singula fundit.

317–41 *FMP*; 342–8 *MP*   319 Andromachen *F²acr, agnoscit
Seru*.   Pyrrhi *F¹P¹c*   327 enixe *aduerbium Char*. 71. 18, *Tib*.
330 flammatus *FPah*: infl- *Mω, Tib*. (*cf. A*. iv 54)   336 Perga-
miamque *M*: -eamque *P²*, '*plerique*' *ap. Seru*.   346 Helenus
multis *P*   348 lacrimans *P, respuit Seru*.

procedo et paruam Troiam simulataque magnis
Pergama et arentem Xanthi cognomine riuum   350
agnosco, Scaeaeque amplector limina portae;
nec non et Teucri socia simul urbe fruuntur.
illos porticibus rex accipiebat in amplis:
aulai medio libabant pocula Bacchi
impositis auro dapibus, paterasque tenebant.   355

    Iamque dies alterque dies processit, et aurae
uela uocant tumidoque inflatur carbasus Austro:
his uatem adgredior dictis ac talia quaeso:
'Troiugena, interpres diuum, qui numina Phoebi,
qui tripodas Clarii et laurus, qui sidera sentis   360
et uolucrum linguas et praepetis omina pennae,
fare age (namque omnis cursum mihi prospera dixit
religio, et cuncti suaserunt numine diui
Italiam petere et terras temptare repostas;
sola nouum dictuque nefas Harpyia Celaeno   365
prodigium canit et tristis denuntiat iras
obscenamque famem), quae prima pericula uito?
quidue sequens tantos possim superare labores?'
hic Helenus caesis primum de more iuuencis
exorat pacem diuum uittasque resoluit   370
sacrati capitis, meque ad tua limina, Phoebe,
ipse manu multo suspensum numine ducit,
atque haec deinde canit diuino ex ore sacerdos:

    'Nate dea (nam te maioribus ire per altum
auspiciis manifesta fides; sic fata deum rex   375
sortitur uoluitque uices, is uertitur ordo),
pauca tibi e multis, quo tutior hospita lustres
aequora et Ausonio possis considere portu,
expediam dictis; prohibent nam cetera Parcae
scire Helenum farique uetat Saturnia Iuno.   380

349–80 MP   354 in medio abdt, Sac. 449. 2, Velius 57. 26
360 tripodas codd., Seru.: tripoda ac Mackail   Clarii et recc.: Clarii
ω, Seru. hic et ad A. i 120: Clari MPrs, Gramm., DSeru. ad u. 260
362 omnis P: omnem Mω, Seru.   372 et suspensum et -sus
agnoscit Seru.

principio Italiam, quam tu iam rere propinquam
uicinosque, ignare, paras inuadere portus,
longa procul longis uia diuidit inuia terris.
ante et Trinacria lentandus remus in unda
et salis Ausonii lustrandum nauibus aequor   385
infernique lacus Aeaeaeque insula Circae,
quam tuta possis urbem componere terra.
signa tibi dicam, tu condita mente teneto:
cum tibi sollicito secreti ad fluminis undam
litoreis ingens inuenta sub ilicibus sus   390
triginta capitum fetus enixa iacebit,
alba solo recubans, albi circum ubera nati,
is locus urbis erit, requies ea certa laborum.
nec tu mensarum morsus horresce futuros:
fata uiam inuenient aderitque uocatus Apollo.   395
has autem terras Italique hanc litoris oram,
proxima quae nostri perfunditur aequoris aestu,
effuge; cuncta malis habitantur moenia Grais.
hic et Narycii posuerunt moenia Locri,
et Sallentinos obsedit milite campos   400
Lyctius Idomeneus; hic illa ducis Meliboei
parua Philoctetae subnixa Petelia muro.
quin ubi transmissae steterint trans aequora classes
et positis aris iam uota in litore solues,
purpureo uelare comas adopertus amictu,   405
ne qua inter sanctos ignis in honore deorum
hostilis facies occurrat et omina turbet.
hunc socii morem sacrorum, hunc ipse teneto;
hac casti maneant in religione nepotes.
ast ubi digressum Siculae te admouerit orae   410
uentus, et angusti rarescent claustra Pelori,
laeua tibi tellus et longo laeua petantur
aequora circuitu; dextrum fuge litus et undas.
haec loca ui quondam et uasta conuulsa ruina
(tantum aeui longinqua ualet mutare uetustas)   415

dissiluisse ferunt, cum protinus utraque tellus
una foret: uenit medio ui pontus et undis
Hesperium Siculo latus abscidit, aruaque et urbes
litore diductas angusto interluit aestu.
dextrum Scylla latus, laeuum implacata Charybdis   420
obsidet, atque imo barathri ter gurgite uastos
sorbet in abruptum fluctus rursusque sub auras
erigit alternos, et sidera uerberat unda.
at Scyllam caecis cohibet spelunca latebris
ora exsertantem et nauis in saxa trahentem.   425
prima hominis facies et pulchro pectore uirgo
pube tenus, postrema immani corpore pistrix
delphinum caudas utero commissa luporum.
praestat Trinacrii metas lustrare Pachyni
cessantem, longos et circumflectere cursus,   430
quam semel informem uasto uidisse sub antro
Scyllam et caeruleis canibus resonantia saxa.
praeterea, si qua est Heleno prudentia uati,
si qua fides, animum si ueris implet Apollo,
unum illud tibi, nate dea, proque omnibus unum   435
praedicam et repetens iterumque iterumque monebo,
Iunonis magnae primum prece numen adora,
Iunoni cane uota libens dominamque potentem
supplicibus supera donis: sic denique uictor
Trinacria finis Italos mittere relicta.   440
huc ubi delatus Cumaeam accesseris urbem
diuinosque lacus et Auerna sonantia siluis,
insanam uatem aspicies, quae rupe sub ima
fata canit foliisque notas et nomina mandat.
quaecumque in foliis descripsit carmina uirgo   445
digerit in numerum atque antro seclusa relinquit:
illa manent immota locis neque ab ordine cedunt.

416–47 *MP*   419 diductas *Phrt*: ded- *Mω*, *Tib*.   421 uasto
P¹, *DSeru*.   435 proque *MPdhrt*: praeque *ω*   436 iterumque (*1º*)*MPhrt*: iterum *ω* (*cf. A.* ii 770)   440 mittere *Mω*:
misere *P¹* (miscere *P²*)

166

uerum eadem, uerso tenuis cum cardine uentus
impulit et teneras turbauit ianua frondes,
numquam deinde cauo uolitantia prendere saxo   450
nec reuocare situs aut iungere carmina curat:
inconsulti abeunt sedemque odere Sibyllae.
hic tibi ne qua morae fuerint dispendia tanti,
quamuis increpitent socii et ui cursus in altum
uela uocet, possisque sinus implere secundos,   455
quin adeas uatem precibusque oracula poscas
ipsa canat uocemque uolens atque ora resoluat.
illa tibi Italiae populos uenturaque bella
et quo quemque modo fugiasque ferasque laborem
expediet, cursusque dabit uenerata secundos.   460
haec sunt quae nostra liceat te uoce moneri.
uade age et ingentem factis fer ad aethera Troiam.'

  Quae postquam uates sic ore effatus amico est,
dona dehinc auro grauia ac secto elephanto
imperat ad nauis ferri, stipatque carinis   465
ingens argentum Dodonaeosque lebetas,
loricam consertam hamis auroque trilicem,
et conum insignis galeae cristasque comantis,
arma Neoptolemi. sunt et sua dona parenti.
addit equos, additque duces,   470
remigium supplet, socios simul instruit armis.

  Interea classem uelis aptare iubebat
Anchises, fieret uento mora ne qua ferenti.
quem Phoebi interpres multo compellat honore:
'coniugio, Anchisa, Veneris dignate superbo,   475
cura deum, bis Pergameis erepte ruinis,
ecce tibi Ausoniae tellus: hanc arripe uelis.

448–56 *MP*; 457–77 *GMP*   449 teneras] terris *P*[1]
455 uocet *M*[1]*P*[1]*dt*: uocent *M*[2]*P*[2]*ω*   464 ac secto *Schaper, coll.*
Hom. Od. xviii 196 *et* xix 564: sectoque *codd.*, *Gramm.*, *Seru.*
469 parentis *P*   473 furenti *P*[1]*bde*   475 Anchisa *M*[2]*ω*, *Gell.*
xv 13. 10, *Seru.*: -sae *M*[1]*P*[2]*fht*, *Cons.* 401. 5: -se *P*[1]*ab?(def. G)*, *Prisc.*
vii 6, *Arus.* 463. 27 (*quid Quint.* viii 6. 42, *non liquet*)   476 erepta
P   477 Ausonia et *G*

et tamen hanc pelago praeterlabare necesse est:
Ausoniae pars illa procul quam pandit Apollo.
uade,' ait 'o felix nati pietate. quid ultra   480
prouehor et fando surgentis demoror Austros?'
nec minus Andromache digressu maesta supremo
fert picturatas auri subtemine uestis
et Phrygiam Ascanio chlamydem (nec cedit honore)
textilibusque onerat donis, ac talia fatur: 485
'accipe et haec, manuum tibi quae monimenta mearum
sint, puer, et longum Andromachae testentur amorem,
coniugis Hectoreae. cape dona extrema tuorum,
o mihi sola mei super Astyanactis imago.
sic oculos, sic ille manus, sic ora ferebat;   490
et nunc aequali tecum pubesceret aeuo.'
hos ego digrediens lacrimis adfabar obortis:
'uiuite felices, quibus est fortuna peracta
iam sua: nos alia ex aliis in fata uocamur.
uobis parta quies: nullum maris aequor arandum,   495
arua neque Ausoniae semper cedentia retro
quaerenda. effigiem Xanthi Troiamque uidetis
quam uestrae fecere manus, melioribus, opto,
auspiciis, et quae fuerit minus obuia Grais.
si quando Thybrim uicinaque Thybridis arua   500
intraro gentique meae data moenia cernam,
cognatas urbes olim populosque propinquos,
Epiro Hesperiam (quibus idem Dardanus auctor
atque idem casus), unam faciemus utramque
Troiam animis: maneat nostros ea cura nepotes.'   505
    Prouehimur pelago uicina Ceraunia iuxta,
unde iter Italiam cursusque breuissimus undis.
sol ruit interea et montes umbrantur opaci;

478–508 *GMP*   478 propterlabare *c*, praeterlabere *M¹*
480 ait] age (*u. 462*) *M¹*   483 subtemine *M²Pω*: subtegmine
GM¹   484 honore *Ph, Scaurus ap. Seru.* (*cf. Sil. Ital.* xii 412):
honori *GMω, Seru., Tib.*   492 adfabor *Pcd*   499 fuerit *G²*
(-ris *G¹*)*ω, Tib.*: fuerint *MPabc, 'alii' ap. Seru.*   503 Hesperia
dftv, Seru.   504 faciamus *G*

sternimur optatae gremio telluris ad undam
sortiti remos passimque in litore sicco　　　　　　　510
corpora curamus, fessos sopor inrigat artus.
necdum orbem medium Nox Horis acta subibat:
haud segnis strato surgit Palinurus et omnis
explorat uentos atque auribus aëra captat;
sidera cuncta notat tacito labentia caelo,　　　　　515
Arcturum pluuiasque Hyadas geminosque Triones,
armatumque auro circumspicit Oriona.
postquam cuncta uidet caelo constare sereno,
dat clarum e puppi signum; nos castra mouemus
temptamusque uiam et uelorum pandimus alas.　　520

　Iamque rubescebat stellis Aurora fugatis
cum procul obscuros collis humilemque uidemus
Italiam. Italiam primus conclamat Achates,
Italiam laeto socii clamore salutant.
tum pater Anchises magnum cratera corona　　　525
induit impleuitque mero, diuosque uocauit
stans celsa in puppi:
'di maris et terrae tempestatumque potentes,
ferte uiam uento facilem et spirate secundi.'
crebrescunt optatae aurae portusque patescit　　530
iam propior, templumque apparet in arce Mineruae;
uela legunt socii et proras ad litora torquent.
portus ab euroo fluctu curuatus in arcum,
obiectae salsa spumant aspergine cautes,
ipse latet: gemino demittunt bracchia muro　　　535
turriti scopuli refugitque ab litore templum.
quattuor hic, primum omen, equos in gramine uidi
tondentis campum late, candore niuali.
et pater Anchises 'bellum, o terra hospita, portas:
bello armantur equi, bellum haec armenta minantur.　540

509–31 *GMP*; 532–40 *MP*　　516 (= *A*. i 744) pluuiasque]
pliadasque *d, Macrob.* v 11. 10　527 celsa (*A*. viii 680, x 261)
MP²ω, Tib.: prima *P¹*(*def. G*)　531 propior *ch, Tib.*: proprior
ceteri (*def. G*)　　535 demittunt *Mω*: dim- *Pdfh*

sed tamen idem olim curru succedere sueti
quadripedes et frena iugo concordia ferre:
spes et pacis' ait. tum numina sancta precamur
Palladis armisonae, quae prima accepit ouantis,
et capita ante aras Phrygio uelamur amictu,   545
praeceptisque Heleni, dederat quae maxima, rite
Iunoni Argiuae iussos adolemus honores.

Haud mora, continuo perfectis ordine uotis
cornua uelatarum obuertimus antemnarum,
Graiugenumque domos suspectaque linquimus arua.   550
hinc sinus Herculei (si uera est fama) Tarenti
cernitur, attollit se diua Lacinia contra,
Caulonisque arces et nauifragum Scylaceum.
tum procul e fluctu Trinacria cernitur Aetna,
et gemitum ingentem pelagi pulsataque saxa   555
audimus longe fractasque ad litora uoces,
exsultantque uada atque aestu miscentur harenae.
et pater Anchises 'nimirum hic illa Charybdis:
hos Helenus scopulos, haec saxa horrenda canebat.
eripite, o socii, pariterque insurgite remis.'   560
haud minus ac iussi faciunt, primusque rudentem
contorsit laeuas proram Palinurus ad undas;
laeuam cuncta cohors remis uentisque petiuit.
tollimur in caelum curuato gurgite, et idem
subducta ad Manis imos desedimus unda.   565
ter scopuli clamorem inter caua saxa dedere,
ter spumam elisam et rorantia uidimus astra.
interea fessos uentus cum sole reliquit,
ignarique uiae Cyclopum adlabimur oris.

Portus ab accessu uentorum immotus et ingens   570
ipse: sed horrificis iuxta tonat Aetna ruinis,
interdumque atram prorumpit ad aethera nubem

541–60 MP; 561–72 MPV   543 et MPrtv: est ω: ea c
545 capite P¹   aras Mω: aram Pr, Rufin. 57. 20   556 ab litore
M²c, Diom. 420. 23   558 hic MPdrt: haec ω   563 uentis
remisque M¹   571 sonat bcefv

turbine fumantem piceo et candente fauilla,
attollitque globos flammarum et sidera lambit;
interdum scopulos auulsaque uiscera montis   575
erigit eructans, liquefactaque saxa sub auras
cum gemitu glomerat fundoque exaestuat imo.
fama est Encaladi semustum fulmine corpus
urgeri mole hac, ingentemque insuper Aetnam
impositam ruptis flammam exspirare caminis,   580
et fessum quotiens mutet latus, intremere omnem
murmure Trinacriam et caelum subtexere fumo.
noctem illam tecti siluis immania monstra
perferimus, nec quae sonitum det causa uidemus.
nam neque erant astrorum ignes nec lucidus aethra 585
siderea polus, obscuro sed nubila caelo,
et lunam in nimbo nox intempesta tenebat.

  Postera iamque dies primo surgebat Eoo
umentemque Aurora polo dimouerat umbram,
cum subito e siluis macie confecta suprema   590
ignoti noua forma uiri miserandaque cultu
procedit supplexque manus ad litora tendit.
respicimus. dira inluuies immissaque barba,
consertum tegimen spinis: at cetera Grius,
et quondam patriis ad Troiam missus in armis.   595
isque ubi Dardanios habitus et Troia uidit
arma procul, paulum aspectu conterritus haesit
continuitque gradum; mox sese ad litora praeceps
cum fletu precibusque tulit: 'per sidera testor,
per superos atque hoc caeli spirabile lumen,   600
tollite me, Teucri. quascumque abducite terras:
hoc sat erit. scio me Danais e classibus unum
et bello Iliacos fateor petiisse penatis.
pro quo, si sceleris tanta est iniuria nostri,

573–86 *MPV*; 587–604 *MP*   576 sub] per *V*   581 mutet
M^1P^1Vabf, motet *cdev*: mutat M^2P^2r, motat *ht, utrumque Seru.*
600 sperabile M^1 lumen $M^2P^2\omega$ (*cf. A.* vi 363): numen M^1P^1 (*corr.*
in nomen), *Char.* 233. 21   601 adducite M^1

spargite me in fluctus uastoque immergite ponto;   605
si pereo, hominum manibus periisse iuuabit.'
dixerat et genua amplexus genibusque uolutans
haerebat. qui sit fari, quo sanguine cretus,
hortamur, quae deinde agitet fortuna fateri.
ipse pater dextram Anchises haud multa moratus   610
dat iuueni atque animum praesenti pignore firmat.
ille haec deposita tandem formidine fatur:
'sum patria ex Ithaca, comes infelicis Vlixi,
nomine Achaemenides, Troiam genitore Adamasto
paupere (mansissetque utinam fortuna!) profectus.   615
hic me, dum trepidi crudelia limina linquunt,
immemores socii uasto Cyclopis in antro
deseruere. domus sanie dapibusque cruentis,
intus opaca, ingens. ipse arduus, altaque pulsat
sidera (di talem terris auertite pestem!)   620
nec uisu facilis nec dictu adfabilis ulli;
uisceribus miserorum et sanguine uescitur atro.
uidi egomet duo de numero cum corpora nostro
prensa manu magna medio resupinus in antro
frangeret ad saxum, sanieque aspersa natarent   625
limina; uidi atro cum membra fluentia tabo
manderet et tepidi tremerent sub dentibus artus—
haud impune quidem, nec talia passus Vlixes
oblitusue sui est Ithacus discrimine tanto.
nam simul expletus dapibus uinoque sepultus   630
ceruicem inflexam posuit, iacuitque per antrum
immensus saniem eructans et frusta cruento
per somnum commixta mero, nos magna precati
numina sortitique uices una undique circum

605–34 *MP*   614 nomine *My(def. P)b?c?*: nomen *ω, Tib.*
621 affabilis *Mdr, Macrob.* vi 1. 55: effabilis *Pω, Seru.*   622 pascitur *P*   625 exspersa *'uera lectio' iudice Seru.*: respersa *b?rt?*
627 tepidi *M²P¹ω, Seru.*: trepidi *M¹P²abfrv, Tib.*   629 oblitusque
P¹ah   est *om. abefrv*   632 immensus *Mω*: -sum *Par, Seru.,
Tib.*   634 nomina *M¹*

fundimur, et telo lumen terebramus acuto   635
ingens quod torua solum sub fronte latebat,
Argolici clipei aut Phoebeae lampadis instar,
et tandem laeti sociorum ulciscimur umbras.
sed fugite, o miseri, fugite atque ab litore funem
rumpite.   640
nam qualis quantusque cauo Polyphemus in antro
lanigeras claudit pecudes atque ubera pressat,
centum alii curua haec habitant ad litora uulgo
infandi Cyclopes et altis montibus errant.
tertia iam lunae se cornua lumine complent   645
cum uitam in siluis inter deserta ferarum
lustra domosque traho uastosque ab rupe Cyclopas
prospicio sonitumque pedum uocemque tremesco.
uictum infelicem, bacas lapidosaque corna,
dant rami, et uulsis pascunt radicibus herbae.   650
omnia conlustrans hanc primum ad litora classem
conspexi uenientem. huic me, quaecumque fuisset,
addixi: satis est gentem effugisse nefandam.
uos animam hanc potius quocumque absumite leto.'

   Vix ea fatus erat summo cum monte uidemus   655
ipsum inter pecudes uasta se mole mouentem
pastorem Polyphemum et litora nota petentem,
monstrum horrendum, informe, ingens, cui lumen ademptum.
trunca manum pinus regit et uestigia firmat;
lanigerae comitantur oues; ea sola uoluptas   66o
solamenque mali.
postquam altos tetigit fluctus et ad aequora uenit,
luminis effossi fluidum lauit inde cruorem
dentibus infrendens gemitu, graditurque per aequor
iam medium, necdum fluctus latera ardua tinxit.   665

   635–59 *MP*; 660–5 *FMP*   635 tenebramus *agnoscunt Seru.*,
Tib.   644 et] atque *M²P²*   652 prospexi *M*   655 cum]
cum in *P²aehrv*   659 manum *bct, Quint.* viii 4. 24, *Tib.*: manu
MPω, DSeru.(?)   661 de collo fistula pendet *add. P²ω(praeter bft)*
663 effuso *M¹*: effusi *M²*   664 gemitum *P²*   665 fluctus
F² (-tur *F¹*) *M¹ω*: fluctu *M²Pr, utrumque agnoscit Seru.*

nos procul inde fugam trepidi celerare recepto
supplice sic merito tacitique incidere funem,
uertimus et proni certantibus aequora remis.
sensit, et ad sonitum uocis uestigia torsit.
uerum ubi nulla datur dextra adfectare potestas   670
nec potis Ionios fluctus aequare sequendo,
clamorem immensum tollit, quo pontus et omnes
intremuere undae, penitusque exterrita tellus
Italiae curuisque immugiit Aetna cauernis.
at genus e siluis Cyclopum et montibus altis   675
excitum ruit ad portus et litora complent.
cernimus astantis nequiquam lumine toruo
Aetnaeos fratres caelo capita alta ferentis,
concilium horrendum: quales cum uertice celso
aëriae quercus aut coniferae cyparissi   680
constiterunt, silua alta Iouis lucusue Dianae.
praecipitis metus acer agit quocumque rudentis
excutere et uentis intendere uela secundis.
contra iussa monent Heleni, Scyllamque Charybdinque
inter, utrimque uiam leti discrimine paruo,   685
ni teneam cursus: certum est dare lintea retro.
ecce autem Boreas angusta ab sede Pelori
missus adest: uiuo praeteruehor ostia saxo
Pantagiae Megarosque sinus Thapsumque iacentem.
talia monstrabat relegens errata retrorsus   690
litora Achaemenides, comes infelicis Vlixi.
     Sicanio praetenta sinu iacet insula contra

666–81 *FMP*; 682–4 *FMPp*; 685–89 *FMPRp*; 690 *MPRp*;
691–2 *MPRVp*   666 fuga *P¹*   670 dextra *P¹c?, respuit Seru.*:
dextram *FM²*(-um *M¹*)*P²ω, utrumque Tib.*   attrectare *d* (*ut uid.*)
673 contremuere *M*   674 immugit *F¹P¹abcfhr*   682 ruentis
F¹   684 mouent *F*: monet *P¹*   Scyllamque Charybdinque
N. Heinsius (*cf. A.* i 218, *G.* ii 344): Sc. atque Ch. *codd.*   Scyllam
MP²pω: Scylla *FP¹*   Charybdin *Ppω*, -dim *M*: -dis *Fad*   Post
Charybdin *distinguunt Prisc.* xviii 79, *Seru.*; *post* inter '*nonnulli*' *teste
DSeru.*   685 utrimque *Nisbet*: utramque *codd.*   686 ni]
nec *P¹*: ne *P²R²c*; ni *pro* ne *positum testantur Prisc.* xv 2 (*auctore
Donato*), *Seru.*   teneam '*alii*' *ap. DSeru.*: teneant *codd.*, *Prisc.*, *Seru.*

Plemyrium undosum; nomen dixere priores
Ortygiam. Alpheum fama est huc Elidis amnem
occultas egisse uias subter mare, qui nunc   695
ore, Arethusa, tuo Siculis confunditur undis.
iussi numina magna loci ueneramur, et inde
exsupero praepingue solum stagnantis Helori.
hinc altas cautes proiectaque saxa Pachyni
radimus, et fatis numquam concessa moueri   700
apparet Camerina procul campique Geloi,
immanisque Gela fluuii cognomine dicta.
arduus inde Acragas ostentat maxima longe
moenia, magnanimum quondam generator equorum;
teque datis linquo uentis, palmosa Selinus,   705
et uada dura lego saxis Lilybeia caecis.
hinc Drepani me portus et inlaetabilis ora
accipit. hic pelagi tot tempestatibus actus
heu, genitorem, omnis curae casusque leuamen,
amitto Anchisen. hic me, pater optime, fessum   710
deseris, heu, tantis nequiquam erepte periclis!
nec uates Helenus, cum multa horrenda moneret,
hos mihi praedixit luctus, non dira Celaeno.
hic labor extremus, longarum haec meta uiarum,
hinc me digressum uestris deus appulit oris.   715
    Sic pater Aeneas intentis omnibus unus
fata renarrabat diuum cursusque docebat.
conticuit tandem factoque hic fine quieuit.

693–716 *MPRVp*; 717–18 *MPRp*   708 actus (*A*. vii 199) *P*:
actis (*cf. G.* i 413) *MRVpω, Seru.*   717 cursuque *P²*

At regina graui iamdudum saucia cura
uulnus alit uenis et caeco carpitur igni.
multa uiri uirtus animo multusque recursat
gentis honos; haerent infixi pectore uultus
uerbaque nec placidam membris dat cura quietem.　　5
postera Phoebea lustrabat lampade terras
umentemque Aurora polo dimouerat umbram,
cum sic unanimam adloquitur male sana sororem:
'Anna soror, quae me suspensam insomnia terrent!
quis nouus hic nostris successit sedibus hospes,　　10
quem sese ore ferens, quam forti pectore et armis!
credo equidem, nec uana fides, genus esse deorum.
degeneres animos timor arguit. heu, quibus ille
iactatus fatis! quae bella exhausta canebat!
si mihi non animo fixum immotumque sederet　　15
ne cui me uinclo uellem sociare iugali,
postquam primus amor deceptam morte fefellit;
si non pertaesum thalami taedaeque fuisset,
huic uni forsan potui succumbere culpae.
Anna (fatebor enim) miseri post fata Sychaei　　20
coniugis et sparsos fraterna caede penatis
solus hic inflexit sensus animumque labantem
impulit. agnosco ueteris uestigia flammae.
sed mihi uel tellus optem prius ima dehiscat
uel pater omnipotens adigat me fulmine ad umbras,　　25

iv 1–25 *FGMPRp*　　　　9 suspensa *M*[1]　　'*et* terret *et* terrent
legitur' *Seru.*　　11 quam] quem *F*[2]　　18 fuisset *F*[1]*P*[2]*Rp, Seru.*:
-sent *F*[2]*MP*[1]*ω(def. G), DSeru. ad u.* 55　　25 abigat *F*

pallentis umbras Erebo noctemque profundam,
ante, pudor, quam te uiolo aut tua iura resoluo.
ille meos, primus qui me sibi iunxit, amores
abstulit; ille habeat secum seruetque sepulcro.'
sic effata sinum lacrimis impleuit obortis.   30
　　Anna refert: 'o luce magis dilecta sorori,
solane perpetua maerens carpere iuuenta
nec dulcis natos Veneris nec praemia noris?
id cinerem aut manis credis curare sepultos?
esto: aegram nulli quondam flexere mariti,   35
non Libyae, non ante Tyro; despectus Iarbas
ductoresque alii, quos Africa terra triumphis
diues alit: placitone etiam pugnabis amori?
nec uenit in mentem quorum consederis aruis?
hinc Gaetulae urbes, genus insuperabile bello,   40
et Numidae infreni cingunt et inhospita Syrtis;
hinc deserta siti regio lateque furentes
Barcaei. quid bella Tyro surgentia dicam
germanique minas?
dis equidem auspicibus reor et Iunone secunda   45
hunc cursum Iliacas uento tenuisse carinas.
quam tu urbem, soror, hanc cernes, quae surgere regna
coniugio tali! Teucrum comitantibus armis
Punica se quantis attollet gloria rebus!
tu modo posce deos ueniam, sacrisque litatis   50
indulge hospitio causasque innecte morandi,
dum pelago desaeuit hiems et aquosus Orion,
quassataeque rates, dum non tractabile caelum.'
　　His dictis impenso animum flammauit amore

26–37 FGMPRp; 38–54 FMPRp   26 Erebo FGP¹Rt?: Erebi
MP²pω, 'alii' ap. Seru.   28 primum P¹   36 Libya P¹,
'quidam' ap. DSeru.   40 insuperabile] intractabile (A. i 339) R
42 furentes] uagantes cd(-tis c), Hieron. in Esaiam v 21. 13 alibi, Isid.
ix 2. 107   43 Vaccei Isid.   46 huc DSeru.   51 causasque]
et causas F   54 impenso F¹p, 'alii' ap. DSeru.: penso P¹: incensum F²MP²Rω, Seru.   flammauit FP¹Rpc, DSeru. (cf. A. iii 330):
inflammauit MP²ω, Seru., Tib.

spemque dedit dubiae menti soluitque pudorem.   55
principio delubra adeunt pacemque per aras
exquirunt; mactant lectas de more bidentis
legiferae Cereri Phoeboque patrique Lyaeo,
Iunoni ante omnis, cui uincla iugalia curae.
ipsa tenens dextra pateram pulcherrima Dido   60
candentis uaccae media inter cornua fundit,
aut ante ora deum pinguis spatiatur ad aras,
instauratque diem donis, pecudumque reclusis
pectoribus inhians spirantia consulit exta.
heu, uatum ignarae mentes! quid uota furentem,   65
quid delubra iuuant? est mollis flamma medullas
interea et tacitum uiuit sub pectore uulnus.
uritur infelix Dido totaque uagatur
urbe furens, qualis coniecta cerua sagitta,
quam procul incautam nemora inter Cresia fixit   70
pastor agens telis liquitque uolatile ferrum
nescius: illa fuga siluas saltusque peragrat
Dictaeos; haeret lateri letalis harundo.
nunc media Aenean secum per moenia ducit
Sidoniasque ostentat opes urbemque paratam,   75
incipit effari mediaque in uoce resistit;
nunc eadem labente die conuiuia quaerit,
Iliacosque iterum demens audire labores
exposcit pendetque iterum narrantis ab ore.
post ubi digressi, lumenque obscura uicissim   80
luna premit suadentque cadentia sidera somnos,
sola domo maeret uacua stratisque relictis
incubat. illum absens absentem auditque uidetque,
aut gremio Ascanium genitoris imagine capta
detinet, infandum si fallere possit amorem.   85
non coeptae adsurgunt turres, non arma iuuentus
exercet portusue aut propugnacula bello

55–87 *FMPRp*   55 mentis *R*, *DSeru.*   58 legiferae
F²MPpω, Seru.: frugiferae *F¹Rabehr?*   66 molli . . . medulla *p*
72 saltus siluasque (*G.* iv 53) *F*   85 amantem (*u.* 296) *F*

tuta parant: pendent opera interrupta minaeque
murorum ingentes aequataque machina caelo.
  Quam simul ac tali persensit peste teneri   90
cara Iouis coniunx nec famam obstare furori,
talibus adgreditur Venerem Saturnia dictis:
'egregiam uero laudem et spolia ampla refertis
tuque puerque tuus (magnum et memorabile numen),
una dolo diuum si femina uicta duorum est.   95
nec me adeo fallit ueritam te moenia nostra
suspectas habuisse domos Karthaginis altae.
sed quis erit modus, aut quo nunc certamine tanto?
quin potius pacem aeternam pactosque hymenaeos
exercemus? habes tota quod mente petisti: 100
ardet amans Dido traxitque per ossa furorem.
communem hunc ergo populum paribusque regamus
auspiciis; liceat Phrygio seruire marito
dotalisque tuae Tyrios permittere dextrae.'
  Olli (sensit enim simulata mente locutam,   105
quo regnum Italiae Libycas auerteret oras)
sic contra est ingressa Venus: 'quis talia demens
abnuat aut tecum malit contendere bello?
si modo quod memoras factum fortuna sequatur.
sed fatis incerta feror, si Iuppiter unam   110
esse uelit Tyriis urbem Troiaque profectis,
misceriue probet populos aut foedera iungi.
tu coniunx, tibi fas animum temptare precando.
perge, sequar.' tum sic excepit regia Iuno:
'mecum erit iste labor. nunc qua ratione quod instat   115
confieri possit, paucis (aduerte) docebo.
uenatum Aeneas unaque miserrima Dido
in nemus ire parant, ubi primos crastinus ortus

88–92 *FMPRp*; 93–115 *MPRp*; 116–18 *MγRp*   91 pudori
R, *DSeru*.   106 auerteret *Seru. hic et ad A*. iii 379 (*est*
'*absolutior*' *lectio, sed* '*uerior et figuratior*' auerteret)   107 est] rem *p*
112 foedere *p*, *agnoscit Seru*. (*cf. A*. viii 56)   116 confieri
M²γ?Rh?t, Seru. hic et ad A. iii 717 (confier *p*) : quod fieri *M¹* : quo fieri *ω*
118 primus *MR*

extulerit Titan radiisque retexerit orbem.
his ego nigrantem commixta grandine nimbum,   120
dum trepidant alae saltusque indagine cingunt,
desuper infundam et tonitru caelum omne ciebo.
diffugient comites et nocte tegentur opaca:
speluncam Dido dux et Troianus eandem
deuenient. adero et, tua si mihi certa uoluntas,   125
conubio iungam stabili propriamque dicabo.
hic hymenaeus erit.' non aduersata petenti
adnuit atque dolis risit Cytherea repertis.
   Oceanum interea surgens Aurora reliquit.
it portis iubare exorto delecta iuuentus,   130
retia rara, plagae, lato uenabula ferro,
Massylique ruunt equites et odora canum uis.
reginam thalamo cunctantem ad limina primi
Poenorum exspectant, ostroque insignis et auro
stat sonipes ac frena ferox spumantia mandit.   135
tandem progreditur magna stipante caterua
Sidoniam picto chlamydem circumdata limbo;
cui pharetra ex auro, crines nodantur in aurum,
aurea purpuream subnectit fibula uestem.
nec non et Phrygii comites et laetus Iulus   140
incedunt. ipse ante alios pulcherrimus omnis
infert se socium Aeneas atque agmina iungit.
qualis ubi hibernam Lyciam Xanthique fluenta
deserit ac Delum maternam inuisit Apollo
instauratque choros, mixtique altaria circum   145
Cretesque Dryopesque fremunt pictique Agathyrsi;
ipse iugis Cynthi graditur mollique fluentem
fronde premit crinem fingens atque implicat auro,
tela sonant umeris: haud illo segnior ibat
Aeneas, tantum egregio decus enitet ore.   150

119-43 *MγRp*; 144-50 *MγRVp*   122 mouebo *γ*
127 auersata *R, agnoscit Seru.*   129 relinquit (*A*. xi 1) *M*¹
131 et lato *Char.* 61. 25   144 ac] aut *Quint.* viii 3. 73   Delon
Tib.

postquam altos uentum in montis atque inuia lustra,
ecce ferae saxi deiectae uertice caprae
decurrere iugis; alia de parte patentis
transmittunt cursu campos atque agmina cerui
puluerulenta fuga glomerant montisque relinquunt.   155
at puer Ascanius mediis in uallibus acri
gaudet equo iamque hos cursu, iam praeterit illos,
spumantemque dari pecora inter inertia uotis
optat aprum, aut fuluum descendere monte leonem.
  Interea magno misceri murmure caelum   160
incipit, insequitur commixta grandine nimbus,
et Tyrii comites passim et Troiana iuuentus
Dardaniusque nepos Veneris diuersa per agros
tecta metu petiere; ruunt de montibus amnes.
speluncam Dido dux et Troianus eandem   165
deueniunt. prima et Tellus et pronuba Iuno
dant signum; fulsere ignes et conscius aether
conubiis summoque ulularunt uertice Nymphae.
ille dies primus leti primusque malorum
causa fuit; neque enim specie famaue mouetur   170
nec iam furtiuum Dido meditatur amorem:
coniugium uocat, hoc praetexit nomine culpam.
  Extemplo Libyae magnas it Fama per urbes,
Fama, malum qua non aliud uelocius ullum:
mobilitate uiget uirisque adquirit eundo,   175
parua metu primo, mox sese attollit in auras
ingrediturque solo et caput inter nubila condit.
illam Terra parens ira inritata deorum
extremam, ut perhibent, Coeo Enceladoque sororem
progenuit pedibus celerem et pernicibus alis,   180
monstrum horrendum, ingens, cui quot sunt corpore plumae,
tot uigiles oculi subter (mirabile dictu),

151–61 $M\gamma RV\rho$; 162–82 $MPRV\rho$ 166 et (1^0) om. bdhtv
168 conubii P^2RV (-bis P^1)   169 laborum $P^1\rho b$? (cf. A. vii 481)
174 qua $MP^1RV^2\rho ht$, Tert. apol. vii 8, Isid. v 27. 26, 'alii' ap. Seru.:
quo $P^2V^1\omega$, Tert. ad nat. i 7. 2, Tib.   179 extrema R^1

tot linguae, totidem ora sonant, tot subrigit auris.
nocte uolat caeli medio terraeque per umbram
stridens, nec dulci declinat lumina somno;   185
luce sedet custos aut summi culmine tecti
turribus aut altis, et magnas territat urbes,
tam ficti prauique tenax quam nuntia ueri.
haec tum multiplici populos sermone replebat
gaudens, et pariter facta atque infecta canebat: 190
uenisse Aenean Troiano sanguine cretum,
cui se pulchra uiro dignetur iungere Dido;
nunc hiemem inter se luxu, quam longa, fouere
regnorum immemores turpique cupidine captos.
haec passim dea foeda uirum diffundit in ora.   195
protinus ad regem cursus detorquet Iarban
incenditque animum dictis atque aggerat iras.

Hic Hammone satus rapta Garamantide nympha
templa Ioui centum latis immania regnis,
centum aras posuit uigilemque sacrauerat ignem,   200
excubias diuum aeternas, pecudumque cruore
pingue solum et uariis florentia limina sertis.
isque amens animi et rumore accensus amaro
dicitur ante aras media inter numina diuum
multa Iouem manibus supplex orasse supinis: 205
'Iuppiter omnipotens, cui nunc Maurusia pictis
gens epulata toris Lenaeum libat honorem,
aspicis haec? an te, genitor, cum fulmina torques
nequiquam horremus, caecique in nubibus ignes
terrificant animos et inania murmura miscent?   210
femina, quae nostris errans in finibus urbem
exiguam pretio posuit, cui litus arandum
cuique loci leges dedimus, conubia nostra
reppulit ac dominum Aenean in regna recepit.
et nunc ille Paris cum semiuiro comitatu,   215

183–95 MPRVp; 196–215 MPRp   187 magnas et M¹   191
a sanguine Rdehtv, Tib.   196 cursu P²: cursum Non. 377. 16
204 numina] munera 'multi' ap. DSeru., utrumque p

Maeonia mentum mitra crinemque madentem
subnexus, rapto potitur: nos munera templis
quippe tuis ferimus famamque fouemus inanem.'
  Talibus orantem dictis arasque tenentem
audiit Omnipotens, oculosque ad moenia torsit   220
regia et oblitos famae melioris amantis.
tum sic Mercurium adloquitur ac talia mandat:
'uade age, nate, uoca Zephyros et labere pennis
Dardaniumque ducem, Tyria Karthagine qui nunc
exspectat fatisque datas non respicit urbes,   225
adloquere et celeris defer mea dicta per auras.
non illum nobis genetrix pulcherrima talem
promisit Graiumque ideo bis uindicat armis;
sed fore qui grauidam imperiis belloque frementem
Italiam regeret, genus alto a sanguine Teucri   230
proderet, ac totum sub leges mitteret orbem.
si nulla accendit tantarum gloria rerum
nec super ipse sua molitur laude laborem,
Ascanione pater Romanas inuidet arces?
quid struit? aut qua spe inimica in gente moratur   235
nec prolem Ausoniam et Lauinia respicit arua?
nauiget! haec summa est, hic nostri nuntius esto.'
  Dixerat. ille patris magni parere parabat
imperio; et primum pedibus talaria nectit
aurea, quae sublimem alis siue aequora supra   240
seu terram rapido pariter cum flamine portant.
tum uirgam capit: hac animas ille euocat Orco
pallentis, alias sub Tartara tristia mittit,
dat somnos adimitque, et lumina morte resignat.
illa fretus agit uentos et turbida tranat   245
nubila. iamque uolans apicem et latera ardua cernit
Atlantis duri caelum qui uertice fulcit,
Atlantis, cinctum adsidue cui nubibus atris

216 *MPRp*; 217–33 *MPp*; 234–48 *FMPp*   217 subnexus
recc.: -nixus *codd*.   225 perspicit *cdh*   227 genetrix nobis *P¹γ*
233 laborum *M¹P²*   241 portent *M¹*   243 mittit] ducit *P¹*

piniferum caput et uento pulsatur et imbri,
nix umeros infusa tegit, tum flumina mento   250
praecipitant senis, et glacie riget horrida barba.
hic primum paribus nitens Cyllenius alis
constitit; hinc toto praeceps se corpore ad undas
misit aui similis, quae circum litora, circum
piscosos scopulos humilis uolat aequora iuxta.   255
haud aliter terras inter caelumque uolabat
litus harenosum ad Libyae, uentosque secabat
materno ueniens ab auo Cyllenia proles.
ut primum alatis tetigit magalia plantis,
Aenean fundantem arces ac tecta nouantem   260
conspicit. atque illi stellatus iaspide fulua
ensis erat Tyrioque ardebat murice laena
demissa ex umeris, diues quae munera Dido
fecerat, et tenui telas discreuerat auro.
continuo inuadit: 'tu nunc Karthaginis altae   265
fundamenta locas pulchramque uxorius urbem
exstruis? heu, regni rerumque oblite tuarum!
ipse deum tibi me claro demittit Olympo
regnator, caelum et terras qui numine torquet,
ipse haec ferre iubet celeris mandata per auras: 270
quid struis? aut qua spe Libycis teris otia terris?
si te nulla mouet tantarum gloria rerum
[nec super ipse tua moliris laude laborem,]
Ascanium surgentem et spes heredis Iuli
respice, cui regnum Italiae Romanaque tellus   275
debetur.' tali Cyllenius ore locutus
mortalis uisus medio sermone reliquit
et procul in tenuem ex oculis euanuit auram.

249–57 FMPp; 258–78 MPp   256 uolabat] legebat (deleto ad
u. 257) Bentley ad Hor. carm. i 34. 5   257 post 258 collocant cht
ad P²(ao P¹)pt: at M: ac ω, schol. Veron. (def. F)   267 oblite]
ignare P¹   268 dimittit Ppcdhrt   269 et Mpω, DSeru.: ac
Paeru   terram Pr   273 (= u. 233) add. cdetv   276 debetur
M²P²: debentur M¹P¹pω, P.Colt, 'honestius' iudice Seru. (ita et ad A. i
678, x 47)

At uero Aeneas aspectu obmutuit amens,
arrectaeque horrore comae et uox faucibus haesit.　　280
ardet abire fuga dulcisque relinquere terras,
attonitus tanto monitu imperioque deorum.
heu quid agat? quo nunc reginam ambire furentem
audeat adfatu? quae prima exordia sumat?
atque animum nunc huc celerem nunc diuidit illuc　　285
in partisque rapit uarias perque omnia uersat.
haec alternanti potior sententia uisa est:
Mnesthea Sergestumque uocat fortemque Serestum,
classem aptent taciti sociosque ad litora cogant,
arma parent et quae rebus sit causa nouandis　　290
dissimulent; sese interea, quando optima Dido
nesciat et tantos rumpi non speret amores,
temptaturum aditus et quae mollissima fandi
tempora, quis rebus dexter modus. ocius omnes
imperio laeti parent et iussa facessunt.　　295

At regina dolos (quis fallere possit amantem?)
praesensit, motusque excepit prima futuros
omnia tuta timens. eadem impia Fama furenti
detulit armari classem cursumque parari.
saeuit inops animi totamque incensa per urbem　　300
bacchatur, qualis commotis excita sacris
Thyias, ubi audito stimulant trieterica Baccho
orgia nocturnusque uocat clamore Cithaeron.
tandem his Aenean compellat uocibus ultro:
'dissimulare etiam sperasti, perfide, tantum　　305
posse nefas tacitusque mea decedere terra?
nec te noster amor nec te data dextera quondam
nec moritura tenet crudeli funere Dido?

279–85 MPp; 286–301 FMPp; 302–5 AFMPp; 306–8 FMPp
283 quo nunc] quonam Non. 30. 24, 242. 16　　284 quae] et quae
ω(praeter crt)　　285 utque N. Heinsius　　285–86 (= A. viii
20, 21) damnat Heyne　　286 Mpω: om. FP, damnat Ribbeck
288 (= A. xii 561) Serestum] Cloanthum (A. i 510) p　　289 -que
om. Pcdr: post litora p　　290 sit rebus (A. ii 350) ω(praeter cr)
295 et FM¹Ppacerv: ac M²bdfht, Non. 306. 31, Tib.

quin etiam hiberno moliri sidere classem
et mediis properas Aquilonibus ire per altum, 310
crudelis? quid, si non arua aliena domosque
ignotas peteres, et Troia antiqua maneret,
Troia per undosum peteretur classibus aequor?
mene fugis? per ego has lacrimas dextramque tuam te
(quando aliud mihi iam miserae nihil ipsa reliqui), 315
per conubia nostra, per inceptos hymenaeos,
si bene quid de te merui, fuit aut tibi quicquam
dulce meum, miserere domus labentis et istam,
oro, si quis adhuc precibus locus, exue mentem.
te propter Libycae gentes Nomadumque tyranni 320
odere, infensi Tyrii; te propter eundem
exstinctus pudor et, qua sola sidera adibam,
fama prior. cui me moribundam deseris hospes
(hoc solum nomen quoniam de coniuge restat)?
quid moror? an mea Pygmalion dum moenia frater 325
destruat aut captam ducat Gaetulus Iarbas?
saltem si qua mihi de te suscepta fuisset
ante fugam suboles, si quis mihi paruulus aula
luderet Aeneas, qui te tamen ore referret,
non equidem omnino capta ac deserta uiderer.' 330
    Dixerat. ille Iouis monitis immota tenebat
lumina et obnixus curam sub corde premebat.
tandem pauca refert: 'ego te, quae plurima fando
enumerare uales, numquam, regina, negabo
promeritam, nec me meminisse pigebit Elissae 335
dum memor ipse mei, dum spiritus hos regit artus.
pro re pauca loquar. neque ego hanc abscondere furto
speraui (ne finge) fugam, nec coniugis umquam
praetendi taedas aut haec in foedera ueni.
me si fata meis paterentur ducere uitam 340
auspiciis et sponte mea componere curas,

309–10 FMPp; 311–14 MPp   309 moliri FPafhrv:
moliris Mpbcdety   312 et] sed P¹: se p: si recc.   323 mori-
turam Prisc. xiii 24

urbem Troianam primum dulcisque meorum
reliquias colerem, Priami tecta alta manerent,
et recidiua manu posuissem Pergama uictis.
sed nunc Italiam magnam Gryneus Apollo,   345
Italiam Lyciae iussere capessere sortes;
hic amor, haec patria est. si te Karthaginis arces
Phoenissam Libycaeque aspectus detinet urbis,
quae tandem Ausonia Teucros considere terra
inuidia est? et nos fas extera quaerere regna.   350
me patris Anchisae, quotiens umentibus umbris
nox operit terras, quotiens astra ignea surgunt,
admonet in somnis et turbida terret imago;
me puer Ascanius capitisque iniuria cari,
quem regno Hesperiae fraudo et fatalibus aruis.   355
nunc etiam interpres diuum Ioue missus ab ipso
(testor utrumque caput) celeris mandata per auras
detulit: ipse deum manifesto in lumine uidi
intrantem muros uocemque his auribus hausi.
desine meque tuis incendere teque querelis;   360
Italiam non sponte sequor.'
   Talia dicentem iamdudum auersa tuetur
huc illuc uoluens oculos totumque pererrat
luminibus tacitis et sic accensa profatur:
'nec tibi diua parens generis nec Dardanus auctor,   365
perfide, sed duris genuit te cautibus horrens
Caucasus Hyrcanaeque admorunt ubera tigres.
nam quid dissimulo aut quae me ad maiora reseruo?
num fletu ingemuit nostro? num lumina flexit?
num lacrimas uictus dedit aut miseratus amantem est?   370
quae quibus anteferam? iam iam nec maxima Iuno
nec Saturnius haec oculis pater aspicit aequis.
nusquam tuta fides. eiectum litore, egentem
excepi et regni demens in parte locaui.

342–74 *MPp*   348 '*quidam in nouis et emendatis libris pro* detinet demeret *inuentum adserunt' DSeru.*: *utrumque p*   361 spon-
te] sponte forte *p*   374 suscepi *Prisc.* xviii 208 *et* 217

187

amissam classem, socios a morte reduxi 375
(heu furiis incensa feror!): nunc augur Apollo,
nunc Lyciae sortes, nunc et Ioue missus ab ipso
interpres diuum fert horrida iussa per auras.
scilicet is superis labor est, ea cura quietos
sollicitat. neque te teneo neque dicta refello: 380
i, sequere Italiam uentis, pete regna per undas.
spero equidem mediis, si quid pia numina possunt,
supplicia hausurum scopulis et nomine Dido
saepe uocaturum. sequar atris ignibus absens
et, cum frigida mors anima seduxerit artus, 385
omnibus umbra locis adero. dabis, improbe, poenas.
audiam et haec Manis ueniet mihi fama sub imos.'
his medium dictis sermonem abrumpit et auras
aegra fugit seque ex oculis auertit et aufert,
linquens multa metu cunctantem et multa parantem 390
dicere. suscipiunt famulae conlapsaque membra
marmoreo referunt thalamo stratisque reponunt.
  At pius Aeneas, quamquam lenire dolentem
solando cupit et dictis auertere curas,
multa gemens magnoque animum labefactus amore 395
iussa tamen diuum exsequitur classemque reuisit.
tum uero Teucri incumbunt et litore celsas
deducunt toto nauis. natat uncta carina,
frondentisque ferunt remos et robora siluis
infabricata fugae studio. 400
migrantis cernas totaque ex urbe ruentis:
ac uelut ingentem formicae farris aceruum
cum populant hiemis memores tectoque reponunt,
it nigrum campis agmen praedamque per herbas
conuectant calle angusto; pars grandia trudunt 405
obnixae frumenta umeris, pars agmina cogunt
castigantque moras, opere omnis semita feruet.

375–407 *MPp*   378 iussa] dicta *M*   390 parantem *Ppω*:
uolentem (*A*. ii 790) *Mc, Seru. ad u.* 388   402 uelut *Ppbdrt*:
ueluti *Mω*   407 operae *M*¹: opera *Non.* 251. 37

quis tibi tum, Dido, cernenti talia sensus,
quosue dabas gemitus, cum litora feruere late
prospiceres arce ex summa, totumque uideres   410
misceri ante oculos tantis clamoribus aequor!
improbe Amor, quid non mortalia pectora cogis!
ire iterum in lacrimas, iterum temptare precando
cogitur et supplex animos summittere amori,
ne quid inexpertum frustra moritura relinquat.   415
  'Anna, uides toto properari litore circum:
undique conuenere; uocat iam carbasus auras,
puppibus et laeti nautae imposuere coronas.
hunc ego si potui tantum sperare dolorem,
et perferre, soror, potero. miserae hoc tamen unum   420
exsequere, Anna, mihi; solam nam perfidus ille
te colere, arcanos etiam tibi credere sensus;
sola uiri mollis aditus et tempora noras.
i, soror, atque hostem supplex adfare superbum:
non ego cum Danais Troianam exscindere gentem   425
Aulide iuraui classemue ad Pergama misi,
nec patris Anchisae cinerem manisue reuelli:
cur mea dicta negat duras demittere in auris?
quo ruit? extremum hoc miserae det munus amanti:
exspectet facilemque fugam uentosque ferentis.   430
non iam coniugium antiquum, quod prodidit, oro,
nec pulchro ut Latio careat regnumque relinquat:
tempus inane peto, requiem spatiumque furori,
dum mea me uictam doceat fortuna dolere.
extremam hanc oro ueniam (miserere sororis),   435
quam mihi cum dederit cumulatam morte remittam.'

408–36 MPp   408 tunc M   418 (= G. i 304) 'si hunc
uersum omitteret, melius fecisset' Probus ap. DSeru.   427 cinerem
(cf. u. 34) Mp, DSeru.: cineres (A. v 55) Pω, Seru.   428 negat
M¹P²pω: neget M²P¹γ, 'quidam' ap. DSeru.   demittere Mpdrt:
dim- Pω   433 furoris p   434 dolore M¹ac
436 dederit MPp: dederis ω, Seru.   cumulatam Ppω, Seru.:
cumulata Mb?; -ris -tam 'Tucca et Varius', -rit -ta 'male quidam'
ap. Seru.

Talibus orabat, talisque miserrima fletus
fertque refertque soror. sed nullis ille mouetur
fletibus aut uoces ullas tractabilis audit;
fata obstant placidasque uiri deus obstruit auris.　　440
ac uelut annoso ualidam cum robore quercum
Alpini Boreae nunc hinc nunc flatibus illinc
eruere inter se certant; it stridor, et altae
consternunt terram concusso stipite frondes;
ipsa haeret scopulis et quantum uertice ad auras　　445
aetherias, tantum radice in Tartara tendit:
haud secus adsiduis hinc atque hinc uocibus heros
tunditur, et magno persentit pectore curas;
mens immota manet, lacrimae uoluuntur inanes.

Tum uero infelix fatis exterrita Dido　　450
mortem orat; taedet caeli conuexa tueri.
quo magis inceptum peragat lucemque relinquat,
uidit, turicremis cum dona imponeret aris,
(horrendum dictu) latices nigrescere sacros
fusaque in obscenum se uertere uina cruorem;　　455
hoc uisum nulli, non ipsi effata sorori.
praeterea fuit in tectis de marmore templum
coniugis antiqui, miro quod honore colebat,
uelleribus niueis et festa fronde reuinctum:
hinc exaudiri uoces et uerba uocantis　　460
uisa uiri, nox cum terras obscura teneret,
solaque culminibus ferali carmine bubo
saepe queri et longas in fletum ducere uoces;
multaque praeterea uatum praedicta priorum
terribili monitu horrificant. agit ipse furentem　　465
in somnis ferus Aeneas, semperque relinqui
sola sibi, semper longam incomitata uidetur
ire uiam et Tyrios deserta quaerere terra,

437–42 MPp; 443–68 FMPp　　443 alte bd (altem p), Seru.
446 radice (G. ii 292) FP²ar: radicem MP¹pω, Macrob. v 6. 13, Seru.
448 persensit Seru. ad u. 443　　456 sorori est F　　459 festa]
sacra P.Colt　　462 seraque Non. 194. 3　　464 piorum M
(cf. A. vi 662), agnoscit Seru.

Eumenidum ueluti demens uidet agmina Pentheus
et solem geminum et duplices se ostendere Thebas,   470
aut Agamemnonius scaenis agitatus Orestes,
armatam facibus matrem et serpentibus atris
cum fugit ultricesque sedent in limine Dirae.
   Ergo ubi concepit furias euicta dolore
decreuitque mori, tempus secum ipsa modumque   475
exigit, et maestam dictis adgressa sororem
consilium uultu tegit ac spem fronte serenat:
'inueni, germana, uiam (gratare sorori)
quae mihi reddat eum uel eo me soluat amantem.
Oceani finem iuxta solemque cadentem   480
ultimus Aethiopum locus est, ubi maximus Atlas
axem umero torquet stellis ardentibus aptum:
hinc mihi Massylae gentis monstrata sacerdos,
Hesperidum templi custos, epulasque draconi
quae dabat et sacros seruabat in arbore ramos,   485
spargens umida mella soporiferumque papauer.
haec se carminibus promittit soluere mentes
quas uelit, ast aliis duras immittere curas,
sistere aquam fluuiis et uertere sidera retro,
nocturnosque mouet Manis: mugire uidebis   490
sub pedibus terram et descendere montibus ornos.
testor, cara, deos et te, germana, tuumque
dulce caput, magicas inuitam accingier artis.
tu secreta pyram tecto interiore sub auras
erige, et arma uiri thalamo quae fixa reliquit   495
impius exuuiasque omnis lectumque iugalem,
quo perii, super imponas: abolere nefandi
cuncta uiri monimenta iuuat monstratque sacerdos.'
haec effata silet, pallor simul occupat ora.

469–99 *FMPp*   471 agitatur *p*   473 diuae *P* (*cf. A.* viii
701)   476 et] ac *M*   482 attorquet *M¹*   490 mouet
MP¹pt(mouit *F¹*): ciet *F²P²ω*, *Aug. c.d.* xxi 6, *Isid.* viii 9. 6
497 imponas *M²Pω*(-nens *c*), *Diom.* 439. 4: -nant *FM¹p*, '*quidam*' *ap.*
DSeru.   498 iuuat *F²M²pad*(iuat *F¹*, iuuat *in* lubet *corr. P¹*),
DSeru.: iubet *M¹ω*: iubat *P²*

non tamen Anna nouis praetexere funera sacris   500
germanam credit, nec tantos mente furores
concipit aut grauiora timet quam morte Sychaei.
ergo iussa parat.

At regina, pyra penetrali in sede sub auras
erecta ingenti taedis atque ilice secta,   505
intenditque locum sertis et fronde coronat
funerea; super exuuias ensemque relictum
effigiemque toro locat haud ignara futuri.
stant arae circum et crinis effusa sacerdos
ter centum tonat ore deos, Erebumque Chaosque   510
tergeminamque Hecaten, tria uirginis ora Dianae.
sparserat et latices simulatos fontis Auerni,
falcibus et messae ad lunam quaeruntur aënis
pubentes herbae nigri cum lacte ueneni;
quaeritur et nascentis equi de fronte reuulsus   515
et matri praereptus amor.
ipsa mola manibusque piis altaria iuxta
unum exuta pedem uinclis, in ueste recincta,
testatur moritura deos et conscia fati
sidera; tum, si quod non aequo foedere amantis   520
curae numen habet iustumque memorque, precatur.

Nox erat et placidum carpebant fessa soporem
corpora per terras, siluaeque et saeua quierant
aequora, cum medio uoluuntur sidera lapsu,
cum tacet omnis ager, pecudes pictaeque uolucres,   525
quaeque lacus late liquidos quaeque aspera dumis
rura tenent, somno positae sub nocte silenti.   527
at non infelix animi Phoenissa, neque umquam   529
soluitur in somnos oculisue aut pectore noctem   530
accipit: ingeminant curae rursusque resurgens
saeuit amor magnoque irarum fluctuat aestu.

500–21 *FMPp*; 522–32 *MPp*   500 protexere *M*¹   516 praeruptus *pc*   517 mola *Fpω, Seru.*: molam *MPr, codd. DSeru.*
528 lenibant curas et corda oblita laborum (*cf. A.* ix 225) *add. solus b*
(*et uersibus nondum minio distinctis deleuit*)   529 neque *M*¹*P*¹:
nec *M*²*P*²*pω*   530 oculisque *aefrv, Macrob.* vi 6. 7

sic adeo insistit secumque ita corde uolutat:
'en, quid ago? rursusne procos inrisa priores
experiar, Nomadumque petam conubia supplex,   535
quos ego sim totiens iam dedignata maritos?
Iliacas igitur classis atque ultima Teucrum
iussa sequar? quiane auxilio iuuat ante leuatos
et bene apud memores ueteris stat gratia facti?
quis me autem, fac uelle, sinet ratibusue superbis   540
inuisam accipiet? nescis heu, perdita, necdum
Laomedonteae sentis periuria gentis?
quid tum? sola fuga nautas comitabor ouantis?
an Tyriis omnique manu stipata meorum
inferar et, quos Sidonia uix urbe reuelli,   545
rursus agam pelago et uentis dare uela iubebo?
quin morere ut merita es, ferroque auerte dolorem.
tu lacrimis euicta meis, tu prima furentem
his, germana, malis oneras atque obicis hosti.
non licuit thalami expertem sine crimine uitam   550
degere more ferae, talis nec tangere curas;
non seruata fides cineri promissa Sychaeo.'
    Tantos illa suo rumpebat pectore questus:
Aeneas celsa in puppi iam certus eundi
carpebat somnos rebus iam rite paratis.   555
huic se forma dei uultu redeuntis eodem
obtulit in somnis rursusque ita uisa monere est,
omnia Mercurio similis, uocemque coloremque
et crinis flauos et membra decora iuuenta:
'nate dea, potes hoc sub casu ducere somnos,   560
nec quae te circum stent deinde pericula cernis,
demens, nec Zephyros audis spirare secundos?
illa dolos dirumque nefas in pectore uersat
certa mori, uariosque irarum concitat aestus.

533–54 *MPp*; 555–64 *FMPp*   533 exsistit *p*   539 et] aut *acev*
540 sinat *P*[1]   ratibusque *bdt*   541 inrisam *M*[2]*bd*   551 '*multi*
fere *aduerbium uolunt*' *Seru.*   552 Sychaei *Mbc* (Sychaeies *P*[1])
559 iuuenta *FMcht*: -tae *Ppω, Seru.*   564 uariosque ir. concitat
aestus *FPpcr*: uarioque ir. fluctuat aestu (*u.* 532) *Mω*

non fugis hinc praeceps, dum praecipitare potestas? 565
iam mare turbari trabibus saeuasque uidebis
conlucere faces, iam feruere litora flammis,
si te his attigerit terris Aurora morantem.
heia age, rumpe moras. uarium et mutabile semper
femina.' sic fatus nocti se immiscuit atrae. 570

Tum uero Aeneas subitis exterritus umbris
corripit e somno corpus sociosque fatigat
praecipitis: 'uigilate, uiri, et considite transtris;
soluite uela citi. deus aethere missus ab alto
festinare fugam tortosque incidere funis 575
ecce iterum instimulat. sequimur te, sancte deorum,
quisquis es, imperioque iterum paremus ouantes.
adsis o placidusque iuues et sidera caelo
dextra feras.' dixit uaginaque eripit ensem
fulmineum strictoque ferit retinacula ferro. 580
idem omnis simul ardor habet, rapiuntque ruuntque;
litora deseruere, latet sub classibus aequor,
adnixi torquent spumas et caerula uerrunt.

Et iam prima nouo spargebat lumine terras
Tithoni croceum linquens Aurora cubile. 585
regina e speculis ut primam albescere lucem
uidit et aequatis classem procedere uelis,
litoraque et uacuos sensit sine remige portus,
terque quaterque manu pectus percussa decorum
flauentisque abscissa comas 'pro Iuppiter! ibit 590
hic,' ait 'et nostris inluserit aduena regnis?
non arma expedient totaque ex urbe sequentur,
diripientque rates alii naualibus? ite,
ferte citi flammas, date tela, impellite remos!
quid loquor? aut ubi sum? quae mentem insania mutat? 595

565-83 FMPp; 584-95 MPp   565 hinc] in F¹ (cf. G. i 203, A.
vi 578): hic M¹   576 instimulat FPpc: stimulat Mω, Seru.
578 iubes F¹p   586 ut] cum bdh   primam Ppaefv: primum
Mbcdhrt, Seru. ad A. v 1   590 abscisa pω   593 deripientque
N. Heinsius   594 impellite] incendite p

infelix Dido, nunc te facta impia tangunt?
tum decuit, cum sceptra dabas. en dextra fidesque,
quem secum patrios aiunt portare penatis,
quem subiisse umeris confectum aetate parentem!
non potui abreptum diuellere corpus et undis   600
spargere? non socios, non ipsum absumere ferro
Ascanium patriisque epulandum ponere mensis?
uerum anceps pugnae fuerat fortuna. fuisset:
quem metui moritura? faces in castra tulissem
implessemque foros flammis natumque patremque   605
cum genere exstinxem, memet super ipsa dedissem.
Sol, qui terrarum flammis opera omnia lustras,
tuque harum interpres curarum et conscia Iuno,
nocturnisque Hecate triuiis ululata per urbes
et Dirae ultrices et di morientis Elissae,   610
accipite haec, meritumque malis aduertite numen
et nostras audite preces. si tangere portus
infandum caput ac terris adnare necesse est,
et sic fata Iouis poscunt, hic terminus haeret,
at bello audacis populi uexatus et armis,   615
finibus extorris, complexu auulsus Iuli
auxilium imploret uideatque indigna suorum
funera; nec, cum se sub leges pacis iniquae
tradiderit, regno aut optata luce fruatur,
sed cadat ante diem mediaque inhumatus harena.   620
haec precor, hanc uocem extremam cum sanguine fundo.
tum uos, o Tyrii, stirpem et genus omne futurum
exercete odiis, cinerique haec mittite nostro
munera. nullus amor populis nec foedera sunto.
exoriare aliquis nostris ex ossibus ultor   625
qui face Dardanios ferroque sequare colonos,

596–626 *MPp*   596 nun *P*[1]: num *Probus* 154. 26, *Cledon.* 67. 9
597 tum] tunc *Paerv, Prisc.* viii 101   598 portare *Pω, Seru. ad
u.* 597: portasse *M, DSeru. ad loc.* : portare se *p*   599 umero *P*[1]
600 deuellere *Paetv*   611 nomen *p*   615 at] et *M*[1]
616 conspectu *Non.* 15. 2

nunc, olim, quocumque dabunt se tempore uires.
litora litoribus contraria, fluctibus undas
imprecor, arma armis: pugnent ipsique nepotesque.'

Haec ait, et partis animum uersabat in omnis,   630
inuisam quaerens quam primum abrumpere lucem.
tum breuiter Barcen nutricem adfata Sychaei,
namque suam patria antiqua cinis ater habebat:
'Annam, cara mihi nutrix, huc siste sororem:
dic corpus properet fluuiali spargere lympha,   635
et pecudes secum et monstrata piacula ducat.
sic ueniat, tuque ipsa pia tege tempora uitta.
sacra Ioui Stygio, quae rite incepta paraui,
perficere est animus finemque imponere curis
Dardaniique rogum capitis permittere flammae.'   640
sic ait. illa gradum studio celebrabat anili.
at trepida et coeptis immanibus effera Dido
sanguineam uoluens aciem, maculisque trementis
interfusa genas et pallida morte futura,
interiora domus inrumpit limina et altos   645
conscendit furibunda rogos ensemque recludit
Dardanium, non hos quaesitum munus in usus.
hic, postquam Iliacas uestis notumque cubile
conspexit, paulum lacrimis et mente morata
incubuitque toro dixitque nouissima uerba: 650
'dulces exuuiae, dum fata deusque sinebat,
accipite hanc animam meque his exsoluite curis.
uixi et quem dederat cursum Fortuna peregi,
et nunc magna mei sub terras ibit imago.
urbem praeclaram statui, mea moenia uidi,   655
ulta uirum poenas inimico a fratre recepi,

627–50 *MPp*; 651–56 *FMPp*   629 nepotes (*om.* -que) *P²ad,
Tib.*   632 Sychaei est *M²c*   640 flammis *M*   641 celebrabat *M²Pr, 'alii' ap. DSeru., imitari uidetur Apul. met.* vi 14: cele-
rabat *M¹pω* (*cf. A.* v 609)   anili *MP²rt, Seru., Tib.*: anilem *P¹pω*
(inil- *P*)   646 rogos *Mpω*: gradus (*u.* 685) *P²*(radus *P¹*), *DSeru.*
(*ut uid.*)   651 sinebat *MP¹b, Tib.*: -bant *FP²pω, Macrob.*
iv 6. 10

felix, heu nimium felix, si litora tantum
numquam Dardaniae tetigissent nostra carinae.'
dixit, et os impressa toro 'moriemur inultae,
sed moriamur' ait. 'sic, sic iuuat ire sub umbras.   660
hauriat hunc oculis ignem crudelis ab alto
Dardanus, et nostrae secum ferat omina mortis.'
dixerat, atque illam media inter talia ferro
conlapsam aspiciunt comites, ensemque cruore
spumantem sparsasque manus. it clamor ad alta   665
atria: concussam bacchatur Fama per urbem.
lamentis gemituque et femineo ululatu
tecta fremunt, resonat magnis plangoribus aether,
non aliter quam si immissis ruat hostibus omnis
Karthago aut antiqua Tyros, flammaeque furentes   670
culmina perque hominum uoluantur perque deorum.
audiit exanimis trepidoque exterrita cursu
unguibus ora soror foedans et pectora pugnis
per medios ruit, ac morientem nomine clamat:
'hoc illud, germana, fuit? me fraude petebas?   675
hoc rogus iste mihi, hoc ignes araeque parabant?
quid primum deserta querar? comitemne sororem
spreuisti moriens? eadem me ad fata uocasses,
idem ambas ferro dolor atque eadem hora tulisset.
his etiam struxi manibus patriosque uocaui   680
uoce deos, sic te ut posita, crudelis, abessem?
exstinxti te meque, soror, populumque patresque
Sidonios urbemque tuam. date, uulnera lymphis
abluam et, extremus si quis super halitus errat,
ore legam.' sic fata gradus euaserat altos,   685
semianimemque sinu germanam amplexa fouebat
cum gemitu atque atros siccabat ueste cruores.
illa grauis oculos conata attollere rursus

657–88 FMPp   662 secum nostrae M¹   omnia abcd
663 atque] ast p (cf. A. ix 162)   665 it] id P¹: et F¹M¹
668 tremunt F¹   clangoribus Pab?ev (cf. A. vi 561)   669 ruit
P¹   671 uoluuntur Pcdh: -entur a   682 extincti p:
extinxi ω(praeter t)   me teque DSeru.

deficit; infixum stridit sub pectore uulnus.
ter sese attollens cubitoque adnixa leuauit,   690
ter reuoluta toro est oculisque errantibus alto
quaesiuit caelo lucem ingemuitque reperta.
 Tum Iuno omnipotens longum miserata dolorem
difficilisque obitus Irim demisit Olympo
quae luctantem animam nexosque resolueret artus.   695
nam quia nec fato merita nec morte peribat,
sed misera ante diem subitoque accensa furore,
nondum illi flauum Proserpina uertice crinem
abstulerat Stygioque caput damnauerat Orco.
ergo Iris croceis per caelum roscida pennis   700
mille trahens uarios aduerso sole colores
deuolat et supra caput astitit. 'hunc ego Diti
sacrum iussa fero teque isto corpore soluo':
sic ait et dextra crinem secat, omnis et una
dilapsus calor atque in uentos uita recessit.   705

689–705 *MPp*   689 stridet *bcdr, Tib.*   690 attollit et (?)
P[1]   cubituque *acehv*   692 reperta *M*[2]*P*[1]*acehv, Seru.*: repertam
M[1]*P*[2]*bdfrt*   693 tunc *Seru.*   694 dimisit *cd*: demittit*t*: dimittit
Seru.   698 necdum *P*   701 aduersa luce *pd* (*cf. A.* v 89)

P. VERGILI MARONIS

AENEIDOS

LIBER V

INTEREA medium Aeneas iam classe tenebat
certus iter fluctusque atros Aquilone secabat
moenia respiciens, quae iam infelicis Elissae
conlucent flammis. quae tantum accenderit ignem
causa latet; duri magno sed amore dolores   5
polluto, notumque furens quid femina possit,
triste per augurium Teucrorum pectora ducunt.
ut pelagus tenuere rates nec iam amplius ulla
occurrit tellus, maria undique et undique caelum,
olli caeruleus supra caput astitit imber   10
noctem hiememque ferens et inhorruit unda tenebris.
ipse gubernator puppi Palinurus ab alta:
'heu quianam tanti cinxerunt aethera nimbi?
quidue, pater Neptune, paras?' sic deinde locutus
colligere arma iubet ualidisque incumbere remis,   15
obliquatque sinus in uentum ac talia fatur:
'magnanime Aenea, non, si mihi Iuppiter auctor
spondeat, hoc sperem Italiam contingere caelo.
mutati transuersa fremunt et uespere ab atro
consurgunt uenti, atque in nubem cogitur aër.   20
nec nos obniti contra nec tendere tantum
sufficimus. superat quoniam Fortuna, sequamur,
quoque uocat uertamus iter. nec litora longe
fida reor fraterna Erycis portusque Sicanos,
si modo rite memor seruata remetior astra.'   25
tum pius Aeneas: 'equidem sic poscere uentos

1–26 MPp   6 posset M   9 occurrit] apparet (A. iii 193)
p, Tib.   23 quaque Tib.   uacat M

iamdudum et frustra cerno te tendere contra.
flecte uiam uelis. an sit mihi gratior ulla,
quoue magis fessas optem dimittere nauis,
quam quae Dardanium tellus mihi seruat Acesten   30
et patris Anchisae gremio complectitur ossa?'
haec ubi dicta, petunt portus et uela secundi
intendunt Zephyri; fertur cita gurgite classis,
et tandem laeti notae aduertuntur harenae.

At procul ex celso miratus uertice montis   35
aduentum sociasque rates occurrit Acestes,
horridus in iaculis et pelle Libystidis ursae,
Troia Criniso conceptum flumine mater
quem genuit. ueterum non immemor ille parentum
gratatur reduces et gaza laetus agresti   40
excipit, ac fessos opibus solatur amicis.

Postera cum primo stellas Oriente fugarat
clara dies, socios in coetum litore ab omni
aduocat Aeneas tumulique ex aggere fatur:
'Dardanidae magni, genus alto a sanguine diuum,   45
annuus exactis completur mensibus orbis,
ex quo reliquias diuinique ossa parentis
condidimus terra maestasque sacrauimus aras;
iamque dies, nisi fallor, adest, quem semper acerbum,
semper honoratum (sic di uoluistis) habebo.   50
hunc ego Gaetulis agerem si Syrtibus exsul,
Argolicoue mari deprensus et urbe Mycenae,
annua uota tamen sollemnisque ordine pompas
exsequerer strueremque suis altaria donis.
nunc ultro ad cineres ipsius et ossa parentis   55
haud equidem sine mente, reor, sine numine diuum
adsumus et portus delati intramus amicos.
ergo agite et laetum cuncti celebremus honorem:

27–36 MPp; 37–58 MPRp   29 quoque d, Prisc. vii 84
demittere pcs, Tib.   35 ex celso an excelso quaerit DSeru.
miratur p, Char. 272. 15   41 amicos aerv   52 urbe] arce P¹
Mycenis R: -nam p: -ne et -nae Seru.

poscamus uentos, atque haec me sacra quotannis
urbe uelit posita templis sibi ferre dicatis.   60
bina boum uobis Troia generatus Acestes
dat numero capita in nauis; adhibete penatis
et patrios epulis et quos colit hospes Acestes.
praeterea, si nona diem mortalibus almum
Aurora extulerit radiisque retexerit orbem,   65
prima citae Teucris ponam certamina classis;
quique pedum cursu ualet, et qui uiribus audax
aut iaculo incedit melior leuibusque sagittis,
seu crudo fidit pugnam committere caestu,
cuncti adsint meritaeque exspectent praemia palmae.   70
ore fauete omnes et cingite tempora ramis.'
    Sic fatus uelat materna tempora myrto.
hoc Helymus facit, hoc aeui maturus Acestes,
hoc puer Ascanius, sequitur quos cetera pubes.
ille e concilio multis cum milibus ibat   75
ad tumulum magna medius comitante caterua.
hic duo rite mero libans carchesia Baccho
fundit humi, duo lacte nouo, duo sanguine sacro,
purpureosque iacit flores ac talia fatur:
'salue, sancte parens, iterum; saluete, recepti   80
nequiquam cineres animaeque umbraeque paternae.
non licuit finis Italos fataliaque arua
nec tecum Ausonium, quicumque est, quaerere Thybrim.'
dixerat haec, adytis cum lubricus anguis ab imis
septem ingens gyros, septena uolumina traxit   85
amplexus placide tumulum lapsusque per aras,
caeruleae cui terga notae maculosus et auro
squamam incendebat fulgor, ceu nubibus arcus
mille iacit uarios aduerso sole colores.
obstipuit uisu Aeneas. ille agmine longo   90
tandem inter pateras et leuia pocula serpens

59–72 *MPRp*; 73–91 *MPRVp*   68 leuibusue *Rbhst* (*cf. A.* ix
178)   75 e *om. pbch*   89 iacit *MPVpc?*: trahit (*A.* iv 701)
Rω, Tib.   90 longe *p*

libauitque dapes rursusque innoxius imo
successit tumulo et depasta altaria liquit.
hoc magis inceptos genitori instaurat honores,
incertus geniumne loci famulumne parentis   95
esse putet; caedit binas de more bidentis
totque sues, totidem nigrantis terga iuuencos,
uinaque fundebat pateris animamque uocabat
Anchisae magni manisque Acheronte remissos.
nec non et socii, quae cuique est copia, laeti   100
dona ferunt, onerant aras mactantque iuuencos;
ordine aëna locant alii fusique per herbam
subiciunt ueribus prunas et uiscera torrent.

Exspectata dies aderat nonamque serena
Auroram Phaethontis equi iam luce uehebant,   105
famaque finitimos et clari nomen Acestae
excierat; laeto complerant litora coetu
uisuri Aeneadas, pars et certare parati.
munera principio ante oculos circoque locantur
in medio, sacri tripodes uiridesque coronae   110
et palmae pretium uictoribus, armaque et ostro
perfusae uestes, argenti aurique talenta;
et tuba commissos medio canit aggere ludos.

Prima pares ineunt grauibus certamina remis
quattuor ex omni delectae classe carinae.   115
uelocem Mnestheus agit acri remige Pristim,
mox Italus Mnestheus, genus a quo nomine Memmi,
ingentemque Gyas ingenti mole Chimaeram,
urbis opus, triplici pubes quam Dardana uersu
impellunt, terno consurgunt ordine remi;   120
Sergestusque, domus tenet a quo Sergia nomen,
Centauro inuehitur magna, Scyllaque Cloanthus
caerulea, genus unde tibi, Romane Cluenti.

92–6 *MPRVp*; 97–108 *MPRp*; 109–23 *FMPRp*   93 linquit *M*[1]
96 binas *M* (mactat binas *DSeru. ad A.* iv 200): q. binas (*id est* -que
binas) *R*: quinas *PVpω*, *Non.* 272. 11, *Seru. ad u.* 78, *Tib.*   107 exierat *P*[1]*R*   complebant *M*   112 talenta *FRω*, *Seru.*, *Tib.*:
-tum *MPp*

Est procul in pelago saxum spumantia contra
litora, quod tumidis summersum tunditur olim   125
fluctibus, hiberni condunt ubi sidera Cauri;
tranquillo silet immotaque attollitur unda
campus et apricis statio gratissima mergis.
hic uiridem Aeneas frondenti ex ilice metam
constituit signum nautis pater, unde reuerti   130
scirent et longos ubi circumflectere cursus.
tum loca sorte legunt ipsique in puppibus auro
ductores longe effulgent ostroque decori;
cetera populea uelatur fronde iuuentus
nudatosque umeros oleo perfusa nitescit.   135
considunt transtris, intentaque bracchia remis;
intenti exspectant signum, exsultantiaque haurit
corda pauor pulsans laudumque arrecta cupido.
inde ubi clara dedit sonitum tuba, finibus omnes,
haud mora, prosiluere suis; ferit aethera clamor   140
nauticus, adductis spumant freta uersa lacertis.
infindunt pariter sulcos, totumque dehiscit
conuulsum remis rostrisque tridentibus aequor.
non tam praecipites biiugo certamine campum
corripuere ruuntque effusi carcere currus,   145
nec sic immissis aurigae undantia lora
concussere iugis pronique in uerbera pendent.
tum plausu fremituque uirum studiisque fauentum
consonat omne nemus, uocemque inclusa uolutant
litora, pulsati colles clamore resultant.   150
Effugit ante alios primisque elabitur undis
turbam inter fremitumque Gyas; quem deinde Cloanthus
consequitur, melior remis, sed pondere pinus
tarda tenet. post hos aequo discrimine Pristis
Centaurusque locum tendunt superare priorem;   155
et nunc Pristis habet, nunc uictam praeterit ingens

124–56 *FMPRp*   133 longe] auro *Prisc.* ix 43 (*ex A*. xii 126)
139 funibus *Ribbeck*   143 stridentibus $F^2R\omega$ (*praeter abd*),
Prisc. i 51 (*cf. A.* viii 690)   154 aliquo F^1 156 habet] abit *r*

203

Centaurus, nunc una ambae iunctisque feruntur
frontibus et longa sulcant uada salsa carina.
iamque propinquabant scopulo metamque tenebant,
cum princeps medioque Gyas in gurgite uictor   160
rectorem nauis compellat uoce Menoeten:
'quo tantum mihi dexter abis? huc derige cursum;
litus ama et laeua stringat sine palmula cautes;
altum alii teneant.' dixit; sed caeca Menoetes
saxa timens proram pelagi detorquet ad undas.   165
'quo diuersus abis?' iterum 'pete saxa, Menoete!'
cum clamore Gyas reuocabat, et ecce Cloanthum
respicit instantem tergo et propiora tenentem.
ille inter nauemque Gyae scopulosque sonantis
radit iter laeuum interior subitoque priorem   170
praeterit et metis tenet aequora tuta relictis.
tum uero exarsit iuueni dolor ossibus ingens
nec lacrimis caruere genae, segnemque Menoeten
oblitus decorisque sui sociumque salutis
in mare praecipitem puppi deturbat ab alta;   175
ipse gubernaclo rector subit, ipse magister
hortaturque uiros clauumque ad litora torquet.
at grauis ut fundo uix tandem redditus imo est
iam senior madidaque fluens in ueste Menoetes
summa petit scopuli siccaque in rupe resedit.   180
illum et labentem Teucri et risere natantem
et salsos rident reuomentem pectore fluctus.

   Hic laeta extremis spes est accensa duobus,
Sergesto Mnestheique, Gyan superare morantem.
Sergestus capit ante locum scopuloque propinquat,   185
nec tota tamen ille prior praeeunte carina;
parte prior, partim rostro premit aemula Pristis.

   157–8 *FMPRp*; 159–87 *MPRp*   158 longae *d*   carinae *F*[1]*d*
162 derige *PR*: dirige *Mpω, Tib.*   cursum *M*[2]*pω, Sen. benef.* vi 7,
Tib.: gressum (*A.* i 401, xi 855) *M*[1]*PRaev*   163 laeua *MPpbr*:
laeuas *Rω*   168 propriora *Pbr*   184 Mnesthique *P*, -tique
MRpr: Mnest(h)eoque *ω*   187 partem *M, Tib.*

at media socios incedens naue per ipsos
hortatur Mnestheus: 'nunc, nunc insurgite remis,
Hectorei socii, Troiae quos sorte suprema   190
delegi comites; nunc illas promite uiris,
nunc animos, quibus in Gaetulis Syrtibus usi
Ionioque mari Maleaeque sequacibus undis.
non iam prima peto Mnestheus neque uincere certo
(quamquam o!—sed superent quibus hoc, Neptune, dedisti);
extremos pudeat rediisse: hoc uincite, ciues,   196
et prohibete nefas.' olli certamine summo
procumbunt: uastis tremit ictibus aerea puppis
subtrahiturque solum, tum creber anhelitus artus
aridaque ora quatit, sudor fluit undique riuis.   200
attulit ipse uiris optatum casus honorem:
namque furens animi dum proram ad saxa suburget
interior spatioque subit Sergestus iniquo,
infelix saxis in procurrentibus haesit.
concussae cautes et acuto in murice remi   205
obnixi crepuere inlisaque prora pependit.
consurgunt nautae et magno clamore morantur
ferratasque trudes et acuta cuspide contos
expediunt fractosque legunt in gurgite remos.
at laetus Mnestheus successuque acrior ipso   210
agmine remorum celeri uentisque uocatis
prona petit maria et pelago decurrit aperto.
qualis spelunca subito commota columba,
cui domus et dulces latebroso in pumice nidi,
fertur in arua uolans plausumque exterrita pennis   215
dat tecto ingentem, mox aëre lapsa quieto
radit iter liquidum celeris neque commouet alas:
sic Mnestheus, sic ipsa fuga secat ultima Pristis
aequora, sic illam fert impetus ipse uolantem.
et primum in scopulo luctantem deserit alto   220

188–220 *MPRp*   198 aurea *M¹P¹*   202 animo *P*
prora *M*   205 in *om. P*   208 sudes *M*   212 pelago]
caelo (*A.* i 155) *Quint.* vii 9. 10

Sergestum breuibusque uadis frustraque uocantem
auxilia et fractis discentem currere remis.
inde Gyan ipsamque ingenti mole Chimaeram
consequitur; cedit, quoniam spoliata magistro est.
solus iamque ipso superest in fine Cloanthus,   225
quem petit et summis adnixus uiribus urget.
   Tum uero ingeminat clamor cunctique sequentem
instigant studiis, resonatque fragoribus aether.
hi proprium decus et partum indignantur honorem
ni teneant, uitamque uolunt pro laude pacisci;   230
hos successus alit: possunt, quia posse uidentur.
et fors aequatis cepissent praemia rostris,
ni palmas ponto tendens utrasque Cloanthus
fudissetque preces diuosque in uota uocasset:
'di, quibus imperium est pelagi, quorum aequora curro,   235
uobis laetus ego hoc candentem in litore taurum
constituam ante aras uoti reus, extaque salsos
proiciam in fluctus et uina liquentia fundam.'
dixit, eumque imis sub fluctibus audiit omnis
Nereidum Phorcique chorus Panopeaque uirgo,   240
et pater ipse manu magna Portunus euntem
impulit: illa Noto citius uolucrique sagitta
ad terram fugit et portu se condidit alto.
Tum satus Anchisa cunctis ex more uocatis
uictorem magna praeconis uoce Cloanthum   245
declarat uiridique aduelat tempora lauro,
muneraque in nauis ternos optare iuuencos
uinaque et argenti magnum dat ferre talentum.
ipsis praecipuos ductoribus addit honores:
uictori chlamydem auratam, quam plurima circum   250

221–40 *MPRp*; 241–50 *MPRVp*   226 enixus *P* (*cf. A.*
ix 744)   228 resonat (*om.* -que)*Pdht*   fragoribus *MRbcrs*:
clamoribus *Pω*   235 est pelagi *M¹Ppω, Macrob.* iii 2. 5, *Seru.* (*cf.
A.* vi 264): pelagi est *M²Rcdhrs*   aequora *Mω*: aequore *PRpab?,
Macrob.*   238 poriciam *p, Macrob., agnoscit Seru.* (*quid ad A.*
iii 231 *non liquet*)   et *MRpcdhs*: ac (*u.* 776) *Pω*   247 aptare
ω(*praeter arsi*)   249 praecipue *M, Non.* 320. 26

purpura maeandro duplici Meliboea cucurrit,
intextusque puer frondosa regius Ida
uelocis iaculo ceruos cursuque fatigat
acer, anhelanti similis, quem praepes ab Ida
sublimem pedibus rapuit Iouis armiger uncis;　　　255
longaeui palmas nequiquam ad sidera tendunt
custodes, saeuitque canum latratus in auras.
at qui deinde locum tenuit uirtute secundum,
leuibus huic hamis consertam auroque trilicem
loricam, quam Demoleo detraxerat ipse　　　260
uictor apud rapidum Simoenta sub Ilio alto,
donat habere, uiro decus et tutamen in armis.
uix illam famuli Phegeus Sagarisque ferebant
multiplicem conixi umeris; indutus at olim
Demoleos cursu palantis Troas agebat.　　　265
tertia dona facit geminos ex aere lebetas
cymbiaque argento perfecta atque aspera signis.
iamque adeo donati omnes opibusque superbi
puniceis ibant euincti tempora taenis,
cum saeuo e scopulo multa uix arte reuulsus　　　270
amissis remis atque ordine debilis uno
inrisam sine honore ratem Sergestus agebat.
qualis saepe uiae deprensus in aggere serpens,
aerea quem obliquum rota transiit aut grauis ictu
seminecem liquit saxo lacerumque uiator;　　　275
nequiquam longos fugiens dat corpore tortus
parte ferox ardensque oculis et sibila colla
arduus attollens; pars uulnere clauda retentat
nexantem nodis seque in sua membra plicantem:
tali remigio nauis se tarda mouebat;　　　280
uela facit tamen et uelis subit ostia plenis.
Sergestum Aeneas promisso munere donat

251–82 _MPRVp_　　　257 in _MRVpω_: ad _Paefv_　　　260 ipsi _M_[1]
270 reuolsam _R_　　　272 habebat _p_　　　278 uulnera _P_　　　cauda
_M_[1]_P_[2]_V_　　　279 nexantem _RVω_, _Gramm._: nixantem _MPpf?hs_
280 mouebat] ferebat _P_　　　281 plenis . . . uelis (_A._ i 400) _Mf_

seruatam ob nauem laetus sociosque reductos.
olli serua datur operum haud ignara Mineruae,
Cressa genus, Pholoe, geminique sub ubere nati.   285

   Hoc pius Aeneas misso certamine tendit
gramineum in campum, quem collibus undique curuis
cingebant siluae, mediaque in ualle theatri
circus erat; quo se multis cum milibus heros
consessu medium tulit exstructoque resedit.   290
hic, qui forte uelint rapido contendere cursu,
inuitat pretiis animos, et praemia ponit.
undique conueniunt Teucri mixtique Sicani,
Nisus et Euryalus primi,
Euryalus forma insignis uiridique iuuenta,   295
Nisus amore pio pueri; quos deinde secutus
regius egregia Priami de stirpe Diores;
hunc Salius simul et Patron, quorum alter Acarnan,
alter ab Arcadio Tegeaeae sanguine gentis;
tum duo Trinacrii iuuenes, Helymus Panopesque   300
adsueti siluis, comites senioris Acestae;
multi praeterea, quos fama obscura recondit.
Aeneas quibus in mediis sic deinde locutus:
'accipite haec animis laetasque aduertite mentes.
nemo ex hoc numero mihi non donatus abibit.   305
Cnosia bina dabo leuato lucida ferro
spicula caelatamque argento ferre bipennem;
omnibus hic erit unus honos. tres praemia primi
accipient flauaque caput nectentur oliua.
primus equum phaleris insignem uictor habeto;   310
alter Amazoniam pharetram plenamque sagittis
Threiciis, lato quam circum amplectitur auro

283–92 *MPRVp*; 293–312 *MPRp*   285 ubere *P¹Vpω*: ubera
(*A*. iii 392) *MP²R, fortasse Auson. cento* 63   290 consensu *M¹a*
295 insigni *P*   296 quem *P*   299 Arcadio *MRpefhv*:
Arcadia *Pω, Tib.*   Tegeaeae *P¹, Seru. (conlato A*. viii 459): Tegeae
paf: Tegeae de *M²*(tegere de *M¹*)*P²ω, agnoscit Seru.*: Tegaea de *R*
300 Helymusque *Rp*   309 fuluaque *Seru. hic et ad A*. iv 261
310 equam *M*   312 plectitur *M*

balteus et tereti subnectit fibula gemma;
tertius Argolica hac galea contentus abito.'
Haec ubi dicta, locum capiunt signoque repente   315
corripiunt spatia audito limenque relinquunt,
effusi nimbo similes. simul ultima signant,
primus abit longeque ante omnia corpora Nisus
emicat et uentis et fulminis ocior alis;
proximus huic, longo sed proximus interuallo,   320
insequitur Salius; spatio post deinde relicto
tertius Euryalus;
Euryalumque Helymus sequitur; quo deinde sub ipso
ecce uolat calcemque terit iam calce Diores
incumbens umero, spatia et si plura supersint   325
transeat elapsus prior ambiguumque relinquat.
iamque fere spatio extremo fessique sub ipsam
finem aduentabant, leui cum sanguine Nisus
labitur infelix, caesis ut forte iuuencis
fusus humum uiridisque super madefecerat herbas.   330
hic iuuenis iam uictor ouans uestigia presso
haud tenuit titubata solo, sed pronus in ipso
concidit immundoque fimo sacroque cruore.
non tamen Euryali, non ille oblitus amorum:
nam sese opposuit Salio per lubrica surgens;   335
ille autem spissa iacuit reuolutus harena,
emicat Euryalus et munere uictor amici
prima tenet, plausuque uolat fremituque secundo.
post Helymus subit et nunc tertia palma Diores.
hic totum caueae consessum ingentis et ora   340
prima patrum magnis Salius clamoribus implet,
ereptumque dolo reddi sibi poscit honorem.
tutatur fauor Euryalum lacrimaeque decorae,
gratior et pulchro ueniens in corpore uirtus.

313–44 *MPRp*   323 quo *P²pω*: quod *MRc*: quem *P¹*
325 (h)umeris *adefhv*   327 ipsum *M²*   332 ipsum *p*
333 cruorem *M¹p*   337 amico *M¹*   340 consessum *M²Ppω*:
consensum *M¹Rbst?*

adiuuat et magna proclamat uoce Diores,   345
qui subiit palmae frustraque ad praemia uenit
ultima, si primi Salio reddentur honores.
tum pater Aeneas 'uestra' inquit 'munera uobis
certa manent, pueri et palmam mouet ordine nemo;
me liceat casus miserari insontis amici.'   350
sic fatus tergum Gaetuli immane leonis
dat Salio uillis onerosum atque unguibus aureis.
hic Nisus 'si tanta' inquit 'sunt praemia uictis,
et te lapsorum miseret, quae munera Niso
digna dabis, primam merui qui laude coronam   355
ni me, quae Salium, fortuna inimica tulisset?'
et simul his dictis faciem ostentabat et udo
turpia membra fimo. risit pater optimus olli
et clipeum efferri iussit, Didymaonis artes,
Neptuni sacro Danais de poste refixum.   360
hoc iuuenem egregium praestanti munere donat.
   Post, ubi confecti cursus et dona peregit,
'nunc, si cui uirtus animusque in pectore praesens,
adsit et euinctis attollat bracchia palmis':
sic ait, et geminum pugnae proponit honorem,   365
uictori uelatum auro uittisque iuuencum,
ensem atque insignem galeam solacia uicto.
nec mora; continuo uastis cum uiribus effert
ora Dares magnoque uirum se murmure tollit,
solus qui Paridem solitus contendere contra,   370
idemque ad tumulum quo maximus occubat Hector
uictorem Buten immani corpore, qui se
Bebrycia ueniens Amyci de gente ferebat,
perculit et fulua moribundum extendit harena.
talis prima Dares caput altum in proelia tollit,   375

345–75 *MPRp*   347 reddentur *P*: –antur *M¹Rω*: -untur
M²pbcr   350 miserari *MP²ptrv, Asper* 536. 3, *Seru.*: -reri *P¹Rω*
354 munera] praemia (*u.* 353) *M*   359 artes *M¹pω, Seru.*: artis
M² (*quater utramque formam alibi codd. ant.*): artem *PR*   364 uinctis
Pabsv   374 percutit *Rb*

ostenditque umeros latos alternaque iactat
bracchia protendens et uerberat ictibus auras.
quaeritur huic alius; nec quisquam ex agmine tanto
audet adire uirum manibusque inducere caestus.
ergo alacris cunctosque putans excedere palma 380
Aeneae stetit ante pedes, nec plura moratus
tum laeua taurum cornu tenet atque ita fatur:
'nate dea, si nemo audet se credere pugnae,
quae finis standi? quo me decet usque teneri?
ducere dona iube.' cuncti simul ore fremebant 385
Dardanidae reddique uiro promissa iubebant.

    Hic grauis Entellum dictis castigat Acestes,
proximus ut uiridante toro consederat herbae:
'Entelle, heroum quondam fortissime frustra,
tantane tam patiens nullo certamine tolli 390
dona sines? ubi nunc nobis deus ille, magister
nequiquam memoratus, Eryx? ubi fama per omnem
Trinacriam et spolia illa tuis pendentia tectis?'
ille sub haec: 'non laudis amor nec gloria cessit
pulsa metu; sed enim gelidus tardante senecta 395
sanguis hebet, frigentque effetae in corpore uires.
si mihi quae quondam fuerat quaque improbus iste
exsultat fidens, si nunc foret illa iuuentas,
haud equidem pretio inductus pulchroque iuuenco
uenissem, nec dona moror.' sic deinde locutus 400
in medium geminos immani pondere caestus
proiecit, quibus acer Eryx in proelia suetus
ferre manum duroque intendere bracchia tergo.
obstipuere animi: tantorum ingentia septem
terga boum plumbo insuto ferroque rigebant. 405
ante omnis stupet ipse Dares longeque recusat,
magnanimusque Anchisiades et pondus et ipsa

376–407 *MPRp*   380 palma *MPRpr*: pugna (*A.* ix 789) *ω*:
pugnae *aceh*   381 moratur *p*   382 laeuo *P*   387 his
Non. 251. 26 (*aliter* 314. 36)   388 herba *Rc*: herbam *p*
390 iam *M*¹   391 sinis *abfs*   398 iuuentas *MRP²prt?*: -tus
*P*¹: -ta *ω* (*cf. G.* iii 63, *A.* viii 160)

huc illuc uinclorum immensa uolumina uersat.
tum senior talis referebat pectore uoces:
'quid, si quis caestus ipsius et Herculis arma   410
uidisset tristemque hoc ipso in litore pugnam?
haec germanus Eryx quondam tuus arma gerebat
(sanguine cernis adhuc sparsoque infecta cerebro),
his magnum Alciden contra stetit, his ego suetus,
dum melior uiris sanguis dabat, aemula necdum   415
temporibus geminis canebat sparsa senectus.
sed si nostra Dares haec Troius arma recusat
idque pio sedet Aeneae, probat auctor Acestes,
aequemus pugnas.   Erycis tibi terga remitto
(solue metus), et tu Troianos exue caestus.'   420
haec fatus duplicem ex umeris reiecit amictum
et magnos membrorum artus, magna ossa lacertosque
exuit atque ingens media consistit harena.
tum satus Anchisa caestus pater extulit aequos
et paribus palmas amborum innexuit armis.   425
constitit in digitos extemplo arrectus uterque
bracchiaque ad superas interritus extulit auras.
abduxere retro longe capita ardua ab ictu
immiscentque manus manibus pugnamque lacessunt,
ille pedum melior motu fretusque iuuenta,   430
hic membris et mole ualens; sed tarda trementi
genua labant, uastos quatit aeger anhelitus artus.
multa uiri nequiquam inter se uulnera iactant,
multa cauo lateri ingeminant et pectore uastos
dant sonitus, erratque auris et tempora circum   435
crebra manus, duro crepitant sub uulnere malae.
stat grauis Entellus nisuque immotus eodem
corpore tela modo atque oculis uigilantibus exit.
ille, uelut celsam oppugnat qui molibus urbem

408–39 *MPRp*   413 fractoque *cehv*   421 deiecit *P*[1]
422 -que *del.* *P*[2]   423 extulit *Macrob.* vi 1. 43   425 intexuit
M[1]   428 adduxere *as*: redduxere *Apthon.* 38. 31   435 sonitum *P*

212

aut montana sedet circum castella sub armis,   440
nunc hos, nunc illos aditus, omnemque pererrat
arte locum et uariis adsultibus inritus urget.
ostendit dextram insurgens Entellus et alte
extulit, ille ictum uenientem a uertice uelox
praeuidit celerique elapsus corpore cessit;   445
Entellus uiris in uentum effudit et ultro
ipse grauis grauiterque ad terram pondere uasto
concidit, ut quondam caua concidit aut Erymantho
aut Ida in magna radicibus eruta pinus.
consurgunt studiis Teucri et Trinacria pubes;   450
it clamor caelo primusque accurrit Acestes
aequaeuumque ab humo miserans attollit amicum.
at non tardatus casu neque territus heros
acrior ad pugnam redit ac uim suscitat ira;
tum pudor incendit uiris et conscia uirtus,   455
praecipitemque Daren ardens agit aequore toto
nunc dextra ingeminans ictus, nunc ille sinistra.
nec mora nec requies: quam multa grandine nimbi
culminibus crepitant, sic densis ictibus heros
creber utraque manu pulsat uersatque Dareta.   460
    Tum pater Aeneas procedere longius iras
et saeuire animis Entellum haud passus acerbis,
sed finem imposuit pugnae fessumque Dareta
eripuit mulcens dictis ac talia fatur:
'infelix, quae tanta animum dementia cepit?   465
non uiris alias conuersaque numina sentis?
cede deo.' dixitque et proelia uoce diremit.
ast illum fidi aequales genua aegra trahentem
iactantemque utroque caput crassumque cruorem
ore eiectantem mixtosque in sanguine dentes   470
ducunt ad nauis; galeamque ensemque uocati

440–7 *MPRp*; 448–71 *MPRVp*   446 effundit *P*[1]   449 radicibus *MPpω*: radicitus *RVcfr?s*, *Prisc.* xv 23, *Tib.*   451 primus
(*om.* -que) *Mp*   457 ille] deinde *M*: illa *p*   469 iactantem-
que] quassantemque *Macrob.* iv 1. 2   470 eiectantem *Ppbrst*:
iectantem *MVc*: iactantem *R*: reiectantem *ω*, *Tib.*

accipiunt, palmam Entello taurumque relinquunt.
hic uictor superans animis tauroque superbus
'nate dea, uosque haec' inquit 'cognoscite, Teucri,
et mihi quae fuerint iuuenali in corpore uires   475
et qua seruetis reuocatum a morte Dareta.'
dixit, et aduersi contra stetit ora iuuenci
qui donum astabat pugnae, durosque reducta
librauit dextra media inter cornua caestus
arduus, effractoque inlisit in ossa cerebro: 480
sternitur exanimisque tremens procumbit humi bos.
ille super talis effundit pectore uoces:
'hanc tibi, Eryx, meliorem animam pro morte Daretis
persoluo; hic uictor caestus artemque repono.'

Protinus Aeneas celeri certare sagitta   485
inuitat qui forte uelint et praemia dicit,
ingentique manu malum de naue Seresti
erigit et uolucrem traiecto in fune columbam,
quo tendant ferrum, malo suspendit ab alto.
conuenere uiri deiectamque aerea sortem   490
accepit galea, et primus clamore secundo
Hyrtacidae ante omnis exit locus Hippocoontis;
quem modo nauali Mnestheus certamine uictor
consequitur, uiridi Mnestheus euinctus oliua.
tertius Eurytion, tuus, o clarissime, frater,   495
Pandare, qui quondam iussus confundere foedus
in medios telum torsisti primus Achiuos.
extremus galeaque ima subsedit Acestes,
ausus et ipse manu iuuenum temptare laborem.
tum ualidis flexos incuruant uiribus arcus   500
pro se quisque uiri et depromunt tela pharetris,
primaque per caelum neruo stridente sagitta
Hyrtacidae iuuenis uolucris diuerberat auras,

472–99 *MPRVp*; 500–3 *MPRp*   473 animo *V*
477 auersi *Pb*   480 in *om. R*   484 ultor *V¹*   repono
MPbrst: -nit *RVpω, Seru.*   486 dicit *Pp*: ponit (*u.* 292) *MRVω*,
Non. 320. 37   491 primum *R*   499 manum . . . labore *V*
503 iuuenis uolucris *MRpω*: uol. iuu. *Pabe*   deuerberat *M¹afv*

et uenit aduersique infigitur arbore mali.
intremuit malus micuitque exterrita pennis   505
ales, et ingenti sonuerunt omnia plausu.
post acer Mnestheus adducto constitit arcu
alta petens, pariterque oculos telumque tetendit.
ast ipsam miserandus auem contingere ferro
non ualuit; nodos et uincula linea rupit   510
quis innexa pedem malo pendebat ab alto;
illa Notos atque atra uolans in nubila fugit.
tum rapidus, iamdudum arcu contenta parato
tela tenens, fratrem Eurytion in uota uocauit,
iam uacuo laetam caelo speculatus et alis   515
plaudentem nigra figit sub nube columbam.
decidit exanimis uitamque reliquit in astris
aetheriis fixamque refert delapsa sagittam.
  Amissa solus palma superabat Acestes,
qui tamen aërias telum contendit in auras   520
ostentans artemque pater arcumque sonantem.
hic oculis subitum obicitur magnoque futurum
augurio monstrum; docuit post exitus ingens
seraque terrifici cecinerunt omina uates.
namque uolans liquidis in nubibus arsit harundo   525
signauitque uiam flammis tenuisque recessit
consumpta in uentos, caelo ceu saepe refixa
transcurrunt crinemque uolantia sidera ducunt.
attonitis haesere animis superosque precati
Trinacrii Teucrique uiri, nec maximus omen   530
abnuit Aeneas, sed laetum amplexus Acesten
muneribus cumulat magnis ac talia fatur:
'sume, pater, nam te uoluit rex magnus Olympi

504–33 *MPRp*   505 micuitque *Slater*: timuitque *codd.*
510 linea uincula *p*   512 atra] alta *P*   516 figit nigra *P¹ae*
518 aetheriis (*u.* 838) *Pdv*: aeriis *MRpω* (-eis *c*), *Macrob.* iii 8. 4, *Tib.*
520 contendit *M¹Rpdhtv* (condit *c*), *Non.* 260. 4, *Tib.*: contorsit (*A.* xii 266) *M²Pabefr*   522 subitum *recc.* (*cf. A.* ii 860,
viii 81): subito *codd.*   524 omnia *padefr*   526 flammis]
lamnis *M¹*

talibus auspiciis exsortem ducere honores.
ipsius Anchisae longaeui hoc munus habebis,   535
cratera impressum signis, quem Thracius olim
Anchisae genitori in magno munere Cisseus
ferre sui dederat monimentum et pignus amoris.'
sic fatus cingit uiridanti tempora lauro
et primum ante omnis uictorem appellat Acesten.   540
nec bonus Eurytion praelato inuidit honori,
quamuis solus auem caelo deiecit ab alto.
proximus ingreditur donis qui uincula rupit,
extremus uolucri qui fixit harundine malum.
    At pater Aeneas nondum certamine misso   545
custodem ad sese comitemque impubis Iuli
Epytiden uocat, et fidam sic fatur ad aurem:
'uade age et Ascanio, si iam puerile paratum
agmen habet secum cursusque instruxit equorum,
ducat auo turmas et sese ostendat in armis   550
dic' ait. ipse omnem longo decedere circo
infusum populum et campos iubet esse patentis.
incedunt pueri pariterque ante ora parentum
frenatis lucent in equis, quos omnis euntis
Trinacriae mirata fremit Troiaeque iuuentus.   555
omnibus in morem tonsa coma pressa corona;
cornea bina ferunt praefixa hastilia ferro,
pars leuis umero pharetras; it pectore summo
flexilis obtorti per collum circulus auri.
tres equitum numero turmae ternique uagantur   560
ductores; pueri bis seni quemque secuti
agmine partito fulgent paribusque magistris.
una acies iuuenum, ducit quam paruus ouantem
nomen aui referens Priamus, tua clara, Polite,
progenies, auctura Italos; quem Thracius albis   565

    534–65 *MPRp*   534 honores *M*¹*PR*: honorem *M*²*pω, Tib.*
541 honore *P*¹   548 paratus *P*¹   551 longe *p*   discedere
Pr, Tib.   558 it *M*²*a?dυ, Seru.* (iet *P*¹): et *M*¹*P*²*Rpω*
559 collum it *efhtv*   564 cara *P*¹   Polites *M*¹*P*¹*R*

portat equus bicolor maculis, uestigia primi
alba pedis frontemque ostentans arduus albam.
alter Atys, genus unde Atii duxere Latini,
paruus Atys pueroque puer dilectus Iulo.
extremus formaque ante omnis pulcher Iulus   570
Sidonio est inuectus equo, quem candida Dido
esse sui dederat monimentum et pignus amoris.
cetera Trinacriis pubes senioris Acestae
fertur equis.
excipiunt plausu pauidos gaudentque tuentes   575
Dardanidae, ueterumque agnoscunt ora parentum.
postquam omnem laeti consessum oculosque suorum
lustrauere in equis, signum clamore paratis
Epytides longe dedit insonuitque flagello.
olli discurrere pares atque agmina terni   580
diductis soluere choris, rursusque uocati
conuertere uias infestaque tela tulere.
inde alios ineunt cursus aliosque recursus
aduersi spatiis, alternosque orbibus orbis
impediunt pugnaeque cient simulacra sub armis;   585
et nunc terga fuga nudant, nunc spicula uertunt
infensi, facta pariter nunc pace feruntur.
ut quondam Creta fertur Labyrinthus in alta
parietibus textum caecis iter ancipitemque
mille uiis habuisse dolum, qua signa sequendi   590
frangeret indeprensus et inremeabilis error;
haud alio Teucrum nati uestigia cursu
impediunt texuntque fugas et proelia ludo,
delphinum similes qui per maria umida nando

566–94 $MPRp$ 566 primis M^1P^1 570 formam M^1
573 Trinacriis *recc. aliquot, Seruii cod. Parisinus*: -crii P^1Rbr, *Seru.*,
Tib.: -criae M^2(-crae M^1)$P^2pω$ 577 consessum $M^2Rω$: concessum
P: cossensum M^1, consensum *pav* (*cf. uu.* 290, 340)   578, 579
inuerso ordine Paev   581 deductis MR 584 aduersi MRp:
aduersis $Pω$(auersis v), *Tib.*   591 frangeret $PRpbrt$, *Seru.*, *Tib.*:
falleret $Mω$ 592 alio MPc: alioter R^1, aliter $R^2pω$, *Tib.*
nati Teucrum *Pae*

Carpathium Libycumque secant.   595
hunc morem cursus atque haec certamina primus
Ascanius, Longam muris cum cingeret Albam,
rettulit et priscos docuit celebrare Latinos,
quo puer ipse modo, secum quo Troia pubes;
Albani docuere suos; hinc maxima porro   600
accepit Roma et patrium seruauit honorem;
Troiaque nunc pueri, Troianum dicitur agmen.
hac celebrata tenus sancto certamina patri.
    Hinc primum Fortuna fidem mutata nouauit.
dum uariis tumulo referunt sollemnia ludis,   605
Irim de caelo misit Saturnia Iuno
Iliacam ad classem uentosque aspirat eunti,
multa mouens necdum antiquum saturata dolorem.
illa uiam celerans per mille coloribus arcum
nulli uisa cito decurrit tramite uirgo.   610
conspicit ingentem concursum et litora lustrat
desertosque uidet portus classemque relictam.
at procul in sola secretae Troades acta
amissum Anchisen flebant, cunctaeque profundum
pontum aspectabant flentes. heu tot uada fessis   615
et tantum superesse maris, uox omnibus una;
urbem orant, taedet pelagi perferre laborem.
ergo inter medias sese haud ignara nocendi
conicit et faciemque deae uestemque reponit;
fit Beroe, Tmarii coniunx longaeua Dorycli,   620
cui genus et quondam nomen natique fuissent,
ac sic Dardanidum mediam se matribus infert.
'o miserae, quas non manus' inquit 'Achaica bello
traxerit ad letum patriae sub moenibus! o gens
infelix, cui te exitio Fortuna reseruat?   625
septima post Troiae excidium iam uertitur aestas,

595–626 MPRp   595 post secant add. luduntque per undas
Rce, Tib.(?)   600 hinc] nunc Seru. ad A. i 7 (cf. A. vii 602)
604 hic Mc   609 celebrans M¹p¹ (cf. A. iv 641)   611 consessum M¹   620 Tmarii] Mari Mabhr: Marii v

cum freta, cum terras omnis, tot inhospita saxa
sideraque emensae ferimur, dum per mare magnum
Italiam sequimur fugientem et uoluimur undis.
hic Erycis fines fraterni atque hospes Acestes: 630
quis prohibet muros iacere et dare ciuibus urbem?
o patria et rapti nequiquam ex hoste penates,
nullane iam Troiae dicentur moenia? nusquam
Hectoreos amnis, Xanthum et Simoenta, uidebo?
quin agite et mecum infaustas exurite puppis.   635
nam mihi Cassandrae per somnum uatis imago
ardentis dare uisa faces: "hic quaerite Troiam;
hic domus est" inquit "uobis." iam tempus agi res,
nec tantis mora prodigiis. en quattuor arae
Neptuno; deus ipse faces animumque ministrat.'   640
haec memorans prima infensum ui corripit ignem
sublataque procul dextra conixa coruscat
et iacit. arrectae mentes stupefactaque corda
Iliadum. hic una e multis, quae maxima natu,
Pyrgo, tot Priami natorum regia nutrix: 645
'non Beroe uobis, non haec Rhoeteia, matres,
est Dorycli coniunx; diuini signa decoris
ardentisque notate oculos, qui spiritus illi,
qui uultus uocisque sonus uel gressus eunti.
ipsa egomet dudum Beroen digressa reliqui   650
aegram, indignantem tali quod sola careret
munere nec meritos Anchisae inferret honores.'
haec effata.
at matres primo ancipites oculisque malignis
ambiguae spectare rates miserum inter amorem   655
praesentis terrae fatisque uocantia regna,
cum dea se paribus per caelum sustulit alis
ingentemque fuga secuit sub nubibus arcum.

627–58 *MPRp*   631 quis *M²Pbfh*: qui *M¹*: quid *Rpω*
632 et] o *Macrob.* vi 6. 16   640 animumque *MPω*: -mamque
(*cf. A.* viii 403) *Rpb*   649 qui *MRpω* (*cf. G.* i 3, *A.* ix 723):
quis *Pabrv, Tib.*   uocisue *ch*   uel] et *Pae*   euntis *ω(praeter bct)*
655 expectare *bcr?*

tum uero attonitae monstris actaeque furore
conclamant, rapiuntque focis penetralibus ignem,   660
pars spoliant aras, frondem ac uirgulta facesque
coniciunt. furit immissis Volcanus habenis
transtra per et remos et pictas abiete puppis.

  Nuntius Anchisae ad tumulum cuneosque theatri
incensas perfert nauis Eumelus, et ipsi   665
respiciunt atram in nimbo uolitare fauillam.
primus et Ascanius, cursus ut laetus equestris
ducebat, sic acer equo turbata petiuit
castra, nec exanimes possunt retinere magistri.
'quis furor iste nouus? quo nunc, quo tenditis' inquit   670
'heu miserae ciues? non hostem inimicaque castra
Argiuum, uestras spes uritis. en, ego uester
Ascanius!'—galeam ante pedes proiecit inanem,
qua ludo indutus belli simulacra ciebat.
accelerat simul Aeneas, simul agmina Teucrum.   675
ast illae diuersa metu per litora passim
diffugiunt, siluasque et sicubi concaua furtim
saxa petunt; piget incepti lucisque, suosque
mutatae agnoscunt excussaque pectore Iuno est.

  Sed non idcirco flamma atque incendia uiris   680
indomitas posuere; udo sub robore uiuit
stuppa uomens tardum fumum, lentusque carinas
est uapor et toto descendit corpore pestis,
nec uires heroum infusaque flumina prosunt.
tum pius Aeneas umeris abscindere uestem   685
auxilioque uocare deos et tendere palmas:
'Iuppiter omnipotens, si nondum exosus ad unum
Troianos, si quid pietas antiqua labores
respicit humanos, da flammam euadere classi
nunc, pater, et tenuis Teucrum res eripe leto.   690

  659–90 *MPRp*   669 neque *p*   674 quam *Tib.*
680 flamma *M²P¹*, *Tib.*: flammam *M¹P²*: flammae *Rpω P.Colt* 2
685 excindere *M*: abscidere *R*   689 flamma *ace*   classem *a?c*:
classis *pa?de*

uel tu, quod superest, infesto fulmine morti,
si mereor, demitte tuaque hic obrue dextra.'
uix haec ediderat cum effusis imbribus atra
tempestas sine more furit tonitruque tremescunt
ardua terrarum et campi; ruit aethere toto   695
turbidus imber aqua densisque nigerrimus Austris,
implenturque super puppes, semusta madescunt
robora, restinctus donec uapor omnis et omnes
quattuor amissis seruatae a peste carinae.

At pater Aeneas casu concussus acerbo   700
nunc huc ingentis, nunc illuc pectore curas
mutabat uersans, Siculisne resideret aruis
oblitus fatorum, Italasne capesseret oras.
tum senior Nautes, unum Tritonia Pallas
quem docuit multaque insignem reddidit arte—   705
haec responsa dabat, uel quae portenderet ira
magna deum uel quae fatorum posceret ordo;
isque his Aenean solatus uocibus infit:
'nate dea, quo fata trahunt retrahuntque sequamur;
quidquid erit, superanda omnis fortuna ferendo est.   710
est tibi Dardanius diuinae stirpis Acestes:
hunc cape consiliis socium et coniunge uolentem,
huic trade amissis superant qui nauibus et quos
pertaesum magni incepti rerumque tuarum est.
longaeuosque senes ac fessas aequore matres   715
et quidquid tecum inualidum metuensque pericli est
delige, et his habeant terris sine moenia fessi;
urbem appellabunt permisso nomine Acestam.'

Talibus incensus dictis senioris amici
tum uero in curas animo diducitur omnis;   720
et Nox atra polum bigis subuecta tenebat.
uisa dehinc caelo facies delapsa parentis

691–722 MPRp   692 demitte (A. x 662) Rω: dimitte MPpabc
695 campis M¹P²: campo P¹   706 hac c¹ (ut uid.)   712 consiliis MPRpcrt: consilii ω   716 est om. afu (cf. A. viii 251, ix 287)
719 accensus R   720 animum v, Seru.   diducitur MPpc: ded-
Rω   722 facies caelo Rpbcvy

Anchisae subito talis effundere uoces:
'nate, mihi uita quondam, dum uita manebat,
care magis, nate Iliacis exercite fatis,   725
imperio Iouis huc uenio, qui classibus ignem
depulit, et caelo tandem miseratus ab alto est.
consiliis pare quae nunc pulcherrima Nautes
dat senior; lectos iuuenes, fortissima corda,
defer in Italiam. gens dura atque aspera cultu   730
debellanda tibi Latio est. Ditis tamen ante
infernas accede domos et Auerna per alta
congressus pete, nate, meos. non me impia namque
Tartara habent, tristes umbrae, sed amoena piorum
concilia Elysiumque colo. huc casta Sibylla   735
nigrarum multo pecudum te sanguine ducet.
tum genus omne tuum et quae dentur moenia disces.
iamque uale; torquet medios Nox umida cursus
et me saeuus equis Oriens adflauit anhelis.'
dixerat et tenuis fugit ceu fumus in auras.   740
Aeneas 'quo deinde ruis? quo proripis?' inquit,
'quem fugis? aut quis te nostris complexibus arcet?'
haec memorans cinerem et sopitos suscitat ignis,
Pergameumque Larem et canae penetralia Vestae
farre pio et plena supplex ueneratur acerra.   745
    Extemplo socios primumque accersit Acesten
et Iouis imperium et cari praecepta parentis
edocet et quae nunc animo sententia constet.
haud mora consiliis, nec iussa recusat Acestes:
transcribunt urbi matres populumque uolentem   750
deponunt, animos nil magnae laudis egentis.
ipsi transtra nouant flammisque ambesa reponunt
robora nauigiis, aptant remosque rudentisque,
exigui numero, sed bello uiuida uirtus.

723–34 *MPRp*; 735–54 *MPR*   731 est Latio *P*   734 tri-
stesue *Tib*.   739 saeuus] Foebus *Sac*. 446. 25   740 in (*G.
iv* 499)] ad (*u.* 861) *P*   746 accersit *MRω*: arcessit *Paefr* (*cf. A.
vi* 119)

interea Aeneas urbem designat aratro 755
sortiturque domos; hoc Ilium et haec loca Troiam
esse iubet. gaudet regno Troianus Acestes
indicitque forum et patribus dat iura uocatis.
tum uicina astris Erycino in uertice sedes
fundatur Veneri Idaliae, tumuloque sacerdos 760
ac lucus late sacer additus Anchiseo.
  Iamque dies epulata nouem gens omnis, et aris
factus honos: placidi strauerunt aequora uenti
creber et aspirans rursus uocat Auster in altum.
exoritur procurua ingens per litora fletus; 765
complexi inter se noctemque diemque morantur.
ipsae iam matres, ipsi, quibus aspera quondam
uisa maris facies et non tolerabile numen,
ire uolunt omnemque fugae perferre laborem.
quos bonus Aeneas dictis solatur amicis 770
et consanguineo lacrimans commendat Acestae.
tris Eryci uitulos et Tempestatibus agnam
caedere deinde iubet soluique ex ordine funem.
ipse caput tonsae foliis euinctus oliuae
stans procul in prora pateram tenet, extaque salsos 775
proicit in fluctus ac uina liquentia fundit.
certatim socii feriunt mare et aequora uerrunt; 778
prosequitur surgens a puppi uentus euntis. 777
  At Venus interea Neptunum exercita curis
adloquitur talisque effundit pectore questus: 780
'Iunonis grauis ira neque exsaturabile pectus
cogunt me, Neptune, preces descendere in omnis;
quam nec longa dies pietas nec mitigat ulla,
nec Iouis imperio fatisque infracta quiescit.

  755–83 *MPR*; 784 *FMPR*   756 Troiam *MPRchr*: Troiae
(*ut uid.*) *bt*: Troia *ad?efv*   761 additus *Pbr*: -tur *cett.*   767 ipsi]
ipsae *Non.* 307. 35   768 numen *M²Pω*, *Seru.*, *Tib.*: nomen *M¹b*,
Non.: caelum (*A.* iv 53) *R*   772 agnos *M*   776 por-
ricit *N. Heinsius* (*cf. u.* 238)   778, 777 (=*A.* iii 130, 290)
hoc ordine Paef, inuerso MRω (*sed remis utitur nemo dum spirat
uentus*)   781 nec *MRc?d*   782 in] ad *Seru.*   784 fatisque
MPRaeft: fatisue *Fbcdhvy*

non media de gente Phrygum exedisse nefandis   785
urbem odiis satis est nec poenam traxe per omnem
reliquias Troiae: cineres atque ossa peremptae
insequitur. causas tanti sciat illa furoris.
ipse mihi nuper Libycis tu testis in undis
quam molem subito excierit: maria omnia caelo   790
miscuit Aeoliis nequiquam freta procellis,
in regnis hoc ausa tuis.
per scelus ecce etiam Troianis matribus actis
exussit foede puppis et classe subegit
amissa socios ignotae linquere terrae.   795
quod superest, oro, liceat dare tuta per undas
uela tibi, liceat Laurentem attingere Thybrim,
si concessa peto, si dant ea moenia Parcae.'
tum Saturnius haec domitor maris edidit alti:
'fas omne est, Cytherea, meis te fidere regnis,   800
unde genus ducis. merui quoque; saepe furores
compressi et rabiem tantam caelique marisque.
nec minor in terris, Xanthum Simoentaque testor,
Aeneae mihi cura tui. cum Troia Achilles
exanimata sequens impingeret agmina muris,   805
milia multa daret leto, gemerentque repleti
amnes nec reperire uiam atque euoluere posset
in mare se Xanthus, Pelidae tunc ego forti
congressum Aenean nec dis nec uiribus aequis
nube caua rapui, cuperem cum uertere ab imo   810
structa meis manibus periurae moenia Troiae.
nunc quoque mens eadem perstat mihi; pelle timores.
tutus, quos optas, portus accedet Auerni.
unus erit tantum amissum quem gurgite quaeres;

785–814 *FMPR*   785 excedisse *F*   786 traxe *F²M²P²Rω*:
traxere *F¹P¹b?γ?*: traxisse *M¹dΙγ*   omnis *P¹*   794 excussit *M¹P¹*
795 ignotae *FP¹ω*: ignota *MP²R*   terrae *FP¹Rω*: terra *MP²*
805 inmitteret *F¹*   806 dares *P¹*: darent *R*   807 atque]
neque *Pe*: qua *Aug. de gramm.* 523. 3   possit *cdh*   810 eripui
F²   euertere *P*   811 periturae *F¹M¹*   812 timorem *F¹Mc*
814 quaeris *F¹M²*: quaeret *Tib.*

unum pro multis dabitur caput.'   815
his ubi laeta deae permulsit pectora dictis,
iungit equos auro genitor, spumantiaque addit
frena feris manibusque omnis effundit habenas.
caeruleo per summa leuis uolat aequora curru;
subsidunt undae tumidumque sub axe tonanti   820
sternitur aequor aquis, fugiunt uasto aethere nimbi.
tum uariae comitum facies, immania cete,
et senior Glauci chorus Inousque Palaemon
Tritonesque citi Phorcique exercitus omnis;
laeua tenet Thetis et Melite Panopeaque uirgo,   825
Nisaee Spioque Thaliaque Cymodoceque.
   Hic patris Aeneae suspensam blanda uicissim
gaudia pertemptant mentem; iubet ocius omnis
attolli malos, intendi bracchia uelis.
una omnes fecere pedem pariterque sinistros,   830
nunc dextros soluere sinus; una ardua torquent
cornua detorquentque; ferunt sua flamina classem.
princeps ante omnis densum Palinurus agebat
agmen; ad hunc alii cursum contendere iussi.
iamque fere mediam caeli Nox umida metam   835
contigerat, placida laxabant membra quiete
sub remis fusi per dura sedilia nautae,
cum leuis aetheriis delapsus Somnus ab astris
aëra dimouit tenebrosum et dispulit umbras,
te, Palinure, petens, tibi somnia tristia portans   840
insonti; puppique deus consedit in alta
Phorbanti similis funditque has ore loquelas:
'Iaside Palinure, ferunt ipsa aequora classem,
aequatae spirant aurae, datur hora quieti.
pone caput fessosque oculos furare labori.   845
ipse ego paulisper pro te tua munera inibo.'

815–46 *MPR*   821 equis *M¹b*   825 tenet *Madfhv*: tenent
Pbcert, Tib. (tent *R*); *utrum Seru., non liquet*   829 uelis *Pω*:
remis (*u.* 136) *MR*   837 sedilia] silentia *P¹*   838 dilapsus *cdeht*
843 ipsa aequora] sua flamina (*u.* 832) *M¹*

cui uix attollens Palinurus lumina fatur:
'mene salis placidi uultum fluctusque quietos
ignorare iubes? mene huic confidere monstro?
Aenean credam (quid enim?) fallacibus auris   850
et caeli totiens deceptus fraude sereni?'
talia dicta dabat, clauumque adfixus et haerens
nusquam amittebat oculosque sub astra tenebat.
ecce deus ramum Lethaeo rore madentem
uique soporatum Stygia super utraque quassat   855
tempora, cunctantique natantia lumina soluit.
uix primos inopina quies laxauerat artus,
et super incumbens cum puppis parte reuulsa
cumque gubernaclo liquidas proiecit in undas
praecipitem ac socios nequiquam saepe uocantem;   860
ipse uolans tenuis se sustulit ales ad auras.
currit iter tutum non setius aequore classis
promissisque patris Neptuni interrita fertur.
iamque adeo scopulos Sirenum aduecta subibat,
difficilis quondam multorumque ossibus albos   865
(tum rauca adsiduo longe sale saxa sonabant),
cum pater amisso fluitantem errare magistro
sensit, et ipse ratem nocturnis rexit in undis
multa gemens casuque animum concussus amici:
'o nimium caelo et pelago confise sereno,   870
nudus in ignota, Palinure, iacebis harena.'

847–71 *MPR*   850 fallacius austris *agnoscit Tib.*   austris
P²htv, Prisc. vii 4   851 caeli *MP²Rω, 'alii' ap. DSeru.*: caelo
P¹c, Seru.   sereno *c*   852 dicta dabat] dictabat *Pcf*   860 saepe]
uoce (*A*. xii 638) *M*   861 ad] in (*u.* 740) *P, Tib.*   871 *A*
Vergilio duo uersus sequentes (vi 1–2) huic iunctos, a Tucca et Vario
prudenter ad initium sexti translatos, hic a Probo aliisque relictos narrat
Seru.

P. VERGILI MARONIS

AENEIDOS

LIBER VI

Sıc fatur lacrimans, classique immittit habenas
et tandem Euboicis Cumarum adlabitur oris.
obuertunt pelago proras; tum dente tenaci
ancora fundabat nauis et litora curuae
praetexunt puppes. iuuenum manus emicat ardens   5
litus in Hesperium; quaerit pars semina flammae
abstrusa in uenis silicis, pars densa ferarum
tecta rapit siluas inuentaque flumina monstrat.
at pius Aeneas arces quibus altus Apollo
praesidet horrendaeque procul secreta Sibyllae,   10
antrum immane, petit, magnam cui mentem animumque
Delius inspirat uates aperitque futura.
iam subeunt Triuiae lucos atque aurea tecta.

Daedalus, ut fama est, fugiens Minoia regna
praepetibus pennis ausus se credere caelo   15
insuetum per iter gelidas enauit ad Arctos,
Chalcidicaque leuis tandem super astitit arce.
redditus his primum terris tibi, Phoebe, sacrauit
remigium alarum posuitque immania templa.
in foribus letum Androgeo; tum pendere poenas   20
Cecropidae iussi (miserum!) septena quotannis
corpora natorum; stat ductis sortibus urna.
contra elata mari respondet Cnosia tellus:
hic crudelis amor tauri suppostaque furto
Pasiphae mixtumque genus prolesque biformis   25

1–25 MPR   17 arcaem M^1: arca R   20 Androgeo actv,
Gramm., Seru. ad A. ii 371, DSeru. ad A. ii 392: -gei MPRb?def(-ge
f¹)hr, 'aliqui' ap. Probum 227. 34

Minotaurus inest, Veneris monimenta nefandae,
hic labor ille domus et inextricabilis error;
magnum reginae sed enim miseratus amorem
Daedalus ipse dolos tecti ambagesque resoluit,
caeca regens filo uestigia. tu quoque magnam   30
partem opere in tanto, sineret dolor, Icare, haberes.
bis conatus erat casus effingere in auro,
bis patriae cecidere manus. quin protinus omnia
perlegerent oculis, ni iam praemissus Achates
adforet atque una Phoebi Triuiaeque sacerdos,   35
Deiphobe Glauci, fatur quae talia regi:
'non hoc ista sibi tempus spectacula poscit;
nunc grege de intacto septem mactare iuuencos
praestiterit, totidem lectas ex more bidentis.'
talibus adfata Aenean (nec sacra morantur   40
iussa uiri) Teucros uocat alta in templa sacerdos.
   Excisum Euboicae latus ingens rupis in antrum,
quo lati ducunt aditus centum, ostia centum,
unde ruunt totidem uoces, responsa Sibyllae.
uentum erat ad limen, cum uirgo 'poscere fata   45
tempus' ait; 'deus ecce deus!' cui talia fanti
ante fores subito non uultus, non color unus,
non comptae mansere comae; sed pectus anhelum,
et rabie fera corda tument, maiorque uideri
nec mortale sonans, adflata est numine quando   50
iam propiore dei. 'cessas in uota precesque,
Tros' ait 'Aenea? cessas? neque enim ante dehiscent
attonitae magna ora domus.' et talia fata
conticuit. gelidus Teucris per dura cucurrit
ossa tremor, funditque preces rex pectore ab imo: 55
'Phoebe, grauis Troiae semper miserate labores,
Dardana qui Paridis derexti tela manusque

26–50 *FMPR*; 51–7 *MPR*   33 omne *Rb?eh*   34 pelligerent
Quint. viii 3. 25 (pollicerent *codd.*), *Scaurus* 26. 9   37 poscunt
MR, respuit Seru.   39 ex *Fc*: de (*A.* iv 57 *al.*) *MPRω, Seru.*
51 deo *cerv*   57 derexti *Ribbeck*: dir- *codd.*

corpus in Aeacidae, magnas obeuntia terras
tot maria intraui duce te penitusque repostas
Massylum gentis praetentaque Syrtibus arua:　　　　60
iam tandem Italiae fugientis prendimus oras.
hac Troiana tenus fuerit fortuna secuta;
uos quoque Pergameae iam fas est parcere genti,
dique deaeque omnes, quibus obstitit Ilium et ingens
gloria Dardaniae. tuque, o sanctissima uates,　　　　65
praescia uenturi, da (non indebita posco
regna meis fatis) Latio considere Teucros
errantisque deos agitataque numina Troiae.
tum Phoebo et Triuiae solido de marmore templum
instituam festosque dies de nomine Phoebi.　　　　70
te quoque magna manent regnis penetralia nostris:
hic ego namque tuas sortis arcanaque fata
dicta meae genti ponam, lectosque sacrabo,
alma, uiros. foliis tantum ne carmina manda,
ne turbata uolent rapidis ludibria uentis;　　　　75
ipsa canas oro.' finem dedit ore loquendi.

　　At Phoebi nondum patiens immanis in antro
bacchatur uates, magnum si pectore possit
excussisse deum; tanto magis ille fatigat
os rabidum, fera corda domans, fingitque premendo.　　80
ostia iamque domus patuere ingentia centum
sponte sua uatisque ferunt responsa per auras:
'o tandem magnis pelagi defuncte periclis
(sed terrae grauiora manent), in regna Lauini
Dardanidae uenient (mitte hanc de pectore curam),　　85
sed non et uenisse uolent. bella, horrida bella,
et Thybrim multo spumantem sanguine cerno.
non Simois tibi nec Xanthus nec Dorica castra
defuerint; alius Latio iam partus Achilles,
natus et ipse dea; nec Teucris addita Iuno　　　　90

58–90 *MPR*　　　67 consistere *R*　　　69 templum *MRh*: templa
Pω　　　78 posset *R*　　　84 terrae *MPt*: terra *Rω*, '*unum tamen
est*' *iudice Seru.*　　Lauini] Latini '*alii*' *ap. Seru.*

usquam aberit, cum tu supplex in rebus egenis
quas gentis Italum aut quas non oraueris urbes!
causa mali tanti coniunx iterum hospita Teucris
externique iterum thalami.
tu ne cede malis, sed contra audentior ito,   95
qua tua te Fortuna sinet. uia prima salutis
(quod minime reris) Graia pandetur ab urbe.'
  Talibus ex adyto dictis Cumaea Sibylla
horrendas canit ambages antroque remugit,
obscuris uera inuoluens: ea frena furenti   100
concutit et stimulos sub pectore uertit Apollo.
ut primum cessit furor et rabida ora quierunt,
incipit Aeneas heros: 'non ulla laborum,
o uirgo, noua mi facies inopinaue surgit;
omnia praecepi atque animo mecum ante peregi.   105
unum oro: quando hic inferni ianua regis
dicitur et tenebrosa palus Acheronte refuso,
ire ad conspectum cari genitoris et ora
contingat; doceas iter et sacra ostia pandas.
illum ego per flammas et mille sequentia tela   110
eripui his umeris medioque ex hoste recepi;
ille meum comitatus iter maria omnia mecum
atque omnis pelagique minas caelique ferebat,
inualidus, uiris ultra sortemque senectae.
quin, ut te supplex peterem et tua limina adirem,   115
idem orans mandata dabat. gnatique patrisque,
alma, precor, miserere (potes namque omnia, nec te
nequiquam lucis Hecate praefecit Auernis),
si potuit manis accersere coniugis Orpheus
Threicia fretus cithara fidibusque canoris,   120
si fratrem Pollux alterna morte redemit

91–121 *MPR*   96 qua *b²* (*cf. A.* ii 387): quam *codd.*, *codd.*
Senecae ep. 82. 18 (*cui* sinet *sententiae finis*), *Seru.*   102 rapida *R*
105 percepi *br*   109 contingam *PR*   113 caelique minas
pelagique *M*   115 et *MP²acert?*: om. *P¹Rbdfhv*   119 accersere
MP¹Rac, *Macrob.* iv 5. 3, *Char.* 227. 7 (arcersere *P²*): arcessere *ω*,
Seru., *Isid.* i 37. 35 (*cf. A.* v 746)

itque reditque uiam totiens. quid Thesea, magnum
quid memorem Alciden? et mi genus ab Ioue summo.'
  Talibus orabat dictis arasque tenebat,
cum sic orsa loqui uates: 'sate sanguine diuum,   125
Tros Anchisiade, facilis descensus Auerno:
noctes atque dies patet atri ianua Ditis;
sed reuocare gradum superasque euadere ad auras,
hoc opus, hic labor est. pauci, quos aequus amauit
Iuppiter aut ardens euexit ad aethera uirtus,   130
dis geniti potuere. tenent media omnia siluae,
Cocytusque sinu labens circumuenit atro.
quod si tantus amor menti, si tanta cupido est
bis Stygios innare lacus, bis nigra uidere
Tartara, et insano iuuat indulgere labori,   135
accipe quae peragenda prius. latet arbore opaca
aureus et foliis et lento uimine ramus,
Iunoni infernae dictus sacer; hunc tegit omnis
lucus et obscuris claudunt conuallibus umbrae.
sed non ante datur telluris operta subire   140
auricomos quam quis decerpserit arbore fetus.
hoc sibi pulchra suum ferri Proserpina munus
instituit. primo auulso non deficit alter
aureus, et simili frondescit uirga metallo.
ergo alte uestiga oculis et rite repertum   145
carpe manu; namque ipse uolens facilisque sequetur,
si te fata uocant; aliter non uiribus ullis
uincere nec duro poteris conuellere ferro.
praeterea iacet exanimum tibi corpus amici
(heu nescis) totamque incestat funere classem,   150
dum consulta petis nostroque in limine pendes.
sedibus hunc refer ante suis et conde sepulcro.
duc nigras pecudes; ea prima piacula sunto.

122–53 *MPR*   126 Auerno *M¹P¹br* (-no est *M²*): Auerni
P²Rω, utrumque agnoscit Seru.   133 est *M¹Rω: om.*
M²P   141 quis] qui *M*   144 similis *M*   147 non]
nec *R*

sic demum lucos Stygis et regna inuia uiuis
aspicies.' dixit, pressoque obmutuit ore.   155
  Aeneas maesto defixus lumina uultu
ingreditur linquens antrum, caecosque uolutat
euentus animo secum. cui fidus Achates
it comes et paribus curis uestigia figit.
multa inter sese uario sermone serebant,   160
quem socium exanimum uates, quod corpus humandum
diceret. atque illi Misenum in litore sicco,
ut uenere, uident indigna morte peremptum,
Misenum Aeoliden, quo non praestantior alter
aere ciere uiros Martemque accendere cantu.   165
Hectoris hic magni fuerat comes, Hectora circum
et lituo pugnas insignis obibat et hasta.
postquam illum uita uictor spoliauit Achilles,
Dardanio Aeneae sese fortissimus heros
addiderat socium, non inferiora secutus.   170
sed tum, forte caua dum personat aequora concha,
demens, et cantu uocat in certamina diuos,
aemulus exceptum Triton, si credere dignum est,
inter saxa uirum spumosa immerserat unda.
ergo omnes magno circum clamore fremebant,   175
praecipue pius Aeneas. tum iussa Sibyllae,
haud mora, festinant flentes aramque sepulcri
congerere arboribus caeloque educere certant.
itur in antiquam siluam, stabula alta ferarum;
procumbunt piceae, sonat icta securibus ilex   180
fraxineaeque trabes cuneis et fissile robur
scinditur, aduoluunt ingentis montibus ornos.
  Nec non Aeneas opera inter talia primus
hortatur socios paribusque accingitur armis.
atque haec ipse suo tristi cum corde uolutat   185

154–85 MPR   154 Stygis M²P¹t, Seru.(?): Stygiis M¹R:
Stygios P²ω   et om. efhruv   156 deflexus P¹   177 sepulchri
(ut Sil. Ital. xv 387) MRω, Non. 298. 15, Seru.: sepulchro Pab?r, Tib.
182 ac uoluunt ehuv

aspectans siluam immensam, et sic forte precatur:
'si nunc se nobis ille aureus arbore ramus
ostendat nemore in tanto! quando omnia uere
heu nimium de te uates, Misene, locuta est.'
uix ea fatus erat, geminae cum forte columbae   190
ipsa sub ora uiri caelo uenere uolantes,
et uiridi sedere solo. tum maximus heros
maternas agnouit auis laetusque precatur:
'este duces, o, si qua uia est, cursumque per auras
derigite in lucos ubi pinguem diues opacat   195
ramus humum. tuque, o, dubiis ne defice rebus,
diua parens.' sic effatus uestigia pressit
obseruans quae signa ferant, quo tendere pergant.
pascentes illae tantum prodire uolando
quantum acie possent oculi seruare sequentum.   200
inde ubi uenere ad fauces graue olentis Auerni,
tollunt se celeres liquidumque per aëra lapsae
sedibus optatis gemina super arbore sidunt,
discolor unde auri per ramos aura refulsit.
quale solet siluis brumali frigore uiscum   205
fronde uirere noua, quod non sua seminat arbos,
et croceo fetu teretis circumdare truncos,
talis erat species auri frondentis opaca
ilice, sic leni crepitabat brattea uento.
corripit Aeneas extemplo auidusque refringit   210
cunctantem, et uatis portat sub tecta Sibyllae.
  Nec minus interea Misenum in litore Teucri
flebant et cineri ingrato suprema ferebant.
principio pinguem taedis et robore secto
ingentem struxere pyram, cui frondibus atris   215
intexunt latera et feralis ante cupressos
constituunt, decorantque super fulgentibus armis.

186–217 *MPR*   186 forte] uoce (*A*. ix 403, xi 784) *R*
193 agnouit *Ma* (*cf. u*. 498, *A*. x 874): agnoscit *PRω*   195 di-
rigite *Mω*   200 acies *M*¹   sequentur *P*¹   203 geminae *R*
209 crepitabant *ω*(*praeter d*)*γ*

pars calidos latices et aëna undantia flammis
expediunt, corpusque lauant frigentis et unguunt.
fit gemitus. tum membra toro defleta reponunt   220
purpureasque super uestis, uelamina nota,
coniciunt. pars ingenti subiere feretro,
triste ministerium, et subiectam more parentum
auersi tenuere facem. congesta cremantur
turea dona, dapes, fuso crateres oliuo.   225
postquam conlapsi cineres et flamma quieuit,
reliquias uino et bibulam lauere fauillam,
ossaque lecta cado texit Corynaeus aëno.
idem ter socios pura circumtulit unda
spargens rore leui et ramo felicis oliuae,   230
lustrauitque uiros dixitque nouissima uerba.
at pius Aeneas ingenti mole sepulcrum
imponit suaque arma uiro remumque tubamque
monte sub aërio, qui nunc Misenus ab illo
dicitur aeternumque tenet per saecula nomen.   235
    His actis propere exsequitur praecepta Sibyllae.
spelunca alta fuit uastoque immanis hiatu,
scrupea, tuta lacu nigro nemorumque tenebris,
quam super haud ullae poterant impune uolantes
tendere iter pennis: talis sese halitus atris   240
faucibus effundens supera ad conuexa ferebat.
[unde locum Grai dixerunt nomine Aornum.]
quattuor hic primum nigrantis terga iuuencos
constituit frontique inuergit uina sacerdos,
et summas carpens media inter cornua saetas   245
ignibus imponit sacris, libamina prima,
uoce uocans Hecaten caeloque Ereboque potentem.
supponunt alii cultros tepidumque cruorem

218 *MPR*; 219–48 *FMPR*   223 subiecta *F¹P²*   224 faces *P²*
225 dapes] ferunt *P²* (*A.* v 101)   231 uiros *FMP²ω*: domos
P¹Rabr (domus *Tib.*)   241 super *M¹P¹R* (*cf. uu.* 750, 787, *A.*
vii 562, x 251)   242 *u. habent hic Rb, ante* 241 *γ, om. ceteri*
Aornum *γ*: Aornon *ed. Aldina an.* 1501: Auernum *Rb*

succipiunt pateris. ipse atri uelleris agnam
Aeneas matri Eumenidum magnaeque sorori 250
ense ferit, sterilemque tibi, Proserpina, uaccam;
tum Stygio regi nocturnas incohat aras
et solida imponit taurorum uiscera flammis,
pingue super oleum fundens ardentibus extis.
ecce autem primi sub limina solis et ortus 255
sub pedibus mugire solum et iuga coepta moueri
siluarum, uisaeque canes ululare per umbram
aduentante dea. 'procul, o procul este, profani,'
conclamat uates, 'totoque absistite luco;
tuque inuade uiam uaginaque eripe ferrum: 260
nunc animis opus, Aenea, nunc pectore firmo.'
tantum effata furens antro se immisit aperto;
ille ducem haud timidis uadentem passibus aequat.

Di, quibus imperium est animarum, umbraeque silentes
et Chaos et Phlegethon, loca nocte tacentia late, 265
sit mihi fas audita loqui, sit numine uestro
pandere res alta terra et caligine mersas.

Ibant obscuri sola sub nocte per umbram
perque domos Ditis uacuas et inania regna:
quale per incertam lunam sub luce maligna 270
est iter in siluis, ubi caelum condidit umbra
Iuppiter, et rebus nox abstulit atra colorem.
uestibulum ante ipsum primisque in faucibus Orci
Luctus et ultrices posuere cubilia Curae,
pallentesque habitant Morbi tristisque Senectus, 275
et Metus et malesuada Fames ac turpis Egestas,
terribiles uisu formae, Letumque Labosque;
tum consanguineus Leti Sopor et mala mentis

249–72 *FMPR*; 273–8 *MPR*   249 succipiunt *FPbt, Seru.*
(*cf. A.* i 175): suscipiunt *MRω, Tib.*   254 super *recc. aliquot* (*cf. A.*
i 668): superque *codd.*   infundens *M*   255 limina *FMah*:
lumina *PRω* (lumine *b*), *Char.* 236. 9, *Seru.*   265 tacentia] silentia *M²(in margine)ω(praeter abcr), Seru.*   267 altas *M¹*
268 umbras *ω(praeter abc)*   270 incertam *F*(-tum *F¹*)*MPRω,*
'*alii*' *ap. Seru., ipse ad G.* ii 179, *DSeru. ad A.* iii 203: inceptam *beuv,*
Seru.   273 primis (*om.* -que) *Pc*

Gaudia, mortiferumque aduerso in limine Bellum,
ferreique Eumenidum thalami et Discordia demens   280
uipereum crinem uittis innexa cruentis.
in medio ramos annosaque bracchia pandit
ulmus opaca, ingens, quam sedem Somnia uulgo
uana tenere ferunt, foliisque sub omnibus haerent.
multaque praeterea uariarum monstra ferarum,   285
Centauri in foribus stabulant Scyllaeque biformes
et centumgeminus Briareus ac belua Lernae
horrendum stridens, flammisque armata Chimaera,
Gorgones Harpyiaeque et forma tricorporis umbrae.
corripit hic subita trepidus formidine ferrum   290
Aeneas strictamque aciem uenientibus offert,
et ni docta comes tenuis sine corpore uitas
admoneat uolitare caua sub imagine formae,
inruat et frustra ferro diuerberet umbras.
    Hinc uia Tartarei quae fert Acherontis ad undas.   295
turbidus hic caeno uastaque uoragine gurges
aestuat atque omnem Cocyto eructat harenam.
portitor has horrendus aquas et flumina seruat
terribili squalore Charon, cui plurima mento
canities inculta iacet, stant lumina flamma,   300
sordidus ex umeris nodo dependet amictus.
ipse ratem conto subigit uelisque ministrat
et ferruginea subuectat corpora cumba,
iam senior, sed cruda deo uiridisque senectus.
huc omnis turba ad ripas effusa ruebat,   305
matres atque uiri defunctaque corpora uita
magnanimum heroum, pueri innuptaeque puellae,
impositique rogis iuuenes ante ora parentum:
quam multa in siluis autumni frigore primo
lapsa cadunt folia, aut ad terram gurgite ab alto   310

279–310 MPR   281 innixa Rb   289 uide praefationem, p. xii
297 Cocyti ω(praeter etuv)   300 flamma M²P¹rt, Seru. ad E.
vii 53, A. i 646, DSeru. ad A. ii 333: flammae M¹P²Rω, DSeru. ad A. i
646   301 dependit aeuv

quam multae glomerantur aues, ubi frigidus annus
trans pontum fugat et terris immittit apricis.
stabant orantes primi transmittere cursum
tendebantque manus ripae ulterioris amore.
nauita sed tristis nunc hos nunc accipit illos,   315
ast alios longe summotos arcet harena.
Aeneas miratus enim motusque tumultu
'dic,' ait, 'o uirgo, quid uult concursus ad amnem?
quidue petunt animae? uel quo discrimine ripas
hae linquunt, illae remis uada liuida uerrunt?'   320
olli sic breuiter fata est longaeua sacerdos:
'Anchisa generate, deum certissima proles,
Cocyti stagna alta uides Stygiamque paludem,
di cuius iurare timent et fallere numen.
haec omnis, quam cernis, inops inhumataque turba est;   325
portitor ille Charon; hi, quos uehit unda, sepulti.
nec ripas datur horrendas et rauca fluenta
transportare prius quam sedibus ossa quierunt.
centum errant annos uolitantque haec litora circum;
tum demum admissi stagna exoptata reuisunt.'   330
constitit Anchisa satus et uestigia pressit
multa putans sortemque animo miseratus iniquam.
cernit ibi maestos et mortis honore carentis
Leucaspim et Lyciae ductorem classis Oronten,
quos simul a Troia uentosa per aequora uectos   335
obruit Auster, aqua inuoluens nauemque uirosque.
   Ecce gubernator sese Palinurus agebat,
qui Libyco nuper cursu, dum sidera seruat,
exciderat puppi mediis effusus in undis.
hunc ubi uix multa maestum cognouit in umbra,   340
sic prior adloquitur: 'quis te, Palinure, deorum
eripuit nobis medioque sub aequore mersit?
dic age. namque mihi, fallax haud ante repertus,
hoc uno responso animum delusit Apollo,

311–44 *MPR*   320 uertunt *P*   332 animi (*A*. x 686) *M*¹
336 uirumque *P*¹

qui fore te ponto incolumem finisque canebat   345
uenturum Ausonios. en haec promissa fides est?'
ille autem: 'neque te Phoebi cortina fefellit,
dux Anchisiade, nec me deus aequore mersit.
namque gubernaclum multa ui forte reuulsum,
cui datus haerebam custos cursusque regebam,   350
praecipitans traxi mecum. maria aspera iuro
non ullum pro me tantum cepisse timorem,
quam tua ne spoliata armis, excussa magistro,
deficeret tantis nauis surgentibus undis.
tris Notus hibernas immensa per aequora noctes   355
uexit me uiolentus aqua; uix lumine quarto
prospexi Italiam summa sublimis ab unda.
paulatim adnabam terrae; iam tuta tenebam,
ni gens crudelis madida cum ueste grauatum
prensantemque uncis manibus capita aspera montis   360
ferro inuasisset praedamque ignara putasset.
nunc me fluctus habet uersantque in litore uenti.
quod te per caeli iucundum lumen et auras,
per genitorem oro, per spes surgentis Iuli,
eripe me his, inuicte, malis: aut tu mihi terram   365
inice, namque potes, portusque require Velinos;
aut tu, si qua uia est, si quam tibi diua creatrix
ostendit (neque enim, credo, sine numine diuum
flumina tanta paras Stygiamque innare paludem),
da dextram misero et tecum me tolle per undas,   370
sedibus ut saltem placidis in morte quiescam.'
talia fatus erat coepit cum talia uates:
'unde haec, o Palinure, tibi tam dira cupido?
tu Stygias inhumatus aquas amnemque seuerum
Eumenidum aspicies, ripamue iniussus adibis?   375
desine fata deum flecti sperare precando,

345–76 MPR   349 ui forte] uix arte (A. v 270) P   350 ge-
rebam P   352 illum M¹ (A. iv 227)   353 ni Rufin. 56. 7
358 iam] et iam R   375 ripamque aeuv   adibis MPRb?cfhru,
'alii' ap. Seru.: abibis adtv (abis e), Seru. hic et ad A. iv 106, Tib.

sed cape dicta memor, duri solacia casus.
nam tua finitimi, longe lateque per urbes
prodigiis acti caelestibus, ossa piabunt
et statuent tumulum et tumulo sollemnia mittent,   380
aeternumque locus Palinuri nomen habebit.'
his dictis curae emotae pulsusque parumper
corde dolor tristi; gaudet cognomine terra.
    Ergo iter inceptum peragunt fluuioque propinquant.
nauita quos iam inde ut Stygia prospexit ab unda   385
per tacitum nemus ire pedemque aduertere ripae,
sic prior adgreditur dictis atque increpat ultro:
'quisquis es, armatus qui nostra ad flumina tendis,
fare age, quid uenias, iam istinc et comprime gressum.
umbrarum hic locus est, somni noctisque soporae: 390
corpora uiua nefas Stygia uectare carina.
nec uero Alciden me sum laetatus euntem
accepisse lacu, nec Thesea Pirithoumque,
dis quamquam geniti atque inuicti uiribus essent.
Tartareum ille manu custodem in uincla petiuit   395
ipsius a solio regis traxitque trementem;
hi dominam Ditis thalamo deducere adorti.'
quae contra breuiter fata est Amphrysia uates:
'nullae hic insidiae tales (absiste moueri),
nec uim tela ferunt; licet ingens ianitor antro   400
aeternum latrans exsanguis terreat umbras,
casta licet patrui seruet Proserpina limen.
Troius Aeneas, pietate insignis et armis,
ad genitorem imas Erebi descendit ad umbras.
si te nulla mouet tantae pietatis imago,   405
at ramum hunc' (aperit ramum qui ueste latebat)
'agnoscas.' tumida ex ira tum corda residunt;
nec plura his. ille admirans uenerabile donum
fatalis uirgae longo post tempore uisum

377–92 *MPR*; 393–409 *FMPR*   383 terra *Seru.*: terrae *codd.*,
Non. 378. 17   385 conspexit *M*   387 adloquitur *Rb*
388 tendes *P*   390 est] et *R*   399 hinc *F²aeuv*

caeruleam aduertit puppim ripaeque propinquat.   410
inde alias animas, quae per iuga longa sedebant,
deturbat laxatque foros; simul accipit alueo
ingentem Aenean. gemuit sub pondere cumba
sutilis et multam accepit rimosa paludem.
tandem trans fluuium incolumis uatemque uirumque   415
informi limo glaucaque exponit in ulua.

  Cerberus haec ingens latratu regna trifauci
personat aduerso recubans immanis in antro.
cui uates horrere uidens iam colla colubris
melle soporatam et medicatis frugibus offam   420
obicit. ille fame rabida tria guttura pandens
corripit obiectam, atque immania terga resoluit
fusus humi totoque ingens extenditur antro.
occupat Aeneas aditum custode sepulto
euaditque celer ripam inremeabilis undae.   425

  Continuo auditae uoces uagitus et ingens
infantumque animae flentes, in limine primo
quos dulcis uitae exsortis et ab ubere raptos
abstulit atra dies et funere mersit acerbo;
hos iuxta falso damnati crimine mortis.   430
nec uero hae sine sorte datae, sine iudice, sedes:
quaesitor Minos urnam mouet; ille silentum
consiliumque uocat uitasque et crimina discit.
proxima deinde tenent maesti loca, qui sibi letum
insontes peperere manu lucemque perosi   435
proiecere animas. quam uellent aethere in alto
nunc et pauperiem et duros perferre labores!
fas obstat, tristisque palus inamabilis undae
alligat et nouies Styx interfusa coercet.
nec procul hinc partem fusi monstrantur in omnem   440

410–23 *FMPR*; 424–40 *MPR*   428 uita *P²*   433 consiliumque
P, ps.Ascon. in Cic. Verr. ii 1, *Tib. in lemmate*: conc- (*A*.x2) *MRω*,
Seru., Tib.   438 fas obstat *MPabrt* (optat *R*), *Aug. c.d.* i 19: fata
obstant (*A.* iv 440) *ω, Seru.*   tristisque *PRabr* (trisque *M*), *Aug.*,
respuit Seru.: tristique *ω, Seru., Tib.*   undae *MPR¹a, Aug.*: unda (*G.*
iv 479) *R²ω, Seru., Tib.*   440 hic *MR*

Lugentes campi; sic illos nomine dicunt.
hic quos durus amor crudeli tabe peredit
secreti celant calles et myrtea circum
silua tegit; curae non ipsa in morte relinquunt.
his Phaedram Procrinque locis maestamque Eriphylen   445
crudelis nati monstrantem uulnera cernit,
Euadnenque et Pasiphaen; his Laodamia
it comes et iuuenis quondam, nunc femina, Caeneus
rursus et in ueterem fato reuoluta figuram.
inter quas Phoenissa recens a uulnere Dido   450
errabat silua in magna; quam Troius heros
ut primum iuxta stetit agnouitque per umbras
obscuram, qualem primo qui surgere mense
aut uidet aut uidisse putat per nubila lunam,
demisit lacrimas dulcique adfatus amore est: 455
'infelix Dido, uerus mihi nuntius ergo
uenerat exstinctam ferroque extrema secutam?
funeris heu tibi causa fui? per sidera iuro,
per superos et si qua fides tellure sub ima est,
inuitus, regina, tuo de litore cessi.   460
sed me iussa deum, quae nunc has ire per umbras,
per loca senta situ cogunt noctemque profundam,
imperiis egere suis; nec credere quiui
hunc tantum tibi me discessu ferre dolorem.
siste gradum teque aspectu ne subtrahe nostro.   465
quem fugis? extremum fato quod te adloquor hoc est.'
talibus Aeneas ardentem et torua tuentem
lenibat dictis animum lacrimasque ciebat.
illa solo fixos oculos auersa tenebat
nec magis incepto uultum sermone mouetur   470
quam si dura silex aut stet Marpesia cautes.
tandem corripuit sese atque inimica refugit
in nemus umbriferum, coniunx ubi pristinus illi
respondet curis aequatque Sychaeus amorem.

441–74 *MPR*   442 peremit *M*[1]   449 reuocata *R*   452 umbram *M*[2](umbra *M*[1])ω, *Tib.*   455 dimisit *M*   474 respondit *Rbfv*

nec minus Aeneas casu percussus iniquo 475
prosequitur lacrimis longe et miseratur euntem.
  Inde datum molitur iter. iamque arua tenebant
ultima, quae bello clari secreta frequentant.
hic illi occurrit Tydeus, hic inclutus armis
Parthenopaeus et Adrasti pallentis imago, 480
hic multum fleti ad superos belloque caduci
Dardanidae, quos ille omnis longo ordine cernens
ingemuit, Glaucumque Medontaque Thersilochumque,
tris Antenoridas Cererique sacrum Polyboeten,
Idaeumque etiam currus, etiam arma tenentem. 485
circumstant animae dextra laeuaque frequentes,
nec uidisse semel satis est; iuuat usque morari
et conferre gradum et ueniendi discere causas.
at Danaum proceres Agamemnoniaeque phalanges
ut uidere uirum fulgentiaque arma per umbras, 490
ingenti trepidare metu; pars uertere terga,
ceu quondam petiere rates, pars tollere uocem
exiguam: inceptus clamor frustratur hiantis.
  Atque hic Priamiden laniatum corpore toto
Deiphobum uidet et lacerum crudeliter ora, 495
ora manusque ambas, populataque tempora raptis
auribus et truncas inhonesto uulnere naris.
uix adeo agnouit pauitantem ac dira tegentem
supplicia, et notis compellat uocibus ultro:
'Deiphobe armipotens, genus alto a sanguine Teucri, 500
quis tam crudelis optauit sumere poenas?
cui tantum de te licuit? mihi fama suprema
nocte tulit fessum uasta te caede Pelasgum
procubuisse super confusae stragis aceruum.

475–90 *MPR*; 491–504 *FMPR*   475 percussus *Rω, Tib.*:
concussus (*A.* v 700) *MP*   476 lacrimis *PRbt, Seru.*: lacrimans
M²(-mas *M¹*)*ω*   477 tenebat *Pd*   481 hic *PRcdefht*: hi
Mabruv, Seru. ad A. ii 4   484 Polyboten *P¹*   486 frementis
P¹(-tes *P²*)   488 discere] poscere (*A.* i 414) *R*   495 uidet
et *N. Heinsius*: uidit et *M¹*: uidit *F¹P¹ω, Seru.*: uidet *F²M²P²Rabr,
P. Colt 2*   498 ac *MP*: et *FRωy, Tib.*   500 a *om. F¹*: ab *P¹br*

tunc egomet tumulum Rhoeteo in litore inanem 505
constitui et magna manis ter uoce uocaui.
nomen et arma locum seruant; te, amice, nequiui
conspicere et patria decedens ponere terra.'
ad quae Priamides: 'nihil o tibi, amice, relictum;
omnia Deiphobo soluisti et funeris umbris. 510
sed me fata mea et scelus exitiale Lacaenae
his mersere malis; illa haec monimenta reliquit.
namque ut supremam falsa inter gaudia noctem
egerimus, nosti: et nimium meminisse necesse est.
cum fatalis equus saltu super ardua uenit 515
Pergama et armatum peditem grauis attulit aluo,
illa chorum simulans euhantis orgia circum
ducebat Phrygias; flammam media ipsa tenebat
ingentem et summa Danaos ex arce uocabat.
tum me confectum curis somnoque grauatum 520
infelix habuit thalamus, pressitque iacentem
dulcis et alta quies placidaeque simillima morti.
egregia interea coniunx arma omnia tectis
emouet, et fidum capiti subduxerat ensem:
intra tecta uocat Menelaum et limina pandit, 525
scilicet id magnum sperans fore munus amanti,
et famam exstingui ueterum sic posse malorum.
quid moror? inrumpunt thalamo, comes additus una
hortator scelerum Aeolides. di, talia Grais
instaurate, pio si poenas ore reposco. 530
sed te qui uiuum casus, age fare uicissim,
attulerint. pelagine uenis erroribus actus
an monitu diuum? an quae te fortuna fatigat,
ut tristis sine sole domos, loca turbida, adires?'

505-34 *FMPR*   505 in *MP²ω, Seru. hic et ad u.* 325: *om. FP¹Rr*
509 ad quae *FRb²*(atque *b¹r*), atquae (*quod idem ualet*) *M¹P*: atque
hic *M²ay*: atque haec *ω*   516 alueo *MRa?*   520 tunc
Pb   524 emouet *F¹Rω, Tib.* (et mouet *P¹*): amouet *F²MP²bt*
528 thalamos *R, P. Colt* 2   additus *PRabh?*: additur *FMω, Tib.*
529 Aeolides *R,* Eol- *tu,* Eoliades *F*: Oelides *MPω,* 'alii' *ap. Seru.*
532 attulerit *M¹*

Hac uice sermonum roseis Aurora quadrigis   535
iam medium aetherio cursu traiecerat axem;
et fors omne datum traherent per talia tempus,
sed comes admonuit breuiterque adfata Sibylla est:
'nox ruit, Aenea; nos flendo ducimus horas.
hic locus est, partis ubi se uia findit in ambas: 540
dextera quae Ditis magni sub moenia tendit,
hac iter Elysium nobis; at laeua malorum
exercet poenas et ad impia Tartara mittit.'
Deiphobus contra: 'ne saeui, magna sacerdos;
discedam, explebo numerum reddarque tenebris.   545
i decus, i, nostrum; melioribus utere fatis.'
tantum effatus, et in uerbo uestigia torsit.

Respicit Aeneas subito et sub rupe sinistra
moenia lata uidet triplici circumdata muro,
quae rapidus flammis ambit torrentibus amnis,   550
Tartareus Phlegethon, torquetque sonantia saxa.
porta aduersa ingens solidoque adamante columnae,
uis ut nulla uirum, non ipsi exscindere bello
caelicolae ualeant; stat ferrea turris ad auras,
Tisiphoneque sedens palla succincta cruenta   555
uestibulum exsomnis seruat noctesque diesque.
hinc exaudiri gemitus et saeua sonare
uerbera, tum stridor ferri tractaeque catenae.
constitit Aeneas strepitumque exterritus hausit.
'quae scelerum facies? o uirgo, effare; quibusue   560
urgentur poenis? quis tantus plangor ad auras?'
tum uates sic orsa loqui: 'dux inclute Teucrum,
nulli fas casto sceleratum insistere limen;
sed me cum lucis Hecate praefecit Auernis,
ipsa deum poenas docuit perque omnia duxit.   565

535–59 *FMPR*; 560–5 *MPR*   542 hic *R*   547 torsit
FPω: pressit (*u.* 197) *M Ra?*   553 bello *FPRa?brt*: ferro *Mω*
(*cf. A.* ix 137)   556 insomnis *R*   559 strepituque *MP²*
hausit *F²P¹ω, Seru.*: haesit (*A.* iii 597, xi 699) *F¹MP²R*   561 quis
MP²ω: qui *P¹Rbr*   clangor (*ita Seru. ad u.* 554) ad auris *P* (*A.* iv
668, ix 395)   562 tunc *Pbr*   sic] hinc *PR*

Cnosius haec Rhadamanthus habet durissima regna
castigatque auditque dolos subigitque fateri
quae quis apud superos furto laetatus inani
distulit in seram commissa piacula mortem.
continuo sontis ultrix accincta flagello   570
Tisiphone quatit insultans, toruosque sinistra
intentans anguis uocat agmina saeua sororum.
tum demum horrisono stridentes cardine sacrae
panduntur portae. cernis custodia qualis
uestibulo sedeat, facies quae limina seruet?   575
quinquaginta atris immanis hiatibus Hydra
saeuior intus habet sedem. tum Tartarus ipse
bis patet in praeceps tantum tenditque sub umbras
quantus ad aetherium caeli suspectus Olympum.
hic genus antiquum Terrae, Titania pubes,   580
fulmine deiecti fundo uoluuntur in imo.
hic et Aloidas geminos immania uidi
corpora, qui manibus magnum rescindere caelum
adgressi superisque Iouem detrudere regnis.
uidi et crudelis dantem Salmonea poenas,   585
dum flammas Iouis et sonitus imitatur Olympi.
quattuor hic inuectus equis et lampada quassans
per Graium populos mediaeque per Elidis urbem
ibat ouans, diuumque sibi poscebat honorem,
demens, qui nimbos et non imitabile fulmen   590
aere et cornipedum pulsu simularet equorum.
at pater omnipotens densa inter nubila telum
contorsit, non ille faces nec fumea taedis
lumina, praecipitemque immani turbine adegit.
nec non et Tityon, Terrae omniparentis alumnum,   595
cernere erat, per tota nouem cui iugera corpus

566–88 *MPR*; 589–96 *FMPR*   571 tortosque *P*² (*cf. G.* iii
38)   580 pubes] proles (*A.* iv 258 *al.*) *R*   586 flammas
MP²Rω, Prisc. xi 34: flammam *P¹aefu*   sonitus] tonitrus *cehuv*
591 pulsu *FM¹P*: cursu *M²Rω*(curru *d*), *Tib.*   simularat *cfv*
595 omniparentis *M²Pω*: omnipotentis *FM¹R, Non.* 243. 4, *Arus.*
471. 29

porrigitur, rostroque immanis uultur obunco
immortale iecur tondens fecundaque poenis
uiscera rimaturque epulis habitatque sub alto
pectore, nec fibris requies datur ulla renatis.   600
quid memorem Lapithas, Ixiona Pirithoumque?
quos super atra silex iam iam lapsura cadentique
imminet adsimilis; lucent genialibus altis
aurea fulcra toris, epulaeque ante ora paratae
regifico luxu; Furiarum maxima iuxta   605
accubat et manibus prohibet contingere mensas,
exsurgitque facem attollens atque intonat ore.
hic, quibus inuisi fratres, dum uita manebat,
pulsatusue parens et fraus innexa clienti,
aut qui diuitiis soli incubuere repertis   610
nec partem posuere suis (quae maxima turba est),
quique ob adulterium caesi, quique arma secuti
impia nec ueriti dominorum fallere dextras,
inclusi poenam exspectant. ne quaere doceri
quam poenam, aut quae forma uiros fortunaue mersit. 615
saxum ingens uoluunt alii, radiisque rotarum
districti pendent; sedet aeternumque sedebit
infelix Theseus, Phlegyasque miserrimus omnis
admonet et magna testatur uoce per umbras:
"discite iustitiam moniti et non temnere diuos."   620
uendidit hic auro patriam dominumque potentem
imposuit; fixit leges pretio atque refixit;
hic thalamum inuasit natae uetitosque hymenaeos:
ausi omnes immane nefas ausoque potiti.
non, mihi si linguae centum sint oraque centum,   625
ferrea uox, omnis scelerum comprendere formas,
omnia poenarum percurrere nomina possim.'
 Haec ubi dicta dedit Phoebi longaeua sacerdos,

597–628 *FMPR*   597 obunco *M*ω, *Macrob.* v 7. 14: abunco
FRct: adunco *P, id.* iv 4. 15   602 quos *F²*(quod *F¹v*)*MP*ω,
Macrob.: quo *Ru*   cadenti (*om.* -que) *R, P. Colt 2*   607 intonat]
increpat *P*   609 pulsatusque *ev*   et] aut *c, Non.* 372. 19, *Seru.*
617 districti *F¹acet*(distrincti *c¹*): destricti *F²MP²*(-te *P¹*)*Rbdfhrv*

'sed iam age, carpe uiam et susceptum perfice munus;
acceleremus' ait; 'Cyclopum educta caminis   630
moenia conspicio atque aduerso fornice portas,
haec ubi nos praecepta iubent deponere dona.'
dixerat et pariter gressi per opaca uiarum
corripiunt spatium medium foribusque propinquant.
occupat Aeneas aditum corpusque recenti   635
spargit aqua ramumque aduerso in limine figit.

His demum exactis, perfecto munere diuae,
deuenere locos laetos et amoena uirecta
fortunatorum nemorum sedesque beatas.
largior hic campos aether et lumine uestit   640
purpureo, solemque suum, sua sidera norunt.
pars in gramineis exercent membra palaestris,
contendunt ludo et fulua luctantur harena;
pars pedibus plaudunt choreas et carmina dicunt.
nec non Threicius longa cum ueste sacerdos   645
obloquitur numeris septem discrimina uocum,
iamque eadem digitis, iam pectine pulsat eburno.
hic genus antiquum Teucri, pulcherrima proles,
magnanimi heroes nati melioribus annis,
Ilusque Assaracusque et Troiae Dardanus auctor.   650
arma procul currusque uirum miratur inanis;
stant terra defixae hastae passimque soluti
per campum pascuntur equi. quae gratia currum
armorumque fuit uiuis, quae cura nitentis
pascere equos, eadem sequitur tellure repostos.   655
conspicit, ecce, alios dextra laeuaque per herbam
uescentis laetumque choro paeana canentis
inter odoratum lauris nemus, unde superne

629–54 *FMPR*; 655–9 *FGMPR*   629 sed] et *M*   630 e-
ducta *Mcefhrv, Seru., Tib.*: ducta *FPRabdt*   640 campos
F²MP²acdhrv: campus *F¹Rbeft*: campis *P¹*   651 miratur *PRω*:
mirantur *FMb²rt*(-entur *b¹*), *Tib.*   652 terra *MPRafr*: terrae
Fω (*cf*. G. ii 290)   653 campos *Rdv*   curruum *F²P¹, Tib., cf.*
Prisc. vii 90   656 herbas *aey*   658 lauris *G* (*cf*. G. iii 334, *A.*
ix 381): lauri *ceteri, Seru. ad A.* iv 132

plurimus Eridani per siluam uoluitur amnis.
hic manus ob patriam pugnando uulnera passi,   660
quique sacerdotes casti, dum uita manebat,
quique pii uates et Phoebo digna locuti,
inuentas aut qui uitam excoluere per artis
quique sui memores aliquos fecere merendo:
omnibus his niuea cinguntur tempora uitta.   665
quos circumfusos sic est adfata Sibylla,
Musaeum ante omnis (medium nam plurima turba
hunc habet atque umeris exstantem suspicit altis):
'dicite, felices animae tuque optime uates,
quae regio Anchisen, quis habet locus? illius ergo   670
uenimus et magnos Erebi tranauimus amnis.'
atque huic responsum paucis ita reddidit heros:
'nulli certa domus; lucis habitamus opacis,
riparumque toros et prata recentia riuis
incolimus. sed uos, si fert ita corde uoluntas,   675
hoc superate iugum, et facili iam tramite sistam.'
dixit, et ante tulit gressum camposque nitentis
desuper ostentat; dehinc summa cacumina linquunt.

   At pater Anchises penitus conualle uirenti
inclusas animas superumque ad lumen ituras   680
lustrabat studio recolens, omnemque suorum
forte recensebat numerum, carosque nepotes
fataque fortunasque uirum moresque manusque.
isque ubi tendentem aduersum per gramina uidit
Aenean, alacris palmas utrasque tetendit,   685
effusaeque genis lacrimae et uox excidit ore:
'uenisti tandem, tuaque exspectata parenti
uicit iter durum pietas? datur ora tueri,
nate, tua et notas audire et reddere uoces?
sic equidem ducebam animo rebarque futurum   690

660–73 *FMPR*; 674–84 *FGMPR*; 685–7 *FMPR*; 688–90 *FGMPR*
661 maneret *Non.* 267. 8, 440. 7   664 aliquos *F¹MPRabcr*,
Don. ad Ter. Andr. 331 *et Eun.* 458, *Seru.*: alios *F²defhtv, Macrob.
somn.* i 8. 6, *Don. ad Adelph.* 201, *Aug. c.d.* xxi 27   672 hic *M*
674 siluis *R*   678 dein *Ga*   685 alacris] lacrimans *P¹*

tempora dinumerans, nec me mea cura fefellit.
quas ego te terras et quanta per aequora uectum
accipio! quantis iactatum, nate, periclis!
quam metui ne quid Libyae tibi regna nocerent!'
ille autem: 'tua me, genitor, tua tristis imago   695
saepius occurrens haec limina tendere adegit;
stant sale Tyrrheno classes. da iungere dextram,
da, genitor, teque amplexu ne subtrahe nostro.'
sic memorans largo fletu simul ora rigabat.
ter conatus ibi collo dare bracchia circum;   700
ter frustra comprensa manus effugit imago,
par leuibus uentis uolucrique simillima somno.
   Interea uidet Aeneas in ualle reducta
seclusum nemus et uirgulta sonantia siluae,
Lethaeumque domos placidas qui praenatat amnem.   705
hunc circum innumerae gentes populique uolabant:
ac ueluti in pratis ubi apes aestate serena
floribus insidunt uariis et candida circum
lilia funduntur, strepit omnis murmure campus.
horrescit uisu subito causasque requirit   710
inscius Aeneas, quae sint ea flumina porro,
quiue uiri tanto complerint agmine ripas.
tum pater Anchises: 'animae, quibus altera fato
corpora debentur, Lethaei ad fluminis undam
securos latices et longa obliuia potant.   715
has equidem memorare tibi atque ostendere coram
iampridem, hanc prolem cupio enumerare meorum,
quo magis Italia mecum laetere reperta.'
'o pater, anne aliquas ad caelum hinc ire putandum est
sublimis animas iterumque ad tarda reuerti   720
corpora? quae lucis miseris tam dira cupido?'

691–721 *FGMPR*   692 te] per *R*   696 adire
coegit *d*   699 rigaebant *F¹P²*   701 compressa *Pbeu, Tib.*
702 (= *A*. ii 794) *om. Pbrt*   704 siluae *GM¹PRabc?rt, Seru.*: siluis
(*A*. iii 442) *FM²defhuv*   718 Italiam ... repertam *F¹R*   laetare
MRcd   719 est *om. F*   721 cupido est *F¹d*

'dicam equidem nec te suspensum, nate, tenebo'
suscipit Anchises atque ordine singula pandit.

'Principio caelum ac terras camposque liquentis
lucentemque globum lunae Titaniaque astra   725
spiritus intus alit, totamque infusa per artus
mens agitat molem et magno se corpore miscet.
inde hominum pecudumque genus uitaeque uolantum
et quae marmoreo fert monstra sub aequore pontus.
igneus est ollis uigor et caelestis origo   730
seminibus, quantum non noxia corpora tardant
terrenique hebetant artus moribundaque membra.
hinc metuunt cupiuntque, dolent gaudentque, neque auras
dispiciunt clausae tenebris et carcere caeco.
quin et supremo cum lumine uita reliquit,   735
non tamen omne malum miseris nec funditus omnes
corporeae excedunt pestes, penitusque necesse est
multa diu concreta modis inolescere miris.
ergo exercentur poenis ueterumque malorum
supplicia expendunt: aliae panduntur inanes   740
suspensae ad uentos, aliis sub gurgite uasto
infectum eluitur scelus aut exuritur igni:
quisque suos patimur manis. exinde per amplum
mittimur Elysium et pauci laeta arua tenemus,
donec longa dies perfecto temporis orbe   745
concretam exemit labem, purumque relinquit
aetherium sensum atque aurai simplicis ignem.
has omnis, ubi mille rotam uoluere per annos,
Lethaeum ad fluuium deus euocat agmine magno,

722–24 *FGMPR*; 725–49 *FMPR*   723 suscipit *FRacrtu*:
suspicit *GMPω*   724 terras *F²GMω* (*cf. A.* iv 269), *Minucius
Felix* 19. 2, *Seru. hic et ad G.* iv 221: terram *F¹PRb, utrumque Gramm.*
725 lucentemque] ingentemque *M¹*   luna *F¹*   731 corpora noxia
P¹aefu   733 hic *M¹bc*   734 dispiciunt *adhrtv, Tib.*:
desp- *FMPRb?cf*: resp- *esu, Seru.*: susp- *Aug. c.d.* xiv 3, xxi 13
735 relinquit *F¹bv*   742 aut] adque *F*   746 tabem *R,
agnoscit Tib.*   relinquit *F¹Mb*: reliquit *F²PRω, Seru. ad u.* 340
747 aurai *F²P¹ω, DSeru. ad A.* vii 464: aura *P²t*: aurae *F¹MRabdf,
Tib.*

scilicet immemores supera ut conuexa reuisant 750
rursus, et incipiant in corpora uelle reuerti.'
Dixerat Anchises natumque unaque Sibyllam
conuentus trahit in medios turbamque sonantem,
et tumulum capit unde omnis longo ordine posset
aduersos legere et uenientum discere uultus. 755
'Nunc age, Dardaniam prolem quae deinde sequatur
gloria, qui maneant Itala de gente nepotes,
inlustris animas nostrumque in nomen ituras,
expediam dictis, et te tua fata docebo.
ille, uides, pura iuuenis qui nititur hasta, 760
proxima sorte tenet lucis loca, primus ad auras
aetherias Italo commixtus sanguine surget,
Siluius, Albanum nomen, tua postuma proles,
quem tibi longaeuo serum Lauinia coniunx
educet siluis regem regumque parentem, 765
unde genus Longa nostrum dominabitur Alba.
proximus ille Procas, Troianae gloria gentis,
et Capys et Numitor et qui te nomine reddet
Siluius Aeneas, pariter pietate uel armis
egregius, si umquam regnandam acceperit Albam. 770
qui iuuenes! quantas ostentant, aspice, uiris
atque umbrata gerunt ciuili tempora quercu!
hi tibi Nomentum et Gabios urbemque Fidenam,
hi Collatinas imponent montibus arces,
Pometios Castrumque Inui Bolamque Coramque; 775
haec tum nomina erunt, nunc sunt sine nomine terrae.
quin et auo comitem sese Mauortius addet
Romulus, Assaraci quem sanguinis Ilia mater
educet. uiden, ut geminae stant uertice cristae
et pater ipse suo superum iam signat honore? 780
en huius, nate, auspiciis illa incluta Roma

750-5 FMPR; 756-81 MPR   750 super M   aut F¹
754 posset MPRbcdtv, Seru. ad A. ii 766: possent Non. 333. 7: possit
Faefhrsu, Tib.   762 surgit M   765 educit M¹   766 nostrum
longa M¹   768 reddat Rc   776 tunc P   terrae] gentes
M¹

imperium terris, animos aequabit Olympo,
septemque una sibi muro circumdabit arces,
felix prole uirum: qualis Berecyntia mater
inuehitur curru Phrygias turrita per urbes   785
laeta deum partu, centum complexa nepotes,
omnis caelicolas, omnis supera alta tenentis.
huc geminas nunc flecte acies, hanc aspice gentem
Romanosque tuos. hic Caesar et omnis Iuli
progenies magnum caeli uentura sub axem.   790
hic uir, hic est, tibi quem promitti saepius audis,
Augustus Caesar, diui genus, aurea condet
saecula qui rursus Latio regnata per arua
Saturno quondam, super et Garamantas et Indos
proferet imperium; iacet extra sidera tellus,   795
extra anni solisque uias, ubi caelifer Atlas
axem umero torquet stellis ardentibus aptum.
huius in aduentum iam nunc et Caspia regna
responsis horrent diuum et Maeotia tellus,
et septemgemini turbant trepida ostia Nili.   800
nec uero Alcides tantum telluris obiuit,
fixerit aeripedem ceruam licet, aut Erymanthi
pacarit nemora et Lernam tremefecerit arcu;
nec qui pampineis uictor iuga flectit habenis
Liber, agens celso Nysae de uertice tigris.   805
et dubitamus adhuc uirtutem extendere factis,
aut metus Ausonia prohibet consistere terra?
quis procul ille autem ramis insignis oliuae
sacra ferens? nosco crinis incanaque menta
regis Romani primam qui legibus urbem   810
fundabit, Curibus paruis et paupere terra

782–811 *MPR*   787 supera (*u.* 241) *M²ω*: super *M¹PRabs*
793 arua] annos (*A.* ii 363) *R*   801 obiuit *ders*: obibit *MPRω*
802 fixerat *Rc*   803 pacarit *M²Pb²dhst, Seru.*: pacaret *M¹R*:
placarit *acefruv, Tib.*   806 uirtutem . . . factis *Mabfrt, Dosith.*
422. 17. *Seru.* (*cf. A.* x 468): uirtute . . . uires *PRcdesuv, P. Colt*
2, *utrumque agnoscit Tib.*: uirtutem . . . uires *hγ, Diom.* 417. 14
809 noscon *R*   810 primum *b*

missus in imperium magnum. cui deinde subibit
otia qui rumpet patriae residesque mouebit
Tullus in arma uiros et iam desueta triumphis
agmina. quem iuxta sequitur iactantior Ancus   815
nunc quoque iam nimium gaudens popularibus auris.
uis et Tarquinios reges animamque superbam
ultoris Bruti, fascisque uidere receptos?
consulis imperium hic primus saeuasque securis
accipiet, natosque pater noua bella mouentis   820
ad poenam pulchra pro libertate uocabit,
infelix, utcumque ferent ea facta minores:
uincet amor patriae laudumque immensa cupido.
quin Decios Drusosque procul saeuumque securi
aspice Torquatum et referentem signa Camillum.   825
illae autem paribus quas fulgere cernis in armis,
concordes animae nunc et dum nocte premuntur,
heu quantum inter se bellum, si lumina uitae
attigerint, quantas acies stragemque ciebunt,
aggeribus socer Alpinis atque arce Monoeci   830
descendens, gener aduersis instructus Eois!
ne, pueri, ne tanta animis adsuescite bella
neu patriae ualidas in uiscera uertite uiris;
tuque prior, tu parce, genus qui ducis Olympo,
proice tela manu, sanguis meus!—   835
ille triumphata Capitolia ad alta Corintho
uictor aget currum caesis insignis Achiuis.
eruet ille Argos Agamemnoniasque Mycenas
ipsumque Aeaciden, genus armipotentis Achilli,
ultus auos Troiae templa et temerata Mineruae.   840
quis te, magne Cato, tacitum aut te, Cosse, relinquat?
quis Gracchi genus aut geminos, duo fulmina belli,
Scipiadas, cladem Libyae, paruoque potentem

812–43 *MPR*   812 cui] qui *M*[1]: quid *R*   819 primum *M*
824 Drusosque] Brutosque *R*   827 prementur *P*[1]*Rfhrtv*:
premuntur *MP*[2]*ω, Seru.*   831 auersis *M*[1]   837 currus
cefhsv, Tib. (cursus *u*)

Fabricium uel te sulco, Serrane, serentem?
quo fessum rapitis, Fabii? tu Maximus ille es,   845
unus qui nobis cunctando restituis rem.
excudent alii spirantia mollius aera
(credo equidem), uiuos ducent de marmore uultus,
orabunt causas melius, caelique meatus
describent radio et surgentia sidera dicent: 850
tu regere imperio populos, Romane, memento
(hae tibi erunt artes), pacique imponere morem,
parcere subiectis et debellare superbos.'
    Sic pater Anchises, atque haec mirantibus addit:
'aspice, ut insignis spoliis Marcellus opimis   855
ingreditur uictorque uiros supereminet omnis.
hic rem Romanam magno turbante tumultu
sistet eques, sternet Poenos Gallumque rebellem,
tertiaque arma patri suspendet capta Quirino.'
atque hic Aeneas (una namque ire uidebat   860
egregium forma iuuenem et fulgentibus armis,
sed frons laeta parum et deiecto lumina uultu)
'quis, pater, ille, uirum qui sic comitatur euntem?
filius, anne aliquis magna de stirpe nepotum?
qui strepitus circa comitum! quantum instar in ipso!   865
sed nox atra caput tristi circumuolat umbra.'
tum pater Anchises lacrimis ingressus obortis:
'o gnate, ingentem luctum ne quaere tuorum;
ostendent terris hunc tantum fata nec ultra
esse sinent. nimium uobis Romana propago   870
uisa potens, superi, propria haec si dona fuissent.
quantos ille uirum magnam Mauortis ad urbem
campus aget gemitus! uel quae, Tiberine, uidebis
funera, cum tumulum praeterlabere recentem!
nec puer Iliaca quisquam de gente Latinos   875

844-57 *MPR*; 858-72 *FMPR*; 873-75 *MPR*   845 gressum
R   tun *P*¹   846 restitues *Rbcr*   848 credo (*A*. iv 12)
MP²Rω: cedo (*A*. ii 704) *P*¹ (caedo *d*), *Aug. c.d.* v 12   852 mores
Aug.   859 tristiaque *R*   865 qui *FPabceruv*: quis *MRdfhst*
ipso est *dehrtuv*   869 nec *MRb*: neque *FPω*

in tantum spe tollet auos, nec Romula quondam
ullo se tantum tellus iactabit alumno.
heu pietas, heu prisca fides inuictaque bello
dextera! non illi se quisquam impune tulisset
obuius armato, seu cum pedes iret in hostem   880
seu spumantis equi foderet calcaribus armos.
heu, miserande puer, si qua fata aspera rumpas,
tu Marcellus eris. manibus date lilia plenis
purpureos spargam flores animamque nepotis
his saltem accumulem donis, et fungar inani   885
munere.' sic tota passim regione uagantur
aëris in campis latis atque omnia lustrant.
quae postquam Anchises natum per singula duxit
incenditque animum famae uenientis amore,
exim bella uiro memorat quae deinde gerenda,   890
Laurentisque docet populos urbemque Latini,
et quo quemque modo fugiatque feratque laborem.

  Sunt geminae Somni portae, quarum altera fertur
cornea, qua ueris facilis datur exitus umbris,
altera candenti perfecta nitens elephanto,   895
sed falsa ad caelum mittunt insomnia Manes.
his ibi tum natum Anchises unaque Sibyllam
prosequitur dictis portaque emittit eburna,
ille uiam secat ad nauis sociosque reuisit.

  Tum se ad Caietae recto fert limite portum.   900
ancora de prora iacitur; stant litore puppes.

  876–8 *MPR*; 879–901 *FMPR*   885 inanis *F¹M¹*   889 ueni-
entis] melioris (*A.* iv 221) *M*   897 his ibi *FP²*(hibi *P¹*)*Rω*:
his ubi (*A.* v 816, vii 373) *Mbct, Probus* 248. 5, *Tib.*   898 inmit-
tit *aeuγ*   900 limite *recc.*: litore *codd., Seru. ad A.* iii 16, viii 57
901 (= *A.* iii 277) *eiecit Bentley*

P. VERGILI MARONIS

AENEIDOS

LIBER VII

Tv quoque litoribus nostris, Aeneia nutrix,
aeternam moriens famam, Caieta, dedisti;
et nunc seruat honos sedem tuus, ossaque nomen
Hesperia in magna, si qua est ea gloria, signat.
 At pius exsequiis Aeneas rite solutis,   5
aggere composito tumuli, postquam alta quierunt
aequora, tendit iter uelis portumque relinquit.
aspirant aurae in noctem nec candida cursus
luna negat, splendet tremulo sub lumine pontus.
proxima Circaeae raduntur litora terrae,   10
diues inaccessos ubi Solis filia lucos
adsiduo resonat cantu, tectisque superbis
urit odoratam nocturna in lumina cedrum
arguto tenuis percurrens pectine telas.
hinc exaudiri gemitus iraeque leonum   15
uincla recusantum et sera sub nocte rudentum,
saetigerique sues atque in praesepibus ursi
saeuire ac formae magnorum ululare luporum,
quos hominum ex facie dea saeua potentibus herbis
induerat Circe in uultus ac terga ferarum.   20
quae ne monstra pii paterentur talia Troes
delati in portus neu litora dira subirent,

 1–4 *MPR*; 5–22 *FMPR*   2 famam moriens *P*[1]   4 signat
Rω: signant *MP, utrumque Tib.*   5 Aeneas exequiis *M*[1]*R*[1]
6 'Hebrus quierant *legit' Seru.* (*cf. A.* iv 523)   7 portusque *P*
(*ut undecies alibi; cf. A.* iii 10)   reliquit *cd, Tib.*   8 cursus
FMPabcfr: cursum *Rω, Tib.*   13 nocturno in lumine *Maeu*
16 sera] saeua *P*

Neptunus uentis impleuit uela secundis,
atque fugam dedit et praeter uada feruida uexit.
    Iamque rubescebat radiis mare et aethere ab alto   25
Aurora in roseis fulgebat lutea bigis,
cum uenti posuere omnisque repente resedit
flatus, et in lento luctantur marmore tonsae.
atque hic Aeneas ingentem ex aequore lucum
prospicit. hunc inter fluuio Tiberinus amoeno   30
uerticibus rapidis et multa flauus harena
in mare prorumpit. uariae circumque supraque
adsuetae ripis uolucres et fluminis alueo
aethera mulcebant cantu lucoque uolabant.
flectere iter sociis terraeque aduertere proras   35
imperat et laetus fluuio succedit opaco.
    Nunc age, qui reges, Erato, quae tempora, rerum
quis Latio antiquo fuerit status, aduena classem
cum primum Ausoniis exercitus appulit oris,
expediam, et primae reuocabo exordia pugnae.   40
tu uatem, tu, diua, mone. dicam horrida bella,
dicam acies actosque animis in funera reges,
Tyrrhenamque manum totamque sub arma coactam
Hesperiam. maior rerum mihi nascitur ordo,
maius opus moueo.
                    Rex arua Latinus et urbes   45
iam senior longa placidas in pace regebat.
hunc Fauno et nympha genitum Laurente Marica
accipimus; Fauno Picus pater, isque parentem
te, Saturne, refert, tu sanguinis ultimus auctor.
filius huic fato diuum prolesque uirilis   50
nulla fuit, primaque oriens erepta iuuenta est.
sola domum et tantas seruabat filia sedes
iam matura uiro, iam plenis nubilis annis.
multi illam magno e Latio totaque petebant
Ausonia; petit ante alios pulcherrimus omnis   55

    23–55 *FMPR*   26 inroseis, *id est* non roseis '*multi*' *ap. Seru.*
53 in plenis *P*

Turnus, auis atauisque potens, quem regia coniunx
adiungi generum miro properabat amore;
sed uariis portenta deum terroribus obstant.
laurus erat tecti medio in penetralibus altis
sacra comam multosque metu seruata per annos,   60
quam pater inuentam, primas cum conderet arces,
ipse ferebatur Phoebo sacrasse Latinus,
Laurentisque ab ea nomen posuisse colonis.
huius apes summum densae (mirabile dictu)
stridore ingenti liquidum trans aethera uectae   65
obsedere apicem, et pedibus per mutua nexis
examen subitum ramo frondente pependit.
continuo uates 'externum cernimus' inquit
'aduentare uirum et partis petere agmen easdem
partibus ex isdem et summa dominarier arce.'   70
praeterea, castis adolet dum altaria taedis,
et iuxta genitorem astat Lauinia uirgo,
uisa (nefas) longis comprendere crinibus ignem
atque omnem ornatum flamma crepitante cremari,
regalisque accensa comas, accensa coronam   75
insignem gemmis; tum fumida lumine fuluo
inuolui ac totis Volcanum spargere tectis.
id uero horrendum ac uisu mirabile ferri:
namque fore inlustrem fama fatisque canebant
ipsam, sed populo magnum portendere bellum.   80
    At rex sollicitus monstris oracula Fauni,
fatidici genitoris, adit lucosque sub alta
consulit Albunea, nemorum quae maxima sacro
fonte sonat saeuamque exhalat opaca mephitim.
hinc Italae gentes omnisque Oenotria tellus   85
in dubiis responsa petunt; huc dona sacerdos
cum tulit et caesarum ouium sub nocte silenti

56–8 *FMPR*; 59–87 *MPR*   60 coma *de*, *Non.* 349. 18
71 cum *Non.* 58. 26, 247. 39, 440. 9   72 et] ut *cd*   78 id
MPRab?rt: hoc *ω*   81 at] ad *M¹Pb*   84 saeuumque *Mb*
86 huic *aeuv*

pellibus incubuit stratis somnosque petiuit,
multa modis simulacra uidet uolitantia miris
et uarias audit uoces fruiturque deorum   90
conloquio atque imis Acheronta adfatur Auernis.
hic et tum pater ipse petens responsa Latinus
centum lanigeras mactabat rite bidentis,
atque harum effultus tergo stratisque iacebat
uelleribus: subita ex alto uox reddita luco est: 95
'ne pete conubiis natam sociare Latinis,
o mea progenies, thalamis neu crede paratis;
externi uenient generi, qui sanguine nostrum
nomen in astra ferant, quorumque a stirpe nepotes
omnia sub pedibus, qua sol utrumque recurrens   100
aspicit Oceanum, uertique regique uidebunt.'
haec responsa patris Fauni monitusque silenti
nocte datos non ipse suo premit ore Latinus,
sed circum late uolitans iam Fama per urbes
Ausonias tulerat, cum Laomedontia pubes   105
gramineo ripae religauit ab aggere classem.
    Aeneas primique duces et pulcher Iulus
corpora sub ramis deponunt arboris altae,
instituuntque dapes et adorea liba per herbam
subiciunt epulis (sic Iuppiter ipse monebat)   110
et Cereale solum pomis agrestibus augent.
consumptis hic forte aliis, ut uertere morsus
exiguam in Cererem penuria adegit edendi,
et uiolare manu malisque audacibus orbem
fatalis crusti patulis nec parcere quadris: 115
'heus, etiam mensas consumimus?' inquit Iulus,
nec plura, adludens. ea uox audita laborum
prima tulit finem, primamque loquentis ab ore
eripuit pater ac stupefactus numine pressit.

88–119 MPR   93 mactarat bt   95 subito M
98 uenient MPRabcr: ueniunt ω, 'melius' iudice Seru.   109 in-
stituunt (om. -que) cty   herbas ω(praeter abfr)   110 ipse] ille
M², Prisc. ter, Seru., Tib.   119 ac] et R

continuo 'salue fatis mihi debita tellus   120
uosque' ait 'o fidi Troiae saluete penates:
hic domus, haec patria est. genitor mihi talia namque
(nunc repeto) Anchises fatorum arcana reliquit:
"cum te, nate, fames ignota ad litora uectum
accisis coget dapibus consumere mensas,   125
tum sperare domos defessus, ibique memento
prima locare manu molirique aggere tecta."
haec erat illa fames, haec nos suprema manebat
exitiis positura modum.
quare agite et primo laeti cum lumine solis   130
quae loca, quiue habeant homines, ubi moenia gentis,
uestigemus et a portu diuersa petamus.
nunc pateras libate Ioui precibusque uocate
Anchisen genitorem, et uina reponite mensis.'
  Sic deinde effatus frondenti tempora ramo   135
implicat et geniumque loci primamque deorum
Tellurem Nymphasque et adhuc ignota precatur
flumina, tum Noctem Noctisque orientia signa
Idaeumque Iouem Phrygiamque ex ordine matrem
inuocat, et duplicis caeloque Ereboque parentis.   140
hic pater omnipotens ter caelo clarus ab alto
intonuit, radiisque ardentem lucis et auro
ipse manu quatiens ostendit ab aethere nubem.
diditur hic subito Troiana per agmina rumor
aduenisse diem quo debita moenia condant.   145
certatim instaurant epulas atque omine magno
crateras laeti statuunt et uina coronant.
  Postera cum prima lustrabat lampade terras
orta dies, urbem et finis et litora gentis
diuersi explorant: haec fontis stagna Numici,   150
hunc Thybrim fluuium, hic fortis habitare Latinos.

  120–51 *MPR*   125 accisis] ambesis (*A*. iii 257) *R*
129 exitiis *codd.* (*def. R*), *Seru. ad A*. iii 395: exiliis (*cf. A*. ii 780) *recc.*
143 manum *M¹a*   144 diditur *MPat* (*def. R*): deditur ω
145 condent *cdhv*   148 primo *Ra*

tum satus Anchisa delectos ordine ab omni
centum oratores augusta ad moenia regis
ire iubet, ramis uelatos Palladis omnis,
donaque ferre uiro pacemque exposcere Teucris.   155
haud mora, festinant iussi rapidisque feruntur
passibus. ipse humili designat moenia fossa
moliturque locum, primasque in litore sedes
castrorum in morem pinnis atque aggere cingit.
iamque iter emensi turris ac tecta Latinorum   160
ardua cernebant iuuenes muroque subibant.
ante urbem pueri et primaeuo flore iuuentus
exercentur equis domitantque in puluere currus,
aut acris tendunt arcus aut lenta lacertis
spicula contorquent, cursuque ictuque lacessunt: 165
cum praeuectus equo longaeui regis ad auris
nuntius ingentis ignota in ueste reportat
aduenisse uiros. ille intra tecta uocari
imperat et solio medius consedit auito.

Tectum augustum, ingens, centum sublime columnis   170
urbe fuit summa, Laurentis regia Pici,
horrendum siluis et religione parentum.
hic sceptra accipere et primos attollere fascis
regibus omen erat; hoc illis curia templum,
hae sacris sedes epulis; hic ariete caeso   175
perpetuis soliti patres considere mensis.
quin etiam ueterum effigies ex ordine auorum
antiqua e cedro, Italusque paterque Sabinus
uitisator curuam seruans sub imagine falcem,
Saturnusque senex Ianique bifrontis imago   180
uestibulo astabant, aliique ab origine reges,
Martiaque ob patriam pugnando uulnera passi.
multaque praeterea sacris in postibus arma,

152–78 *MPR*; 179–83 *FMPR*   160 ac *M²PRω*: et *M¹aberuy*,
Seru.   Latinum *abe*   161 murosque (*A*. ix 371) *R*   163 exer-
cetur *Pa*   173 hinc ω(*praeter art*)   182 Martiaque *F²PRbr*:
Martia qui *F¹Mωy, utrumque Tib.*

captiui pendent currus curuaeque secures
et cristae capitum et portarum ingentia claustra   185
spiculaque clipeique ereptaque rostra carinis.
ipse Quirinali lituo paruaque sedebat
succinctus trabea laeuaque ancile gerebat
Picus, equum domitor, quem capta cupidine coniunx
aurea percussum uirga uersumque uenenis   190
fecit auem Circe sparsitque coloribus alas.

   Tali intus templo diuum patriaque Latinus
sede sedens Teucros ad sese in tecta uocauit,
atque haec ingressis placido prior edidit ore:
'dicite, Dardanidae (neque enim nescimus et urbem   195
et genus, auditique aduertitis aequore cursum),
quid petitis? quae causa rates aut cuius egentis
litus ad Ausonium tot per uada caerula uexit?
siue errore uiae seu tempestatibus acti,
qualia multa mari nautae patiuntur in alto,   200
fluminis intrastis ripas portuque sedetis,
ne fugite hospitium, neue ignorate Latinos
Saturni gentem haud uinclo nec legibus aequam,
sponte sua ueterisque dei se more tenentem.
atque equidem memini (fama est obscurior annis)   205
Auruncos ita ferre senes, his ortus ut agris
Dardanus Idaeas Phrygiae penetrarit ad urbes
Threiciamque Samum, quae nunc Samothracia fertur.
hinc illum Corythi Tyrrhena ab sede profectum
aurea nunc solio stellantis regia caeli   210
accipit et numerum diuorum altaribus auget.'

   Dixerat, et dicta Ilioneus sic uoce secutus:
'rex, genus egregium Fauni, nec fluctibus actos
atra subegit hiems uestris succedere terris,
nec sidus regione uiae litusue fefellit: 215
consilio hanc omnes animisque uolentibus urbem
adferimur pulsi regnis, quae maxima quondam

    184–217 FMPR   207 penetrarit R: -uit ceteri   211 numero
P²   auget FMPRrs, Seru.: addit ωy   212 dictum M¹

extremo ueniens sol aspiciebat Olympo.
ab Ioue principium generis, Ioue Dardana pubes
gaudet auo, rex ipse Iouis de gente suprema:　　　　220
Troius Aeneas tua nos ad limina misit.
quanta per Idaeos saeuis effusa Mycenis
tempestas ierit campos, quibus actus uterque
Europae atque Asiae fatis concurrerit orbis,
audiit et si quem tellus extrema refuso　　　　　225
summouet Oceano et si quem extenta plagarum
quattuor in medio dirimit plaga solis iniqui.
diluuio ex illo tot uasta per aequora uecti
dis sedem exiguam patriis litusque rogamus
innocuum et cunctis undamque auramque patentem.　230
non erimus regno indecores, nec uestra feretur
fama leuis tantique abolescet gratia facti,
nec Troiam Ausonios gremio excepisse pigebit.
fata per Aeneae iuro dextramque potentem,
siue fide seu quis bello est expertus et armis:　　　235
multi nos populi, multae (ne temne, quod ultro
praeferimus manibus uittas ac uerba precantia)
et petiere sibi et uoluere adiungere gentes;
sed nos fata deum uestras exquirere terras
imperiis egere suis. hinc Dardanus ortus,　　　　240
huc repetit iussisque ingentibus urget Apollo
Tyrrhenum ad Thybrim et fontis uada sacra Numici.
dat tibi praeterea fortunae parua prioris
munera, reliquias Troia ex ardente receptas.
hoc pater Anchises auro libabat ad aras,　　　　245
hoc Priami gestamen erat cum iura uocatis
more daret populis, sceptrumque sacerque tiaras
Iliadumque labor uestes.'
　　Talibus Ilionei dictis defixa Latinus
obtutu tenet ora soloque immobilis haeret,　　　250

218–47 *FMPR*; 248–50 *FMPRV*　　221 mittit *F*　　224 con-
curreret *R*: concurritur *P*　　232 tantique *FMPb*: tantiue *Rω, Tib.*
237 ac] et *R*　　precantum *Rb*

intentos uoluens oculos. nec purpura regem
picta mouet nec sceptra mouent Priameia tantum
quantum in conubio natae thalamoque moratur,
et ueteris Fauni uoluit sub pectore sortem:
hunc illum fatis externa ab sede profectum   255
portendi generum paribusque in regna uocari
auspiciis, huic progeniem uirtute futuram
egregiam et totum quae uiribus occupet orbem.
tandem laetus ait: 'di nostra incepta secundent
auguriumque suum! dabitur, Troiane, quod optas.   260
munera nec sperno: non uobis rege Latino
diuitis uber agri Troiaeue opulentia deerit.
ipse modo Aeneas, nostri si tanta cupido est,
si iungi hospitio properat sociusque uocari,
adueniat, uultus neue exhorrescat amicos: 265
pars mihi pacis erit dextram tetigisse tyranni.
uos contra regi mea nunc mandata referte:
est mihi nata, uiro gentis quam iungere nostrae
non patrio ex adyto sortes, non plurima caelo
monstra sinunt; generos externis adfore ab oris,   270
hoc Latio restare canunt, qui sanguine nostrum
nomen in astra ferant. hunc illum poscere fata
et reor et, si quid ueri mens augurat, opto.'
haec effatus equos numero pater eligit omni
(stabant ter centum nitidi in praesepibus altis);   275
omnibus extemplo Teucris iubet ordine duci
instratos ostro alipedes pictisque tapetis
(aurea pectoribus demissa monilia pendent,
tecti auro fuluum mandunt sub dentibus aurum),
absenti Aeneae currum geminosque iugalis   280
semine ab aetherio spirantis naribus ignem,
illorum de gente patri quos daedala Circe
supposita de matre nothos furata creauit.

251–73 *FMPRV*; 274–6 *FMPR*; 277–83 *FMγR*   254 uoluens *F¹*   262 Troiaeque *P²bv*   264 sociusque *MPahs*:
sociusue *FRVω*   281 spirantis (*G.* ii 140)] flagrantis *F*

talibus Aeneadae donis dictisque Latini
sublimes in equis redeunt pacemque reportant.   285
  Ecce autem Inachiis sese referebat ab Argis
saeua Iouis coniunx aurasque inuecta tenebat,
et laetum Aenean classemque ex aethere longe
Dardaniam Siculo prospexit ab usque Pachyno.
moliri iam tecta uidet, iam fidere terrae,   290
deseruisse rates: stetit acri fixa dolore.
tum quassans caput haec effundit pectore dicta:
'heu stirpem inuisam et fatis contraria nostris
fata Phrygum! num Sigeis occumbere campis,
num capti potuere capi? num incensa cremauit   295
Troia uiros? medias acies mediosque per ignis
inuenere uiam. at, credo, mea numina tandem
fessa iacent, odiis aut exsaturata quieui.
quin etiam patria excussos infesta per undas
ausa sequi et profugis toto me opponere ponto.   300
absumptae in Teucros uires caelique marisque.
quid Syrtes aut Scylla mihi, quid uasta Charybdis
profuit? optato conduntur Thybridis alueo
securi pelagi atque mei. Mars perdere gentem
immanem Lapithum ualuit, concessit in iras   305
ipse deum antiquam genitor Calydona Dianae,
quod scelus aut Lapithas tantum aut Calydona merentem?
ast ego, magna Iouis coniunx, nil linquere inausum
quae potui infelix, quae memet in omnia uerti,   309
uincor ab Aenea. quod si mea numina non sunt   [est:
magna satis, dubitem haud equidem implorare quod usquam
flectere si nequeo superos, Acheronta mouebo.
non dabitur regnis, esto, prohibere Latinis,

284–313 *FM*γ*R*   288 longo *M*   290 terrae] terra
Prisc. xviii 223   292 tunc γ   295 num (*1°*)] nunc *M*
298 aut *F*γ*Rbf?r*: haud *M*ω   307 Lapithas *M²*: -this *codd.*, *Tib.*
Calydona *F²M²*γ*bfrst* (Calýdo *F¹c*), *Tib.*: Calydone *M¹R*ω   merentem *FM²*(-tes *M¹*)γ*cfs*, *Tib.*: merente *R*ω   *Et acc. et abl. amplectitur
Prisc.* xvii 101, *abl. Macrob.* iv 5, 6 *et Seru.*   310 uincar *M¹*
311 est *FM²R*ω: *om. M¹*γ*c*   313 esto regnis *cdhv*

atque immota manet fatis Lauinia coniunx:
at trahere atque moras tantis licet addere rebus,   315
at licet amborum populos exscindere regum.
hac gener atque socer coeant mercede suorum:
sanguine Troiano et Rutulo dotabere, uirgo,
et Bellona manet te pronuba. nec face tantum
Cisseis praegnas ignis enixa iugalis;   320
quin idem Veneri partus suus et Paris alter,
funestaeque iterum recidiua in Pergama taedae.'

Haec ubi dicta dedit, terras horrenda petiuit;
luctificam Allecto dirarum ab sede dearum
infernisque ciet tenebris, cui tristia bella   325
iraeque insidiaeque et crimina noxia cordi.
odit et ipse pater Pluton, odere sorores
Tartareae monstrum: tot sese uertit in ora,
tam saeuae facies, tot pullulat atra colubris.
quam Iuno his acuit uerbis ac talia fatur: 330
'hunc mihi da proprium, uirgo sata Nocte, laborem,
hanc operam, ne noster honos infractaue cedat
fama loco, neu conubiis ambire Latinum
Aeneadae possint Italosue obsidere finis.
tu potes unanimos armare in proelia fratres   335
atque odiis uersare domos, tu uerbera tectis
funereasque inferre faces, tibi nomina mille,
mille nocendi artes. fecundum concute pectus,
dissice compositam pacem, sere crimina belli;
arma uelit poscatque simul rapiatque iuuentus.'   340
Exim Gorgoneis Allecto infecta uenenis
principio Latium et Laurentis tecta tyranni
celsa petit, tacitumque obsedit limen Amatae,
quam super aduentu Teucrum Turnique hymenaeis
femineae ardentem curaeque iraeque coquebant.   345

314–25 *FMγR*; 326–9 *FMγRV*; 330–45 *MγRV*   317 hac] at *M*
324 dearum *FM¹γab?efr, Char.* 63. 30: sororum (*u.* 454) *M²Rω*
330 uerbis] dictis *γRa?*   333 nec *Non.* 242. 11   337 funereas
(*om.* -que) *V¹*   tibi] cui *Non.* 354. 12   340 uelint *V*

huic dea caeruleis unum de crinibus anguem
conicit, inque sinum praecordia ad intima subdit,
quo furibunda domum monstro permisceat omnem.
ille inter uestis et leuia pectora lapsus
uoluitur attactu nullo, fallitque furentem   350
uipeream inspirans animam; fit tortile collo
aurum ingens coluber, fit longae taenia uittae
innectitque comas et membris lubricus errat.
ac dum prima lues udo sublapsa ueneno
pertemptat sensus atque ossibus implicat ignem   355
necdum animus toto percepit pectore flammam,
mollius et solito matrum de more locuta est,
multa super natae lacrimans Phrygiisque hymenaeis:
'exsulibusne datur ducenda Lauinia Teucris,
o genitor, nec te miseret nataeque tuique?   360
nec matris miseret, quam primo Aquilone relinquet
perfidus alta petens abducta uirgine praedo?
at non sic Phrygius penetrat Lacedaemona pastor,
Ledaeamque Helenam Troianas uexit ad urbes?
quid tua sancta fides? quid cura antiqua tuorum   365
et consanguineo totiens data dextera Turno?
si gener externa petitur de gente Latinis,
idque sedet, Faunique premunt te iussa parentis,
omnem equidem sceptris terram quae libera nostris
dissidet externam reor et sic dicere diuos.   370
et Turno, si prima domus repetatur origo,
Inachus Acrisiusque patres mediaeque Mycenae.'
   His ubi nequiquam dictis experta Latinum
contra stare uidet, penitusque in uiscera lapsum
serpentis furiale malum totamque pererrat,   375
tum uero infelix ingentibus excita monstris
immensam sine more furit lymphata per urbem.

346–51 MγRV; 352–77 MγR   349 pectora] corpora R
351 spirans M   356 concepit R   357 est Rω: om. Mγ
358 nata Rbv?   363 at γRω, Gramm., Tib.: an Mbr, Diom.
464. 21, agnoscit Seru.   370 desidet cdht   dicere] poscere M¹
377 immensum Heyne

ceu quondam torto uolitans sub uerbere turbo,
quem pueri magno in gyro uacua atria circum
intenti ludo exercent—ille actus habena   380
curuatis fertur spatiis; stupet inscia supra
impubesque manus mirata uolubile buxum;
dant animos plagae: non cursu segnior illo
per medias urbes agitur populosque ferocis.
quin etiam in siluas simulato numine Bacchi   385
maius adorta nefas maioremque orsa furorem
euolat et natam frondosis montibus abdit,
quo thalamum eripiat Teucris taedasque moretur,
euhoe Bacche fremens, solum te uirgine dignum
uociferans: etenim mollis tibi sumere thyrsos,   390
te lustrare choro, sacrum tibi pascere crinem.
fama uolat, furiisque accensas pectore matres
idem omnis simul ardor agit noua quaerere tecta.
deseruere domos, uentis dant colla comasque;
ast aliae tremulis ululatibus aethera complent   395
pampineasque gerunt incinctae pellibus hastas.
ipsa inter medias flagrantem feruida pinum
sustinet ac natae Turnique canit hymenaeos
sanguineam torquens aciem, toruumque repente
clamat: 'io matres, audite, ubi quaeque, Latinae: 400
si qua piis animis manet infelicis Amatae
gratia, si iuris materni cura remordet,
soluite crinalis uittas, capite orgia mecum.'
talem inter siluas, inter deserta ferarum
reginam Allecto stimulis agit undique Bacchi.   405

   Postquam uisa satis primos acuisse furores
consiliumque omnemque domum uertisse Latini,
protinus hinc fuscis tristis dea tollitur alis
audacis Rutuli ad muros, quam dicitur urbem
Acrisioneis Danae fundasse colonis   410

378–403 MγR; 404–10 MγRV   385 siluis M¹c   391 choro
M¹t: choros M²γ²(-rus γ¹)Rω   392 pectora ct   395 aliae]
illae M²

praecipiti delata Noto. locus Ardea quondam
dictus auis, et nunc magnum manet Ardea nomen,
sed fortuna fuit. tectis hic Turnus in altis
iam mediam nigra carpebat nocte quietem.
Allecto toruam faciem et furialia membra   415
exuit, in uultus sese transformat anilis
et frontem obscenam rugis arat, induit albos
cum uitta crinis, tum ramum innectit oliuae;
fit Calybe Iunonis anus templique sacerdos,
et iuueni ante oculos his se cum uocibus offert: 420
'Turne, tot incassum fusos patiere labores,
et tua Dardaniis transcribi sceptra colonis?
rex tibi coniugium et quaesitas sanguine dotes
abnegat, externusque in regnum quaeritur heres.
i nunc, ingratis offer te, inrise, periclis;   425
Tyrrhenas, i, sterne acies, tege pace Latinos.
haec adeo tibi me, placida cum nocte iaceres,
ipsa palam fari omnipotens Saturnia iussit.
quare age et armari pubem portisque moueri
laetus in arua para, et Phrygios qui flumine pulchro   430
consedere duces pictasque exure carinas.
caelestum uis magna iubet. rex ipse Latinus,
ni dare coniugium et dicto parere fatetur,
sentiat et tandem Turnum experiatur in armis.'

Hic iuuenis uatem inridens sic orsa uicissim   435
ore refert: 'classis inuectas Thybridis undam
non, ut rere, meas effugit nuntius auris;
ne tantos mihi finge metus. nec regia Iuno
immemor est nostri.
sed te uicta situ uerique effeta senectus,   440
o mater, curis nequiquam exercet, et arma
regum inter falsa uatem formidine ludit.

411–27 *MγRV*; 428–29 *FMγRV*; 430–42 *FMγR*   412 manet
M¹γVω: tenet *M²R, Seru.*   414 media nigram γ
416 uultus] cultus *Arus.* 513. 18   418 nectit γ   430 arua
Peerlkamp: arma *codd., DSeru.* ad *A.* i 35 (*cf. A.* xi 173)   para] iube
(*A.* x 242) *M, DSeru.*   436 undam] alueo (*u.* 303) *R*: unda *fh*

cura tibi diuum effigies et templa tueri;
bella uiri pacemque gerent quis bella gerenda.'
Talibus Allecto dictis exarsit in iras.   445
at iuueni oranti subitus tremor occupat artus,
deriguere oculi: tot Erinys sibilat hydris
tantaque se facies aperit; tum flammea torquens
lumina cunctantem et quaerentem dicere plura
reppulit, et geminos erexit crinibus anguis,   450
uerberaque insonuit rabidoque haec addidit ore:
'en ego uicta situ, quam ueri effeta senectus
arma inter regum falsa formidine ludit.
respice ad haec: adsum dirarum ab sede sororum,
bella manu letumque gero.'   455
sic effata facem iuueni coniecit et atro
lumine fumantis fixit sub pectore taedas.
olli somnum ingens rumpit pauor, ossaque et artus
perfundit toto proruptus corpore sudor.
arma amens fremit, arma toro tectisque requirit;   460
saeuit amor ferri et scelerata insania belli,
ira super: magno ueluti cum flamma sonore
uirgea suggeritur costis undantis aëni
exsultantque aestu latices, furit intus aquai
fumidus atque alte spumis exuberat amnis,   465
nec iam se capit unda, uolat uapor ater ad auras.
ergo iter ad regem polluta pace Latinum
indicit primis iuuenum et iubet arma parari,
tutari Italiam, detrudere finibus hostem;
se satis ambobus Teucrisque uenire Latinisque.   470
haec ubi dicta dedit diuosque in uota uocauit,
certatim sese Rutuli exhortantur in arma.
hunc decus egregium formae mouet atque iuuentae,

443–69 *FMγR*; 470–3 *MγR*   444 gerant *M, schol. Veron.
ad A.* i 1   447 diriguere ω(*praeter a*)   451 rapidoque *Fγbcfhrv*
458 ingens somnum rupit *R*   459 perfudit *Mar*   praeruptus
Fγcdtv   464 aquai *Mc?ehrtuv, Seru.* (*cf. Quint.* i 7. 18): aquae
uis *FRabdfs, Macrob.* v 11. 23 (aquae γ, uis *add.* γ²): aquae amnis
poetam reliquisse narrat (ut uidetur) Seru.   466 se iam *F*

hunc ataui reges, hunc claris dextera factis.

Dum Turnus Rutulos animis audacibus implet,   475
Allecto in Teucros Stygiis se concitat alis,
arte noua, speculata locum, quo litore pulcher
insidiis cursuque feras agitabat Iulus.

hic subitam canibus rabiem Cocytia uirgo
obicit et noto naris contingit odore,   480
ut ceruum ardentes agerent; quae prima laborum
causa fuit belloque animos accendit agrestis.

ceruus erat forma praestanti et cornibus ingens,
Tyrrhidae pueri quem matris ab ubere raptum
nutribant Tyrrhusque pater, cui regia parent   485
armenta et late custodia credita campi.

adsuetum imperiis soror omni Siluia cura
mollibus intexens ornabat cornua sertis,
pectebatque ferum puroque in fonte lauabat.

ille manum patiens mensaeque adsuetus erili   490
errabat siluis rursusque ad limina nota
ipse domum sera quamuis se nocte ferebat.

hunc procul errantem rabidae uenantis Iuli
commouere canes, fluuio cum forte secundo
deflueret ripaque aestus uiridante leuaret.   495

ipse etiam eximiae laudis succensus amore
Ascanius curuo derexit spicula cornu;
nec dextrae erranti deus afuit, actaque multo
perque uterum sonitu perque ilia uenit harundo.

saucius at quadripes nota intra tecta refugit   500
successitque gemens stabulis, questuque cruentus
atque imploranti similis tectum omne replebat.

Siluia prima soror palmis percussa lacertos
auxilium uocat et duros conclamat agrestis.

474–81 $M\gamma R$; 482–85 $M\gamma RV$; 486–504 $FM\gamma RV$·   475 animis Rutulos $cdhsv$ 481 laborum] malorum (A. iv 169) $adeu$,
$Seru.(?)$ 486 late $F^2\gamma V\omega$, $Seru.$: lati F^1MRa, $utrumque$ $Tib.$
490 manu $FM^1\gamma$, $Tib.$ 496 accensus γ 497 derexit
$F^1\gamma RV$: direxit $F^2M\omega$ 498 dextra M 502 replebat $M\gamma V^2$:
repleuit $RV^1\omega$ ($def.$ F)

K

olli (pestis enim tacitis latet aspera siluis)   505
improuisi adsunt, hic torre armatus obusto,
stipitis hic grauidi nodis; quod cuique repertum
rimanti telum ira facit. uocat agmina Tyrrhus,
quadrifidam quercum cuneis ut forte coactis
scindebat rapta spirans immane securi.   510

At saeua e speculis tempus dea nacta nocendi
ardua tecta petit stabuli et de culmine summo
pastorale canit signum cornuque recuruo
Tartaream intendit uocem, qua protinus omne
contremuit nemus et siluae insonuere profundae;   515
audiit et Triuiae longe lacus, audiit amnis
sulpurea Nar albus aqua fontesque Velini,
et trepidae matres pressere ad pectora natos.
tum uero ad uocem celeres, qua bucina signum
dira dedit, raptis concurrunt undique telis   520
indomiti agricolae, nec non et Troia pubes
Ascanio auxilium castris effundit apertis.
derexere acies. non iam certamine agresti
stipitibus duris agitur sudibusue praeustis,
sed ferro ancipiti decernunt atraque late   525
horrescit strictis seges ensibus, aeraque fulgent
sole lacessita et lucem sub nubila iactant:
fluctus uti primo coepit cum albescere uento,
paulatim sese tollit mare et altius undas
erigit, inde imo consurgit ad aethera fundo.   530
hic iuuenis primam ante aciem stridente sagitta,
natorum Tyrrhi fuerat qui maximus, Almo,
sternitur; haesit enim sub gutture uulnus et udae
uocis iter tenuemque inclusit sanguine uitam.
corpora multa uirum circa seniorque Galaesus,   535
dum paci medium se offert, iustissimus unus

505–7 *FMγRV*; 508–9 *FMγR*; 510–36 *MγR*   510 scindebant *M¹*, *Non.* 265. 13   514 incendit *M¹R²*   515 intonuere
cdehsuv   523 derexere *M*, *Tib.*: dir- *γRω*   527 nubila]
lumine *γd* (limine *v*)   528 uento *γω*, *Tib.*: ponto (*G.* iii 237) *MR*,
Macrob. v 13. 20   536 sese *γRacer*

qui fuit Ausoniisque olim ditissimus aruis:
quinque greges illi balantum, quina redibant
armenta, et terram centum uertebat aratris.
    Atque ea per campos aequo dum Marte geruntur,   540
promissi dea facta potens, ubi sanguine bellum
imbuit et primae commisit funera pugnae,
deserit Hesperiam et caeli conuersa per auras
Iunonem uictrix adfatur uoce superba:
'en, perfecta tibi bello discordia tristi;   545
dic in amicitiam coeant et foedera iungant.
quandoquidem Ausonio respersi sanguine Teucros,
hoc etiam his addam, tua si mihi certa uoluntas:
finitimas in bella feram rumoribus urbes,
accendamque animos insani Martis amore   550
undique ut auxilio ueniant; spargam arma per agros.'
tum contra Iuno: 'terrorum et fraudis abunde est:
stant belli causae, pugnatur comminus armis,
quae fors prima dedit sanguis nouus imbuit arma.
talia coniugia et talis celebrent hymenaeos   555
egregium Veneris genus et rex ipse Latinus.
te super aetherias errare licentius auras
haud pater ille uelit, summi regnator Olympi.
cede locis. ego, si qua super fortuna laborum est,
ipsa regam.' talis dederat Saturnia uoces;   560
illa autem attollit stridentis anguibus alas
Cocytique petit sedem supera ardua linquens.
est locus Italiae medio sub montibus altis,
nobilis et fama multis memoratus in oris,
Amsancti ualles; densis hunc frondibus atrum   565
urget utrimque latus nemoris, medioque fragosus
dat sonitum saxis et torto uertice torrens.
hic specus horrendum et saeui spiracula Ditis

537–68 MγR   543 conuersa M¹: conuexa (A. iv 451) M²γRω,
Probus Asper Donatus ap. Seru.: conuecta Firmiani commentarius
ibidem   558 ille] ipse df   562 supera γω(supra f): super
MRbdγ (cf. A. vi 787)   566 utrumque γd   568 horrendus
'antiqui codices' teste Seru.

monstrantur, ruptoque ingens Acheronte uorago
pestiferas aperit fauces, quis condita Erinys, 570
inuisum numen, terras caelumque leuabat.
    Nec minus interea extremam Saturnia bello
imponit regina manum. ruit omnis in urbem
pastorum ex acie numerus, caesosque reportant
Almonem puerum foedatique ora Galaesi, 575
implorantque deos obtestanturque Latinum.
Turnus adest medioque in crimine caedis et igni
terrorem ingeminat: Teucros in regna uocari,
stirpem admisceri Phrygiam, se limine pelli.
tum quorum attonitae Baccho nemora auia matres 580
insultant thiasis (neque enim leue nomen Amatae)
undique collecti coeunt Martemque fatigant.
ilicet infandum cuncti contra omina bellum,
contra fata deum peruerso numine poscunt.
certatim regis circumstant tecta Latini; 585
ille uelut pelago rupes immota resistit,
ut pelagi rupes magno ueniente fragore,
quae sese multis circum latrantibus undis
mole tenet; scopuli nequiquam et spumea circum
saxa fremunt laterique inlisa refunditur alga. 590
uerum ubi nulla datur caecum exsuperare potestas
consilium, et saeuae nutu Iunonis eunt res,
multa deos aurasque pater testatus inanis
'frangimur heu fatis' inquit 'ferimurque procella!
ipsi has sacrilego pendetis sanguine poenas, 595
o miseri. te, Turne, nefas, te triste manebit
supplicium, uotisque deos uenerabere seris.
nam mihi parta quies, omnisque in limine portus

569–85 MγR; 586–93 MγRV; 594–8 FMγRV   570 condita
Rfrstuv: condit Myabcdeh, 'alii' ap. Seru.   571 leuauit R
573 inposuit γ   577 ignis abdert   586–615 omiserat
olim M; add. alia manus   586 pelago V¹: pelagi (u. 587)
ceteri   rupes] moles aeu   589 et om. V   592 consilio M²,
agnoscit Tib.   593 testatus Vader: -tur MγRω   594 procellis V

funere felici spolior.' nec plura locutus
saepsit se tectis rerumque reliquit habenas.   600
    Mos erat Hesperio in Latio, quem protinus urbes
Albanae coluere sacrum, nunc maxima rerum
Roma colit, cum prima mouent in proelia Martem,
siue Getis inferre manu lacrimabile bellum
Hyrcanisue Arabisue parant, seu tendere ad Indos   605
Auroramque sequi Parthosque reposcere signa:
sunt geminae Belli portae (sic nomine dicunt)
religione sacrae et saeui formidine Martis;
centum aerei claudunt uectes aeternaque ferri
robora, nec custos absistit limine Ianus.   610
has, ubi certa sedet patribus sententia pugnae,
ipse Quirinali trabea cinctuque Gabino
insignis reserat stridentia limina consul,
ipse uocat pugnas; sequitur tum cetera pubes,
aereaque adsensu conspirant cornua rauco.   615
hoc et tum Aeneadis indicere bella Latinus
more iubebatur tristisque recludere portas.
abstinuit tactu pater auersusque refugit
foeda ministeria, et caecis se condidit umbris.
tum regina deum caelo delapsa morantis   620
impulit ipsa manu portas, et cardine uerso
Belli ferratos rumpit Saturnia postis.
ardet inexcita Ausonia atque immobilis ante;
pars pedes ire parat campis, pars arduus altis
puluerulentus equis furit; omnes arma requirunt.   625
pars leuis clipeos et spicula lucida tergent
aruina pingui subiguntque in cote securis;
signaque ferre iuuat sonitusque audire tubarum.
quinque adeo magnae positis incudibus urbes
tela nouant, Atina potens Tiburque superbum,   630
Ardea Crustumerique et turrigerae Antemnae.

599–611 *FMγRV*; 612–31 *FMγR*   600 relinquit *b*, *Tib.*
605 Hyrcaniisque *F¹*   622 rumpit *Mabderv*: rupit *FγRcfhstu*,
Seru.   624 parant *γaeu*   628 iuuat] iubet *M*: iuuant *R*

tegmina tuta cauant capitum flectuntque salignas
umbonum cratis; alii thoracas aënos
aut leuis ocreas lento ducunt argento;
uomeris huc et falcis honos, huc omnis aratri   635
cessit amor; recoquunt patrios fornacibus ensis.
classica iamque sonant, it bello tessera signum;
hic galeam tectis trepidus rapit, ille trementis
ad iuga cogit equos, clipeumque auroque trilicem
loricam induitur fidoque accingitur ense.   640

Pandite nunc Helicona, deae, cantusque mouete,
qui bello exciti reges, quae quemque secutae
complerint campos acies, quibus Itala iam tum
floruerit terra alma uiris, quibus arserit armis;
et meministis enim, diuae, et memorare potestis;   645
ad nos uix tenuis famae perlabitur aura.

Primus init bellum Tyrrhenis asper ab oris
contemptor diuum Mezentius agminaque armat.
filius huic iuxta Lausus, quo pulchrior alter
non fuit excepto Laurentis corpore Turni;   650
Lausus, equum domitor debellatorque ferarum,
ducit Agyllina nequiquam ex urbe secutos
mille uiros, dignus patriis qui laetior esset
imperiis et cui pater haud Mezentius esset.

Post hos insignem palma per gramina currum   655
uictoresque ostentat equos satus Hercule pulchro
pulcher Auentinus, clipeoque insigne paternum
centum anguis cinctamque gerit serpentibus Hydram;
collis Auentini silua quem Rhea sacerdos
furtiuum partu sub luminis edidit oras,   660
mixta deo mulier, postquam Laurentia uictor
Geryone exstincto Tirynthius attigit arua,
Tyrrhenoque boues in flumine lauit Hiberas.

632–44 FMγR; 645–6 FMPR; 647–63 MPR   638 trepidus]
rapidus M^1 638 trementis (*cf. G.* iii 84) *FMγRaberu, Tib.*:
frementis (*A.* xii 82) *cdfhstv*   641 *'legitur et* monete' *Seru.* (*ita
F^2*)   642 acciti *M*   649 hunc M^1

pila manu saeuosque gerunt in bella dolones,
et tereti pugnant mucrone ueruque Sabello.　　　　665
ipse pedes, tegimen torquens immane leonis,
terribili impexum saeta cum dentibus albis
indutus capiti, sic regia tecta subibat,
horridus Herculeoque umeros innexus amictu.

　　Tum gemini fratres Tiburtia moenia linquunt,　　670
fratris Tiburti dictam cognomine gentem,
Catillusque acerque Coras, Argiua iuuentus,
et primam ante aciem densa inter tela feruntur:
ceu duo nubigenae cum uertice montis ab alto
descendunt Centauri Homolen Othrymque niualem　　675
linquentes cursu rapido; dat euntibus ingens
silua locum et magno cedunt uirgulta fragore.

　　Nec Praenestinae fundator defuit urbis,
Volcano genitum pecora inter agrestia regem
inuentumque focis omnis quem credidit aetas,　　680
Caeculus. hunc legio late comitatur agrestis:
quique altum Praeneste uiri quique arua Gabinae
Iunonis gelidumque Anienem et roscida riuis
Hernica saxa colunt, quos diues Anagnia pascis,
quos Amasene pater. non illis omnibus arma　　685
nec clipei currusue sonant; pars maxima glandes
liuentis plumbi spargit, pars spicula gestat
bina manu, fuluosque lupi de pelle galeros
tegmen habent capiti; uestigia nuda sinistri
instituere pedis, crudus tegit altera pero.　　690

　　At Messapus, equum domitor, Neptunia proles,
quem neque fas igni cuiquam nec sternere ferro,
iam pridem resides populos desuetaque bello
agmina in arma uocat subito ferrumque retractat.

　664–89 *MPRV*; 690–94 *MPR*　　　　　669 innixus *PR*
670 tunc *R*　　　671 fratres *MP²ar*　de nomine (*A.* i 533) *P*
672 Catthillus (*om.* -que) *V¹*　　677 et *om. P¹*　　678 deficit *R*
681 late legio *M*　　684 pascis *V*: pascit *ceteri*　　686 currusque *R*　　　689 tegmina *P*　　capitis *M²V²* (*cf. uu.* 632, 742)

hi Fescenninas acies Aequosque Faliscos, 695
hi Soractis habent arces Flauiniaque arua
et Cimini cum monte lacum lucosque Capenos.
ibant aequati numero regemque canebant:
ceu quondam niuei liquida inter nubila cycni
cum sese e pastu referunt et longa canoros 700
dant per colla modos, sonat amnis et Asia longe
pulsa palus.
nec quisquam aeratas acies examine tanto
misceri putet, aëriam sed gurgite ab alto
urgeri uolucrum raucarum ad litora nubem. 705

Ecce Sabinorum prisco de sanguine magnum
agmen agens Clausus magnique ipse agminis instar,
Claudia nunc a quo diffunditur et tribus et gens
per Latium, postquam in partem data Roma Sabinis.
una ingens Amiterna cohors priscique Quirites, 710
Ereti manus omnis oliuiferaeque Mutuscae;
qui Nomentum urbem, qui Rosea rura Velini,
qui Tetricae horrentis rupes montemque Seuerum
Casperiamque colunt Forulosque et flumen Himellae,
qui Tiberim Fabarimque bibunt, quos frigida misit 715
Nursia, et Ortinae classes populique Latini,
quosque secans infaustum interluit Allia nomen:
quam multi Libyco uoluuntur marmore fluctus
saeuus ubi Orion hibernis conditur undis,
uel cum sole nouo densae torrentur aristae 720
aut Hermi campo aut Lyciae flauentibus aruis.
scuta sonant pulsuque pedum conterrita tellus.

Hinc Agamemnonius, Troiani nominis hostis,
curru iungit Halaesus equos Turnoque ferocis
mille rapit populos, uertunt felicia Baccho 725

695-725 *MPR*   695 aequosque *Seru.*, *iustos interpretatus*
699 nubila] flumina *P*   703 examine *recc.*, *Housman* (*cf. A.*
ii 727): ex agmine *codd.*   708 a] e *M*[1]   712 Rosea *P* (*cor-*
rectum ex Rosca *ut uid.*) *Rω, Seru.*, Rosa *M*: Roscia *P*[2]: roscida *a*
(roceda *r* rosda *s*)   713 montemque] amnemque (*G.* iii 37, *A.*
vi 374) *P*   722 pulsuque (*A.* xii 445)] cursuque (*u.* 807) *M*

Massica qui rastris, et quos de collibus altis
Aurunci misere patres Sidicinaque iuxta
aequora, quique Cales linquunt amnisque uadosi
accola Volturni, pariterque Saticulus asper
Oscorumque manus. teretes sunt aclydes illis   730
tela, sed haec lento mos est aptare flagello.
laeuas caetra tegit, falcati comminus enses.
　　Nec tu carminibus nostris indictus abibis,
Oebale, quem generasse Telon Sebethide nympha
fertur, Teleboum Capreas cum regna teneret,   735
iam senior; patriis sed non et filius aruis
contentus late iam tum dicione premebat
Sarrastis populos et quae rigat aequora Sarnus,
quique Rufras Batulumque tenent atque arua Celemnae,
et quos maliferae despectant moenia Abellae,   740
Teutonico ritu soliti torquere cateias;
tegmina quis capitum raptus de subere cortex
aerataeque micant peltae, micat aereus ensis.
　　Et te montosae misere in proelia Nersae,
Vfens, insignem fama et felicibus armis,   745
horrida praecipue cui gens adsuetaque multo
uenatu nemorum, duris Aequicula glaebis.
armati terram exercent semperque recentis
conuectare iuuat praedas et uiuere rapto.
　　Quin et Marruuia uenit de gente sacerdos   750
fronde super galeam et felici comptus oliua
Archippi regis missu, fortissimus Vmbro,
uipereo generi et grauiter spirantibus hydris
spargere qui somnos cantuque manuque solebat,
mulcebatque iras et morsus arte leuabat.   755
sed non Dardaniae medicari cuspidis ictum
eualuit neque eum iuuere in uulnera cantus

726–57 *MPR*　　727 patres] senes (*u.* 206) *M*²　　737 premebat *Rω*: tenebat (*A*. i 622) *MPadev*　　738 Sarrastris *P*²*ω*(*praeter bd*)　　quae *MPcd*: qua *Rω*　　740 Abellae '*alii*' *ap. Seru.*: Bellae *codd.*, *Seru.*　　755 iras] feras *P*²　　757 in] ad *M*²　　uulnera *M*²*Pω*, *Tib.*: uulnere *M*¹*Racerv*

somniferi et Marsis quaesitae montibus herbae.
te nemus Angitiae, uitrea te Fucinus unda,
te liquidi fleuere lacus.   760
   Ibat et Hippolyti proles pulcherrima bello,
Virbius, insignem quem mater Aricia misit,
eductum Egeriae lucis umentia circum
litora, pinguis ubi et placabilis ara Dianae.
namque ferunt fama Hippolytum, postquam arte nouercae
occiderit patriasque explerit sanguine poenas   766
turbatis distractus equis, ad sidera rursus
aetheria et superas caeli uenisse sub auras,
Paeoniis reuocatum herbis et amore Dianae.
tum pater omnipotens aliquem indignatus ab umbris   770
mortalem infernis ad lumina surgere uitae,
ipse repertorem medicinae talis et artis
fulmine Phoebigenam Stygias detrusit ad undas.
at Triuia Hippolytum secretis alma recondit
sedibus et nymphae Egeriae nemorique relegat,   775
solus ubi in siluis Italis ignobilis aeuum
exigeret uersoque ubi nomine Virbius esset.
unde etiam templo Triuiae lucisque sacratis
cornipedes arcentur equi, quod litore currum
et iuuenem monstris pauidi effudere marinis.   780
filius ardentis haud setius aequore campi
exercebat equos curruque in bella ruebat.
   Ipse inter primos praestanti corpore Turnus
uertitur arma tenens et toto uertice supra est.
cui triplici crinita iuba galea alta Chimaeram   785
sustinet Aetnaeos efflantem faucibus ignis;
tam magis illa fremens et tristibus effera flammis
quam magis effuso crudescunt sanguine pugnae.
at leuem clipeum sublatis cornibus Io

758–89 *MPR*   758 montibus *M¹PRcdfh*: in montibus
M²ω   763 umentia] Hymetia *Pdfhrv, Tib.*   769 Paeonis
M¹   773 Phoebigenam *Pa?d, 'alii ut Probus' ap. Seru.*: Poeni-
genam *MRω* (Phen- *fs*), *Seru.*   ad *MPRbr*: in *ω*   undis *P¹*
778 luco . . . templisque *aeuv*

auro insignibat, iam saetis obsita, iam bos,   790
argumentum ingens, et custos uirginis Argus,
caelataque amnem fundens pater Inachus urna.
insequitur nimbus peditum clipeataque totis
agmina densentur campis, Argiuaque pubes
Auruncaeque manus, Rutuli ueteresque Sicani,   795
et Sacranae acies et picti scuta Labici;
qui saltus, Tiberine, tuos sacrumque Numici
litus arant Rutulosque exercent uomere collis
Circaeumque iugum, quis Iuppiter Anxurus aruis
praesidet et uiridi gaudens Feronia luco;   800
qua Saturae iacet atra palus gelidusque per imas
quaerit iter uallis atque in mare conditur Vfens.

Hos super aduenit Volsca de gente Camilla
agmen agens equitum et florentis aere cateruas,
bellatrix, non illa colo calathisue Mineruae   805
femineas adsueta manus, sed proelia uirgo
dura pati cursuque pedum praeuertere uentos.
illa uel intactae segetis per summa uolaret
gramina nec teneras cursu laesisset aristas,
uel mare per medium fluctu suspensa tumenti   810
ferret iter celeris nec tingeret aequore plantas.
illam omnis tectis agrisque effusa iuuentus
turbaque miratur matrum et prospectat euntem,
attonitis inhians animis ut regius ostro
uelet honos leuis umeros, ut fibula crinem   815
auro internectat, Lyciam ut gerat ipsa pharetram
et pastoralem praefixa cuspide myrtum.

790–817 *MPR*   801 Saturae] Asturae '*alii*' *ap. Seru.*
814 inhians] haesere (*A.* v 529) *P*

P. VERGILI MARONIS

AENEIDOS

LIBER VIII

Vт belli signum Laurenti Turnus ab arce
extulit et rauco strepuerunt cornua cantu,
utque acris concussit equos utque impulit arma,
extemplo turbati animi, simul omne tumultu
coniurat trepido Latium saeuitque iuuentus   5
effera. ductores primi Messapus et Vfens
contemptorque deum Mezentius undique cogunt
auxilia et latos uastant cultoribus agros.
mittitur et magni Venulus Diomedis ad urbem
qui petat auxilium, et Latio consistere Teucros,   10
aduectum Aenean classi uictosque penatis
inferre et fatis regem se dicere posci
edoceat, multasque uiro se adiungere gentis
Dardanio et late Latio increbrescere nomen:
quid struat his coeptis, quem, si fortuna sequatur, 15
euentum pugnae cupiat, manifestius ipsi
quam Turno regi aut regi apparere Latino.
   Talia per Latium. quae Laomedontius heros
cuncta uidens magno curarum fluctuat aestu,
atque animum nunc huc celerem nunc diuidit illuc   20
in partisque rapit uarias perque omnia uersat,
sicut aquae tremulum labris ubi lumen aënis
sole repercussum aut radiantis imagine lunae
omnia peruolitat late loca, iamque sub auras
erigitur summique ferit laquearia tecti.   25
nox erat et terras animalia fessa per omnis

   1–13 *MPR*; 14–26 *MPRV*   2 sonuerunt *P*[1]   10 considere (*A.* vi 67) *P*[2]   25 lacuaria *'multi' ap. Seru., schol. Veron.*

alituum pecudumque genus sopor altus habebat,
cum pater in ripa gelidique sub aetheris axe
Aeneas, tristi turbatus pectora bello,
procubuit seramque dedit per membra quietem.   30
huic deus ipse loci fluuio Tiberinus amoeno
populeas inter senior se attollere frondes
uisus (eum tenuis glauco uelabat amictu
carbasus, et crinis umbrosa tegebat harundo),
tum sic adfari et curas his demere dictis: 35
    'O sate gente deum, Troianam ex hostibus urbem
qui reuehis nobis aeternaque Pergama seruas,
exspectate solo Laurenti aruisque Latinis,
hic tibi certa domus, certi (ne absiste) penates.
neu belli terrere minis; tumor omnis et irae   40
concessere deum.
iamque tibi, ne uana putes haec fingere somnum,
litoreis ingens inuenta sub ilicibus sus
triginta capitum fetus enixa iacebit,
alba solo recubans, albi circum ubera nati.   45
[hic locus urbis erit, requies ea certa laborum,]
ex quo ter denis urbem redeuntibus annis
Ascanius clari condet cognominis Albam.
haud incerta cano. nunc qua ratione quod instat
expedias uictor, paucis (aduerte) docebo.   50
Arcades his oris, genus a Pallante profectum,
qui regem Euandrum comites, qui signa secuti,
delegere locum et posuere in montibus urbem
Pallantis proaui de nomine Pallanteum.
hi bellum adsidue ducunt cum gente Latina;   55
hos castris adhibe socios et foedera iunge.
ipse ego te ripis et recto flumine ducam,

27–39 *MPRV*; 40–57 *MPR*   29 pectore *M¹*   41 *addit*
profugis noua moenia Teucris (*cf. A.* x 158) '*mire quidam*' *ap. Seru.*
42–9 (cano) *seclusit Ribbeck*   43–6 = *A.* iii 390–3; 46 *om.*
hinc MPar, habent Rω   50 expedias *M¹P¹Rω*: expediam (*A.* vi
759, xi 315) *M²P²det*   56 foedere *Pbr, agnoscit Seru.* (*cf. A.* iv
112)

aduersum remis superes subuectus ut amnem.
surge age, nate dea, primisque cadentibus astris
Iunoni fer rite preces, iramque minasque   60
supplicibus supera uotis. mihi uictor honorem
persolues. ego sum pleno quem flumine cernis
stringentem ripas et pinguia culta secantem,
caeruleus Thybris, caelo gratissimus amnis.
hic mihi magna domus, celsis caput urbibus exit.'   65
   Dixit, deinde lacu fluuius se condidit alto
ima petens; nox Aenean somnusque reliquit.
surgit et aetherii spectans orientia solis
lumina rite cauis undam de flumine palmis
sustinet ac talis effundit ad aethera uoces: 70
'Nymphae, Laurentes Nymphae, genus amnibus unde est,
tuque, o Thybri tuo genitor cum flumine sancto,
accipite Aenean et tandem arcete periclis.
quo te cumque lacus miserantem incommoda nostra
fonte tenent, quocumque solo pulcherrimus exis,   75
semper honore meo, semper celebrabere donis
corniger Hesperidum fluuius regnator aquarum.
adsis o tantum et propius tua numina firmes.'
sic memorat, geminasque legit de classe biremis
remigioque aptat, socios simul instruit armis.   80
   Ecce autem subitum atque oculis mirabile monstrum,
candida per siluam cum fetu concolor albo
procubuit uiridique in litore conspicitur sus;
quam pius Aeneas tibi enim, tibi, maxima Iuno,
mactat sacra ferens et cum grege sistit ad aram.   85
Thybris ea fluuium, quam longa est, nocte tumentem
leniit, et tacita refluens ita substitit unda,
mitis ut in morem stagni placidaeque paludis

58–70 *MPR*; 71–88 *FMPR*   60 irasque ω(*praeter abfr*)
61 uotis] donis (*A*. iii 439) *d*   63 pinguia] singula *M*[1]
65 magna] certa (*u*. 39) *P*   67 relinquit *Raceuv*   70 sustulit
ω(*praeter ar*)   75 tenent *FR* (lacus *duodecies alibi plurali occurrit
numero*): tenet *MPω, Seru*.   78 tandem *d*   proprius *P*[1],
agnoscit Seru.

sterneret aequor aquis, remo ut luctamen abesset.
ergo iter inceptum celerant rumore secundo: 90
labitur uncta uadis abies; mirantur et undae,
miratur nemus insuetum fulgentia longe
scuta uirum fluuio pictasque innare carinas.
olli remigio noctemque diemque fatigant
et longos superant flexus, uariisque teguntur 95
arboribus, uiridisque secant placido aequore siluas.
sol medium caeli conscenderat igneus orbem
cum muros arcemque procul ac rara domorum
tecta uident, quae nunc Romana potentia caelo
aequauit, tum res inopes Euandrus habebat. 100
ocius aduertunt proras urbique propinquant.

Forte die sollemnem illo rex Arcas honorem
Amphitryoniadae magno diuisque ferebat
ante urbem in luco. Pallas huic filius una,
una omnes iuuenum primi pauperque senatus 105
tura dabant, tepidusque cruor fumabat ad aras.
ut celsas uidere rates atque inter opacum
adlabi nemus et tacitos incumbere remis,
terrentur uisu subito cunctique relictis
consurgunt mensis. audax quos rumpere Pallas 110
sacra uetat raptoque uolat telo obuius ipse,
et procul e tumulo: 'iuuenes, quae causa subegit
ignotas temptare uias? quo tenditis?' inquit.
'qui genus? unde domo? pacemne huc fertis an arma?'
tum pater Aeneas puppi sic fatur ab alta 115
paciferaeque manu ramum praetendit oliuae:
'Troiugenas ac tela uides inimica Latinis,
quos illi bello profugos egere superbo.
Euandrum petimus. ferte haec et dicite lectos
Dardaniae uenisse duces socia arma rogantis.' 120

89–92 *FMPR*; 93–8 *FMPRV*; 99–118 *MPRV*; 119–20 *MPR*
90 celerant] peragunt (*A*. vi 384) *R*, *Macrob*. vi 1. 37, *Non*. 385. 7
Rumone *M*¹, *agnoscit Seru*.   92 mirantur *Fγ*   100 tunc
Rberuv, *Tib*.   102 sollemne *PR*, *Non*. 320. 15   108 tacitis
df, *Seru*.   115 tunc *R*   fatus *P*

obstipuit tanto percussus nomine Pallas:
'egredere o quicumque es' ait 'coramque parentem
adloquere ac nostris succede penatibus hospes.'
excepitque manu dextramque amplexus inhaesit;
progressi subeunt luco fluuiumque relinquunt.   125

   Tum regem Aeneas dictis adfatur amicis:
'optime Graiugenum, cui me Fortuna precari
et uitta comptos uoluit praetendere ramos,
non equidem extimui Danaum quod ductor et Arcas
quodque a stirpe fores geminis coniunctus Atridis;   130
sed mea me uirtus et sancta oracula diuum
cognatique patres, tua terris didita fama,
coniunxere tibi et fatis egere uolentem.
Dardanus, Iliacae primus pater urbis et auctor,
Electra, ut Grai perhibent, Atlantide cretus,   135
aduehitur Teucros; Electram maximus Atlas
edidit, aetherios umero qui sustinet orbis.
uobis Mercurius pater est, quem candida Maia
Cyllenae gelido conceptum uertice fudit;
at Maiam, auditis si quicquam credimus, Atlas,   140
idem Atlas generat caeli qui sidera tollit.
sic genus amborum scindit se sanguine ab uno.
his fretus non legatos neque prima per artem
temptamenta tui pepigi; me, me ipse meumque
obieci caput et supplex ad limina ueni.   145
gens eadem, quae te, crudeli Daunia bello
insequitur; nos si pellant nihil afore credunt
quin omnem Hesperiam penitus sua sub iuga mittant,
et mare quod supra teneant quodque adluit infra.
accipe daque fidem. sunt nobis fortia bello   150
pectora, sunt animi et rebus spectata iuuentus.'

121–51 *MPR*   121 percussus *MPdfhrst, Seru.*: perculsus *Rabceuv, Tib.* (*cf. G.* ii 476, *A.* i 513)   122 parente *deu*
123 ac] et *M¹, Non.* 403. 23   132 didita *MPchsu, Seru.*:
dedita *Rω*   139 fundit *P¹*   140 cuiquam *R*   creditis *P*
147 afore *P¹bfrs*: adfore (aff-) *M²P²ω* (atf- *M¹*): fore *R*: offore *fortasse
Seru.*

Dixerat Aeneas. ille os oculosque loquentis
iamdudum et totum lustrabat lumine corpus.
tum sic pauca refert: 'ut te, fortissime Teucrum,
accipio agnoscoque libens! ut uerba parentis   155
et uocem Anchisae magni uultumque recordor!
nam memini Hesionae uisentem regna sororis
Laomedontiaden Priamum Salamina petentem
protinus Arcadiae gelidos inuisere finis.
tum mihi prima genas uestibat flore iuuentas,   160
mirabarque duces Teucros, mirabar et ipsum
Laomedontiaden; sed cunctis altior ibat
Anchises. mihi mens iuuenali ardebat amore
compellare uirum et dextrae coniungere dextram;
accessi et cupidus Phenei sub moenia duxi.   165
ille mihi insignem pharetram Lyciasque sagittas
discedens chlamydemque auro dedit intertextam,
frenaque bina meus quae nunc habet aurea Pallas.
ergo et quam petitis iuncta est mihi foedere dextra,
et lux cum primum terris se crastina reddet,   170
auxilio laetos dimittam opibusque iuuabo.
interea sacra haec, quando huc uenistis amici,
annua, quae differre nefas, celebrate fauentes
nobiscum, et iam nunc sociorum adsuescite mensis.'

Haec ubi dicta, dapes iubet et sublata reponi   175
pocula gramineoque uiros locat ipse sedili,
praecipuumque toro et uillosi pelle leonis
accipit Aenean solioque inuitat acerno.
tum lecti iuuenes certatim araeque sacerdos
uiscera tosta ferunt taurorum, onerantque canistris   180
dona laboratae Cereris, Bacchumque ministrant.
uescitur Aeneas simul et Troiana iuuentus
perpetui tergo bouis et lustralibus extis.

Postquam exempta fames et amor compressus edendi,
rex Euandrus ait: 'non haec sollemnia nobis,   185

152–85 *MPR*   160 iuuentus *cdefh*   167 intertexto *P¹Rd*,
agnoscit Seru.   182 et] ac *aeuv*

has ex more dapes, hanc tanti numinis aram
uana superstitio ueterumque ignara deorum
imposuit: saeuis, hospes Troiane, periclis
seruati facimus meritosque nouamus honores.
iam primum saxis suspensam hanc aspice rupem,⠀⠀⠀⠀190
disiectae procul ut moles desertaque montis
stat domus et scopuli ingentem traxere ruinam.
hic spelunca fuit uasto summota recessu,
semihominis Caci facies quam dira tenebat
solis inaccessam radiis; semperque recenti⠀⠀⠀⠀195
caede tepebat humus, foribusque adfixa superbis
ora uirum tristi pendebant pallida tabo.
huic monstro Volcanus erat pater: illius atros
ore uomens ignis magna se mole ferebat.
attulit et nobis aliquando optantibus aetas⠀⠀⠀⠀200
auxilium aduentumque dei. nam maximus ultor
tergemini nece Geryonae spoliisque superbus
Alcides aderat taurosque hac uictor agebat
ingentis, uallemque boues amnemque tenebant.
at furis Caci mens effera, ne quid inausum⠀⠀⠀⠀205
aut intractatum scelerisue doliue fuisset,
quattuor a stabulis praestanti corpore tauros
auertit, totidem forma superante iuuencas.
atque hos, ne qua forent pedibus uestigia rectis,
cauda in speluncam tractos uersisque uiarum⠀⠀⠀⠀210
indiciis raptor saxo occultabat opaco;
quaerenti nulla ad speluncam signa ferebant.
interea, cum iam stabulis saturata moueret
Amphitryoniades armenta abitumque pararet,
discessu mugire boues atque omne querelis⠀⠀⠀⠀215

186–215 *MPR*⠀⠀⠀⠀⠀⠀190 primum] pridem *Rbruv, agnoscit Tib.*
191 deiectae *R*⠀⠀⠀⠀⠀194 tenebat *M²ω*: tegebat *M¹PRabhrv, Tib.*
197 squallida *M*⠀⠀⠀⠀202 Geryonae *Pacfh* (-ne *Mu*), *Seru. hic et ad A.*
vii 662: -ni *R*: -nis *bdt*: -nes *rv, Tib.*: -neis *e*⠀⠀⠀⠀205 furis *M¹ω*(furi *s*),
Seru.: furiis *M²PRbrt, Tib.*⠀⠀⠀⠀⠀⠀206 intemptatum *M²dhst*
211 raptor *Wakefield, collato Prop.* iv 9. 9: raptos *codd.*⠀⠀⠀⠀212 quae-
rentes *Ru*, -tis *br*: -tem *recc.*⠀⠀⠀⠀214 parabat *M¹*

impleri nemus et colles clamore relinqui.
reddidit una boum uocem uastoque sub antro
mugiit et Caci spem custodita fefellit.
hic uero Alcidae furiis exarserat atro
felle dolor: rapit arma manu nodisque grauatum   220
robur, et aërii cursu petit ardua montis.
tum primum nostri Cacum uidere timentem
turbatumque oculis; fugit ilicet ocior Euro
speluncamque petit, pedibus timor addidit alas.
ut sese inclusit ruptisque immane catenis   225
deiecit saxum, ferro quod et arte paterna
pendebat, fultosque emuniit obice postis,
ecce furens animis aderat Tirynthius omnemque
accessum lustrans huc ora ferebat et illuc,
dentibus infrendens. ter totum feruidus ira   230
lustrat Auentini montem, ter saxea temptat
limina nequiquam, ter fessus ualle resedit.
stabat acuta silex praecisis undique saxis
speluncae dorso insurgens, altissima uisu,
dirarum nidis domus opportuna uolucrum.   235
hanc, ut prona iugo laeuum incumbebat ad amnem,
dexter in aduersum nitens concussit et imis
auulsam soluit radicibus, inde repente
impulit; impulsu quo maximus intonat aether,
dissultant ripae refluitque exterritus amnis.   240
at specus et Caci detecta apparuit ingens
regia, et umbrosae penitus patuere cauernae,
non secus ac si qua penitus ui terra dehiscens
infernas reseret sedes et regna recludat
pallida, dis inuisa, superque immane barathrum   245
cernatur, trepident immisso lumine Manes.

216–46 *MPR*   221 et aerii *M²PR def?v*: aetherii *M¹rt* (et
haerii *b*): et aetherii *chu*   223 oculis *codd.*, *Seru.*, *Tib.*: oculi
'*alii*' *ap. Seru.*: oculos γ   238 aduolsam *M¹*   239 intonat
MP: insonat *Rω* (*cf. A.* vii 515)   244 reseret *M¹ber*, *Macrob.*
v 16. 14, *Seru.*: reserat *M²PRω*, *Non.* 41. 13   246 trepidant-
que *R*

ergo insperata deprensum luce repente
inclusumque cauo saxo atque insueta rudentem
desuper Alcides telis premit, omniaque arma
aduocat et ramis uastisque molaribus instat.   250
ille autem, neque enim fuga iam super ulla pericli,
faucibus ingentem fumum (mirabile dictu)
euomit inuoluitque domum caligine caeca
prospectum eripiens oculis, glomeratque sub antro
fumiferam noctem commixtis igne tenebris.   255
non tulit Alcides animis, seque ipse per ignem
praecipiti iecit saltu, qua plurimus undam
fumus agit nebulaque ingens specus aestuat atra.
hic Cacum in tenebris incendia uana uomentem
corripit in nodum complexus, et angit inhaerens   260
elisos oculos et siccum sanguine guttur.
panditur extemplo foribus domus atra reuulsis
abstractaeque boues abiurataeque rapinae
caelo ostenduntur, pedibusque informe cadauer
protrahitur. nequeunt expleri corda tuendo   265
terribilis oculos, uultum uillosaque saetis
pectora semiferi atque exstinctos faucibus ignis.
ex illo celebratus honos laetique minores
seruauere diem, primusque Potitius auctor
et domus Herculei custos Pinaria sacri   270
hanc aram luco statuit, quae maxima semper
dicetur nobis et erit quae maxima semper.
quare agite, o iuuenes, tantarum in munere laudum
cingite fronde comas et pocula porgite dextris,
communemque uocate deum et date uina uolentes.'   275
dixerat, Herculea bicolor cum populus umbra
uelauitque comas foliisque innexa pependit,
et sacer impleuit dextram scyphus. ocius omnes
in mensam laeti libant diuosque precantur.

247–79 *MPR*   247 luce *M¹P*: in luce *M²Rω*   251 pericli est
Pcefhv (est pericli *u*), *DSeru. ad A*. iii 489 (*cf. A*. v 716)   257 iecit
MRbdrι: iniecit *Pω*   261 elidens '*multi' ap. Seru*.   262 exemplo *P¹Rb*
atra] alta (*G*. ii 461) *P¹*   277 innexa] inmissa *ps.Probus ad G*. ii 66

Deuexo interea propior fit Vesper Olympo.   280
iamque sacerdotes primusque Potitius ibant
pellibus in morem cincti, flammasque ferebant.
instaurant epulas et mensae grata secundae
dona ferunt cumulantque oneratis lancibus aras.
tum Salii ad cantus incensa altaria circum   285
populeis adsunt euincti tempora ramis,
hic iuuenum chorus, ille senum, qui carmine laudes
Herculeas et facta ferunt: ut prima nouercae
monstra manu geminosque premens eliserit anguis,
ut bello egregias idem disiecerit urbes,   290
Troiamque Oechaliamque, ut duros mille labores
rege sub Eurystheo fatis Iunonis iniquae
pertulerit. 'tu nubigenas, inuicte, bimembris
Hylaeumque Pholumque manu, tu Cresia mactas
prodigia et uastum Nemeae sub rupe leonem.   295
te Stygii tremuere lacus, te ianitor Orci
ossa super recubans antro semesa cruento;
nec te ullae facies, non terruit ipse Typhoeus
arduus arma tenens; non te rationis egentem
Lernaeus turba capitum circumstetit anguis.   300
salue, uera Iouis proles, decus addite diuis,
et nos et tua dexter adi pede sacra secundo.'
talia carminibus celebrant; super omnia Caci
speluncam adiciunt spirantemque ignibus ipsum.
consonat omne nemus strepitu collesque resultant.   305
    Exim se cuncti diuinis rebus ad urbem
perfectis referunt. ibat rex obsitus aeuo,
et comitem Aenean iuxta natumque tenebat
ingrediens uarioque uiam sermone leuabat.
miratur facilisque oculos fert omnia circum   310
Aeneas, capiturque locis et singula laetus

280–311 *MPR*   280 proprior *Pbcfhv*   282 flammamque
R   288 ferant *M*[1]   291 Oechaliam eduros *M*[1]   ut] et
Rbr, *Macrob.* vi 6. 14   295 Nemeae *P*[1]*ω*, *Seru.*: Nemea *P*[2]*Rb*,
Nemaea *M*

exquiritque auditque uirum monimenta priorum.
tum rex Euandrus Romanae conditor arcis:
'haec nemora indigenae Fauni Nymphaeque tenebant
gensque uirum truncis et duro robore nata,   315
quis neque mos neque cultus erat, nec iungere tauros
aut componere opes norant aut parcere parto,
sed rami atque asper uictu uenatus alebat.
primus ab aetherio uenit Saturnus Olympo
arma Iouis fugiens et regnis exsul ademptis.   320
is genus indocile ac dispersum montibus altis
composuit legesque dedit, Latiumque uocari
maluit, his quoniam latuisset tutus in oris.
aurea quae perhibent illo sub rege fuere
saecula: sic placida populos in pace regebat,   325
deterior donec paulatim ac decolor aetas
et belli rabies et amor successit habendi.
tum manus Ausonia et gentes uenere Sicanae,
saepius et nomen posuit Saturnia tellus;
tum reges asperque immani corpore Thybris,   330
a quo post Itali fluuium cognomine Thybrim
diximus; amisit uerum uetus Albula nomen.
me pulsum patria pelagique extrema sequentem
Fortuna omnipotens et ineluctabile fatum
his posuere locis, matrisque egere tremenda   335
Carmentis nymphae monita et deus auctor Apollo.'
   Vix ea dicta, dehinc progressus monstrat et aram
et Carmentalem Romani nomine portam
quam memorant, nymphae priscum Carmentis honorem,
uatis fatidicae, cecinit quae prima futuros   340
Aeneadas magnos et nobile Pallanteum.
hinc lucum ingentem, quem Romulus acer asylum
rettulit, et gelida monstrat sub rupe Lupercal

312–343 *MPR*   317 parto] rapto *M¹*   324 aurea quae
MP²Rω, Aug. c.d. xviii 15, *Lact. inst.* i 14: aureaque *P¹*: aureaque
ut (*G.* i 247, *A.* iv 179) *ceuv*   fuerunt *Pc*   328 Ausonia *MP*:
Ausoniae *Rω*   337 aram] arma *M¹R*   338 Romani *MPfhr*:
Romano *Rω*   341 nobile] nomine *P²R*

Parrhasio dictum Panos de more Lycaei.
nec non et sacri monstrat nemus Argileti 345
testaturque locum et letum docet hospitis Argi.
hinc ad Tarpeiam sedem et Capitolia ducit
aurea nunc, olim siluestribus horrida dumis.
iam tum religio pauidos terrebat agrestis
dira loci, iam tum siluam saxumque tremebant. 350
'hoc nemus, hunc' inquit 'frondoso uertice collem
(quis deus incertum est) habitat deus; Arcades ipsum
credunt se uidisse Iouem, cum saepe nigrantem
aegida concuteret dextra nimbosque cieret.
haec duo praeterea disiectis oppida muris, 355
reliquias ueterumque uides monimenta uirorum.
hanc Ianus pater, hanc Saturnus condidit arcem;
Ianiculum huic, illi fuerat Saturnia nomen.'
talibus inter se dictis ad tecta subibant
pauperis Euandri, passimque armenta uidebant 360
Romanoque foro et lautis mugire Carinis.
ut uentum ad sedes, 'haec' inquit 'limina uictor
Alcides subiit, haec illum regia cepit.
aude, hospes, contemnere opes et te quoque dignum
finge deo, rebusque ueni non asper egenis.' 365
dixit, et angusti subter fastigia tecti
ingentem Aenean duxit stratisque locauit
effultum foliis et pelle Libystidis ursae:
nox ruit et fuscis tellurem amplectitur alis.

    At Venus haud animo nequiquam exterrita mater 370
Laurentumque minis et duro mota tumultu
Volcanum adloquitur, thalamoque haec coniugis aureo
incipit et dictis diuinum aspirat amorem:
'dum bello Argolici uastabant Pergama reges
debita casurasque inimicis ignibus arces, 375
non ullum auxilium miseris, non arma rogaui

344–76 MPR   344 Parnasio R   350 siluas R   tenebant
M¹   357 arcem M¹Pω: urbem (A. i 5) M²Rabdfr   361 latis
M¹   cauernis R   362 uictor] nobis br   365 deos P¹

artis opisque tuae, nec te, carissime coniunx,
incassumue tuos uolui exercere labores,
quamuis et Priami deberem plurima natis,
et durum Aeneae fleuissem saepe laborem.   380
nunc Iouis imperiis Rutulorum constitit oris:
ergo eadem supplex uenio et sanctum mihi numen
arma rogo, genetrix nato. te filia Nerei,
te potuit lacrimis Tithonia flectere coniunx.
aspice qui coeant populi, quae moenia clausis   385
ferrum acuant portis in me excidiumque meorum.'
dixerat et niueis hinc atque hinc diua lacertis
cunctantem amplexu molli fouet. ille repente
accepit solitam flammam, notusque medullas
intrauit calor et labefacta per ossa cucurrit,   390
non secus atque olim tonitru cum rupta corusco
ignea rima micans percurrit lumine nimbos;
sensit laeta dolis et formae conscia coniunx.
tum pater aeterno fatur deuinctus amore:
'quid causas petis ex alto? fiducia cessit   395
quo tibi, diua, mei? similis si cura fuisset,
tum quoque fas nobis Teucros armare fuisset;
nec pater omnipotens Troiam nec fata uetabant
stare decemque alios Priamum superesse per annos.
et nunc, si bellare paras atque haec tibi mens est,   400
quidquid in arte mea possum promittere curae,
quod fieri ferro liquidoue potest electro,
quantum ignes animaeque ualent, absiste precando
uiribus indubitare tuis.' ea uerba locutus
optatos dedit amplexus placidumque petiuit   405
coniugis infusus gremio per membra soporem.
    Inde ubi prima quies medio iam noctis abactae

377–407 MPR   377 opisue dt, Tib.   378 incassumque
M¹   381 imperio dht, Seru.   382 nomen P¹   386 ferrum]
bellum DSeru. ad A. ii 27   391 non] haut (u. 414) M
394 deuictus P²cdhrstu   397 tunc aeruv   Teucros nobis P¹c
406 infusus MP²ω, Gramm.: infusum P¹R, Probus et Carminius ap.
Seru.

curriculo expulerat somnum, cum femina primum,
cui tolerare colo uitam tenuique Minerua
impositum, cinerem et sopitos suscitat ignis   410
noctem addens operi, famulasque ad lumina longo
exercet penso, castum ut seruare cubile
coniugis et possit paruos educere natos:
haud secus ignipotens nec tempore segnior illo
mollibus e stratis opera ad fabrilia surgit.   415
insula Sicanium iuxta latus Aeoliamque
erigitur Liparen fumantibus ardua saxis,
quam subter specus et Cyclopum exesa caminis
antra Aetnaea tonant, ualidique incudibus ictus
auditi referunt gemitus, striduntque cauernis   420
stricturae Chalybum et fornacibus ignis anhelat,
Volcani domus et Volcania nomine tellus.
hoc tunc ignipotens caelo descendit ab alto.
ferrum exercebant uasto Cyclopes in antro,
Brontesque Steropesque et nudus membra Pyragmon.   425
his informatum manibus iam parte polita
fulmen erat, toto genitor quae plurima caelo
deicit in terras, pars imperfecta manebat.
tris imbris torti radios, tris nubis aquosae
addiderant, rutuli tris ignis et alitis Austri.   430
fulgores nunc terrificos sonitumque metumque
miscebant operi flammisque sequacibus iras.
parte alia Marti currumque rotasque uolucris
instabant, quibus ille uiros, quibus excitat urbes;
aegidaque horriferam, turbatae Palladis arma,   435
certatim squamis serpentum auroque polibant
conexosque anguis ipsamque in pectore diuae
Gorgona deiecto uertentem lumina collo.
'tollite cuncta' inquit 'coeptosque auferte labores,

408–39 *MPR*   409 calathisque Mineruae (*A*. vii 805) *dt*
412 exercens *M*   420 gemitus *P*: -tu *Md*: -tum *Rω*, *Tib*.
423 huc tum *P*; hoc *pro* huc *positum testantur Prisc*. i 34 *et* xv 6,
Seru. hic et ad A. i 4   431 horrificos *Rd*

Aetnaei Cyclopes, et huc aduertite mentem: 440
arma acri facienda uiro. nunc uiribus usus,
nunc manibus rapidis, omni nunc arte magistra.
praecipitate moras.' nec plura effatus, at illi
ocius incubuere omnes pariterque laborem
sortiti. fluit aes riuis aurique metallum   445
uulnificusque chalybs uasta fornace liquescit.
ingentem clipeum informant, unum omnia contra
tela Latinorum, septenosque orbibus orbis
impediunt. alii uentosis follibus auras
accipiunt redduntque, alii stridentia tingunt   450
aera lacu; gemit impositis incudibus antrum;
illi inter sese multa ui bracchia tollunt
in numerum, uersantque tenaci forcipe massam.

Haec pater Aeoliis properat dum Lemnius oris,
Euandrum ex humili tecto lux suscitat alma   455
et matutini uolucrum sub culmine cantus.
consurgit senior tunicaque inducitur artus
et Tyrrhena pedum circumdat uincula plantis.
tum lateri atque umeris Tegeaeum subligat ensem
demissa ab laeua pantherae terga retorquens.   460
nec non et gemini custodes limine ab alto
praecedunt gressumque canes comitantur erilem.
hospitis Aeneae sedem et secreta petebat
sermonum memor et promissi muneris heros.
nec minus Aeneas se matutinus agebat;   465
filius huic Pallas, illi comes ibat Achates.
congressi iungunt dextras mediisque resident
aedibus et licito tandem sermone fruuntur.
rex prior haec:
'maxime Teucrorum ductor, quo sospite numquam   470
res equidem Troiae uictas aut regna fatebor,

440–71 *MPR*   443 at] et *P¹dt*   459 Tegeaeum *Seru. ad*
A. v 299: Tegeaeum *Pω*: Tegeum *MRdf*   460 pantherea *P¹*
461 arto *Markland ad Stat. silu.* i 1. 46, *collatis uu.* 360, 455
462 procedunt *P¹*

nobis ad belli auxilium pro nomine tanto
exiguae uires; hinc Tusco claudimur amni,
hinc Rutulus premit et murum circumsonat armis.
sed tibi ego ingentis populos opulentaque regnis   475
iungere castra paro, quam fors inopina salutem
ostentat: fatis huc te poscentibus adfers.
haud procul hinc saxo incolitur fundata uetusto
urbis Agyllinae sedes, ubi Lydia quondam
gens, bello praeclara, iugis insedit Etruscis.   480
hanc multos florentem annos rex deinde superbo
imperio et saeuis tenuit Mezentius armis.
quid memorem infandas caedes, quid facta tyranni
effera? di capiti ipsius generique reseruent!
mortua quin etiam iungebat corpora uiuis   485
componens manibusque manus atque oribus ora,
tormenti genus, et sanie taboque fluentis
complexu in misero longa sic morte necabat.
at fessi tandem ciues infanda furentem
armati circumsistunt ipsumque domumque,   490
obtruncant socios, ignem ad fastigia iactant.
ille inter caedem Rutulorum elapsus in agros
confugere et Turni defendier hospitis armis.
ergo omnis furiis surrexit Etruria iustis,
regem ad supplicium praesenti Marte reposcunt.   495
his ego te, Aenea, ductorem milibus addam.
toto namque fremunt condensae litore puppes
signaque ferre iubent, retinet longaeuus haruspex
fata canens: "o Maeoniae delecta iuuentus,
flos ueterum uirtusque uirum, quos iustus in hostem   500
fert dolor et merita accendit Mezentius ira,
nulli fas Italo tantam subiungere gentem:
externos optate duces." tum Etrusca resedit
hoc acies campo monitis exterrita diuum.

472–504 *MPR*   472 numine *P*[1]   477 '*legimus et* adfer *et*
adfers' *Seru.*   492 caedem *M*[1]*Rdft*: caedes (*A.* viii 709, xi
648, 729) *M*[2]*Pω*

ipse oratores ad me regnique coronam   505
cum sceptro misit mandatque insignia Tarchon,
succedam castris Tyrrhenaque regna capessam.
sed mihi tarda gelu saeclisque effeta senectus
inuidet imperium seraeque ad fortia uires.
natum exhortarer, ni mixtus matre Sabella   510
hinc partem patriae traheret. tu, cuius et annis
et generi fatum indulget, quem numina poscunt,
ingredere, o Teucrum atque Italum fortissime ductor.
hunc tibi praeterea, spes et solacia nostri,
Pallanta adiungam; sub te tolerare magistro   515
militiam et graue Martis opus, tua cernere facta
adsuescat, primis et te miretur ab annis.
Arcadas huic equites bis centum, robora pubis
lecta dabo, totidemque suo tibi nomine Pallas.'
   Vix ea fatus erat, defixique ora tenebant   520
Aeneas Anchisiades et fidus Achates,
multaque dura suo tristi cum corde putabant,
ni signum caelo Cytherea dedisset aperto.
namque improuiso uibratus ab aethere fulgor
cum sonitu uenit et ruere omnia uisa repente,   525
Tyrrhenusque tubae mugire per aethera clangor.
suspiciunt, iterum atque iterum fragor increpat ingens.
arma inter nubem caeli in regione serena
per sudum rutilare uident et pulsa tonare.
obstipuere animis alii, sed Troius heros   530
agnouit sonitum et diuae promissa parentis.
tum memorat: 'ne uero, hospes, ne quaere profecto
quem casum portenta ferant: ego poscor Olympo.
hoc signum cecinit missuram diua creatrix,

505–34 *MPR*   512 fatum *PRω*, *DSeru.*: fata *Mc*(fato *u*)
indulget *P¹* (*correctum in* -ges) *ω*, *DSeru.* (-geet *R*): -gent *MP²cu*
514 nunc *dt*   519 tuo sibi *M¹*: suo sibi *P²*   nomine *Mω*, *Seru.*:
munere *PRb*   527 suscipiunt *Rahrv*   increpat] intonat (*A.*
ix 709) *acehuv* (insonat *f*), *Seru.*   528 nubes *Non.* 31. 17   in *om.*
M¹, *Non.*   529 tonare *M²ω* (torare *M¹*), *DSeru.*: sonare *PRc*
533 'alii Olympo *sequentibus iungunt*' *DSeru.*

si bellum ingrueret, Volcaniaque arma per auras   535
laturam auxilio.
heu quantae miseris caedes Laurentibus instant!
quas poenas mihi, Turne, dabis! quam multa sub undas
scuta uirum galeasque et fortia corpora uolues,
Thybri pater! poscant acies et foedera rumpant.'   540
    Haec ubi dicta dedit, solio se tollit ab alto
et primum Herculeis sopitas ignibus aras
excitat, hesternumque larem paruosque penatis
laetus adit; mactat lectas de more bidentis
Euandrus pariter, pariter Troiana iuuentus.   545
post hinc ad nauis graditur sociosque reuisit,
quorum de numero qui sese in bella sequantur
praestantis uirtute legit; pars cetera prona
fertur aqua segnisque secundo defluit amni,
nuntia uentura Ascanio rerumque patrisque.   550
dantur equi Teucris Tyrrhena petentibus arua;
ducunt exsortem Aeneae, quem fulua leonis
pellis obit totum praefulgens unguibus aureis.
    Fama uolat paruam subito uulgata per urbem
ocius ire equites Tyrrheni ad limina regis.   555
uota metu duplicant matres, propiusque periclo
it timor et maior Martis iam apparet imago.
tum pater Euandrus dextram complexus euntis
haeret inexpletus lacrimans ac talia fatur:
'o mihi praeteritos referat si Iuppiter annos,   560
qualis eram cum primam aciem Praeneste sub ipsa
straui scutorumque incendi uictor aceruos
et regem hac Erulum dextra sub Tartara misi,

535–63 *MPR*   538 unda *Rb* (*cf. A.* i 100)   543 suscitat
R (*cf. A.* v 743, viii 410)   hesternumque *Pω*: externumque *MRa*,
'*male quidam*' *ap. Seru.*   544 mactant (*A.* iv 57) *M*
555 Tyrrhena *P*   limina *Pcefsuv*: litora *MRa?bdhrt*   556 proprius-
que *PRγ*   559 inexpletus *MP²bdrt* (inpletus *R; cf. G.* iv 370): -tum
P¹ω: in amplexu *ac?*   lacrimis *Md*   inexpletus, lacrimans '*multi*'
ap. Seru., -tus lacrimis '*alii*', '*honestius*' -tum lacrimans   561 primum *R*

nascenti cui tris animas Feronia mater
(horrendum dictu) dederat, terna arma mouenda—   565
ter leto sternendus erat; cui tunc tamen omnis
abstulit haec animas dextra et totidem exuit armis:
non ego nunc dulci amplexu diuellerer usquam,
nate, tuo, neque finitimo Mezentius umquam
huic capiti insultans tot ferro saeua dedisset   570
funera, tam multis uiduasset ciuibus urbem.
at uos, o superi, et diuum tu maxime rector
Iuppiter, Arcadii, quaeso, miserescite regis
et patrias audite preces. si numina uestra
incolumem Pallanta mihi, si fata reseruant,   575
si uisurus eum uiuo et uenturus in unum,
uitam oro, patior quemuis durare laborem.
sin aliquem infandum casum, Fortuna, minaris,
nunc, nunc o liceat crudelem abrumpere uitam,
dum curae ambiguae, dum spes incerta futuri,   580
dum te, care puer, mea sola et sera uoluptas,
complexu teneo, grauior neu nuntius auris
uulneret.' haec genitor digressu dicta supremo
fundebat; famuli conlapsum in tecta ferebant.

Iamque adeo exierat portis equitatus apertis   585
Aeneas inter primos et fidus Achates,
inde alii Troiae proceres; ipse agmine Pallas
it medio chlamyde et pictis conspectus in armis,
qualis ubi Oceani perfusus Lucifer unda,
quem Venus ante alios astrorum diligit ignis,   590
extulit os sacrum caelo tenebrasque resoluit.
stant pauidae in muris matres oculisque sequuntur
pulueream nubem et fulgentis aere cateruas.

564–93 MPR   566 tum br   569 finitimos P¹   umquam
Mabdhs²t: usquam PRcefruv   572 at M²ω: ad M¹PR
577 patiar P²cefhv   579 nunc o nunc R (cf. A. ii 644)
581 sola et sera MRω, Auson. cento 88, Seru.: sera et sola Pbr, Seru.
ad A. ix 480   582 complexus M²Rr   ne P²ω (om. c, nec v),
Non. 315. 13, Don. ad Ter. Hec. 637   583 dicta] maesta (A. iii
482) M¹   588 it Markland ad Stat. silu. v 1. 245: in codd.

olli per dumos, qua proxima meta uiarum,
armati tendunt; it clamor, et agmine facto   595
quadripedante putrem sonitu quatit ungula campum.
est ingens gelidum lucus prope Caeritis amnem,
religione patrum late sacer; undique colles
inclusere caui et nigra nemus abiete cingunt.
Siluano fama est ueteres sacrasse Pelasgos,   600
aruorum pecorisque deo, lucumque diemque,
qui primi finis aliquando habuere Latinos.
haud procul hinc Tarcho et Tyrrheni tuta tenebant
castra locis, celsoque omnis de colle uideri
iam poterat legio et latis tendebat in aruis.   605
huc pater Aeneas et bello lecta iuuentus
succedunt, fessique et equos et corpora curant.
  At Venus aetherios inter dea candida nimbos
dona ferens aderat; natumque in ualle reducta
ut procul egelido secretum flumine uidit,   610
talibus adfata est dictis seque obtulit ultro:
'en perfecta mei promissa coniugis arte
munera. ne mox aut Laurentis, nate, superbos
aut acrem dubites in proelia poscere Turnum.'
dixit, et amplexus nati Cytherea petiuit,   615
arma sub aduersa posuit radiantia quercu.
ille deae donis et tanto laetus honore
expleri nequit atque oculos per singula uoluit,
miraturque interque manus et bracchia uersat
terribilem cristis galeam flammasque uomentem,   620
fatiferumque ensem, loricam ex aere rigentem,
sanguineam, ingentem, qualis cum caerula nubes
solis inardescit radiis longeque refulget;
tum leuis ocreas electro auroque recocto,
hastamque et clipei non enarrabile textum.   625
illic res Italas Romanorumque triumphos

594–626 *MPR*   610 egelido *M¹acfuv, Seru.*: et gelido
M²PRbdhrt (gelido *e*)   620 minantem *P*   621 loricamque
aeri?uv

haud uatum ignarus uenturique inscius aeui
fecerat ignipotens, illic genus omne futurae
stirpis ab Ascanio pugnataque in ordine bella.
fecerat et uiridi fetam Mauortis in antro   630
procubuisse lupam, geminos huic ubera circum
ludere pendentis pueros et lambere matrem
impauidos, illam tereti ceruice reflexa
mulcere alternos et corpora fingere lingua.
nec procul hinc Romam et raptas sine more Sabinas   635
consessu caueae, magnis Circensibus actis,
addiderat, subitoque nouum consurgere bellum
Romulidis Tatioque seni Curibusque seueris.
post idem inter se posito certamine reges
armati Iouis ante aram paterasque tenentes   640
stabant et caesa iungebant foedera porca.
haud procul inde citae Mettum in diuersa quadrigae
distulerant (at tu dictis, Albane, maneres!),
raptabatque uiri mendacis uiscera Tullus
per siluam, et sparsi rorabant sanguine uepres.   645
nec non Tarquinium eiectum Porsenna iubebat
accipere ingentique urbem obsidione premebat;
Aeneadae in ferrum pro libertate ruebant.
illum indignanti similem similemque minanti
aspiceres, pontem auderet quia uellere Cocles   650
et fluuium uinclis innaret Cloelia ruptis.
in summo custos Tarpeiae Manlius arcis
stabat pro templo et Capitolia celsa tenebat,
Romuleoque recens horrebat regia culmo.
atque hic auratis uolitans argenteus anser   655
porticibus Gallos in limine adesse canebat;
Galli per dumos aderant arcemque tenebant
defensi tenebris et dono noctis opacae.

627–58 *MPR*   628 omnipotens *M*   633 reflexa
M²PRabrt: reflexam *M¹ω*   640 aras *Rbdt*   pateramque *M*
642 medium *M¹*   652 Manlius *M²Pcfrst*: Manulus *M¹*: Malius
R: Mallius *ω*   657 Gallij olli *R*

aurea caesaries ollis atque aurea uestis,
uirgatis lucent sagulis, tum lactea colla   660
auro innectuntur, duo quisque Alpina coruscant
gaesa manu, scutis protecti corpora longis.
hic exsultantis Salios nudosque Lupercos
lanigerosque apices et lapsa ancilia caelo
extuderat, castae ducebant sacra per urbem   665
pilentis matres in mollibus. hinc procul addit
Tartareas etiam sedes, alta ostia Ditis,
et scelerum poenas, et te, Catilina, minaci
pendentem scopulo Furiarumque ora trementem,
secretosque pios, his dantem iura Catonem.   670
haec inter tumidi late maris ibat imago
aurea, sed fluctu spumabant caerula cano,
et circum argento clari delphines in orbem
aequora uerrebant caudis aestumque secabant.
in medio classis aeratas, Actia bella,   675
cernere erat, totumque instructo Marte uideres
feruere Leucaten auroque effulgere fluctus.
hinc Augustus agens Italos in proelia Caesar
cum patribus populoque, penatibus et magnis dis,
stans celsa in puppi, geminas cui tempora flammas   680
laeta uomunt patriumque aperitur uertice sidus.
parte alia uentis et dis Agrippa secundis
arduus agmen agens, cui, belli insigne superbum,
tempora nauali fulgent rostrata corona.
hinc ope barbarica uariisque Antonius armis,   685
uictor ab Aurorae populis et litore rubro,
Aegyptum uirisque Orientis et ultima secum
Bactra uehit, sequiturque (nefas) Aegyptia coniunx.
una omnes ruere ac totum spumare reductis
conuulsum remis rostrisque tridentibus aequor.   690

659–90 *MPR*   660 tunc *P*: cum *dt*   661 coruscant
M Radfht: -cat *Pbceruv*   672 spumabant *ω*: -bat *MPRbrt*,
utrumque (*ut uid.*) *Seru.*   680 stat *Rbr*   cui] huic *P²*
690 stridentibus (*cf. A.* v 143) *Rω* (*praeter b*); -que *om. ch*

alta petunt; pelago credas innare reuulsas
Cycladas aut montis concurrere montibus altos,
tanta mole uiri turritis puppibus instant.
stuppea flamma manu telisque uolatile ferrum
spargitur, arua noua Neptunia caede rubescunt.　　695
regina in mediis patrio uocat agmina sistro,
necdum etiam geminos a tergo respicit anguis.
omnigenumque deum monstra et latrator Anubis
contra Neptunum et Venerem contraque Mineruam
tela tenent. saeuit medio in certamine Mauors　　700
caelatus ferro, tristesque ex aethere Dirae,
et scissa gaudens uadit Discordia palla,
quam cum sanguineo sequitur Bellona flagello.
Actius haec cernens arcum intendebat Apollo
desuper; omnis eo terrore Aegyptus et Indi,　　705
omnis Arabs, omnes uertebant terga Sabaei.
ipsa uidebatur uentis regina uocatis
uela dare et laxos iam iamque immittere funis.
illam inter caedes pallentem morte futura
fecerat ignipotens undis et Iapyge ferri,　　710
contra autem magno maerentem corpore Nilum
pandentemque sinus et tota ueste uocantem
caeruleum in gremium latebrosaque flumina uictos.
at Caesar, triplici inuectus Romana triumpho
moenia, dis Italis uotum immortale sacrabat,　　715
maxima ter centum totam delubra per urbem.
laetitia ludisque uiae plausuque fremebant;
omnibus in templis matrum chorus, omnibus arae;
ante aras terram caesi strauere iuuenci.
ipse sedens niueo candentis limine Phoebi　　720
dona recognoscit populorum aptatque superbis
postibus; incedunt uictae longo ordine gentes,
quam uariae linguis, habitu tam uestis et armis.

691–723 MPR　　692 altis ah, 'alii' ap. Seru.　　701 dirae
M¹Pabcerv: diuae (cf. A. iv 473) M²Rdfhstu　　704 tendebat.P
722 gentes] matres (A. ii 766) R

hic Nomadum genus et discinctos Mulciber Afros,
hic Lelegas Carasque sagittiferosque Gelonos 725
finxerat; Euphrates ibat iam mollior undis,
extremique hominum Morini, Rhenusque bicornis,
indomitique Dahae, et pontem indignatus Araxes.
    Talia per clipeum Volcani, dona parentis,
miratur rerumque ignarus imagine gaudet 730
attollens umero famamque et fata nepotum.

724–31 *MPR*   724 hinc *Pbs*   Mulcifer *ω*   725 hinc
Pbcfsuv   731 fata] facta *cesuv, utrumque agnoscit DSeru.*

P. VERGILI MARONIS
AENEIDOS
LIBER IX

ATQVE ea diuersa penitus dum parte geruntur,
Irim de caelo misit Saturnia Iuno
audacem ad Turnum. luco tum forte parentis
Pilumni Turnus sacrata ualle sedebat.
ad quem sic roseo Thaumantias ore locuta est: 5
'Turne, quod optanti diuum promittere nemo
auderet, uoluenda dies en attulit ultro.
Aeneas urbe et sociis et classe relicta
sceptra Palatini sedemque petit Euandri.
nec satis: extremas Corythi penetrauit ad urbes   10
Lydorumque manum, collectos armat agrestis.
quid dubitas? nunc tempus equos, nunc poscere currus.
rumpe moras omnis et turbata arripe castra.'
dixit, et in caelum paribus se sustulit alis
ingentemque fuga secuit sub nubibus arcum.   15
agnouit iuuenis duplicisque ad sidera palmas
sustulit ac tali fugientem est uoce secutus:
'Iri, decus caeli, quis te mihi nubibus actam
detulit in terras? unde haec tam clara repente
tempestas? medium uideo discedere caelum   20
palantisque polo stellas. sequor omina tanta,
quisquis in arma uocas.' et sic effatus ad undam
processit summoque hausit de gurgite lymphas
multa deos orans, onerauitque aethera uotis.

1-24 *MPR*   9 petiuit ω (*praeter br*)   11 manus *P*   et
collectos *P²cesuv*   17 ac *Pω*: et *MRf*   20 discedere
MPRabr: descendere *ut uid. st* (disc. *v*): discindere *cefh* (desc. *d*)
21 sequar *Md*   22 et *del. P²*

306

Iamque omnis campis exercitus ibat apertis   25
diues equum, diues pictai uestis et auri;
Messapus primas acies, postrema coercent
Tyrrhidae iuuenes, medio dux agmine Turnus: 28
ceu septem surgens sedatis amnibus altus   30
per tacitum Ganges aut pingui flumine Nilus
cum refluit campis et iam se condidit alueo.
hic subitam nigro glomerari puluere nubem
prospiciunt Teucri ac tenebras insurgere campis.
primus ab aduersa conclamat mole Caicus: 35
'quis globus, o ciues, caligine uoluitur atra?
ferte citi ferrum, date tela, ascendite muros,
hostis adest, heia!' ingenti clamore per omnis
condunt se Teucri portas et moenia complent.
namque ita discedens praeceperat optimus armis   40
Aeneas: si qua interea fortuna fuisset,
neu struere auderent aciem neu credere campo;
castra modo et tutos seruarent aggere muros.
ergo etsi conferre manum pudor iraque monstrat,
obiciunt portas tamen et praecepta facessunt,   45
armatique cauis exspectant turribus hostem.
  Turnus, ut ante uolans tardum praecesserat agmen
uiginti lectis equitum comitatus et urbi
improuisus adest, maculis quem Thracius albis
portat equus cristaque tegit galea aurea rubra,   50
'ecquis erit mecum, iuuenes, qui primus in hostem   ?
en,' ait et iaculum attorquens emittit in auras,
principium pugnae, et campo sese arduus infert.
clamorem excipiunt socii fremituque sequuntur
horrisono; Teucrum mirantur inertia corda,   55

25–31 *MPR*; 32–55 *FMPR* 25 omnis] adeo (*A*. viii 585) *M²*
26 picta *M¹R*, pictae *P¹* 29 (= vii 784) *add. nescioqui recc.*
33 nigro] magno *P* 37 ascendite *MP*: et scandite (-dere *uv*)
FRω, Macrob. vi 6. 16, *Tib.* 42 aciem *FMPabfr*: acies *Rω*
44 pudor] furor (*A*. ii 316) *Non.* 268. 16 monstrant *F, Tib.*
46 urbibus *M* 52 intorquens *M* 53 campis *R* 54 clamorem *F²MPω*: clamore *F¹R, agnoscit Seru.*

non aequo dare se campo, non obuia ferre
arma uiros, sed castra fouere. huc turbidus atque huc
lustrat equo muros aditumque per auia quaerit.
ac ueluti pleno lupus insidiatus ouili
cum fremit ad caulas uentos perpessus et imbris   60
nocte super media; tuti sub matribus agni
balatum exercent, ille asper et improbus ira
saeuit in absentis; collecta fatigat edendi
ex longo rabies et siccae sanguine fauces:
haud aliter Rutulo muros et castra tuenti   65
ignescunt irae, duris dolor ossibus ardet.
qua temptet ratione aditus, et quae uia clausos
excutiat Teucros uallo atque effundat in aequum?
classem, quae lateri castrorum adiuncta latebat,
aggeribus saeptam circum et fluuialibus undis,   70
inuadit sociosque incendia poscit ouantis
atque manum pinu flagranti feruidus implet.
tum uero incumbunt (urget praesentia Turni),
atque omnis facibus pubes accingitur atris.
diripuere focos: piceum fert fumida lumen   75
taeda et commixtam Volcanus ad astra fauillam.

    Quis deus, o Musae, tam saeua incendia Teucris
auertit? tantos ratibus quis depulit ignis?
dicite: prisca fides facto, sed fama perennis.
tempore quo primum Phrygia formabat in Ida   80
Aeneas classem et pelagi petere alta parabat,
ipsa deum fertur genetrix Berecyntia magnum
uocibus his adfata Iouem: 'da, nate, petenti,
quod tua cara parens domito te poscit Olympo.
pinea silua mihi multos dilecta per annos,   85
lucus in arce fuit summa, quo sacra ferebant,
nigranti picea trabibusque obscurus acernis.

    56–68 FMPR; 69–87 MPR   66 durus P   67 quae uia
P¹R, ita fit 'sensus absolutior' iudice Seru.: qua uia FMP²ω (qua ui
Ribbeck)   68 aequum FMRa(-quom P²): aequor (A. x 451) P¹ω,
Tib., imitatur Orosius v 16. 9   70 saeptam] clausam R

has ego Dardanio iuueni, cum classis egeret,
laeta dedi; nunc sollicitam timor anxius angit.
solue metus atque hoc precibus sine posse parentem,   90
ne cursu quassatae ullo neu turbine uenti
uincantur: prosit nostris in montibus ortas.'
filius huic contra, torquet qui sidera mundi:
'o genetrix, quo fata uocas? aut quid petis istis?
mortaline manu factae immortale carinae   95
fas habeant? certusque incerta pericula lustret
Aeneas? cui tanta deo permissa potestas?
immo, ubi defunctae finem portusque tenebunt
Ausonios olim, quaecumque euaserit undis
Dardaniumque ducem Laurentia uexerit arua,   100
mortalem eripiam formam magnique iubebo
aequoris esse deas, qualis Nereia Doto
et Galatea secant spumantem pectore pontum.'
dixerat idque ratum Stygii per flumina fratris,
per pice torrentis atraque uoragine ripas   105
adnuit, et totum nutu tremefecit Olympum.

  Ergo aderat promissa dies et tempora Parcae
debita complerant, cum Turni iniuria Matrem
admonuit ratibus sacris depellere taedas.
hic primum noua lux oculis offulsit et ingens   110
uisus ab Aurora caelum transcurrere nimbus
Idaeique chori; tum uox horrenda per auras
excidit et Troum Rutulorumque agmina complet:
'ne trepidate meas, Teucri, defendere nauis
neue armate manus; maria ante exurere Turno   115
quam sacras dabitur pinus. uos ite solutae,
ite deae pelagi; genetrix iubet.' et sua quaeque
continuo puppes abrumpunt uincula ripis
delphinumque modo demersis aequora rostris

  88–117 *MPR*; 118–19 *FMPR*   90 parentum *M*[1]   91 ne *Pω*:
neu (*u.* 42) *MRbfr*: nec *a?u*   99 undas '*alii*' *ap. Seru.*   103 et]
aut *R*   secat *Ribbeck*   109 sacras '*ut abominandas ostendas*'
Diom. 437. 4   110 offulsit *MRad?r*: effulsit (*u.* 731) *Pω*

ima petunt. hinc urgineae (mirabile monstrum)   120
reddunt se totidem facies pontoque feruntur.   122
  Obstipuere animis Rutuli, conterritus ipse
turbatis Messapus equis, cunctatur et amnis
rauca sonans reuocatque pedem Tiberinus ab alto.   125
at non audaci Turno fiducia cessit;
ultro animos tollit dictis atque increpat ultro:
'Troianos haec monstra petunt, his Iuppiter ipse
auxilium solitum eripuit: non tela neque ignis
exspectant Rutulos. ergo maria inuia Teucris,   130
nec spes ulla fugae: rerum pars altera adempta est,
terra autem in nostris manibus, tot milia gentes
arma ferunt Italae. nil me fatalia terrent,
si qua Phryges prae se iactant, responsa deorum;
sat fatis Venerique datum, tetigere quod arua   135
fertilis Ausoniae Troes. sunt et mea contra
fata mihi, ferro sceleratam exscindere gentem
coniuge praerepta; nec solos tangit Atridas
iste dolor, solisque licet capere arma Mycenis.
"sed periisse semel satis est": peccare fuisset   140
ante satis, penitus modo non genus omne perosos
femineum. quibus haec medii fiducia ualli
fossarumque morae, leti discrimina parua,
dant animos; at non uiderunt moenia Troiae
Neptuni fabricata manu considere in ignis?   145
sed uos, o lecti, ferro qui scindere uallum
apparat et mecum inuadit trepidantia castra?

120–47 *FMPR*   121 (= x 223) *add. recc., post* 122 *a²*
123 animis Rutuli (*A*. viii 530) *FRω, Seru*.: animi Rutulis *MP*
abhr, Asper 535. 14, *DSeru*.   124 turbatis *FMP²ω*: turbatus *P¹Rbc*   129 neque] nec *Rω(praeter cr)*   130 ex-
spectans *M¹*   132 manibus nostris *dhst* (*cf. A.* ii 192)   gentes
FPω: gentis *MRbcr*   135 datum (*A.* ii 291) *Madhstv*: datum
est *FPRbcefru, Tib*.   140 sed] si *d*   141 non modo *R*
(non *et* nunc *agnoscit Tib.*)   perosum *ad*: perosus *r, Char*. 211. 5
143 discrimina *PRω*: -ine (*A.* iii 685) *FMb?*   parua *ω*: paruo
FMP²(-uas *P¹*)*R*   144 at] an *Diom*. 464. 23, *Seru*. ('*legitur et*
at'); *cf. A.* vii 363   146 quis *cu*

non armis mihi Volcani, non mille carinis
est opus in Teucros. addant se protinus omnes
Etrusci socios. tenebras et inertia furta   150
Palladii caesis late custodibus arcis
ne timeant, nec equi caeca condemur in aluo:
luce palam certum est igni circumdare muros.
haud sibi cum Danais rem faxo et pube Pelasga
esse ferant, decimum quos distulit Hector in annum.   155
nunc adeo, melior quoniam pars acta diei,
quod superest, laeti bene gestis corpora rebus
procurate, uiri, et pugnam sperate parari.'
interea uigilum excubiis obsidere portas
cura datur Messapo et moenia cingere flammis.   160
bis septem Rutuli muros qui milite seruent
delecti, ast illos centeni quemque sequuntur
purpurei cristis iuuenes auroque corusci.
discurrunt uariantque uices, fusique per herbam
indulgent uino et uertunt crateras aënos.   165
conlucent ignes, noctem custodia ducit
insomnem ludo.
    Haec super e uallo prospectant Troes et armis
alta tenent, nec non trepidi formidine portas
explorant pontisque et propugnacula iungunt,   170
tela gerunt. instat Mnestheus acerque Serestus,
quos pater Aeneas, si quando aduersa uocarent,
rectores iuuenum et rerum dedit esse magistros.
omnis per muros legio sortita periclum
excubat exercetque uices, quod cuique tuendum est.   175
    Nisus erat portae custos, acerrimus armis,
Hyrtacides, comitem Aeneae quem miserat Ida

148–64 *FMPR*; 165–77 *MPR*   151 late *FRbr, Tib.*: summae
(*A*. ii 166) *MPω*   155 ferant *FPb?c?r*: putent *MRω*   156 diei
FM¹Pbdrt: diei est *M²Rω, Non*. 2. 13, *Tib.*   160 flammis (*A*. x
119) *MPω*: flamma (*A*. i 673) *FRbr, utrumque Tib.*   161 Rutulo
M¹, agnoscit Tib.   162 secuti *R, Seru., Tib.*   171 instat
Pω, Tib.: instant *MRa* (*cf. A*. i 734)   173 'legitur et iuueni'
Seru.

uenatrix iaculo celerem leuibusque sagittis,
et iuxta comes Euryalus, quo pulchrior alter
non fuit Aeneadum Troiana neque induit arma,   180
ora puer prima signans intonsa iuuenta.
his amor unus erat pariterque in bella ruebant;
tum quoque communi portam statione tenebant.
Nisus ait: 'dine hunc ardorem mentibus addunt,
Euryale, an sua cuique deus fit dira cupido?   185
aut pugnam aut aliquid iamdudum inuadere magnum
mens agitat mihi, nec placida contenta quiete est.
cernis quae Rutulos habeat fiducia rerum:
lumina rara micant, somno uinoque soluti
procubuere, silent late loca. percipe porro   190
quid dubitem et quae nunc animo sententia surgat.
Aenean acciri omnes, populusque patresque,
exposcunt, mittique uiros qui certa reportent.
si tibi quae posco promittunt (nam mihi facti
fama sat est), tumulo uideor reperire sub illo   195
posse uiam ad muros et moenia Pallantea.'
obstipuit magno laudum percussus amore
Euryalus, simul his ardentem adfatur amicum:
'mene igitur socium summis adiungere rebus,
Nise, fugis? solum te in tanta pericula mittam?   200
non ita me genitor, bellis adsuetus Opheltes,
Argolicum terrorem inter Troiaeque labores
sublatum erudiit, nec tecum talia gessi
magnanimum Aenean et fata extrema secutus:
est hic, est animus lucis contemptor et istum   205
qui uita bene credat emi, quo tendis, honorem.'
Nisus ad haec: 'equidem de te nil tale uerebar,
nec fas; non ita me referat tibi magnus ouantem
Iuppiter aut quicumque oculis haec aspicit aequis.
sed si quis (quae multa uides discrimine tali)   210

178–206 *MPR*; 207–10 *FMPR*   180 neque *M²PRbchr*: nec
M¹ω   189 soluti] sepulti (*A.* ii 265; *cf.* ix 236) *adhst, Seru.*
190 perspice *dft*   207 ad haec] ait *P²*   209 aspicis *P*

si quis in aduersum rapiat casusue deusue,
te superesse uelim, tua uita dignior aetas.
sit qui me raptum pugna pretioue redemptum
mandet humo, solita aut si qua id Fortuna uetabit,
absenti ferat inferias decoretque sepulcro. 215
neu matri miserae tanti sim causa doloris,
quae te sola, puer, multis e matribus ausa
persequitur, magni nec moenia curat Acestae.'
ille autem: 'causas nequiquam nectis inanis
nec mea iam mutata loco sententia cedit. 220
acceleremus' ait, uigiles simul excitat. illi
succedunt seruantque uices; statione relicta
ipse comes Niso graditur regemque requirunt.

 Cetera per terras omnis animalia somno
laxabant curas et corda oblita laborum: 225
ductores Teucrum primi, delecta iuuentus,
consilium summis regni de rebus habebant,
quid facerent quisue Aeneae iam nuntius esset.
stant longis adnixi hastis et scuta tenentes
castrorum et campi medio. tum Nisus et una 230
Euryalus confestim alacres admittier orant:
rem magnam pretiumque morae fore. primus Iulus
accepit trepidos ac Nisum dicere iussit.
tum sic Hyrtacides: 'audite o mentibus aequis
Aeneadae, neue haec nostris spectentur ab annis 235
quae ferimus. Rutuli somno uinoque soluti
conticuere. locum insidiis conspeximus ipsi,
qui patet in biuio portae quae proxima ponto.
interrupti ignes aterque ad sidera fumus
erigitur. si fortuna permittitis uti 240
quaesitum Aenean et moenia Pallantea,
mox hic cum spoliis ingenti caede peracta
adfore cernetis. nec nos uia fallit euntis:

211–34 *FMPR*; 235–43 *MPR* 236 sepulti (*cf. u.* 189) *efv*, *DSeru.* 237 conticuere] procubuere (*u.* 190) *Pceuv* 241 et] ad *cf* 243 fallet *M*

uidimus obscuris primam sub uallibus urbem
uenatu adsiduo et totum cognouimus amnem.'   245
hic annis grauis atque animi maturus Aletes:
'di patrii, quorum semper sub numine Troia est,
non tamen omnino Teucros delere paratis,
cum talis animos iuuenum et tam certa tulistis
pectora.' sic memorans umeros dextrasque tenebat   250
amborum et uultum lacrimis atque ora rigabat.
'quae vobis, quae digna, uiri, pro laudibus istis
praemia posse rear solui? pulcherrima primum
di moresque dabunt uestri: tum cetera reddet
actutum pius Aeneas atque integer aeui   255
Ascanius meriti tanti non immemor umquam.'
'immo ego uos, cui sola salus genitore reducto,'
excipit Ascanius 'per magnos, Nise, penatis
Assaracique Larem et canae penetralia Vestae
obtestor, quaecumque mihi fortuna fidesque est,   260
in uestris pono gremiis. reuocate parentem,
reddite conspectum; nihil illo triste recepto.
bina dabo argento perfecta atque aspera signis
pocula, deuicta genitor quae cepit Arisba,
et tripodas geminos, auri duo magna talenta,   265
cratera antiquum quem dat Sidonia Dido.
si uero capere Italiam sceptrisque potiri
contigerit uictori et praedae dicere sortem,
uidisti, quo Turnus equo, quibus ibat in armis
aureus; ipsum illum, clipeum cristasque rubentis   270
excipiam sorti, iam nunc tua praemia, Nise.
praeterea bis sex genitor lectissima matrum
corpora captiuosque dabit suaque omnibus arma,
insuper his campi quod rex habet ipse Latinus.

244–74 MPR   244 uallibus] moenibus P^2 252 laudibus istis
(A. x 825) MPRbceuv, Seru.: talibus ausis (A. ii 535) adfhrst, Macrob.
vi 6. 12   268 dicere MPa, DSeru. aa A. iii 323; ducere Rω, 'alii'
ap. Seru., Tib.: deicere 'alii' ap. DSeru.   270 rubentis] comantis
(A. iii 468) R   274 is M   campis R   quod M^2P^1Rbceruv,
Seru.: quos M^1P^2a?dfst

te uero, mea quem spatiis propioribus aetas   275
insequitur, uenerande puer, iam pectore toto
accipio et comitem casus complector in omnis.
nulla meis sine te quaeretur gloria rebus:
seu pacem seu bella geram, tibi maxima rerum
uerborumque fides.' contra quem talia fatur   280
Euryalus: 'me nulla dies tam fortibus ausis
dissimilem arguerit; tantum fortuna secunda
haud aduersa cadat. sed te super omnia dona
unum oro: genetrix Priami de gente uetusta
est mihi, quam miseram tenuit non Ilia tellus   285
mecum excedentem, non moenia regis Acestae.
hanc ego nunc ignaram huius quodcumque pericli
inque salutatam linquo (nox et tua testis
dextera), quod nequeam lacrimas perferre parentis.
at tu, oro, solare inopem et succurre relictae.   290
hanc sine me spem ferre tui, audentior ibo
in casus omnis.' percussa mente dedere
Dardanidae lacrimas, ante omnis pulcher Iulus,
atque animum patriae strinxit pietatis imago.
tum sic effatur: 295
'sponde digna tuis ingentibus omnia coeptis.
namque erit ista mihi genetrix nomenque Creusae
solum defuerit, nec partum gratia talem
parua manet. casus factum quicumque sequentur,
per caput hoc iuro, per quod pater ante solebat: 300
quae tibi polliceor reduci rebusque secundis,
haec eadem matrique tuae generique manebunt.'
sic ait inlacrimans; umero simul exuit ensem
auratum, mira quem fecerat arte Lycaon
Cnosius atque habilem uagina aptarat eburna.   305
dat Niso Mnestheus pellem horrentisque leonis

275-306 *MPR*   283 haut *M¹PR* (haud *afr*, aud *st*), *'quidam'*
ap. *DSeru*., *Tib*.: aut *M²ω*, *Seru*. (*cf. Symm. ep*. i 28)   287 pericli
est (*A*. v 716; *cf*. i 78) *M²acehtuv*, *Seru*.   288 testes *Asper* 537. 24
290 at] hanc *acuv*   292 dedere *Me*: dederunt *PRω*   296 spon-
deo *ceu*   299 sequentur *MRcersuv*: sequetur *Pb*: sequuntur *adf?ht*

exuuias, galeam fidus permutat Aletes.
protinus armati incedunt; quos omnis euntis
primorum manus ad portas, iuuenumque senumque,
prosequitur uotis. nec non et pulcher Iulus,   310
ante annos animumque gerens curamque uirilem,
multa patri mandata dabat portanda; sed aurae
omnia discerpunt et nubibus inrita donant.

  Egressi superant fossas noctisque per umbram
castra inimica petunt, multis tamen ante futuri   315
exitio. passim somno uinoque per herbam
corpora fusa uident, arrectos litore currus,
inter lora rotasque uiros, simul arma iacere,
uina simul. prior Hyrtacides sic ore locutus:
'Euryale, audendum dextra: nunc ipsa uocat res.   320
hac iter est. tu, ne qua manus se attollere nobis
a tergo possit, custodi et consule longe;
haec ego uasta dabo et lato te limite ducam.'
sic memorat uocemque premit, simul ense superbum
Rhamnetem adgreditur, qui forte tapetibus altis   325
exstructus toto proflabat pectore somnum,
rex idem et regi Turno gratissimus augur,
sed non augurio potuit depellere pestem.
tris iuxta famulos temere inter tela iacentis
armigerumque Remi premit aurigamque sub ipsis   330
nactus equis ferroque secat pendentia colla.
tum caput ipsi aufert domino truncumque relinquit
sanguine singultantem; atro tepefacta cruore
terra torique madent. nec non Lamyrumque Lamumque
et iuuenem Serranum, illa qui plurima nocte   335
luserat, insignis facie, multoque iacebat
membra deo uictus—felix, si protinus illum
aequasset nocti ludum in lucemque tulisset:
impastus ceu plena leo per ouilia turbans

307–39 *MPR*   316 herbam] umbram (*u.* 314) *Rd*   323 uasta
dabo] uastabo *cesuv*   329 tela] lora *R*   332 reliquit
befhtuv

(suadet enim uesana fames) manditque trahitque   340
molle pecus mutumque metu, fremit ore cruento.
nec minor Euryali caedes; incensus et ipse
perfurit ac multam in medio sine nomine plebem,
Fadumque Herbesumque subit Rhoetumque Abarimque
ignaros; Rhoetum uigilantem et cuncta uidentem,   345
sed magnum metuens se post cratera tegebat.
pectore in aduerso totum cui comminus ensem
condidit adsurgenti et multa morte recepit.
purpuream uomit ille animam et cum sanguine mixta
uina refert moriens, hic furto feruidus instat.   350
iamque ad Messapi socios tendebat; ibi ignem
deficere extremum et religatos rite uidebat
carpere gramen equos, breuiter cum talia Nisus
(sensit enim nimia caede atque cupidine ferri)
'absistamus' ait, 'nam lux inimica propinquat.   355
poenarum exhaustum satis est, uia facta per hostis.'
multa uirum solido argento perfecta relinquunt
armaque craterasque simul pulchrosque tapetas.
Euryalus phaleras Rhamnetis et aurea bullis
cingula, Tiburti Remulo ditissimus olim   360
quae mittit dona, hospitio cum iungeret absens,
Caedicus; ille suo moriens dat habere nepoti;
post mortem bello Rutuli pugnaque potiti:
haec rapit atque umeris nequiquam fortibus aptat.
tum galeam Messapi habilem cristisque decoram   365
induit. excedunt castris et tuta capessunt.

   Interea praemissi equites ex urbe Latina,
cetera dum legio campis instructa moratur,
ibant et Turno regi responsa ferebant,
ter centum, scutati omnes, Volcente magistro.   370

340–53 *MPR*; 354–70 *MPRV*   341 multumque *M¹P¹Rᵧ*
348 morte] nocte *Cornutus ap. DSeru.*   349 purpureum *recc. (ex. gr.*
Paris. lat. 7930); *ita traiecta distinctione* 'multi', -eam 'alii' *ap. Seru.*
358 pictosque (*A.* vii 277) *Char.* 62. 6   363 praedaque *R*
368 dum] cum *aeuv*   369 '*in omnibus bonis* regis *dicitur inuentum*'
DSeru.

iamque propinquabant castris murosque subibant
cum procul hos laeuo flectentis limite cernunt,
et galea Euryalum sublustri noctis in umbra
prodidit immemorem radiisque aduersa refulsit.
haud temere est uisum. conclamat ab agmine Volcens: 375
'state, uiri. quae causa uiae? quiue estis in armis?
quoue tenetis iter?' nihil illi tendere contra,
sed celerare fugam in siluas et fidere nocti.
obiciunt equites sese ad diuortia nota
hinc atque hinc, omnemque aditum custode coronant. 380
silua fuit late dumis atque ilice nigra
horrida, quam densi complerant undique sentes;
rara per occultos lucebat semita callis.
Euryalum tenebrae ramorum onerosaque praeda
impediunt, fallitque timor regione uiarum. 385
Nisus abit; iamque imprudens euaserat hostis
atque locos qui post Albae de nomine dicti
Albani (tum rex stabula alta Latinus habebat),
ut stetit et frustra absentem respexit amicum:
'Euryale infelix, qua te regione reliqui? 390
quaue sequar?' rursus perplexum iter omne reuoluens
fallacis siluae simul et uestigia retro
obseruata legit dumisque silentibus errat.
audit equos, audit strepitus et signa sequentum;
nec longum in medio tempus, cum clamor ad auris 395
peruenit ac uidet Euryalum, quem iam manus omnis
fraude loci et noctis, subito turbante tumultu,
oppressum rapit et conantem plurima frustra.
quid faciat? qua ui iuuenem, quibus audeat armis

371-99 *MPRV*   371 portis (*A.* xi 621) *br*, *Prisc.* xviii 199
murosque *PVω, DSeru.*: muroque (*A.* vii 161) *MR, Seru. hic et ad A.*
iv 598, *Prisc.*   375 uisu *V*   agmine] aggere *P*   378 siluis
PV   380 hinc atque hinc] huc illuc *Non.* 458. 20   aditum
M²P²(-tu *P¹*)*RVabfhrt, Tib.*: abitum (*ut Tac. ann.* xiv 37) *M¹cde*(habi-
tum *suv*), '*melior lectio*' *iudice Seru., idem schol. Veron.*   382 complebant *M*   383 lucebat *M¹Pcdfhrst*, -bant *R*: ducebat
M²Vabeuv, utrumque agnoscit Seru.   387 lucos *cefhu*   391 re-
solues *M¹*

eripere? an sese medios moriturus in enses   400
inferat et pulchram properet per uulnera mortem?
ocius adducto torquet hastile lacerto
suspiciens altam Lunam et sic uoce precatur:
'tu, dea, tu praesens nostro succurre labori,
astrorum decus et nemorum Latonia custos.   405
si qua tuis umquam pro me pater Hyrtacus aris
dona tulit, si qua ipse meis uenatibus auxi
suspendiue tholo aut sacra ad fastigia fixi,
hunc sine me turbare globum et rege tela per auras.'
dixerat et toto conixus corpore ferrum   410
conicit. hasta uolans noctis diuerberat umbras
et uenit auersi in tergum Sulmonis ibique
frangitur, ac fisso transit praecordia ligno.
uoluitur ille uomens calidum de pectore flumen
frigidus et longis singultibus ilia pulsat.   415
diuersi circumspiciunt. hoc acrior idem
ecce aliud summa telum librabat ab aure.
dum trepidant, it hasta Tago per tempus utrumque
stridens traiectoque haesit tepefacta cerebro.
saeuit atrox Volcens nec teli conspicit usquam   420
auctorem nec quo se ardens immittere possit.
'tu tamen interea calido mihi sanguine poenas
persolues amborum' inquit; simul ense recluso
ibat in Euryalum. tum uero exterritus, amens,
conclamat Nisus nec se celare tenebris   425
amplius aut tantum potuit perferre dolorem:
'me, me, adsum qui feci, in me conuertite ferrum,
o Rutuli! mea fraus omnis, nihil iste nec ausus

400–5 *MPRV*; 406–28 *MPR*   400 enses *Pace?rsuv*, '*quidam*' *ap*. *DSeru*.: hostes (-tis) (*A*. ii 511, ix 554) *MRVbdfht*   402 torquet·*Ribbeck* (*cf*. *A*. i 308): torquens *codd*., *Non*. 246. 28   403 altam ad *R* et (*A*. vi 186) *codd*., *Prisc*. xvi 16, *Asper* (*ut uid*.) *ap*. *schol*. *Veron*.: *del*. *ed*. *Veneta an*. 1470   uoce] ore *r*   412 auersi *r*, '*alii*' (*ut uid*.) *ap*. *Seru*.: aduersi *codd*., *Non*. 414. 14, *Seru*. (*cui* tergum *pro scuto est*)   416 acrius *P²*   417 summa telum *MRadehrtu*, *Seru*., *DSeru*. *ad A*. ii 231: telum summa *Pbcfsv* uibrabat *dft*   418 iit *Pr*   420 umquam *M¹*   428 neque *R*

nec potuit; caelum hoc et conscia sidera testor;
tantum infelicem nimium dilexit amicum.'   430
talia dicta dabat, sed uiribus ensis adactus
transadigit costas et candida pectora rumpit.
uoluitur Euryalus leto, pulchrosque per artus
it cruor inque umeros ceruix conlapsa recumbit:
purpureus ueluti cum flos succisus aratro   435
languescit moriens, lassoue papauera collo
demisere caput pluuia cum forte grauantur.
at Nisus ruit in medios solumque per omnis
Volcentem petit, in solo Volcente moratur.
quem circum glomerati hostes hinc comminus atque hinc
proturbant. instat non setius ac rotat ensem   441
fulmineum, donec Rutuli clamantis in ore
condidit aduerso et moriens animam abstulit hosti.
tum super exanimum sese proiecit amicum
confossus, placidaque ibi demum morte quieuit.   445
    Fortunati ambo! si quid mea carmina possunt,
nulla dies umquam memori uos eximet aeuo,
dum domus Aeneae Capitoli immobile saxum
accolet imperiumque pater Romanus habebit.
    Victores praeda Rutuli spoliisque potiti   450
Volcentem exanimum flentes in castra ferebant.
nec minor in castris luctus Rhamnete reperto
exsangui et primis una tot caede peremptis,
Serranoque Numaque. ingens concursus ad ipsa
corpora seminecisque uiros, tepidaque recentem   455
caede locum et pleno spumantis sanguine riuos.
agnoscunt spolia inter se galeamque nitentem
Messapi et multo phaleras sudore receptas.

    429–58 MPR   429 haec P¹   432 transadigit (A. xii 276,
508) M²(-bit M¹)Pdrt, Non. 243. 31, Tib.: transadiit bcfhv: transabiit
(ut uulgo Statius Theb. ii 9) Raesu   pectora candida Rr   rupit Rcr
443 hostis P²   455 tepidaque ω, Macrob. vi 6. 3, Seru.:
tepidumque M²(-damque M¹)PRa? recentem codd. (fortasse
madentem r), Seru.: recenti (A. viii 195) P² (tepidumque recenti
'multi' ap. Seru.)   456 pleno MP²bhrsuv: plenos P¹Racdeft
spumantis MPRbdfhr, Seru., Tib.: spumanti acestuv

Et iam prima nouo spargebat lumine terras
Tithoni croceum linquens Aurora cubile.   460
iam sole infuso, iam rebus luce retectis
Turnus in arma uiros armis circumdatus ipse
suscitat: aeratasque acies in proelia cogunt,
quisque suos, uariisque acuunt rumoribus iras.
quin ipsa arrectis (uisu miserabile) in hastis   465
praefigunt capita et multo clamore sequuntur
Euryali et Nisi.
Aeneadae duri murorum in parte sinistra
opposuere aciem (nam dextera cingitur amni),
ingentisque tenent fossas et turribus altis   470
stant maesti; simul ora uirum praefixa mouebant
nota nimis miseris atroque fluentia tabo.
  Interea pauidam uolitans pennata per urbem
nuntia Fama ruit matrisque adlabitur auris
Euryali. at subitus miserae calor ossa reliquit,   475
excussi manibus radii reuolutaque pensa.
euolat infelix et femineo ululatu
scissa comam muros amens atque agmina cursu
prima petit, non illa uirum, non illa pericli
telorumque memor, caelum dehinc questibus implet: 480
'hunc ego te, Euryale, aspicio? tune ille senectae
sera meae requies, potuisti linquere solam,
crudelis? nec te sub tanta pericula missum
adfari extremum miserae data copia matri?
heu, terra ignota canibus data praeda Latinis   485
alitibusque iaces! nec te tua funere mater
produxi pressiue oculos aut uulnera laui,
ueste tegens tibi quam noctes festina diesque
urgebam, et tela curas solabar anilis.

459–89 *MPR*   463 cogunt *Wagner*: cogit *codd.*, *Seru.*   464 suos
PRω, *Seru.*: suas *Mdr*   465 *u. om. P*   mirabile *M*, *DSeru. ad
A.* ii 558   469 dextra *M¹Rbr*   471 mouebant *MRω*: uidebant
Pcrstv   481 illa *Rdtv*   484 extremum *P²Rω*: -mis *MP¹*:-ma *dt*
485 date *recc.*   486 ad tua (funera) *Iulius Sabinus*: in tua *Iahn*
funere *P.Bembus*: funera *codd.*, *Macrob.* vi 2. 21, *Non.* 372. 35, *Seru.*

quo sequar? aut quae nunc artus auulsaque membra   490
et funus lacerum tellus habet? hoc mihi de te,
nate, refers? hoc sum terraque marique secuta?
figite me, si qua est pietas, in me omnia tela
conicite, o Rutuli, me primam absumite ferro;
aut tu, magne pater diuum, miserere, tuoque   495
inuisum hoc detrude caput sub Tartara telo,
quando aliter nequeo crudelem abrumpere uitam.'
hoc fletu concussi animi, maestusque per omnis
it gemitus, torpent infractae ad proelia uires.
illam incendentem luctus Idaeus et Actor   500
Ilionei monitu et multum lacrimantis Iuli
corripiunt interque manus sub tecta reponunt.

   At tuba terribilem sonitum procul aere canoro
increpuit, sequitur clamor caelumque remugit.
accelerant acta pariter testudine Volsci   505
et fossas implere parant ac uellere uallum;
quaerunt pars aditum et scalis ascendere muros,
qua rara est acies interlucetque corona
non tam spissa uiris. telorum effundere contra
omne genus Teucri ac duris detrudere contis,   510
adsueti longo muros defendere bello.
saxa quoque infesto uoluebant pondere, si qua
possent tectam aciem perrumpere, cum tamen omnis
ferre iuuet subter densa testudine casus.
nec iam sufficiunt. nam qua globus imminet ingens,   515
immanem Teucri molem uoluuntque ruuntque,
quae strauit Rutulos late armorumque resoluit
tegmina. nec curant caeco contendere Marte
amplius audaces Rutuli, sed pellere uallo
missilibus certant.   520

   490–508 *MPR*; 509–20 *FMPR*   495 magne] summe *Seru. ad A.* ii 645   501 *u. ima pagina add.* P: *ante u.* 500 *bcev* 502 sub] in *dt*   506 pellere M^2R uallo (*u.* 519) M^2 514 iuuet (*cf. A.* iv 498)] iubet P^1r: iuuat F^2esuv, *Gramm.* (*hinc faciunt* lubat M^1, iubat P^2c): libet $F^1M^2Rabdfht$, *Aug. de gramm.* 523. 16, *Tib.*

parte alia horrendus uisu quassabat Etruscam
pinum et fumiferos infert Mezentius ignis;
at Messapus equum domitor, Neptunia proles,
rescindit uallum et scalas in moenia poscit.
Vos, o Calliope, precor, aspirate canenti   525
quas ibi tum ferro strages, quae funera Turnus
ediderit, quem quisque uirum demiserit Orco,
et mecum ingentis oras euoluite belli.   528
Turris erat uasto suspectu et pontibus altis,   530
opportuna loco, summis quam uiribus omnes
expugnare Itali summaque euertere opum ui
certabant, Troes contra defendere saxis
perque cauas densi tela intorquere fenestras.
princeps ardentem coniecit lampada Turnus   535
et flammam adfixit lateri, quae plurima uento
corripuit tabulas et postibus haesit adesis.
turbati trepidare intus frustraque malorum
uelle fugam. dum se glomerant retroque residunt
in partem quae peste caret, tum pondere turris   540
procubuit subito et caelum tonat omne fragore.
semineces ad terram immani mole secuta
confixique suis telis et pectora duro
transfossi ligno ueniunt. uix unus Helenor
et Lycus elapsi; quorum primaeuus Helenor,   545
Maeonio regi quem serua Licymnia furtim
sustulerat uetitisque ad Troiam miserat armis,
ense leuis nudo parmaque inglorius alba.
isque ubi se Turni media inter milia uidit,
hinc acies atque hinc acies astare Latinas,   550
ut fera, quae densa uenantum saepta corona
contra tela furit seseque haud nescia morti
inicit et saltu supra uenabula fertur—
haud aliter iuuenis medios moriturus in hostis

521–35 *FMPR*; 536–54 *MPR*   524 in] ad *Pc, DSeru. ad G.* i 264
526 tum *FRω*: tunc *MPc*   529 (= vii 645) *add. R*   552 furit)
ruit *P*²

inruit et qua tela uidet densissima tendit.   555
at pedibus longe melior Lycus inter et hostis
inter et arma fuga muros tenet, altaque certat
prendere tecta manu sociumque attingere dextras.
quem Turnus pariter cursu teloque secutus
increpat his uictor: 'nostrasne euadere, demens,   560
sperasti te posse manus?' simul arripit ipsum
pendentem et magna muri cum parte reuellit:
qualis ubi aut leporem aut candenti corpore cycnum
sustulit alta petens pedibus Iouis armiger uncis,
quaesitum aut matri multis balatibus agnum   565
Martius a stabulis rapuit lupus. undique clamor
tollitur: inuadunt et fossas aggere complent,
ardentis taedas alii ad fastigia iactant.
Ilioneus saxo atque ingenti fragmine montis
Lucetium portae subeuntem ignisque ferentem,   570
Emathiona Liger, Corynaeum sternit Asilas,
hic iaculo bonus, hic longe fallente sagitta,
Ortygium Caeneus, uictorem Caenea Turnus,
Turnus Ityn Cloniumque, Dioxippum Promolumque
et Sagarim et summis stantem pro turribus Idan,   575
Priuernum Capys. hunc primo leuis hasta Themillae
strinxerat, ille manum proiecto tegmine demens
ad uulnus tulit; ergo alis adlapsa sagitta
et laeuo infixa est alte lateri, abditaque intus
spiramenta animae letali uulnere rupit.   580
stabat in egregiis Arcentis filius armis
pictus acu chlamydem et ferrugine clarus Hibera,
insignis facie, genitor quem miserat Arcens
eductum Martis luco Symaethia circum
flumina, pinguis ubi et placabilis ara Palici: 585
stridentem fundam positis Mezentius hastis

555–86 MPR   565 matris *Racsu*   578 sagitta est *ceruv*
579 adfixa P, *Seru. in lemmate*   alte lateri *Housman ad Manilium
I lxv*: lateri manus *codd.* (eminus *Gemoll*)   580 rumpit *bdfrt*
584 matris γ, *Macrob.* v 19. 15   Simoentaque R   586 hastis
MPbr: armis (A. x 52) Rω

ipse ter adducta circum caput egit habena
et media aduersi liquefacto tempora plumbo
diffidit ac multa porrectum extendit harena.
Tum primum bello celerem intendisse sagittam   590
dicitur ante feras solitus terrere fugacis
Ascanius, fortemque manu fudisse Numanum,
cui Remulo cognomen erat, Turnique minorem
germanam nuper thalamo sociatus habebat.
is primam ante aciem digna atque indigna relatu   595
uociferans tumidusque nouo praecordia regno
ibat et ingentem sese clamore ferebat:
'non pudet obsidione iterum ualloque teneri,
bis capti Phryges, et morti praetendere muros?
en qui nostra sibi bello conubia poscunt!   600
quis deus Italiam, quae uos dementia adegit?
non hic Atridae nec fandi fictor Vlixes:
durum a stirpe genus natos ad flumina primum
deferimus saeuoque gelu duramus et undis;
uenatu inuigilant pueri siluasque fatigant,   605
flectere ludus equos et spicula tendere cornu.
at patiens operum paruoque adsueta iuuentus
aut rastris terram domat aut quatit oppida bello.
omne aeuum ferro teritur, uersaque iuuencum
terga fatigamus hasta, nec tarda senectus   610
debilitat uiris animi mutatque uigorem:
canitiem galea premimus, semperque recentis
comportare iuuat praedas et uiuere rapto.
uobis picta croco et fulgenti murice uestis,
desidiae cordi, iuuat indulgere choreis,   615
et tunicae manicas et habent redimicula mitrae.
o uere Phrygiae, neque enim Phryges, ite per alta
Dindyma, ubi adsuetis biforem dat tibia cantum.
tympana uos buxusque uocat Berecyntia Matris
Idaeae; sinite arma uiris et cedite ferro.'   620

587–620 MPR   599 morte protendere M¹   604 saeuoque]
duroque Pc   610 'sera, in aliis tarda' Seru.   619 uocant bcf

325

Talia iactantem dictis ac dira canentem
non tulit Ascanius, neruoque obuersus equino
contendit telum diuersaque bracchia ducens
constitit, ante Iouem supplex per uota precatus:
'Iuppiter omnipotens, audacibus adnue coeptis.   625
ipse tibi ad tua templa feram sollemnia dona,
et statuam ante aras aurata fronte iuuencum
candentem pariterque caput cum matre ferentem,
iam cornu petat et pedibus qui spargat harenam.'
audiit et caeli genitor de parte serena   630
intonuit laeuum, sonat una fatifer arcus.
effugit horrendum stridens adducta sagitta
perque caput Remuli uenit et caua tempora ferro
traicit. 'i, uerbis uirtutem inlude superbis!
bis capti Phryges haec Rutulis responsa remittunt':   635
hoc tantum Ascanius. Teucri clamore sequuntur
laetitiaque fremunt animosque ad sidera tollunt.
     Aetheria tum forte plaga crinitus Apollo
desuper Ausonias acies urbemque uidebat
nube sedens, atque his uictorem adfatur Iulum: 640
'macte noua uirtute, puer, sic itur ad astra,
dis genite et geniture deos. iure omnia bella
gente sub Assaraci fato uentura resident,
nec te Troia capit.' simul haec effatus ab alto
aethere se mittit, spirantis dimouet auras   645
Ascaniumque petit; forma tum uertitur oris
antiquum in Buten. hic Dardanio Anchisae
armiger ante fuit fidusque ad limina custos;
tum comitem Ascanio pater addidit. ibat Apollo

621–49 *MPR*   623 in†endit *P*   631 fatifer *MRbr*: letifer
(*A.* x 169) *Pω*   632 e††ugit *Mdfhst* (e†ugit *c*), '*melius legitur*'
auctore Seru.: et fugit *PRberuv*   adducta *MRbefru*: adlapsa (*A.* ix
578, xii 319) *P*: elapsa *cdhstv*   634 traicit (*A.* x 400, xi 685)
Mbf: traiecit *ω*: transigit *P*¹: transadigit (*A.* xii 276) *R*: transiit *P*²
(*et* traicit *et* transiit *Tib.*)   i *M*²*Pbcer*: om. *M*¹*Rω*   645 mittit
Mbdfhrt: mittit et *Reu*: misit *Pc*²*v*(aeth. sensit *c*¹)   646 forma
PRω: formam *Mdfhr?t*

omnia longaeuo similis uocemque coloremque　　　　650
et crinis albos et saeua sonoribus arma,
atque his ardentem dictis adfatur Iulum:
'sit satis, Aenide, telis impune Numanum
oppetiisse tuis. primam hanc tibi magnus Apollo
concedit laudem et paribus non inuidet armis;　　　655
cetera parce, puer, bello.' sic orsus Apollo
mortalis medio aspectus sermone reliquit
et procul in tenuem ex oculis euanuit auram.
agnouere deum proceres diuinaque tela
Dardanidae pharetramque fuga sensere sonantem.　650
ergo auidum pugnae dictis ac numine Phoebi
Ascanium prohibent, ipsi in certamina rursus
succedunt animasque in aperta pericula mittunt.
it clamor totis per propugnacula muris,
intendunt acris arcus amentaque torquent.　　　665
sternitur omne solum telis, tum scuta cauaeque
dant sonitum flictu galeae, pugna aspera surgit:
quantus ab occasu ueniens pluuialibus Haedis
uerberat imber humum, quam multa grandine nimbi
in uada praecipitant, cum Iuppiter horridus Austris　670
torquet aquosam hiemem et caelo caua nubila rumpit.
　Pandarus et Bitias, Idaeo Alcanore creti,
quos Iouis eduxit luco siluestris Iaera
abietibus iuuenes patriis et montibus aequos,
portam, quae ducis imperio commissa, recludunt　675
freti armis, ultroque inuitant moenibus hostem.
ipsi intus dextra ac laeua pro turribus astant
armati ferro et cristis capita alta corusci:
quales aëriae liquentia flumina circum
siue Padi ripis Athesim seu propter amoenum　　680

650–80 *MPR*　　　651 albos *MPbc?fv*: flauos (*A*. iv 559) *Rdehrtu*
657 aspectus *ω*: aspectu *MPR*　　　661 ac] et *M*　　　667 flictu
Pω, Seru.: adflictu *M*(atf-)*Rv*　　　671 nubila] lumina *M*[1]
674 patriis iuuenes *Pc*　　　676 animis *Bentley* (*cf. Hom. Il.* xii 135)
678 coruscant *M*: coruscis *Macrob.* v 11. 26　　　679 liquentia
MPRber, Macrob., Diom. 464. 7: Liquetia *ω, Seru.*

consurgunt geminae quercus intonsaque caelo
attollunt capita et sublimi uertice nutant.
inrumpunt aditus Rutuli ut uidere patentis:
continuo Quercens et pulcher Aquiculus armis
et praeceps animi Tmarus et Mauortius Haemon   685
agminibus totis aut uersi terga dedere
aut ipso portae posuere in limine uitam.
tum magis increscunt animis discordibus irae,
et iam collecti Troes glomerantur eodem
et conferre manum et procurrere longius audent.   690
  Ductori Turno diuersa in parte furenti
turbantique uiros perfertur nuntius, hostem
feruere caede noua et portas praebere patentis.
deserit inceptum atque immani concitus ira
Dardaniam ruit ad portam fratresque superbos.   695
et primum Antiphaten (is enim se primus agebat),
Thebana de matre nothum Sarpedonis alti,
coniecto sternit iaculo: uolat Itala cornus
aëra per tenerum stomachoque infixa sub altum
pectus abit; reddit specus atri uulneris undam   700
spumantem, et fixo ferrum in pulmone tepescit.
tum Meropem atque Erymanta manu, tum sternit Aphidnum,
tum Bitian ardentem oculis animisque frementem,
non iaculo (neque enim iaculo uitam ille dedisset),
sed magnum stridens contorta phalarica uenit   705
fulminis acta modo, quam nec duo taurea terga
nec duplici squama lorica fidelis et auro
sustinuit; conlapsa ruunt immania membra,
dat tellus gemitum et clipeum super intonat ingens.
talis in Euboico Baiarum litore quondam   710
saxea pila cadit, magnis quam molibus ante
constructam ponto iaciunt, sic illa ruinam
prona trahit penitusque uadis inlisa recumbit;

681–713 *MPR*   685 Marus *M* (*Sil. Ital.* vi 74)   686 aut uersi]
auersi *P¹R*   689 eodem] in unum (*u.* 801) *Reu*   690 gradum (*A.* vi
488) et procedere l. audet *Non.* 268. 18   710 talis *MR*: qualis *Pω*

miscent se maria et nigrae attolluntur harenae,
tum sonitu Prochyta alta tremit durumque cubile   715
Inarime Iouis imperiis imposta Typhoeo.
  Hic Mars armipotens animum uirisque Latinis
addidit et stimulos acris sub pectore uertit,
immisitque Fugam Teucris atrumque Timorem.
undique conueniunt, quoniam data copia pugnae,   720
bellatorque animo deus incidit.
  Pandarus, ut fuso germanum corpore cernit
et quo sit fortuna loco, qui casus agat res,
portam ui multa conuerso cardine torquet
obnixus latis umeris, multosque suorum   725
moenibus exclusos duro in certamine linquit;
ast alios secum includit recipitque ruentis,
demens, qui Rutulum in medio non agmine regem
uiderit inrumpentem ultroque incluserit urbi,
immanem ueluti pecora inter inertia tigrim.   730
continuo noua lux oculis effulsit et arma
horrendum sonuere, tremunt in uertice cristae
sanguineae clipeoque micantia fulmina mittit.
agnoscunt faciem inuisam atque immania membra
turbati subito Aeneadae. tum Pandarus ingens   735
emicat et mortis fraternae feruidus ira
effatur: 'non haec dotalis regia Amatae,
nec muris cohibet patriis media Ardea Turnum.
castra inimica uides, nulla hinc exire potestas.'
olli subridens sedato pectore Turnus: 740
'incipe, si qua animo uirtus, et consere dextram,
hic etiam inuentum Priamo narrabis Achillem.'
dixerat. ille rudem nodis et cortice crudo
intorquet summis adnixus uiribus hastam;

714-44 *MPR*   714 tolluntur *bdrt, Tib.*   719 timorem]
furorem *P*¹   721 animos *M*¹*c*¹   722 cernit *MRω*: uidit *Pcfv*
723 qui *Mω, Char.* 91. 10 (*cf. A.* v 649): quis *PR*   724 multa]
magna *M*   731 offulsit (*u.* 110) *R, Tib.*   733 clipeique
P   mittit *M*²(-tet *M*¹)*ω, Tib.*: mittunt *PR, Macrob.* v 13. 35
741 animi *Re*

excepere aurae, uulnus Saturnia Iuno   745
detorsit ueniens, portaeque infigitur hasta.
'at non hoc telum, mea quod ui dextera uersat,
effugies, neque enim is teli nec uulneris auctor':
sic ait, et sublatum alte consurgit in ensem
et mediam ferro gemina inter tempora frontem   750
diuidit impubisque immani uulnere malas.
fit sonus, ingenti concussa est pondere tellus;
conlapsos artus atque arma cruenta cerebro
sternit humi moriens, atque illi partibus aequis
huc caput atque illuc umero ex utroque pependit.   755
   Diffugiunt uersi trepida formidine Troes,
et si continuo uictorem ea cura subisset,
rumpere claustra manu sociosque immittere portis,
ultimus ille dies bello gentique fuisset.
sed furor ardentem caedisque insana cupido   760
egit in aduersos.
principio Phalerim et succiso poplite Gygen
excipit, hinc raptas fugientibus ingerit hastas
in tergus, Iuno uiris animumque ministrat.
addit Halyn comitem et confixa Phegea parma,   765
ignaros deinde in muris Martemque cientis
Alcandrumque Haliumque Noemonaque Prytanimque.
Lyncea tendentem contra sociosque uocantem
uibranti gladio conixus ab aggere dexter
occupat, huic uno deiectum comminus ictu   770
cum galea longe iacuit caput. inde ferarum
uastatorem Amycum, quo non felicior alter
unguere tela manu ferrumque armare ueneno,
et Clytium Aeoliden et amicum Crethea Musis,
Crethea Musarum comitem, cui carmina semper   775
et citharae cordi numerosque intendere neruis,

745–76 *MPR*   747 uersat] librat *Pcv*   748 is] es *Pdh*
764 tergus *P¹Rr, Char.* 71. 25 *et* 146. 7, *DSeru. ad A.* i 211: tergum
MP²ω, Non. 414. 9   765 confixum *M²P²*   769 dextra
M¹cdehuv   773 tinguere *P¹*

semper equos atque arma uirum pugnasque canebat.

Tandem ductores audita caede suorum
conueniunt Teucri, Mnestheus acerque Serestus,
palantisque uident socios hostemque receptum.   780
et Mnestheus: 'quo deinde fugam, quo tenditis?' inquit.
'quos alios muros, quaeue ultra moenia habetis?
unus homo et uestris, o ciues, undique saeptus
aggeribus tantas strages impune per urbem
ediderit? iuuenum primos tot miserit Orco?   785
non infelicis patriae ueterumque deorum
et magni Aeneae, segnes, miseretque pudetque?'
talibus accensi firmantur et agmine denso
consistunt. Turnus paulatim excedere pugna
et fluuium petere ac partem quae cingitur unda.   790
acrius hoc Teucri clamore incumbere magno
et glomerare manum, ceu saeuum turba leonem
cum telis premit infensis; at territus ille,
asper, acerba tuens, retro redit et neque terga
ira dare aut uirtus patitur, nec tendere contra   795
ille quidem hoc cupiens potis est per tela uirosque.
haud aliter retro dubius uestigia Turnus
improperata refert et mens exaestuat ira.
quin etiam bis tum medios inuaserat hostis,
bis confusa fuga per muros agmina uertit;   800
sed manus e castris propere coit omnis in unum
nec contra uiris audet Saturnia Iuno
sufficere; aëriam caelo nam Iuppiter Irim
demisit germanae haud mollia iussa ferentem,
ni Turnus cedat Teucrorum moenibus altis.   805
ergo nec clipeo iuuenis subsistere tantum
nec dextra ualet, iniectis sic undique telis
obruitur. strepit adsiduo caua tempora circum

777–808 MPR   781 fuga P¹   782 quaeue Pceuv: quae
iam MRbdfhrt   786 nonne M²   789 pugna Mω: pugnae
(A. x 441) PR   790 unda] amni (u. 469) bdt   793 at Pbcfrtv:
ac MRdehu

tinnitu galea et saxis solida aera fatiscunt
discussaeque iubae, capiti nec sufficit umbo   810
ictibus; ingeminant hastis et Troes et ipse
fulmineus Mnestheus. tum toto corpore sudor
liquitur et piceum (nec respirare potestas)
flumen agit, fessos quatit aeger anhelitus artus.
tum demum praeceps saltu sese omnibus armis   815
in fluuium dedit. ille suo cum gurgite flauo
accepit uenientem ac mollibus extulit undis
et laetum sociis abluta caede remisit.

809–18 *MPR*   814 aeger] acer *'quidam' ap. DSeru. (cf.
A.* v 432)   816 flauo] uasto (*A.* i 118, iii 197, vi 741) *Pceu*
817 excepit fugientem *d*

P. VERGILI MARONIS

AENEIDOS

LIBER X

PANDITVR interea domus omnipotentis Olympi
conciliumque uocat diuum pater atque hominum rex
sideream in sedem, terras unde arduus omnis
castraque Dardanidum aspectat populosque Latinos.
considunt tectis bipatentibus, incipit ipse:⁣   5
'caelicolae magni, quianam sententia uobis
uersa retro tantumque animis certatis iniquis?
abnueram bello Italiam concurrere Teucris.
quae contra uetitum discordia? quis metus aut hos
aut hos arma sequi ferrumque lacessere suasit?   10
adueniet iustum pugnae (ne arcessite) tempus,
cum fera Karthago Romanis arcibus olim
exitium magnum atque Alpis immittet apertas:
tum certare odiis, tum res rapuisse licebit.
nunc sinite et placitum laeti componite foedus.'   15
   Iuppiter haec paucis; at non Venus aurea contra
pauca refert:
'o pater, o hominum rerumque aeterna potestas
(namque aliud quid sit quod iam implorare queamus?),
cernis ut insultent Rutuli, Turnusque feratur   20
per medios insignis equis tumidusque secundo
Marte ruat? non clausa tegunt iam moenia Teucros;
quin intra portas atque ipsis proelia miscent
aggeribus murorum et inundant sanguine fossae.

1–24 *MPRV*   4 spectat *P²*   6 quaenam *ω(praeter b?cv)*,
Tib.   15 placidum laeti *dfht*: laeti placidum *M*   18 rerumque (*A.* xii 829) *MPRVbr*: diuumque *ω, utrumque agnoscit Tib.*
20–1 feratur . . . tumidusque *om. M¹*   22 claustra *M¹*
24 fossae (*A.* xi 382) *MRcdfhtv*: fossas *PVberu, Seru., Tib.*

Aeneas ignarus abest. numquamne leuari   25
obsidione sines? muris iterum imminet hostis
nascentis Troiae nec non exercitus alter,
atque iterum in Teucros Aetolis surgit ab Arpis
Tydides. equidem credo, mea uulnera restant
et tua progenies mortalia demoror arma.   30
si sine pace tua atque inuito numine Troes
Italiam petiere, luant peccata neque illos
iuueris auxilio; sin tot responsa secuti
quae superi manesque dabant, cur nunc tua quisquam
uertere iussa potest aut cur noua condere fata?   35
quid repetam exustas Erycino in litore classis,
quid tempestatum regem uentosque furentis
Aeolia excitos aut actam nubibus Irim?
nunc etiam manis (haec intemptata manebat
sors rerum) mouet et superis immissa repente   40
Allecto medias Italum bacchata per urbes.
nil super imperio moueor. sperauimus ista,
dum fortuna fuit. uincant, quos uincere mauis.
si nulla est regio Teucris quam det tua coniunx
dura, per euersae, genitor, fumantia Troiae   45
excidia obtestor: liceat dimittere ab armis
incolumem Ascanium, liceat superesse nepotem.
Aeneas sane ignotis iactetur in undis
et quacumque uiam dederit Fortuna sequatur:
hunc tegere et dirae ualeam subducere pugnae.   50
est Amathus, est celsa mihi Paphus atque Cythera
Idaliaeque domus: positis inglorius armis
exigat hic aeuum. magna dicione iubeto
Karthago premat Ausoniam; nihil urbibus inde
obstabit Tyriis. quid pestem euadere belli   55
iuuit et Argolicos medium fugisse per ignis

25–6 *M PRV*; 27–52 *M PR*; 53–6 *M PRV*   28 surgit *R*ω: surget
M Pbr   35 uertere] flectere *dht*   iura *Reu*   48 sane] procul
Rer?uv   undis] oris *P*²   49 quacumque (*A*. ii 387, xii 626) *P*:
quamcumque *MR*ω   50 durae *R*   51 Paphos *Rdehtv*   atque
alta (*A*. i 680, x 86) *P*²*Rdht*   53 exigat *MPRbr*: exiget *V*ω, *Tib*.

totque maris uastaeque exhausta pericula terrae,
dum Latium Teucri recidiuaque Pergama quaerunt?
non satius cineres patriae insedisse supremos
atque solum quo Troia fuit? Xanthum et Simoenta 60
redde, oro, miseris iterumque reuoluere casus
da, pater, Iliacos Teucris.' tum regia Iuno
acta furore graui: 'quid me alta silentia cogis
rumpere et obductum uerbis uulgare dolorem?
Aenean hominum quisquam diuumque subegit 65
bella sequi aut hostem regi se inferre Latino?
Italiam petiit fatis auctoribus (esto)
Cassandrae impulsus furiis: num linquere castra
hortati sumus aut uitam committere uentis?
num puero summam belli, num credere muros, 70
Tyrrhenamque fidem aut gentis agitare quietas?
quis deus in fraudem, quae dura potentia nostra
egit? ubi hic Iuno demissaue nubibus Iris?
indignum est Italos Troiam circumdare flammis
nascentem et patria Turnum consistere terra, 75
cui Pilumnus auus, cui diua Venilia mater:
quid face Troianos atra uim ferre Latinis,
arua aliena iugo premere atque auertere praedas?
quid soceros legere et gremiis abducere pactas,
pacem orare manu, praefigere puppibus arma? 80
tu potes Aenean manibus subducere Graium
proque uiro nebulam et uentos obtendere inanis,
et potes in totidem classem conuertere nymphas:
nos aliquid Rutulos contra iuuisse nefandum est?
"Aeneas ignarus abest": ignarus et absit. 85
est Paphus Idaliumque tibi, sunt alta Cythera:

57–78 MPRV; 79–86 MPR   58 rediuiuaque R   59 patriae
cineres P   67 petit M¹PRVr   71 Tyrrhenamque MPb: -amue
RVω, Tib.   aut] et R   72 nostra ceteri, Rufin. 61. 21, Seru.:
nostri (A. viii 514) M¹   73 hinc M¹   79 ante u. 78 dht
80 manu MPbdhrt: manu et Rcefuv   83 et] tu Markland ad
Stat. silu. iii 2. 81   classem PRbdfhrt: classes Mceuv, Seru. ad A.
iv 228   86 Paphos dfht

M

quid grauidam bellis urbem et corda aspera temptas?
nosne tibi fluxas Phrygiae res uertere fundo
conamur? nos? an miseros qui Troas Achiuis
obiecit? quae causa fuit consurgere in arma   90
Europamque Asiamque et foedera soluere furto?
me duce Dardanius Spartam expugnauit adulter,
aut ego tela dedi fouiue Cupidine bella?
tum decuit metuisse tuis: nunc sera querelis
haud iustis adsurgis et inrita iurgia iactas.'   95
  Talibus orabat Iuno, cunctique fremebant
caelicolae adsensu uario, ceu flamina prima
cum deprensa fremunt siluis et caeca uolutant
murmura uenturos nautis prodentia uentos.
tum pater omnipotens, rerum cui prima potestas,   100
infit (eo dicente deum domus alta silescit
et tremefacta solo tellus, silet arduus aether,
tum Zephyri posuere, premit placida aequora pontus):
'accipite ergo animis atque haec mea figite dicta.
quandoquidem Ausonios coniungi foedere Teucris   105
haud licitum, nec uestra capit discordia finem,
quae cuique est fortuna hodie, quam quisque secat spem,
Tros Rutulusne fuat, nullo discrimine habebo,
seu fatis Italum castra obsidione tenentur
siue errore malo Troiae monitisque sinistris.   110
nec Rutulos soluo. sua cuique exorsa laborem
fortunamque ferent. rex Iuppiter omnibus idem.
fata uiam inuenient.' Stygii per flumina fratris,
per pice torrentis atraque uoragine ripas
adnuit et totum nutu tremefecit Olympum.   115
hic finis fandi. solio tum Iuppiter aureo

  87–116 MPR   90 concurrere euv   94 tum Mbdfhrt: tunc
PRceuv, Rufin. 55. 15, Tib.   96 Iuno] dictis (A. vi 124) P
100 prima M¹Reuv: summa M²Pω, Macrob. vi. 2. 26, Aug. cons.
euang. i 12. 18, ench. 3. 11   105 Ausoniis P² Teucros P
106 licitum MPbdfhrt: licitum est Rceuv, Seru.   107 u. om. P¹
108 Rutulusue cde (-osue f)   luat efuv   110 monitisue Pb
111 Rutulos] populos Non. 390. 40   quisque M¹   113 inueniant
cdht

surgit, caelicolae medium quem ad limina ducunt.
　Interea Rutuli portis circum omnibus instant
sternere caede uiros et moenia cingere flammis.
at legio Aeneadum uallis obsessa tenetur　　　　　120
nec spes ulla fugae. miseri stant turribus altis
nequiquam et rara muros cinxere corona
Asius Imbrasides Hicetaoniusque Thymoetes
Assaracique duo et senior cum Castore Thymbris,
prima acies; hos germani Sarpedonis ambo　　　　125
et Clarus et Thaemon Lycia comitantur ab alta.
fert ingens toto conixus corpore saxum,
haud partem exiguam montis, Lyrnesius Acmon,
nec Clytio genitore minor nec fratre Menestheo.
hi iaculis, illi certant defendere saxis　　　　　130
molirique ignem neruoque aptare sagittas.
ipse inter medios, Veneris iustissima cura,
Dardanius caput, ecce, puer detectus honestum,
qualis gemma micat fuluum quae diuidit aurum,
aut collo decus aut capiti, uel quale per artem　　135
inclusum buxo aut Oricia terebintho
lucet ebur; fusos ceruix cui lactea crinis
accipit et molli subnectens circulus auro.
te quoque magnanimae uiderunt, Ismare, gentes
uulnera derigere et calamos armare ueneno,　　　140
Maeonia generose domo, ubi pinguia culta
exercentque uiri Pactolusque inrigat auro.
adfuit et Mnestheus, quem pulsi pristina Turni
aggere murorum sublimem gloria tollit,
et Capys: hinc nomen Campanae ducitur urbi.　　145
　Illi inter sese duri certamina belli
contulerant: media Aeneas freta nocte secabat.
namque ut ab Euandro castris ingressus Etruscis

117–48 *MPRV*　　121 miseris *Rbr*　　123 Iasius *M¹ω(praeter br)*,
Tib.　　124 Thybris *MP²ω(praeter b)*, *Seru.*, *Tib.*　　126 Thaemon
Pb, *Tib.*: Haemon *MRω*　alta] Ida *P* (*cf. A.* xii 412)　　128 Agmon
Pcefv, *Tib.*　　137 ceruix fusos *Pc*　　138 subnectit *M*
140 dirigere *Mω*

regem adit et regi memorat nomenque genusque
quidue petat quidue ipse ferat, Mezentius arma   150
quae sibi conciliet, uiolentaque pectora Turni
edocet, humanis quae sit fiducia rebus
admonet immiscetque preces, haud fit mora, Tarchon
iungit opes foedusque ferit; tum libera fati
classem conscendit iussis gens Lydia diuum   155
externo commissa duci. Aeneia puppis
prima tenet rostro Phrygios subiuncta leones,
imminet Ida super, profugis gratissima Teucris.
hic magnus sedet Aeneas secumque uolutat
euentus belli uarios, Pallasque sinistro   160
adfixus lateri iam quaerit sidera, opacae
noctis iter, iam quae passus terraque marique.
   Pandite nunc Helicona, deae, cantusque mouete,
quae manus interea Tuscis comitetur ab oris
Aenean armetque rates pelagoque uehatur.   165
   Massicus aerata princeps secat aequora Tigri,
sub quo mille manus iuuenum, qui moenia Clusi
quique urbem liquere Cosas, quis tela sagittae
gorytique leues umeris et letifer arcus.
una toruus Abas: huic totum insignibus armis   170
agmen et aurato fulgebat Apolline puppis.
sescentos illi dederat Populonia mater
expertos belli iuuenes, ast Ilua trecentos
insula inexhaustis Chalybum generosa metallis.
tertius ille hominum diuumque interpres Asilas,   175
cui pecudum fibrae, caeli cui sidera parent
et linguae uolucrum et praesagi fulminis ignes,
mille rapit densos acie atque horrentibus hastis.
hos parere iubent Alpheae ab origine Pisae,
urbs Etrusca solo. sequitur pulcherrimus Astyr,   180
Astyr equo fidens et uersicoloribus armis.

149–81 *MPR*   154 fatis *Seru. ut uid.*   163 monete
P   168 Cosam *P*[1]   178 hastis *MRbdfhrt*: armis *Pceuv*
179 Alph(a)eae *PRcduv, Seru.*: Alphea *Mbefhrt, Prisc.* ii 45

ter centum adiciunt (mens omnibus una sequendi)
qui Caerete domo, qui sunt Minionis in aruis,
et Pyrgi ueteres intempestaeque Grauiscae.
   Non ego te, Ligurum ductor fortissime bello,   185
transierim, Cunare, et paucis comitate Cupauo,
cuius olorinae surgunt de uertice pennae
(crimen, Amor, uestrum) formaeque insigne paternae.
namque ferunt luctu Cycnum Phaethontis amati,
populeas inter frondes umbramque sororum   190
dum canit et maestum Musa solatur amorem,
canentem molli pluma duxisse senectam
linquentem terras et sidera uoce sequentem.
filius aequalis comitatus classe cateruas
ingentem remis Centaurum promouet: ille   195
instat aquae saxumque undis immane minatur
arduus, et longa sulcat maria alta carina.
   Ille etiam patriis agmen ciet Ocnus ab oris,
fatidicae Mantus et Tusci filius amnis,
qui muros matrisque dedit tibi, Mantua, nomen,   200
Mantua diues auis, sed non genus omnibus unum:
gens illi triplex, populi sub gente quaterni,
ipsa caput populis, Tusco de sanguine uires.
hinc quoque quingentos in se Mezentius armat,
quos patre Benaco uelatus harundine glauca   205
Mincius infesta ducebat in aequora pinu.
it grauis Aulestes centenaque arbore fluctum
uerberat adsurgens, spumant uada marmore uerso.
hunc uehit immanis Triton et caerula concha
exterrens freta, cui laterum tenus hispida nanti   210
frons hominem praefert, in pristim desinit aluus,
spumea semifero sub pectore murmurat unda.

  182 *MPR*; 183–208 *MPRV*; 209–12 *MPR*   186 Cunare
DSeru.: Cinyr(a)e, Cynir(a)e, Cinire (*quae idem ualent*) *MV*ω: Cinerae
P[2] (cinere *ceuv*): Cunerae *P*[1]: Cumarre *R*   194 aequali
M[1]   199 Mantos *ceuv*   202 illis *V*   populi triplex
R[1]*euv*   207 fluctum *MPVcdfht*: fluctus *Rbeurv*

Tot lecti proceres ter denis nauibus ibant
subsidio Troiae et campos salis aere secabant.

Iamque dies caelo concesserat almaque curru   215
noctiuago Phoebe medium pulsabat Olympum:
Aeneas (neque enim membris dat cura quietem)
ipse sedens clauumque regit uelisque ministrat.

atque illi medio in spatio chorus, ecce, suarum
occurrit comitum: nymphae, quas alma Cybebe   220
numen habere maris nymphasque e nauibus esse
iusserat, innabant pariter fluctusque secabant,
quot prius aeratae steterant ad litora prorae.

agnoscunt longe regem lustrantque choreis;
quarum quae fandi doctissima Cymodocea   225
pone sequens dextra puppim tenet ipsaque dorso
eminet ac laeua tacitis subremigat undis.

tum sic ignarum adloquitur: 'uigilasne, deum gens,
Aenea? uigila et uelis immitte rudentis.

nos sumus, Idaeae sacro de uertice pinus,   230
nunc pelagi nymphae, classis tua. perfidus ut nos
praecipitis ferro Rutulus flammaque premebat,
rupimus inuitae tua uincula teque per aequor
quaerimus. hanc genetrix faciem miserata refecit
et dedit esse deas aeuumque agitare sub undis.   235

at puer Ascanius muro fossisque tenetur
tela inter media atque horrentis Marte Latinos.
iam loca iussa tenent forti permixtus Etrusco
Arcas eques; medias illis opponere turmas,
ne castris iungant, certa est sententia Turno.   240

surge age et Aurora socios ueniente uocari
primus in arma iube, et clipeum cape quem dedit ipse
inuictum ignipotens atque oras ambiit auro.

213-34 *MPR*; 235-43 *MPRV*   220 Cybele ω(*praeter*
rt)   221 nomen *P*   e *om. aeu*   223 quot *Pω*: quod
M²(quo *M¹*)*Ref, Tib.*: quae *P²*   prorae] puppis (*A.* viii 497 *al.*) *M¹*
233 rumpimus *Non.* 382. 23, *DSeru.*   237 horrentis *MRω*:
ardentis *P* (*u. om. V*)   238 tenent *MV*: tenet *PRω*   242 ipse
MPRV²bfr?: igni *V¹, Haterianus ap. schol. Veron.*: ingens ω

crastina lux, mea si non inrita dicta putaris,
ingentis Rutulae spectabit caedis aceruos.'   245
dixerat et dextra discedens impulit altam
haud ignara modi puppim: fugit illa per undas
ocior et iaculo et uentos aequante sagitta.
inde aliae celerant cursus. stupet inscius ipse
Tros Anchisiades, animos tamen omine tollit.   250
tum breuiter supera aspectans conuexa precatur:
'alma parens Idaea deum, cui Dindyma cordi
turrigeraeque urbes biiugique ad frena leones,
tu mihi nunc pugnae princeps, tu rite propinques
augurium Phrygibusque adsis pede, diua, secundo.'   255
tantum effatus, et interea reuoluta ruebat
matura iam luce dies noctemque fugarat;
principio sociis edicit signa sequantur
atque animos aptent armis pugnaeque parent se.
    Iamque in conspectu Teucros habet et sua castra   260
stans celsa in puppi, clipeum cum deinde sinistra
extulit ardentem. clamorem ad sidera tollunt
Dardanidae e muris, spes addita suscitat iras,
tela manu iaciunt, quales sub nubibus atris
Strymoniae dant signa grues atque aethera tranant   265
cum sonitu, fugiuntque Notos clamore secundo.
at Rutulo regi ducibusque ea mira uideri
Ausoniis, donec uersas ad litora puppis
respiciunt totumque adlabi classibus aequor.
ardet apex capiti cristisque a uertice flamma   270
funditur et uastos umbo uomit aureus ignis:
non secus ac liquida si quando nocte cometae
sanguinei lugubre rubent, aut Sirius ardor
ille sitim morbosque ferens mortalibus aegris
nascitur et laeuo contristat lumine caelum.   275

244–61 *MPRV*; 262–75 *MPR*   245 spectabit *Rω*: spectabis
MPVf?hr, Longus ap. DSeru., *'male quidam' ap. Seru.*   251 supera
M²Rω: super *M¹PVdht*   256 rubebat *P²*   263 e *om. Rbc*
264 qualis *dhrt*   270 capitis *R, Macrob.* v 10. 2   a *Mdu*: ac
PRω, Macrob.   271 aereus *M*

Haud tamen audaci Turno fiducia cessit
litora praecipere et uenientis pellere terra.
[ultro animos tollit dictis atque increpat ultro:]
'quod uotis optastis adest, perfringere dextra.
in manibus Mars ipse uiris. nunc coniugis esto   280
quisque suae tectique memor, nunc magna referto
facta, patrum laudes. ultro occurramus ad undam
dum trepidi egressisque labant uestigia prima.
audentis Fortuna iuuat.'
haec ait, et secum uersat quos ducere contra   285
uel quibus obsessos possit concredere muros.
    Interea Aeneas socios de puppibus altis
pontibus exponit. multi seruare recursus
languentis pelagi et breuibus se credere saltu,
per remos alii. speculatus litora Tarchon,   290
qua uada non sperat nec fracta remurmurat unda,
sed mare inoffensum crescenti adlabitur aestu,
aduertit subito proras sociosque precatur:
'nunc, o lecta manus, ualidis incumbite remis;
tollite, ferte rates, inimicam findite rostris   295
hanc terram, sulcumque sibi premat ipsa carina.
frangere nec tali puppim statione recuso
arrepta tellure semel.' quae talia postquam
effatus Tarchon, socii consurgere tonsis
spumantisque rates aruis inferre Latinis,   300
donec rostra tenent siccum et sedere carinae
omnes innocuae. sed non puppis tua, Tarchon:
namque inflicta uadis, dorso dum pendet iniquo
anceps sustentata diu fluctusque fatigat,

276–304 *MPR*   278 (= ix 127) *om. MPdfhrt*: *add. Rbceuv*
280 uiris *MPω*: uiri (*u.* 737) *Rev*   281 referto *MRω, Seru.*:
referte *P*   283 egressisque *M¹P¹*: egressique *M²P²Rω, Tib.,*
agnoscit DSeru.   284 piger ipse sibi obstat *supplet Sen. ep.*
94. 28   291 sperat *PRω, 'melius' iudice Seru., Tib.*: spirant *Mbt*
(*def. d*), *Seru. ad G.* i 327   293 proras *M¹Pω* (*def. d*): proram
M²: prora *R*   297 puppim *Mω*: puppes *PRev*(-pis *c*)   303 uadi
P¹, Probus ap. DSeru.

soluitur atque uiros mediis exponit in undis,   305
fragmina remorum quos et fluitantia transtra
impediunt retrahitque pedes simul unda relabens.
   Nec Turnum segnis retinet mora, sed rapit acer
totam aciem in Teucros et contra in litore sistit.
signa canunt. primus turmas inuasit agrestis   310
Aeneas, omen pugnae, strauitque Latinos
occiso Therone, uirum qui maximus ultro
Aenean petit. huic gladio perque aerea suta,
per tunicam squalentem auro latus haurit apertum.
inde Lichan ferit exsectum iam matre perempta   315
et tibi, Phoebe, sacrum: casus euadere ferri
quo licuit paruo? nec longe Cissea durum
immanemque Gyan sternentis agmina claua
deiecit leto; nihil illos Herculis arma
nec ualidae iuuere manus genitorque Melampus,   320
Alcidae comes usque grauis dum terra labores
praebuit. ecce Pharo, uoces dum iactat inertis,
intorquens iaculum clamanti sistit in ore.
tu quoque, flauentem prima lanugine malas
dum sequeris Clytium infelix, noua gaudia, Cydon,   325
Dardania stratus dextra, securus amorum
qui iuuenum tibi semper erant, miserande iaceres,
ni fratrum stipata cohors foret obuia, Phorci
progenies, septem numero, septenaque tela
coniciunt; partim galea clipeoque resultant   330
inrita, deflexit partim stringentia corpus
alma Venus. fidum Aeneas adfatur Achaten:
'suggere tela mihi, non ullum dextera frustra
torserit in Rutulos, steterunt quae in corpore Graium
Iliacis campis.' tum magnam corripit hastam   335
et iacit: illa uolans clipei transuerberat aera

305–36 *MPR*   307 pedem *M*²   317 quo (*A.* xi 735, xii 879)
*P*²: quod *MP*¹ω: cui *R* (quod *et* cui *agnoscunt Seru., Tib.*)   321 dum]
cum *M*¹   322 inanes *Seru. ad A.* i 102   323 clamanti *R*ω:
clamantis *MPcdht*   334 steterunt *M*²*PRbrtu*: -rint *M*¹: -rant
ω   quae *M*¹*Pcfh*: -que *M*²*R*ω, *Cassiod. inst.* ii 15, *agnoscit DSeru.*

Maeonis et thoraca simul cum pectore rumpit.
huic frater subit Alcanor fratremque ruentem
sustentat dextra: traiecto missa lacerto
protinus hasta fugit seruatque cruenta tenorem,   340
dexteraque ex umero neruis moribunda pependit.
tum Numitor iaculo fratris de corpore rapto
Aenean petiit: sed non et figere contra
est licitum, magnique femur perstrinxit Achatae.

Hic Curibus fidens primaeuo corpore Clausus   345
aduenit et rigida Dryopem ferit eminus hasta
sub mentum grauiter pressa, pariterque loquentis
uocem animamque rapit traiecto gutture; at ille
fronte ferit terram et crassum uomit ore cruorem.
tris quoque Threicios Boreae de gente suprema   350
et tris quos Idas pater et patria Ismara mittit,
per uarios sternit casus. accurrit Halaesus
Auruncaeque manus, subit et Neptunia proles,
insignis Messapus equis. expellere tendunt
nunc hi, nunc illi: certatur limine in ipso   355
Ausoniae. magno discordes aethere uenti
proelia ceu tollunt animis et uiribus aequis;
non ipsi inter se, non nubila, non mare cedit;
anceps pugna diu, stant obnixa omnia contra:
haud aliter Troianae acies aciesque Latinae   360
concurrunt, haeret pede pes densusque uiro uir.

At parte ex alia, qua saxa rotantia late
intulerat torrens arbustaque diruta ripis,
Arcadas insuetos acies inferre pedestris
ut uidit Pallas Latio dare terga sequaci,   365
aspera aquis natura loci dimittere quando

337–66 *MPR*   337 rupit *R*   343 petit *MPRfrv*   et figere]
effigere *R*[1]*cefv*   345 Clausus *M*[2](laurus *M*[1])*b, Seru.*: Lausus
PRω   349 ferit *MRbcdhrt*: premit *Pefuv*   350 tres (*sic P*),
351 tris *testatur Gell.* xiii 21. 10   352 occurrit *ω*(*praeter c; cf. A.*
v 36, 451)   358 cedunt *M*[1]   359 '*legitur et* obnixi' *Seru.*
363 intulerat *PRω, DSeru.*: impulerat *M*   366 aquis *Madvig*:
quos *P*: quis *ceteri*

suasit equos, unum quod rebus restat egenis,
nunc prece, nunc dictis uirtutem accendit amaris;
'quo fugitis, socii? per uos et fortia facta,
per ducis Euandri nomen deuictaque bella   370
spemque meam, patriae quae nunc subit aemula laudi,
fidite ne pedibus. ferro rumpenda per hostis
est uia. qua globus ille uirum densissimus urget,
hac uos et Pallanta ducem patria alta reposcit.
numina nulla premunt, mortali urgemur ab hoste   375
mortales; totidem nobis animaeque manusque.
ecce maris magna claudit nos obice pontus,
deest iam terra fugae: pelagus Troiamne petamus?'
haec ait, et medius densos prorumpit in hostis.

   Obuius huic primum fatis adductus iniquis   380
fit Lagus. hunc, uellit magno dum pondere saxum,
intorto figit telo, discrimina costis
per medium qua spina dabat, hastamque receptat
ossibus haerentem. quem non super occupat Hisbo,
ille quidem hoc sperans; nam Pallas ante ruentem,   385
dum furit, incautum crudeli morte sodalis
excipit atque ensem tumido in pulmone recondit.
hinc Sthenium petit et Rhoeti de gente uetusta
Anchemolum thalamos ausum incestare nouercae.
uos etiam, gemini, Rutulis cecidistis in aruis,   390
Daucia, Laride Thymberque, simillima proles,
indiscreta suis gratusque parentibus error;
at nunc dura dedit uobis discrimina Pallas.
nam tibi, Thymbre, caput Euandrius abstulit ensis;
te decisa suum, Laride, dextera quaerit   395
semianimesque micant digiti ferrumque retractant.
Arcadas accensos monitu et praeclara tuentis

367–97 *MPR*   377 magno '*quidam*', magni '*nonnvlli*' *ap. Seru.*
378 petamus *M²PReuv, Tib.*: petemus *M¹ω*   381 magno uellit *Mr*
383 dabat *MPb*: dedit *Rω, Tib.*   388 Sthenium *MP* (Sthenlum
R): St(h)elenum *ω* (*cf. A.* ii 261, xii 341)   390 aruis *MRω*:
agris (*A.* xi 431) *Pr*

facta uiri mixtus dolor et pudor armat in hostis.

Tum Pallas biiugis fugientem Rhoetea praeter
traicit. hoc spatium tantumque morae fuit Ilo;   400
Ilo namque procul ualidam derexerat hastam,
quam medius Rhoeteus intercipit, optime Teuthra,
te fugiens fratremque Tyren, curruque uolutus
caedit semianimis Rutulorum calcibus arua.
ac uelut optato uentis aestate coortis   405
dispersa immittit siluis incendia pastor,
correptis subito mediis extenditur una
horrida per latos acies Volcania campos,
ille sedens uictor flammas despectat ouantis:
non aliter socium uirtus coit omnis in unum   410
teque iuuat, Palla. sed bellis acer Halaesus
tendit in aduersos seque in sua colligit arma.
hic mactat Ladona Pheretaque Demodocumque,
Strymonio dextram fulgenti deripit ense
elatam in iugulum, saxo ferit ora Thoantis   415
ossaque dispersit cerebro permixta cruento.
fata canens siluis genitor celarat Halaesum;
ut senior leto canentia lumina soluit,
iniecere manum Parcae telisque sacrarunt
Euandri. quem sic Pallas petit ante precatus: 420
'da nunc, Thybri pater, ferro, quod missile libro,
fortunam atque uiam duri per pectus Halaesi.
haec arma exuuiasque uiri tua quercus habebit.'
audiit illa deus; dum texit Imaona Halaesus,
Arcadio infelix telo dat pectus inermum.   425

At non caede uiri tanta perterrita Lausus,
pars ingens belli, sinit agmina: primus Abantem
oppositum interimit, pugnae nodumque moramque.
sternitur Arcadiae proles, sternuntur Etrusci
et uos, o Grais imperdita corpora, Teucri.   430

398–430 *MPR*   398 pudor] furor *R*   401 derexerat
M¹R: dir- *M²Pω*   410 uirtus socium *aeuv*   417 cauens
Tib., 'alii' ap. Seru.

agmina concurrunt ducibusque et uiribus aequis;
extremi addensent acies nec turba moueri
tela manusque sinit. hinc Pallas instat et urget,
hinc contra Lausus, nec multum discrepat aetas,
egregii forma, sed quis Fortuna negarat   435
in patriam reditus. ipsos concurrere passus
haud tamen inter se magni regnator Olympi;
mox illos sua fata manent maiore sub hoste.
    Interea soror alma monet succedere Lauso
Turnum, qui uolucri curru medium secat agmen.   440
ut uidit socios: 'tempus desistere pugnae;
solus ego in Pallanta feror, soli mihi Pallas
debetur; cuperem ipse parens spectator adesset.'
haec ait, et socii cesserunt aequore iusso.
at Rutulum abscessu iuuenis tum iussa superba   445
miratus stupet in Turno corpusque per ingens
lumina uoluit obitque truci procul omnia uisu,
talibus et dictis it contra dicta tyranni:
'aut spoliis ego iam raptis laudabor opimis
aut leto insigni: sorti pater aequus utrique est.   450
tolle minas.' fatus medium procedit in aequor;
frigidus Arcadibus coit in praecordia sanguis.
desiluit Turnus biiugis, pedes apparat ire
comminus; utque leo, specula cum uidit ab alta
stare procul campis meditantem in proelia taurum,   455
aduolat, haud alia est Turni uenientis imago.
hunc ubi contiguum missae fore credidit hastae,
ire prior Pallas, si qua fors adiuuet ausum
uiribus imparibus, magnumque ita ad aethera fatur:
'per patris hospitium et mensas, quas aduena adisti,   460
te precor, Alcide, coeptis ingentibus adsis.
cernat semineci sibi me rapere arma cruenta

431–60 *MPR*; 461–2 *MγR*   432 addensent *P¹, Prisc.* ix 43,
Seru.: -sant *MP²Rω, Tib.*   439 succurrere *dt*   441 pugna *R*
445 iussa] dicta *aeuv*   446 miratus *Mhu*: miratur *PRω, Tib.*
453 dissiluit *cdht*   455 in *MReruv*: om. *Pω*   458 adiuuet,
ausus *Madvig*

uictoremque ferant morientia lumina Turni.'
audiit Alcides iuuenem magnumque sub imo
corde premit gemitum lacrimasque effundit inanis.   465
tum genitor natum dictis adfatur amicis:
'stat sua cuique dies, breue et inreparabile tempus
omnibus est uitae; sed famam extendere factis,
hoc uirtutis opus. Troiae sub moenibus altis
tot gnati cecidere deum, quin occidit una   470
Sarpedon, mea progenies; etiam sua Turnum
fata uocant metasque dati peruenit ad aeui.'
sic ait, atque oculos Rutulorum reicit aruis.

   At Pallas magnis emittit uiribus hastam
uaginaque caua fulgentem deripit ensem.   475
illa uolans umeri surgunt qua tegmina summa
incidit, atque uiam clipei molita per oras
tandem etiam magno strinxit de corpore Turni.
hic Turnus ferro praefixum robur acuto
in Pallanta diu librans iacit atque ita fatur: 480
'aspice num mage sit nostrum penetrabile telum.'
dixerat; at clipeum, tot ferri terga, tot aeris,
quem pellis totiens obeat circumdata tauri,
uibranti cuspis medium transuerberat ictu
loricaeque moras et pectus perforat ingens.   485
ille rapit calidum frustra de uulnere telum:
una eademque uia sanguis animusque sequuntur.
corruit in uulnus (sonitum super arma dedere)
et terram hostilem moriens petit ore cruento.
quem Turnus super adsistens: 490
'Arcades, haec' inquit 'memores mea dicta referte
Euandro: qualem meruit, Pallanta remitto.
quisquis honos tumuli, quidquid solamen humandi est,

463–93 MγR   465 effudit γc   475 deripit γReu: dir-
Mω, Tib.   476 summa] prima Rb   477 clipei est M
481 magi R, Char. 278. 23, Diom. 441. 33: nunc magis est agnoscit Seru.
483 quem M¹γ: cum M²Rω, DSeru., Tib.   484 cuspis medium
Mω: medium cuspis γRb   486 uulnere Mω, Tib.: corpore (u. 744)
γ: pectore Rb   490 sic ore profatur supplet R

largior. haud illi stabunt Aeneia paruo
hospitia.' et laeuo pressit pede talia fatus   495
exanimem rapiens immania pondera baltei
impressumque nefas: una sub nocte iugali
caesa manus iuuenum foede thalamique cruenti,
quae Clonus Eurytides multo caelauerat auro;
quo nunc Turnus ouat spolio gaudetque potitus.   500
nescia mens hominum fati sortisque futurae
et seruare modum rebus sublata secundis!
Turno tempus erit magno cum optauerit emptum
intactum Pallanta, et cum spolia ista diemque
oderit. at socii multo gemitu lacrimisque   505
impositum scuto referunt Pallanta frequentes.
o dolor atque decus magnum rediture parenti,
haec te prima dies bello dedit, haec eadem aufert,
cum tamen ingentis Rutulorum linquis aceruos!

Nec iam fama mali tanti, sed certior auctor   510
aduolat Aeneae tenui discrimine leti
esse suos, tempus uersis succurrere Teucris.
proxima quaeque metit gladio latumque per agmen
ardens limitem agit ferro, te, Turne, superbum
caede noua quaerens. Pallas, Euander, in ipsis   515
omnia sunt oculis, mensae quas aduena primas
tunc adiit, dextraeque datae. Sulmone creatos
quattuor hic iuuenes, totidem quos educat Vfens,
uiuentis rapit, inferias quos immolet umbris
captiuoque rogi perfundat sanguine flammas.   520
inde Mago procul infensam contenderat hastam:
ille astu subit, at tremibunda superuolat hasta,
et genua amplectens effatur talia supplex:
'per patrios manis et spes surgentis Iuli
te precor, hanc animam serues gnatoque patrique.   525

494–508 MγR; 509–25 MPR   510 tam R   512 uersis
tempus P, agnoscit Tib.   516 primum R: primus bdfht
521 infensam Mω: infestam (u. 877) PR, Macrob. v 2. 16   contorserat
R   522 at PRω: en correctum ex in M¹(at, mox ac M²)
524 surgentis] heredis (A. iv 274) P²

349

est domus alta, iacent penitus defossa talenta
caelati argenti, sunt auri pondera facti
infectique mihi. non hic uictoria Teucrum
uertitur aut anima una dabit discrimina tanta.'
dixerat. Aeneas contra cui talia reddit: 530
'argenti atque auri memoras quae multa talenta
gnatis parce tuis. belli commercia Turnus
sustulit ista prior iam tum Pallante perempto.
hoc patris Anchisae manes, hoc sentit Iulus.'
sic fatus galeam laeua tenet atque reflexa   535
ceruice orantis capulo tenus applicat ensem.
nec procul Haemonides, Phoebi Triuiaeque sacerdos,
infula cui sacra redimibat tempora uitta,
totus conlucens ueste atque insignibus albis.
quem congressus agit campo, lapsumque superstans   540
immolat ingentique umbra tegit, arma Serestus
lecta refert umeris tibi, rex Gradiue, tropaeum.
   Instaurant acies Volcani stirpe creatus
Caeculus et ueniens Marsorum montibus Vmbro.
Dardanides contra furit: Anxuris ense sinistram   545
et totum clipei ferro deiecerat orbem
(dixerat ille aliquid magnum uimque adfore uerbo
crediderat, caeloque animum fortasse ferebat
canitiemque sibi et longos promiserat annos);
Tarquitus exsultans contra fulgentibus armis,   550
siluicolae Fauno Dryope quem nympha crearat,
obuius ardenti sese obtulit. ille reducta
loricam clipeique ingens onus impedit hasta,
tum caput orantis nequiquam et multa parantis
dicere deturbat terrae, truncumque tepentem   555
prouoluens super haec inimico pectore fatur:

526-48 *MPR*; 549-56 *MPRV*   529 aut] haud *cdfhu*(aud *t*)
531 multa] magna (*A.* ix 265) *aeuv*, *Macrob.* v. 10. 5   533 illa *M*
536 oranti *P*1*b*   539 albis *P*1?, *Probus ap. Seru.*: armis (*u.* 170)
codd., *Asper ap. Seru.*, *Tib.*   543 instaurat *M*   544 ex
montibus *cev* (et m. *u*)   548 animam *dt*

'istic nunc, metuende, iace. non te optima mater
condet humi patrioque onerabit membra sepulcro:
alitibus linquere feris, aut gurgite mersum
unda feret piscesque impasti uulnera lambent.'   560
protinus Antaeum et Lucam, prima agmina Turni,
persequitur, fortemque Numam fuluumque Camertem,
magnanimo Volcente satum, ditissimus agri
qui fuit Ausonidum et tacitis regnauit Amyclis.
Aegaeon qualis, centum cui bracchia dicunt   565
centenasque manus, quinquaginta oribus ignem
pectoribusque arsisse, Iouis cum fulmina contra
tot paribus streperet clipeis, tot stringeret ensis:
sic toto Aeneas desaeuit in aequore uictor
ut semel intepuit mucro. quin ecce Niphaei   570
quadriiugis in equos aduersaque pectora tendit.
atque illi longe gradientem et dira frementem
ut uidere, metu uersi retroque ruentes
effunduntque ducem rapiuntque ad litora currus.
    Interea biiugis infert se Lucagus albis   575
in medios fraterque Liger; sed frater habenis
flectit equos, strictum rotat acer Lucagus ensem.
haud tulit Aeneas tanto feruore furentis;
inruit aduersaque ingens apparuit hasta.
cui Liger: 580
'non Diomedis equos nec currum cernis Achilli
aut Phrygiae campos: nunc belli finis et aeui
his dabitur terris.' uesano talia late
dicta uolant Ligeri. sed non et Troius heros
dicta parat contra, iaculum nam torquet in hostis.   585
Lucagus ut pronus pendens in uerbera telo
admonuit biiugos, proiecto dum pede laeuo
aptat se pugnae, subit oras hasta per imas

557–74 *MPRV*; 575–88 *MPR*   558 humo *M²(def. V)*
patrioque *Mf* (patrique *P¹*) : patrioue *P²Rω(def. V)*   569 aequore]
agmine *aeuv*   572 et] ac *M¹*   574 in litore *dht*   currus
MPVbdfht: currum *Raceruv*   575 bigis *Pv*   585 hostem
Mb   587 traiecto *M*   588 aptet *P*

fulgentis clipei, tum laeuum perforat inguen;
excussus curru moribundus uoluitur aruis.   590
quem pius Aeneas dictis adfatur amaris:
'Lucage, nulla tuos currus fuga segnis equorum
prodidit aut uanae uertere ex hostibus umbrae:
ipse rotis saliens iuga deseris.' haec ita fatus
arripuit biiugos; frater tendebat inertis   595
infelix palmas curru delapsus eodem:
'per te, per qui te talem genuere parentes,
uir Troiane, sine hanc animam et miserere precantis.'
pluribus oranti Aeneas: 'haud talia dudum
dicta dabas. morere et fratrem ne desere frater.'   600
tum latebras animae pectus mucrone recludit.
talia per campos edebat funera ductor
Dardanius torrentis aquae uel turbinis atri
more furens. tandem erumpunt et castra relinquunt
Ascanius puer et nequiquam obsessa iuuentus.   605
  Iunonem interea compellat Iuppiter ultro:
'o germana mihi atque eadem gratissima coniunx,
ut rebare, Venus (nec te sententia fallit)
Troianas sustentat opes, non uiuida bello
dextra uiris animusque ferox patiensque pericli.'   610
cui Iuno summissa: 'quid, o pulcherrime coniunx,
sollicitas aegram et tua tristia dicta timentem?
si mihi, quae quondam fuerat quamque esse decebat,
uis in amore foret, non hoc mihi namque negares,
omnipotens, quin et pugnae subducere Turnum   615
et Dauno possem incolumem seruare parenti.
nunc pereat Teucrisque pio det sanguine poenas.
ille tamen nostra deducit origine nomen
Pilumnusque illi quartus pater, et tua larga
saepe manu multisque onerauit limina donis.'   620
cui rex aetherii breuiter sic fatur Olympi:

589–621 *MPR*   595 abripuit *dt*   inermis *P*[1]?   602 uictor
cdht   604 fremens *R*   612 dicta] iussa *M*   615 Turnum
subd. pugnae *aeuv*   621 fatur *M*[1]*Pace*: fatus *M*[2]*Rω*

'si mora praesentis leti tempusque caduco
oratur iuueni meque hoc ita ponere sentis,
tolle fuga Turnum atque instantibus eripe fatis:
hactenus indulsisse uacat. sin altior istis   625
sub precibus uenia ulla latet totumque moueri
mutariue putas bellum, spes pascis inanis.'
et Iuno adlacrimans: 'quid si, quae uoce grauaris,
mente dares atque haec Turno rata uita maneret?
nunc manet insontem grauis exitus, aut ego ueri   630
uana feror. quod ut o potius formidine falsa
ludar, et in melius tua, qui potes, orsa reflectas l'
    Haec ubi dicta dedit, caelo se protinus alto
misit agens hiemem nimbo succincta per auras,
Iliacamque aciem et Laurentia castra petiuit.   635
tum dea nube caua tenuem sine uiribus umbram
in faciem Aeneae (uisu mirabile monstrum)
Dardaniis ornat telis, clipeumque iubasque
diuini adsimulat capitis, dat inania uerba,
dat sine mente sonum gressusque effingit euntis,   640
morte obita qualis fama est uolitare figuras
aut quae sopitos deludunt somnia sensus.
at primas laeta ante acies exsultat imago
inritatque uirum telis et uoce lacessit.
instat cui Turnus stridentemque eminus hastam   645
conicit; illa dato uertit uestigia tergo.
tum uero Aenean auersum ut cedere Turnus
credidit atque animo spem turbidus hausit inanem:
'quo fugis, Aenea? thalamos ne desere pactos;
hac dabitur dextra tellus quaesita per undas.'   650
talia uociferans sequitur strictumque coruscat
mucronem, nec ferre uidet sua gaudia uentos.
    Forte ratis celsi coniuncta crepidine saxi

622–53 *MPR*   628 inlacrimans *aceuv*   quae] qui *b*: quod
cdfht   639 uerba] membra *P*[1]   640 gressumque *M*, *Tib*.
642 ludunt insomnia *dt*   644 et] aut *dt*   650 tellus dextra
aeuv

expositis stabat scalis et ponte parato,
qua rex Clusinis aduectus Osinius oris.   655
huc sese trepida Aeneae fugientis imago
conicit in latebras, nec Turnus segnior instat
exsuperatque moras et pontis transilit altos.
uix proram attigerat, rumpit Saturnia funem
auulsamque rapit reuoluta per aequora nauem.   660
tum leuis haud ultra latebras iam quaerit imago,   663
sed sublime uolans nubi se immiscuit atrae,   664
illum autem Aeneas absentem in proelia poscit;   661
obuia multa uirum demittit corpora morti,   662
cum Turnum medio interea fert aequore turbo.   665
respicit ignarus rerum ingratusque salutis
et duplicis cum uoce manus ad sidera tendit:
'omnipotens genitor, tanton me crimine dignum
duxisti et talis uoluisti expendere poenas?
quo feror? unde abii? quae me fuga quemue reducit?   670
Laurentisne iterum muros aut castra uidebo?
quid manus illa uirum, qui me meaque arma secuti?
quosque (nefas) omnis infanda in morte reliqui
et nunc palantis uideo, gemitumque cadentum
accipio? quid ago? aut quae iam satis ima dehiscat   675
terra mihi? uos o potius miserescite, uenti;
in rupes, in saxa (uolens uos Turnus adoro)
ferte ratem saeuisque uadis immittite syrtis,
quo nec me Rutuli nec conscia fama sequatur.'
haec memorans animo nunc huc, nunc fluctuat illuc,   680
an sese mucrone ob tantum dedecus amens

654–81 *MPR*   659 rupit *Rdt*   661–2 *post u.* 664 *coll. recc.*,
Brunck   661 illum autem Aeneas *Mω*: ille autem Aenean *PR*,
Vrbanus ap. Seru.   662 dimittit *ω(praeter bh)*   665 interea
medio *Rabeuv*   667 tendit] tollit (*A.* i 103, viii 141) *ω(praeter
bfr), agnoscit Tib.*   668 tanto *Pa*   670 abeo *P²*   quemue]
quo *M¹*, quoue *M²*   reducet *ceruv, Tib.*   673 quosque *M¹R*: quosue *M²Pω*: quosne *Asper ap. DSeru.*   in *om. dht*   674 pallentis
M¹   675 aut] et *M¹*   dehiscet *Rr, Tib.*   681 mucrone
MP²ω, Prisc. xviii 268 *et* 284, *Seru.*: mucroni *P¹R*

induat et crudum per costas exigat ensem,
fluctibus an iaciat mediis et litora nando
curua petat Teucrumque iterum se reddat in arma.
ter conatus utramque uiam, ter maxima Iuno   685
continuit iuuenemque animi miserata repressit.
labitur alta secans fluctuque aestuque secundo
et patris antiquam Dauni defertur ad urbem.
    At Iouis interea monitis Mezentius ardens
succedit pugnae Teucrosque inuadit ouantis.   690
concurrunt Tyrrhenae acies atque omnibus uni,
uni odiisque uiro telisque frequentibus instant.
ille (uelut rupes uastum quae prodit in aequor,
obuia uentorum furiis expostaque ponto,
uim cunctam atque minas perfert caelique marisque   695
ipsa immota manens) prolem Dolichaonis Hebrum
sternit humi, cum quo Latagum Palmumque fugacem,
sed Latagum saxo atque ingenti fragmine montis
occupat os faciemque aduersam, poplite Palmum
succiso uolui segnem sinit, armaque Lauso   700
donat habere umeris et uertice figere cristas.
nec non Euanthen Phrygium Paridisque Mimanta
aequalem comitemque, una quem nocte Theano
in lucem genitore Amyco dedit et face praegnas
Cisseis regina Parim; Paris urbe paterna   705
occubat, ignarum Laurens habet ora Mimanta.
ac uelut ille canum morsu de montibus altis
actus aper, multos Vesulus quem pinifer annos
defendit multosque palus Laurentia silua
pascit harundinea, postquam inter retia uentum est, 710
substitit infremuitque ferox et inhorruit armos,
nec cuiquam irasci propiusue accedere uirtus,

682–712 *MPR*   682 crudum] durum *R*   683 iactet *R*:
iaceat *dt*   686 animo *dt*   696 manent *M¹*: manet *M²a*
704 genitore *Bentley ad Hor. epod.* 5. 28: genitori *codd.*   705 Paris
Bentley: creat *M²PRω*(crepat *M¹*), *Seru.*   709 multosue *P*
710 pascit (*uel* pauit) *Bentley*: pastus *codd.*, '*pro* pastum' *Seru.*   est
om. *M¹*   712 propiusue *MRω*: propiusque *Pab*

sed iaculis tutisque procul clamoribus instant;
ille autem impauidus partis cunctatur in omnis   717
dentibus infrendens et tergo decutit hastas: 718
haud aliter, iustae quibus est Mezentius irae,   714
non ulli est animus stricto concurrere ferro,   715
missilibus longe et uasto clamore lacessunt.   716

   Venerat antiquis Corythi de finibus Acron,   719
Graius homo, infectos linquens profugus hymenaeos.   720
hunc ubi miscentem longe media agmina uidit,
purpureum pennis et pactae coniugis ostro,
impastus stabula alta leo ceu saepe peragrans
(suadet enim uesana fames), si forte fugacem
conspexit capream aut surgentem in cornua ceruum,   725
gaudet hians immane comasque arrexit et haeret
uisceribus super incumbens; lauit improba taeter
ora cruor—
sic ruit in densos alacer Mezentius hostis.
sternitur infelix Acron et calcibus atram   730
tundit humum exspirans infractaque tela cruentat.
atque idem fugientem haud est dignatus Oroden
sternere nec iacta caecum dare cuspide uulnus;
obuius aduersoque occurrit seque uiro uir
contulit, haud furto melior sed fortibus armis.   735
tum super abiectum posito pede nixus et hasta:
'pars belli haud temnenda, uiri, iacet altus Orodes.'
conclamant socii laetum paeana secuti;
ille autem exspirans: 'non me, quicumque es, inulto,
uictor, nec longum laetabere; te quoque fata   740
prospectant paria atque eadem mox arua tenebis.'
ad quem subridens mixta Mezentius ira:

713–31 *MPR*; 732–42 *MPRV*   713 *post hunc u. collocat* 717–18
Scaliger in praef. ad Manilium, 716–18 ω(*praeter ar*)   723 stabula]
specula *detuv*   727 incumbens (*A.* v 858) *Maberuv, Prisc.*
viii 36: accumbens *PRcdfht, Macrob.* v 10. 7   improbus ater
*M*²   737 uiris *cdt, Asper ap. Seru.* (*cf. u.* 280)   actus *M*
742 ad quem *Rb²efv*, at quem *M²c*: at quae *P*¹, atque *M*¹*P*²*auhrt*,
ad quae *Vd*

'nunc morere. ast de me diuum pater atque hominum rex
uiderit.' hoc dicens eduxit corpore telum.
olli dura quies oculos et ferreus urget   745
somnus, in aeternam clauduntur lumina noctem.
   Caedicus Alcathoum obtruncat, Sacrator Hydaspen
Partheniumque Rapo et praedurum uiribus Orsen,
Messapus Cloniumque Lycaoniumque Erichaeten,
illum infrenis equi lapsu tellure iacentem,   750
hunc peditem. pedes et Lycius processerat Agis,
quem tamen haud expers Valerus uirtutis auitae
deicit; at Thronium Salius Saliumque Nealces
insidiis, iaculo et longe fallente sagitta.
   Iam grauis aequabat luctus et mutua Mauors   755
funera; caedebant pariter pariterque ruebant
uictores uictique, neque his fuga nota neque illis.
di Iouis in tectis iram miserantur inanem
amborum et tantos mortalibus esse labores;
hinc Venus, hinc contra spectat Saturnia Iuno.   760
pallida Tisiphone media inter milia saeuit.
   At uero ingentem quatiens Mezentius hastam
turbidus ingreditur campo. quam magnus Orion,
cum pedes incedit medii per maxima Nerei
stagna uiam scindens, umero supereminet undas,   765
aut summis referens annosam montibus ornum
ingrediturque solo et caput inter nubila condit,
talis se uastis infert Mezentius armis.
huic contra Aeneas speculatus in agmine longo
obuius ire parat. manet imperterritus ille   770
hostem magnanimum opperiens, et mole sua stat;
atque oculis spatium emensus quantum satis hastae:
'dextra mihi deus et telum, quod missile libro,
nunc adsint! uoueo praedonis corpore raptis

743–58 MPRV; 759–74 MPR   749 u. om. V   750 lapsu M²Pω,
labsu V: lapsum M¹R, Tib.   754 insidiis M²PRVabf?h?r: insignis
M¹ω   756 cedebant PRV, agnoscit Seru.   760 aspectat aeuv
763 campum M   769 huic Rω: huc P¹: hunc MP²h: cui Tib.
longe R¹, agnoscit Tib.   770 ille] ipse Non. 349. 20

indutum spoliis ipsum te, Lause, tropaeum 775
Aeneae.' dixit, stridentemque eminus hastam
iecit. at illa uolans clipeo est excussa proculque
egregium Antoren latus inter et ilia figit,
Herculis Antoren comitem, qui missus ab Argis
haeserat Euandro atque Itala consederat urbe. 780
sternitur infelix alieno uulnere, caelumque
aspicit et dulcis moriens reminiscitur Argos.
tum pius Aeneas hastam iacit; illa per orbem
aere cauum triplici, per linea terga tribusque
transiit intextum tauris opus, imaque sedit 785
inguine, sed uiris haud pertulit. ocius ensem
Aeneas uiso Tyrrheni sanguine laetus
eripit a femine et trepidanti feruidus instat.
ingemuit cari grauiter genitoris amore,
ut uidit, Lausus, lacrimaeque per ora uolutae— 790
hic mortis durae casum tuaque optima facta,
si qua fidem tanto est operi latura uetustas,
non equidem nec te, iuuenis memorande, silebo—
ille pedem referens et inutilis inque ligatus
cedebat clipeoque inimicum hastile trahebat. 795
proripuit iuuenis seseque immiscuit armis,
iamque adsurgentis dextra plagamque ferentis
Aeneae subiit mucronem ipsumque morando
sustinuit; socii magno clamore sequuntur,
dum genitor nati parma protectus abiret, 800
telaque coniciunt perturbantque eminus hostem
missilibus. furit Aeneas tectusque tenet se.
ac uelut effusa si quando grandine nimbi
praecipitant, omnis campis diffugit arator
omnis et agricola, et tuta latet arce uiator 805

775–805 MPR   777 inicit a? at om. M¹   778 et inter
auv   785 transiet M¹   789 grauiter cari aeuv   791 optima
Pω: optime M²(-mae M¹)Rbr, 'alii' ap. Seru.   796 proripuit (E.
iii 19, A. v 741) Mω: prorupit (vii 32, x 379) PRa   797 dextra
MP¹b: dextrae P²ω, Seru., Tib.: dextram R   798 subigit M¹
805 arce e: arte ceteri (ar r), DSeru., Tib.

aut amnis ripis aut alti fornice saxi,
dum pluit in terris, ut possint sole reducto
exercere diem: sic obrutus undique telis
Aeneas nubem belli, dum detonet omnis,
sustinet et Lausum increpitat Lausoque minatur: 810
'quo moriture ruis maioraque uiribus audes?
fallit te incautum pietas tua.' nec minus ille
exsultat demens, saeuae iamque altius irae
Dardanio surgunt ductori, extremaque Lauso
Parcae fila legunt. ualidum namque exigit ensem   815
per medium Aeneas iuuenem totumque recondit;
transiit et parmam mucro, leuia arma minacis,
et tunicam molli mater quam neuerat auro,
impleuitque sinum sanguis; tum uita per auras
concessit maesta ad Manis corpusque reliquit.   820
   At uero ut uultum uidit morientis et ora,
ora modis Anchisiades pallentia miris,
ingemuit miserans grauiter dextramque tetendit,
et mentem patriae subiit pietatis imago.
'quid tibi nunc, miserande puer, pro laudibus istis,   825
quid pius Aeneas tanta dabit indole dignum?
arma, quibus laetatus, habe tua; teque parentum
manibus et cineri, si qua est ea cura, remitto.
hoc tamen infelix miseram solabere mortem:
Aeneae magni dextra cadis.' increpat ultro   830
cunctantis socios et terra subleuat ipsum
sanguine turpantem comptos de more capillos.
   Interea genitor Tiberini ad fluminis undam
uulnera siccabat lymphis corpusque leuabat
arboris acclinis trunco. procul aerea ramis   835

806–35 *MPR*   807 possit *M¹R¹dt, agnoscit
Tib.*   809 detonet *P¹Rabcrt*: detinet *MP²defhuv*   omnem
Bentley   812 fallet te *P*, fallite *R*   815 fila] lina *P*
817 transiit *MPabh*: transit *Rr*: transilit *ω*   819 sinus *M¹drt,
agnoscit Tib.*   823 grauiter miserans *Maeuv*   824 subiit]
strinxit (*A*. ix 294) *Mr*   834 leuabat *ω, Seru.*: lauabat *MPRae,
utrumque Tib.*   835 ramo *R, Seru. ad E.* vi 16

dependet galea et prato grauia arma quiescunt.
stant lecti circum iuuenes; ipse aeger anhelans
colla fouet fusus propexam in pectore barbam;
multa super Lauso rogitat, multumque remittit
qui reuocent maestique ferant mandata parentis.   840
at Lausum socii exanimem super arma ferebant
flentes, ingentem atque ingenti uulnere uictum.
agnouit longe gemitum praesaga mali mens.
canitiem multo deformat puluere et ambas
ad caelum tendit palmas et corpore inhaeret.   845
'tantane me tenuit uiuendi, nate, uoluptas,
ut pro me hostili paterer succedere dextrae,
quem genui? tuane haec genitor per uulnera seruor
morte tua uiuens? heu, nunc misero mihi demum
exitium infelix, nunc alte uulnus adactum!   850
idem ego, nate, tuum maculaui crimine nomen,
pulsus ob inuidiam solio sceptrisque paternis.
debueram patriae poenas odiisque meorum:
omnis per mortis animam sontem ipse dedissem!
nunc uiuo neque adhuc homines lucemque relinquo.   855
sed linquam.' simul hoc dicens attollit in aegrum
se femur et, quamquam uis alto uulnere tardat,
haud deiectus equum duci iubet. hoc decus illi,
hoc solamen erat, bellis hoc uictor abibat
omnibus. adloquitur maerentem et talibus infit: 860
'Rhaebe, diu, res si qua diu mortalibus ulla est,
uiximus. aut hodie uictor spolia illa cruenti
et caput Aeneae referes Lausique dolorum
ultor eris mecum, aut, aperit si nulla uiam uis,

836–64 *MPR*   838 pectore *MRω, Seru., Tib.*: pectora (*cf.*
Sil. Ital. xiii 310) *dt*: corpora *P*[1]: corpore *P*[2]*u*   839 rogitans
(*A.* i 750) *Paehv*   multosque *bu*   841 exanimem socii *aeruv*
844 multo] immundo (*A.* xii 611) *M*[2]   850 exilium *P*[1]*a, Seru.*
857 quamquam uis] quamuis *P*[2]*hv*   tardat *M*[1]*P*[1]*R*[2]*art*: tardet
M[2]*P*[2]*ω, Tib.*: tarda est *R*[1]   860 et talibus infit] ac talia fatur
(*A.* iii 485 *et saep.*) *Raeuv*   862 cruenti *P*[1], *agnoscit DSeru.*: -ta
ceteri   863 dolorem *PR*[1]

occumbes pariter; neque enim, fortissime, credo, 865
iussa aliena pati et dominos dignabere Teucros.'
dixit, et exceptus tergo consueta locauit
membra manusque ambas iaculis onerauit acutis,
aere caput fulgens cristaque hirsutus equina.
sic cursum in medios rapidus dedit. aestuat ingens 870
uno in corde pudor mixtoque insania luctu. 871
atque hic Aenean magna ter uoce uocauit. 873
Aeneas agnouit enim laetusque precatur:
'sic pater ille deum faciat, sic altus Apollo! 875
incipias conferre manum.'
tantum effatus et infesta subit obuius hasta.
ille autem: 'quid me erepto, saeuissime, nato
terres? haec uia sola fuit qua perdere posses:
nec mortem horremus nec diuum parcimus ulli. 880
desine, nam uenio moriturus et haec tibi porto
dona prius.' dixit, telumque intorsit in hostem;
inde aliud super atque aliud figitque uolatque
ingenti gyro, sed sustinet aureus umbo.
ter circum astantem laeuos equitauit in orbis 885
tela manu iaciens, ter secum Troius heros
immanem aerato circumfert tegmine siluam.
inde ubi tot traxisse moras, tot spicula taedet
uellere, et urgetur pugna congressus iniqua,
multa mouens animo iam tandem erumpit et inter 890
bellatoris equi caua tempora conicit hastam.
tollit se arrectum quadripes et calcibus auras
uerberat, effusumque equitem super ipse secutus
implicat eiectoque incumbit cernuus armo.
clamore incendunt caelum Troesque Latinique. 895
aduolat Aeneas uaginaque eripit ensem
et super haec: 'ubi nunc Mezentius acer et illa
effera uis animi?' contra Tyrrhenus, ut auras

865–98 *MPR*   872 (= *A*. xii 668) *add.* ω(*praeter abr*)
883 fugitque *M¹P¹ceh*   884 aureus (*u.* 271) *Rω*: aereus (*cf. u.*
887) *MP* 898 ut] et *M²P²R¹du*

suspiciens hausit caelum mentemque recepit:
'hostis amare, quid increpitas mortemque minaris?   900
nullum in caede nefas, nec sic ad proelia ueni,
nec tecum meus haec pepigit mihi foedera Lausus.
unum hoc per si qua est uictis uenia hostibus oro:
corpus humo patiare tegi. scio acerba meorum
circumstare odia: hunc, oro, defende furorem   905
et me consortem nati concede sepulcro.'
haec loquitur, iuguloque haud inscius accipit ensem
undantique animam diffundit in arma cruore.

   899–908 *MPR*   908 anima *P*[1], *Tib.*   defundit *PR*   cruorem
MP[1], *Tib.*

P. VERGILI MARONIS

AENEIDOS

LIBER XI

OCEANVM interea surgens Aurora reliquit:
Aeneas, quamquam et sociis dare tempus humandis
praecipitant curae turbataque funere mens est,
uota deum primo uictor soluebat Eoo.
ingentem quercum decisis undique ramis   5
constituit tumulo fulgentiaque induit arma,
Mezenti ducis exuuias, tibi magne tropaeum
bellipotens; aptat rorantis sanguine cristas
telaque trunca uiri, et bis sex thoraca petitum
perfossumque locis, clipeumque ex aere sinistrae   10
subligat atque ensem collo suspendit eburnum.
tum socios (namque omnis eum stipata tegebat
turba ducum) sic incipiens hortatur ouantis:
'maxima res effecta, uiri; timor omnis abesto,
quod superest; haec sunt spolia et de rege superbo   15
primitiae manibusque meis Mezentius hic est.
nunc iter ad regem nobis murosque Latinos.
arma parate, animis et spe praesumite bellum,
ne qua mora ignaros, ubi primum uellere signa
adnuerint superi pubemque educere castris,   20
impediat segnisue metu sententia tardet.
interea socios inhumataque corpora terrae
mandemus, qui solus honos Acheronte sub imo est.
ite,' ait 'egregias animas, quae sanguine nobis
hanc patriam peperere suo, decorate supremis   25
muneribus, maestamque Euandri primus ad urbem

1–26 MPR   21 segnisue M¹R: -que M²Pω(sig- Pcr)   23 est
Mω, Tib.: om. PR   24 qui Macrob. iv 4. 9 .

363

mittatur Pallas, quem non uirtutis egentem
abstulit atra dies et funere mersit acerbo.'
  Sic ait inlacrimans, recipitque ad limina gressum
corpus ubi exanimi positum Pallantis Acoetes   30
seruabat senior, qui Parrhasio Euandro
armiger ante fuit, sed non felicibus aeque
tum comes auspiciis caro datus ibat alumno.
circum omnis famulumque manus Troianaque turba
et maestum Iliades crinem de more solutae.   35
ut uero Aeneas foribus sese intulit altis
ingentem gemitum tunsis ad sidera tollunt
pectoribus, maestoque immugit regia luctu.
ipse caput niuei fultum Pallantis et ora
ut uidit leuique patens in pectore uulnus   40
cuspidis Ausoniae, lacrimis ita fatur obortis:
'tene,' inquit 'miserande puer, cum laeta ueniret,
inuidit Fortuna mihi, ne regna uideres
nostra neque ad sedes uictor ueherere paternas?
non haec Euandro de te promissa parenti   45
discedens dederam, cum me complexus euntem
mitteret in magnum imperium metuensque moneret
acris esse uiros, cum dura proelia gente.
et nunc ille quidem spe multum captus inani
fors et uota facit cumulatque altaria donis,   50
nos iuuenem exanimum et nil iam caelestibus ullis
debentem uano maesti comitamur honore.
infelix, nati funus crudele uidebis!
hi nostri reditus exspectatique triumphi?
haec mea magna fides? at non, Euandre, pudendis   55
uulneribus pulsum aspicies, nec sospite dirum
optabis nato funus pater. ei mihi quantum
praesidium, Ausonia, et quantum tu perdis, Iule!'
  Haec ubi defleuit, tolli miserabile corpus

27–59 MPR   30 exanimis Rceuv   41 abortis ceuv
42 ten Mar. Vict. 22. 9   51 exanimem Rceuv   54 exoptati-
que R   57 ei MPb: et R, Tib.: heu ω

imperat, et toto lectos ex agmine mittit   60
mille uiros qui supremum comitentur honorem
intersintque patris lacrimis, solacia luctus
exigua ingentis, misero sed debita patri.
haud segnes alii cratis et molle feretrum
arbuteis texunt uirgis et uimine querno   65
exstructosque toros obtentu frondis inumbrant.
hic iuuenem agresti sublimem stramine ponunt:
qualem uirgineo demessum pollice florem
seu mollis uiolae seu languentis hyacinthi,
cui neque fulgor adhuc nec dum sua forma recessit,   70
non iam mater alit tellus uirisque ministrat.
tum geminas uestis auroque ostroque rigentis
extulit Aeneas, quas illi laeta laborum
ipsa suis quondam manibus Sidonia Dido
fecerat et tenui telas discreuerat auro.   75
harum unam iuueni supremum maestus honorem
induit arsurasque comas obnubit amictu,
multaque praeterea Laurentis praemia pugnae
aggerat et longo praedam iubet ordine duci;
addit equos et tela quibus spoliauerat hostem.   80
uinxerat et post terga manus, quos mitteret umbris
inferias, caeso sparsurus sanguine flammas,
indutosque iubet truncos hostilibus armis
ipsos ferre duces inimicaque nomina figi.
ducitur infelix aeuo confectus Acoetes,   85
pectora nunc foedans pugnis, nunc unguibus ora,
sternitur et toto proiectus corpore terrae;
ducunt et Rutulo perfusos sanguine currus.
post bellator equus positis insignibus Aethon
it lacrimans guttisque umectat grandibus ora.   90
hastam alii galeamque ferunt, nam cetera Turnus
uictor habet. tum maesta phalanx Teucrique sequuntur

60–92 *MPR*   60 agmine *Mω, Seru.*: ordine (*cf. A.* vii 152) *PR*   82 sparsuros *ω(praeter r), agnoscit Tib.*   **flam-mam** *R*   84 fingi *R*

Tyrrhenique omnes et uersis Arcades armis.
postquam omnis longe comitum praecesserat ordo,
substitit Aeneas gemituque haec addidit alto: 95
'nos alias hinc ad lacrimas eadem horrida belli
fata uocant: salue aeternum mihi, maxime Palla,
aeternumque uale.' nec plura effatus ad altos
tendebat muros gressumque in castra ferebat.

   Iamque oratores aderant ex urbe Latina   100
uelati ramis oleae ueniamque rogantes:
corpora, per campos ferro quae fusa iacebant,
redderet ac tumulo sineret succedere terrae;
nullum cum uictis certamen et aethere cassis;
parceret hospitibus quondam socerisque uocatis.   105
quos bonus Aeneas haud aspernanda precantis
prosequitur uenia et uerbis haec insuper addit:
'quaenam uos tanto fortuna indigna, Latini,
implicuit bello, qui nos fugiatis amicos?
pacem me exanimis et Martis sorte peremptis   110
oratis? equidem et uiuis concedere uellem.
nec ueni, nisi fata locum sedemque dedissent,
nec bellum cum gente gero; rex nostra reliquit
hospitia et Turni potius se credidit armis.
aequius huic Turnum fuerat se opponere morti.   115
si bellum finire manu, si pellere Teucros
apparat, his mecum decuit concurrere telis:
uixet cui uitam deus aut sua dextra dedisset.
nunc ite et miseris supponite ciuibus ignem.'
dixerat Aeneas. illi obstipuere silentes   120
conuersique oculos inter se atque ora tenebant.

   Tum senior semperque odiis et crimine Drances
infensus iuueni Turno sic ore uicissim
orsa refert: 'o fama ingens, ingentior armis,

93–124 *MPR*   93 omnes *MPcfhrv*: duces (*u.* 171) *Rbdeu,
Seru.*   95 edidit *M²Reu*   101 rogantes *MPω*: precantes
Reu, Seru. ad A. x 31   104 aere *dfh*   110 pacem me]
pacemne *cdeuv*   113 relinquit *eu*   117 decuit mecum *cdfh*
118 sua] cui *P²*

uir Troiane, quibus caelo te laudibus aequem?   125
iustitiaene prius mirer belline laborum?
nos uero haec patriam grati referemus ad urbem
et te, si qua uiam dederit Fortuna, Latino
iungemus regi. quaerat sibi foedera Turnus.
quin et fatalis murorum attollere moles   130
saxaque subuectare umeris Troiana iuuabit.'
dixerat haec unoque omnes eadem ore fremebant.
bis senos pepigere dies, et pace sequestra
per siluas Teucri mixtique impune Latini
errauere iugis. ferro sonat alta bipenni   135
fraxinus, euertunt actas ad sidera pinus,
robora nec cuneis et olentem scindere cedrum
nec plaustris cessant uectare gementibus ornos.
   Et iam Fama uolans, tanti praenuntia luctus,
Euandrum Euandrique domos et moenia replet,   140
quae modo uictorem Latio Pallanta ferebat.
Arcades ad portas ruere et de more uetusto
funereas rapuere faces; lucet uia longo
ordine flammarum et late discriminat agros.
contra turba Phrygum ueniens plangentia iungit   145
agmina. quae postquam matres succedere tectis
uiderunt, maestam incendunt clamoribus urbem.
at non Euandrum potis est uis ulla tenere,
sed uenit in medios. feretro Pallante reposto
procubuit super atque haeret lacrimansque gemensque, 150
et uia uix tandem uoci laxata dolore est:
'non haec, o Palla, dederas promissa parenti,
cautius ut saeuo uelles te credere Marti.
haud ignarus eram quantum noua gloria in armis

125-54 *MPR*   126 iustitiaene *Pω*, '*inuenitur etiam*' *teste Prisc.* xvii 102: -iane *MR, Prisc. saepius, agnoscit DSeru.*: -iamne *r* laborem *P¹Rr*   131 subiectare *P¹*: subuectari *cd*   134 siluam *M* 140 conplet *M²*   142 at portis '*multa exemplaria*' *ap. DSeru.* 145 iungunt *Mbr*   149 Pallanta *M²*   150 procumbit *R* 151 uoci *M²*(uoces *M¹*)*P¹Rω*: uocis *P²*   152 petenti '*alii*' *ap. DSeru.*

et praedulce decus primo certamine posset.   155
primitiae iuuenis miserae bellique propinqui
dura rudimenta, et nulli exaudita deorum
uota precesque meae ! tuque, o sanctissima coniunx,
felix morte tua neque in hunc seruata dolorem!
contra ego uiuendo uici mea fata, superstes   160
restarem ut genitor. Troum socia arma secutum
obruerent Rutuli telis! animam ipse dedissem
atque haec pompa domum me, non Pallanta, referret !
nec uos arguerim, Teucri, nec foedera nec quas
iunximus hospitio dextras: sors ista senectae   165
debita erat nostrae. quod si immatura manebat
mors gnatum, caesis Volscorum milibus ante
ducentem in Latium Teucros cecidisse iuuabit.
quin ego non alio digner te funere, Palla,
quam pius Aeneas et quam magni Phryges et quam   170
Tyrrhenique duces, Tyrrhenum exercitus omnis.
magna tropaea ferunt quos dat tua dextera leto;
tu quoque nunc stares immanis truncus in aruis,
esset par aetas et idem si robur ab annis,
Turne. sed infelix Teucros quid demoror armis ?   175
uadite et haec memores regi mandata referte:
quod uitam moror inuisam Pallante perempto
dextera causa tua est, Turnum gnatoque patrique
quam debere uides. meritis uacat hic tibi solus
fortunaeque locus. non uitae gaudia quaero,   180
nec fas, sed gnato manis perferre sub imos.'
   Aurora interea miseris mortalibus almam
extulerat lucem referens opera atque labores:
iam pater Aeneas, iam curuo in litore Tarchon
constituere pyras. huc corpora quisque suorum   185
more tulere patrum, subiectisque ignibus atris

   155–86 MPR   164 arguerem Ru   168 iuuabit Pω, Seru.:
iuuaret Mb?r?, Tib.: iuuare R   169 dignem 'alii' ap. DSeru.
172 ferant Pbd   173 aruis Bentley: armis codd. (cf. A. vii 430)
176 audite P¹R   175 armis] ultra N. Heinsius

conditur in tenebras altum caligine caelum.
ter circum accensos cincti fulgentibus armis
decurrere rogos, ter maestum funeris ignem
lustrauere in equis ululatusque ore dedere.   190
spargitur et tellus lacrimis, sparguntur et arma,
it caelo clamorque uirum clangorque tubarum.
hic alii spolia occisis derepta Latinis
coniciunt igni, galeas ensisque decoros
frenaque feruentisque rotas; pars munera nota,   195
ipsorum clipeos et non felicia tela.
multa boum circa mactantur corpora Morti,
saetigerosque sues raptasque ex omnibus agris
in flammam iugulant pecudes. tum litore toto
ardentis spectant socios semustaque seruant   200
busta, neque auelli possunt, nox umida donec
inuertit caelum stellis ardentibus aptum.
    Nec minus et miseri diuersa in parte Latini
innumeras struxere pyras, et corpora partim
multa uirum terrae infodiunt, auectaque partim   205
finitimos tollunt in agros urbique remittunt.
cetera confusaeque ingentem caedis aceruum
nec numero nec honore cremant; tunc undique uasti
certatim crebris conlucent ignibus agri.
tertia lux gelidam caelo dimouerat umbram: 210
maerentes altum cinerem et confusa ruebant
ossa focis tepidoque onerabant aggere terrae.
iam uero in tectis, praediuitis urbe Latini,
praecipuus fragor et longi pars maxima luctus.
hic matres miseraeque nurus, hic cara sororum   215
pectora maerentum puerique parentibus orbi
dirum exsecrantur bellum Turnique hymenaeos;
ipsum armis ipsumque iubent decernere ferro,

187–218 MPR   202 ardentibus (A. iv 482, vi 797) MPω:
fulgentibus (cf. Macrob. vi 1. 9) Reu, propter ardentis (u. 200) non
male   207 caedis] stragis (A. vi 504, xi 384) Reu   208 nec
(2o)] neque P   214 longe ω, 'melius' iudice Seru.

qui regnum Italiae et primos sibi poscat honores.
ingrauat haec saeuus Drances solumque uocari   220
testatur, solum posci in certamina Turnum.
multa simul contra uariis sententia dictis
pro Turno, et magnum reginae nomen obumbrat,
multa uirum meritis sustentat fama tropaeis.

  Hos inter motus, medio in flagrante tumultu,   225
ecce super maesti magna Diomedis ab urbe
legati responsa ferunt: nihil omnibus actum
tantorum impensis operum, nil dona neque aurum
nec magnas ualuisse preces, alia arma Latinis
quaerenda, aut pacem Troiano ab rege petendum.   230
deficit ingenti luctu rex ipse Latinus:
fatalem Aenean manifesto numine ferri
admonet ira deum tumulique ante ora recentes.
ergo concilium magnum primosque suorum
imperio accitos alta intra limina cogit.   235
olli conuenere fluuntque ad regia plenis
tecta uiis. sedet in mediis et maximus aeuo
et primus sceptris haud laeta fronte Latinus.
atque hic legatos Aetola ex urbe remissos
quae referant fari iubet, et responsa reposcit   240
ordine cuncta suo. tum facta silentia linguis,
et Venulus dicto parens ita farier infit:

  'Vidimus, o ciues, Diomedem Argiuaque castra,
atque iter emensi casus superauimus omnis,
contigimusque manum qua concidit Ilia tellus.   245
ille urbem Argyripam patriae cognomine gentis
uictor Gargani condebat Iapygis agris.
postquam introgressi et coram data copia fandi,

219–48 *MPR*   220 haec] et *P*   221 certamine *Reuv*
224 uirum] simul (*u.* 222) *M*[1]   226 magni (*A*. viii 9) *agnoscit
Seru.*   228 nec *Rω*(*praeter cv*), *Tib.*   230 petendum *M*[2]*bhu,
Seru. hic et ad A.* x 628, *DSeru. ad G.* iv 484: petendam *M*[2]*PRω*
235 limina] moenia *Reu*   236 olli] ilico *df*   ruuntque *Mbr*
243 Diomedem *cdhu*: -den *MPRbe, Tib.*: -de *f, agnoscit Seru.* (*cf.
Macrob.* v 17. 19)   247 aruis (*A.* x 390) *dfhv, Seru., Tib.*
248 congressi *Reu, Tib.*

munera praeferimus, nomen patriamque docemus,
qui bellum intulerint, quae causa attraxerit Arpos.   250
auditis ille haec placido sic reddidit ore:
"o fortunatae gentes, Saturnia regna,
antiqui Ausonii, quae uos fortuna quietos
sollicitat suadetque ignota lacessere bella?
quicumque Iliacos ferro uiolauimus agros   255
(mitto ea quae muris bellando exhausta sub altis,
quos Simois premat ille uiros) infanda per orbem
supplicia et scelerum poenas expendimus omnes,
uel Priamo miseranda manus; scit triste Mineruae
sidus et Euboicae cautes ultorque Caphereus.   260
militia ex illa diuersum ad litus abacti
Atrides Protei Menelaus adusque columnas
exsulat, Aetnaeos uidit Cyclopas Vlixes.
regna Neoptolemi referam uersosque penatis
Idomenei? Libycone habitantis litore Locros?   265
ipse Mycenaeus magnorum ductor Achiuum
coniugis infandae prima inter limina dextra
oppetiit, deuictam Asiam subsedit adulter.
inuidisse deos, patriis ut redditus aris
coniugium optatum et pulchram Calydona uiderem?   270
nunc etiam horribili uisu portenta sequuntur
et socii amissi petierunt aethera pennis
fluminibusque uagantur aues (heu, dira meorum
supplicia!) et scopulos lacrimosis uocibus implent.
haec adeo ex illo mihi iam speranda fuerunt   275
tempore cum ferro caelestia corpora demens
appetii et Veneris uiolaui uulnere dextram.
ne uero, ne me ad talis impellite pugnas.

249–78 *MPR*   251 edidit (*A.* vii 194) *M*²   255 popu-
lauimus *Reu*   258 sceleris . . . omnis '*alii*' *ap. Seru.*
259 manus] damus *P*², *agnoscit Tib.*   267 inter *Pcrv, Macrob.*
iv 3. 12, *Tib.*: intra *MRω* (*cf. u.* 882), *Seru.*   268 deuicta Asia
defhuv, '*melius*' *iudice Seru.*   subsedit *M*¹*Pω, Seru.*: possedit *M*²*R*,
Macrob. iv 4. 22, *Tib.*   272 amissis *P*¹: admissis '*nonnulli*' *ap.*
Seru.   275 adeo] eadem *P*   ex illo *om. R*

nec mihi cum Teucris ullum post eruta bellum
Pergama nec ueterum memini laetorue malorum.   280
munera quae patriis ad me portatis ab oris
uertite ad Aenean. stetimus tela aspera contra
contulimusque manus: experto credite quantus
in clipeum adsurgat, quo turbine torqueat hastam.
si duo praeterea talis Idaea tulisset   285
terra uiros, ultro Inachias uenisset ad urbes
Dardanus, et uersis lugeret Graecia fatis.
quidquid apud durae cessatum est moenia Troiae,
Hectoris Aeneaeque manu uictoria Graium
haesit et in decimum uestigia rettulit annum.   290
ambo animis, ambo insignes praestantibus armis,
hic pietate prior. coeant in foedera dextrae,
qua datur; ast armis concurrant arma cauete."
et responsa simul quae sint, rex optime, regis
audisti et quae sit magno sententia bello.'   295

    Vix ea legati, uariusque per ora cucurrit
Ausonidum turbata fremor, ceu saxa morantur
cum rapidos amnis, fit clauso gurgite murmur
uicinaeque fremunt ripae crepitantibus undis.
ut primum placati animi et trepida ora quierunt,   300
praefatus diuos solio rex infit ab alto:
    'Ante equidem summa de re statuisse, Latini,
et uellem et fuerat melius, non tempore tali
cogere concilium, cum muros adsidet hostis.
bellum importunum, ciues, cum gente deorum   305
inuictisque uiris gerimus, quos nulla fatigant
proelia nec uicti possunt absistere ferro.
spem si quam ascitis Aetolum habuistis in armis,
ponite. spes sibi quisque; sed haec quam angusta uidetis.
cetera qua rerum iaceant perculsa ruina,   310
ante oculos interque manus sunt omnia uestras.

279–311 *MPR*   279 diruta *R*   bellum *MP*γ: bellum est *R*ω
281 portastis ω(*praeter rv*), *Seru.*   288 certatum *M*²   304 obsidet *Mbrv*

nec quemquam incuso: potuit quae plurima uirtus
esse, fuit; toto certatum est corpore regni.
nunc adeo quae sit dubiae sententia menti,
expediam et paucis (animos adhibete) docebo.   315
est antiquus ager Tusco mihi proximus amni,
longus in occasum, finis super usque Sicanos;
Aurunci Rutulique serunt, et uomere duros
exercent collis atque horum asperrima pascunt.
haec omnis regio et celsi plaga pinea montis   320
cedat amicitiae Teucrorum, et foederis aequas
dicamus leges sociosque in regna uocemus:
considant, si tantus amor, et moenia condant.
sin alios finis aliamque capessere gentem
est animus possuntque solo decedere nostro,   325
bis denas Italo texamus robore nauis;
seu pluris complere ualent, iacet omnis ad undam
materies: ipsi numerumque modumque carinis
praecipiant, nos aera, manus, naualia demus.
praeterea, qui dicta ferant et foedera firment   330
centum oratores prima de gente Latinos
ire placet pacisque manu praetendere ramos,
munera portantis aurique eborisque talenta
et sellam regni trabeamque insignia nostri.
consulite in medium et rebus succurrite fessis.'   335
   Tum Drances idem infensus, quem gloria Turni
obliqua inuidia stimulisque agitabat amaris,
largus opum et lingua melior, sed frigida bello
dextera, consiliis habitus non futtilis auctor,
seditione potens (genus huic materna superbum   340
nobilitas dabat, incertum de patre ferebat),
surgit et his onerat dictis atque aggerat iras:
'rem nulli obscuram nostrae nec uocis egentem
consulis, o bone rex: cuncti se scire fatentur

312-44 *MPR*   315 et *del.* P²   324 aliamque *MRdfhr*:
-ue *Pω, Tib.*   335 fessis] uestris *P*   338 linguae P¹, *DSeru.*
(*collato A.* i 441 umbrae)   341 ferebat *MP²ω*: ferebant *P¹Rc*

quid fortuna ferat populi, sed dicere mussant.   345
det libertatem fandi flatusque remittat,
cuius ob auspicium infaustum moresque sinistros
(dicam equidem, licet arma mihi mortemque minetur)
lumina tot cecidisse ducum totamque uidemus
consedisse urbem luctu, dum Troia temptat   350
castra fugae fidens et caelum territat armis.
unum etiam donis istis, quae plurima mitti
Dardanidis dicique iubes, unum, optime regum,
adicias, nec te ullius uiolentia uincat
quin natam egregio genero dignisque hymenaeis   355
des pater, et pacem hanc aeterno foedere iungas.
quod si tantus habet mentes et pectora terror,
ipsum obtestemur ueniamque oremus ab ipso:
cedat, ius proprium regi patriaeque remittat.
quid miseros totiens in aperta pericula ciuis   360
proicis, o Latio caput horum et causa malorum?
nulla salus bello, pacem te poscimus omnes,
Turne, simul pacis solum inuiolabile pignus.
primus ego, inuisum quem tu tibi fingis (et esse
nil moror), en supplex uenio. miserere tuorum,   365
pone animos et pulsus abi. sat funera fusi
uidimus ingentis et desolauimus agros.
aut, si fama mouet, si tantum pectore robur
concipis et si adeo dotalis regia cordi est,
aude atque aduersum fidens fer pectus in hostem.   370
scilicet ut Turno contingat regia coniunx,
nos animae uiles, inhumata infletaque turba,
sternamur campis. etiam tu, si qua tibi uis,
si patrii quid Martis habes, illum aspice contra
qui uocat.'   375
   Talibus exarsit dictis uiolentia Turni.

   345–76 *MPR*   345 ferat *M²PRbr*, *Tib.*: petat *M¹ω*
356 iungas (*A*. viii 56 *al.*) *M¹Pω*: firmes (*u.* 330) *M²Rr*   366 funere
P   fusi *M²Rω*, *Seru.*: fusis *M¹*: fuso *P*   367 designauimus
Pbʔ   369 et] aut *M*   373 sternemur *cefhuv*, *Tib.*

dat gemitum rumpitque has imo pectore uoces:
'larga quidem semper, Drance, tibi copia fandi
tum cum bella manus poscunt, patribusque uocatis
primus ades. sed non replenda est curia uerbis,⁣ 380
quae tuto tibi magna uolant, dum distinet hostem
agger murorum nec inundant sanguine fossae.
proinde tona eloquio (solitum tibi) meque timoris
argue tu, Drance, quando tot stragis aceruos
Teucrorum tua dextra dedit, passimque tropaeis⁣ 385
insignis agros. possit quid uiuida uirtus
experiare licet, nec longe scilicet hostes
quaerendi nobis; circumstant undique muros.
imus in aduersos—quid cessas? an tibi Mauors
uentosa in lingua pedibusque fugacibus istis⁣ 390
semper erit?
pulsus ego? aut quisquam merito, foedissime, pulsum
arguet, Iliaco tumidum qui crescere Thybrim
sanguine et Euandri totam cum stirpe uidebit
procubuisse domum atque exutos Arcadas armis?⁣ 395
haud ita me experti Bitias et Pandarus ingens
et quos mille die uictor sub Tartara misi,
inclusus muris hostilique aggere saeptus.
nulla salus bello? capiti cane talia, demens,
Dardanio rebusque tuis. proinde omnia magno⁣ 400
ne cessa turbare metu atque extollere uiris
gentis bis uictae, contra premere arma Latini.
nunc et Myrmidonum proceres Phrygia arma tremescunt,
nunc et Tydides et Larisaeus Achilles,
amnis et Hadriacas retro fugit Aufidus undas.⁣ 405
uel cum se pauidum contra mea iurgia fingit,
artificis scelus, et formidine crimen acerbat.
numquam animam talem dextra hac (absiste moueri)

377–408 *MPR*⁣ ⁣ ⁣ 378 Drance semper *M*⁣ ⁣ ⁣ 381 distinet *Pω*,
Seru.: detinet *M*: destinat *R*⁣ ⁣ ⁣ 382 agger *r*, *Prisc.* viii 26:
aggere *MPRω* (*cf. A.* x 144)⁣ ⁣ ⁣ nec] et *P*⁣ ⁣ ⁣ fossas (*A.* x 24) *Prisc.*,
'*inuenitur tamen in quibusdam codd.*' fossae⁣ ⁣ ⁣ 391 nequiquam
armis terrebimus hostem *add. M¹, del. M²*⁣ ⁣ ⁣ 393 arguit *M¹*

amittes: habitet tecum et sit pectore in isto.
nunc ad te et tua magna, pater, consulta reuertor.   410
si nullam nostris ultra spem ponis in armis,
si tam deserti sumus et semel agmine uerso
funditus occidimus neque habet Fortuna regressum,
oremus pacem et dextras tendamus inertis.
quamquam o si solitae quicquam uirtutis adesset!   415
ille mihi ante alios fortunatusque laborum
egregiusque animi, qui, ne quid tale uideret,
procubuit moriens et humum semel ore momordit.
sin et opes nobis et adhuc intacta iuuentus
auxilioque urbes Italae populique supersunt,   420
sin et Troianis cum multo gloria uenit
sanguine (sunt illis sua funera, parque per omnis
tempestas), cur indecores in limine primo
deficimus? cur ante tubam tremor occupat artus?
multa dies uariique labor mutabilis aeui   425
rettulit in melius, multos alterna reuisens
lusit et in solido rursus Fortuna locauit.
non erit auxilio nobis Aetolus et Arpi:
at Messapus erit felixque Tolumnius et quos
tot populi misere duces, nec parua sequetur   430
gloria delectos Latio et Laurentibus agris.
est et Volscorum egregia de gente Camilla
agmen agens equitum et florentis aere cateruas.
quod si me solum Teucri in certamina poscunt
idque placet tantumque bonis communibus obsto,   435
non adeo has exosa manus Victoria fugit
ut tanta quicquam pro spe temptare recusem.
ibo animis contra, uel magnum praestet Achillem
factaque Volcani manibus paria induat arma

409–39 MPR   410 magna PRch: magne Mω, Tib.
412 semel] simul P   418 semel M²ω, Seru., Tib.: semul P:
simul M¹R   422 suntque Rb   illis] 'legitur et illi'
Seru.   425 uariusque M²P²ceruv, Macrob. vi 2. 16, Non. 380. 40
426 multosque M²   430 parua] tarda (G. ii 52) Seru.
431 deiectos bfhuv   439 induit (A. ix 180, xi 6) P

ille licet. uobis animam hanc soceroque Latino   440
Turnus ego, haud ulli ueterum uirtute secundus,
deuoui. solum Aeneas uocat? et uocet oro;
nec Drances potius, siue est haec ira deorum,
morte luat, siue est uirtus et gloria, tollat.'
  Illi haec inter se dubiis de rebus agebant   445
certantes: castra Aeneas aciemque mouebat.
nuntius ingenti per regia tecta tumultu
ecce ruit magnisque urbem terroribus implet:
instructos acie Tiberino a flumine Teucros
Tyrrhenamque manum totis descendere campis.   450
extemplo turbati animi concussaque uulgi
pectora et arrectae stimulis haud mollibus irae.
arma manu trepidi poscunt, fremit arma iuuentus,
flent maesti mussantque patres. hic undique clamor
dissensu uario magnus se tollit in auras,   455
haud secus atque alto in luco cum forte cateruae
consedere auium, piscosoue amne Padusae
dant sonitum rauci per stagna loquacia cycni.
'immo,' ait 'o ciues,' arrepto tempore Turnus,
'cogite concilium et pacem laudate sedentes;   460
illi armis in regna ruunt.' nec plura locutus
corripuit sese et tectis citus extulit altis.
'tu, Voluse, armari Volscorum edice maniplis,
duc' ait 'et Rutulos. equitem Messapus in armis,
et cum fratre Coras latis diffundite campis.   465
pars aditus urbis firment turrisque capessant;
cetera, qua iusso, mecum manus inferat arma.'
  Ilicet in muros tota discurritur urbe.
concilium ipse pater et magna incepta Latinus
deserit ac tristi turbatus tempore differt,   470

440–70 *MPR*   451 animo *Reu*   455 in] ad *M*
461 ruant *e recc.* N. *Heinsius*   463 maniplos *P*   464 equitem
(*ut A.* x 239, xi 517) *MP¹buh, Asper* 534. 21, *Seru.*: equites *P²Rω,*
Cledon. 44. 15   466 firment *M¹Rω*: firmet *M²P*   capessant
Rω: capessat *MP*   469 consilium pater ipse *M¹*

multaque se incusat qui non acceperit ultro
Dardanium Aenean generumque asciuerit urbi.
praefodiunt alii portas aut saxa sudesque
subuectant. bello dat signum rauca cruentum
bucina. tum muros uaria cinxere corona   475
matronae puerique, uocat labor ultimus omnis.
nec non ad templum summasque ad Palladis arces
subuehitur magna matrum regina caterua
dona ferens, iuxtaque comes Lauinia uirgo,
causa mali tanti, oculos deiecta decoros.   480
succedunt matres et templum ture uaporant
et maestas alto fundunt de limine uoces:
'armipotens, praeses belli, Tritonia uirgo,
frange manu telum Phrygii praedonis, et ipsum
pronum sterne solo portisque effunde sub altis.'   485
cingitur ipse furens certatim in proelia Turnus.
iamque adeo rutilum thoraca indutus aënis
horrebat squamis surasque incluserat auro,
tempora nudus adhuc, laterique accinxerat ensem,
fulgebatque alta decurrens aureus arce   490
exsultatque animis et spe iam praecipit hostem:
qualis ubi abruptis fugit praesepia uinclis
tandem liber equus, campoque potitus aperto
aut ille in pastus armentaque tendit equarum
aut adsuetus aquae perfundi flumine noto   495
emicat, arrectisque fremit ceruicibus alte
luxurians luduntque iubae per colla, per armos.
   Obuia cui Volscorum acie comitante Camilla
occurrit portisque ab equo regina sub ipsis
desiluit, quam tota cohors imitata relictis   500
ad terram defluxit equis; tum talia fatur:
'Turne, sui merito si qua est fiducia forti,

471–502 *MPR*   471 qui] quod *P²*   ultro] *fortasse*
ante (*A.* xii 612)   472 urbi] *fort.* ultro (xii 613)   480 mali
tanti (*A.* vi 93) *M²Pfr, Seru.* (mali tantis *M¹b*): malis tantis *Rω,
agnoscit Tib.*   483 praeses *M¹P¹Rdr*: praesens *M²P²ω, Macrob.*
v 3. 10, *agnoscit DSeru.*   487 rutilum *Rbr*: Rutulum *MPω, Tib.*

audeo et Aeneadum promitto occurrere turmae
solaque Tyrrhenos equites ire obuia contra.
me sine prima manu temptare pericula belli,   505
tu pedes ad muros subsiste et moenia serua.'
Turnus ad haec oculos horrenda in uirgine fixus:
'o decus Italiae uirgo, quas dicere grates
quasue referre parem? sed nunc, est omnia quando
iste animus supra, mecum partire laborem.   510
Aeneas, ut fama fidem missique reportant
exploratores, equitum leuia improbus arma
praemisit, quaterent campos; ipse ardua montis
per deserta iugo superans aduentat ad urbem.
furta paro belli conuexo in tramite siluae,   515
ut biuias armato obsidam milite fauces.
tu Tyrrhenum equitem conlatis excipe signis;
tecum acer Messapus erit turmaeque Latinae
Tiburtique manus, ducis et tu concipe curam.'
sic ait, et paribus Messapum in proelia dictis   520
hortatur sociosque duces et pergit in hostem.

   Est curuo anfractu ualles, accommoda fraudi
armorumque dolis, quam densis frondibus atrum
urget utrimque latus, tenuis quo semita ducit
angustaeque ferunt fauces aditusque maligni.   525
hanc super in speculis summoque in uertice montis
planities ignota iacet tutique receptus,
seu dextra laeuaque uelis occurrere pugnae
siue instare iugis et grandia uoluere saxa.
huc iuuenis nota fertur regione uiarum   530
arripuitque locum et siluis insedit iniquis.

   Velocem interea superis in sedibus Opim,
unam ex uirginibus sociis sacraque caterua,

503–33 *MPR*   503 turmis *R*   507 fixis *M¹c*
510 superat *M¹*   519 Tiburnique *M¹P¹bfdhr, Seru.* (*cf. A.* vii
671)   524 quo *et* qua *Seru.*   526 in (*r⁰*)] e (*A.* iv 586 *al.*)
Pf: om. R   *uersum ante u.* 525 *ceu*   527 receptus *M¹Pω*:
recessus *M²R*, '*male quidam*' *ap. Seru.*   533 sacris sociaque *Rε*

compellabat et has tristis Latonia uoces
ore dabat: 'graditur bellum ad crudele Camilla, 535
o uirgo, et nostris nequiquam cingitur armis,
cara mihi ante alias. neque enim nouus iste Dianae
uenit amor subitaque animum dulcedine mouit.
pulsus ob inuidiam regno uirisque superbas
Priuerno antiqua Metabus cum excederet urbe, 540
infantem fugiens media inter proelia belli
sustulit exsilio comitem, matrisque uocauit
nomine Casmillae mutata parte Camillam.
ipse sinu prae se portans iuga longa petebat
solorum nemorum: tela undique saeua premebant 545
et circumfuso uolitabant milite Volsci.
ecce fugae medio summis Amasenus abundans
spumabat ripis, tantus se nubibus imber
ruperat. ille innare parans infantis amore
tardatur caroque oneri timet. omnia secum 550
uersanti subito uix haec sententia sedit:
telum immane manu ualida quod forte gerebat
bellator, solidum nodis et robore cocto,
huic natam libro et siluestri subere clausam
implicat atque habilem mediae circumligat hastae; 555
quam dextra ingenti librans ita ad aethera fatur:
"alma, tibi hanc, nemorum cultrix, Latonia uirgo,
ipse pater famulam uoueo; tua prima per auras
tela tenens supplex hostem fugit. accipe, testor,
diua tuam, quae nunc dubiis committitur auris." 560
dixit, et adducto contortum hastile lacerto
immittit: sonuere undae, rapidum super amnem
infelix fugit in iaculo stridente Camilla.
at Metabus magna propius iam urgente caterua
dat sese fluuio, atque hastam cum uirgine uictor 565
gramineo, donum Triuiae, de caespite uellit.
non illum tectis ullae, non moenibus urbes

accepere (neque ipse manus feritate dedisset),
pastorum et solis exegit montibus aeuum.
hic natam in dumis interque horrentia lustra   570
armentalis equae mammis et lacte ferino
nutribat teneris immulgens ubera labris.
utque pedum primis infans uestigia plantis
institerat, iaculo palmas armauit acuto
spiculaque ex umero paruae suspendit et arcum.   575
pro crinali auro, pro longae tegmine pallae
tigridis exuuiae per dorsum a uertice pendent.
tela manu iam tum tenera puerilia torsit
et fundam tereti circum caput egit habena
Strymoniamque gruem aut album deiecit olorem.   580
multae illam frustra Tyrrhena per oppida matres
optauere nurum; sola contenta Diana
aeternum telorum et uirginitatis amorem
intemerata colit. uellem haud correpta fuisset
militia tali conata lacessere Teucros: 585
cara mihi comitumque foret nunc una mearum.
uerum age, quandoquidem fatis urgetur acerbis,
labere, nympha, polo finisque inuise Latinos,
tristis ubi infausto committitur omine pugna.
haec cape et ultricem pharetra deprome sagittam: 590
hac, quicumque sacrum uiolarit uulnere corpus,
Tros Italusque, mihi pariter det sanguine poenas.
post ego nube caua miserandae corpus et arma
inspoliata feram tumulo patriaeque reponam.'
dixit, at illa leuis caeli delapsa per auras   595
insonuit nigro circumdata turbine corpus.
   At manus interea muris Troiana propinquat,
Etruscique duces equitumque exercitus omnis
compositi numero in turmas. fremit aequore toto

568–99 *MPR*   574 armauit] onerauit (*A*. x 868) *b*, *Seru.*
592 Italusue (*cf. A*. i 574, x 108) *bcfhr, Seru.*; *u. om. v*   595 delapsa *Mfr*: demissa (*A*. x 73, xii 635) *PRω, Tib.*: dimissa *bd*
598 Etrurique *P¹dr*, '*quidam*' *ap. DSeru.* (-iique *f*)

insultans sonipes et pressis pugnat habenis   600
huc conuersus et huc; tum late ferreus hastis
horret ager campique armis sublimibus ardent.
nec non Messapus contra celeresque Latini
et cum fratre Coras et uirginis ala Camillae
aduersi campo apparent, hastasque reductis   605
protendunt longe dextris et spicula uibrant,
aduentusque uirum fremitusque ardescit equorum.
iamque intra iactum teli progressus uterque
substiterat: subito erumpunt clamore furentisque
exhortantur equos, fundunt simul undique tela   610
crebra niuis ritu, caelumque obtexitur umbra.
continuo aduersis Tyrrhenus et acer Aconteus
conixi incurrunt hastis primique ruinam
dant sonitu ingenti perfractaque quadripedantum
pectora pectoribus rumpunt; excussus Aconteus   615
fulminis in morem aut tormento ponderis acti
praecipitat longe et uitam dispergit in auras.

  Extemplo turbatae acies, uersique Latini
reiciunt parmas et equos ad moenia uertunt;
Troes agunt, princeps turmas inducit Asilas.   620
iamque propinquabant portis rursusque Latini
clamorem tollunt et mollia colla reflectunt;
hi fugiunt penitusque datis referuntur habenis.
qualis ubi alterno procurrens gurgite pontus
nunc ruit ad terram scopulosque superiacit unda   625
spumeus extremamque sinu perfundit harenam,
nunc rapidus retro atque aestu reuoluta resorbens
saxa fugit litusque uado labente relinquit:

600-28 *MPR*   601 conuersus *MP*: obuersus *Rω, Tib.*
602 armis] hastis *P*   605 reductas *M*¹   606 prae-
tendunt *M*¹   609 substiterat *PM*²ω(-rant *bdr*): -uerant
R: constiterant *M*¹   612 aduersis *P*¹ω: aduersi *MP*²*R*
613 ruina *P*²   614 sonitu *Rω*: sonitum *MPu*   ingenti *MRω*:
ingentem *P*   616 actus *P*²   624 procurrens *MP*²*b*: procum-
bens (G. iii 240) *P*¹*Rω*   625 terras *M*   suberigit (*cf. Sil. Ital.*
xv 155) *R*   unda *MPRbfhr*: undam *ω, Seru.*

bis Tusci Rutulos egere ad moenia uersos,
bis reiecti armis respectant terga tegentes.   630
tertia sed postquam congressi in proelia totas
implicuere inter se acies legitque uirum uir,
tum uero et gemitus morientum et sanguine in alto
armaque corporaque et permixti caede uirorum
semianimes uoluuntur equi, pugna aspera surgit.   635
Orsilochus Remuli, quando ipsum horrebat adire,
hastam intorsit equo ferrumque sub aure reliquit;
quo sonipes ictu furit arduus altaque iactat
uulneris impatiens arrecto pectore crura,
uoluitur ille excussus humi. Catillus Iollan   640
ingentemque animis, ingentem corpore et armis
deicit Herminium, nudo cui uertice fulua
caesaries nudique umeri nec uulnera terrent;
tantus in arma patet. latos huic hasta per armos
acta tremit duplicatque uirum transfixa dolore.   645
funditur ater ubique cruor; dant funera ferro
certantes pulchramque petunt per uulnera mortem.

  At medias inter caedes exsultat Amazon
unum exserta latus pugnae, pharetrata Camilla,
et nunc lenta manu spargens hastilia denset,   650
nunc ualidam dextra rapit indefessa bipennem;
aureus ex umero sonat arcus et arma Dianae.
illa etiam, si quando in tergum pulsa recessit,
spicula conuerso fugientia derigit arcu.
at circum lectae comites, Larinaque uirgo   655
Tullaque et aeratam quatiens Tarpeia securim,
Italides, quas ipsa decus sibi dia Camilla
delegit pacisque bonas bellique ministras:

629–44 *MPR*; 645–58 *MγR*   637 relinquit *aeruv*   638 ferit *M¹R*
644 tantum *R*   645 premit *γb*   650 denset *M²bd, DSeru.*:
densat *M¹γRω, Tib.*   652 umeris *Re, Tib.*   653 in tergum
si quando *b, Tib.*   654 fulgentia *Re*   derigit *MγR*(degerit *b*,
adegerit *d*): dirigit *ω*   655 at] et *γb*   656 securem *γ, Prisc.*
vii 53   657 dia *M²γdv, Gramm., Seru.*: diua *M¹ω*: dura *Rc?*
658 bonas *Mγr*: bonae *Rω, Seru.*

quales Threiciae cum flumina Thermodontis
pulsant et pictis bellantur Amazones armis,   660
seu circum Hippolyten seu cum se Martia curru
Penthesilea refert, magnoque ululante tumultu
feminea exsultant lunatis agmina peltis.

Quem telo primum, quem postremum, aspera uirgo,
deicis? aut quot humi morientia corpora fundis?   665
Eunaeum Clytio primum patre, cuius apertum
aduersi longa transuerberat abiete pectus.
sanguinis ille uomens riuos cadit atque cruentam
mandit humum moriensque suo se in uulnere uersat.
tum Lirim Pagasumque super, quorum alter habenas   670
suffuso reuolutus equo dum colligit, alter
dum subit ac dextram labenti tendit inermem,
praecipites pariterque ruunt. his addit Amastrum
Hippotaden, sequiturque incumbens eminus hasta
Tereaque Harpalycumque et Demophoonta Chromimque;
quotque emissa manu contorsit spicula uirgo,   676
tot Phrygii cecidere uiri. procul Ornytus armis
ignotis et equo uenator Iapyge fertur,
cui pellis latos umeros erepta iuuenco
pugnatori operit, caput ingens oris hiatus   680
et malae texere lupi cum dentibus albis,
agrestisque manus armat sparus; ipse cateruis
uertitur in mediis et toto uertice supra est.
hunc illa exceptum (neque enim labor agmine uerso)
traicit et super haec inimico pectore fatur: 685
'siluis te, Tyrrhene, feras agitare putasti?
aduenit qui uestra dies muliebribus armis
uerba redargueret. nomen tamen haud leue patrum
manibus hoc referes, telo cecidisse Camillae.'

Protinus Orsilochum et Buten, duo maxima Teucrum   690

659–90 MγR   659 Thermodontis Mbf, Seru.: -doontis γRω
671 suffuso M²γRω, Seru., Tib.: suffosso M¹br, 'alii' ap. Seru.
672 inermem MRr: inertem γω   674 sequitur quem ceuv
688 redarguerit Prisc. x 10

384

corpora, sed Buten auersum cuspide fixit
loricam galeamque inter, qua colla sedentis
lucent et laeuo dependet parma lacerto;
Orsilochum fugiens magnumque agitata per orbem
eludit gyro interior sequiturque sequentem;   695
tum ualidam perque arma uiro perque ossa securim
altior exsurgens oranti et multa precanti
congeminat; uulnus calido rigat ora cerebro.
incidit huic subitoque aspectu territus haesit
Appenninicolae bellator filius Auni,   700
haud Ligurum extremus, dum fallere fata sinebant.
isque ubi se nullo iam cursu euadere pugnae
posse neque instantem reginam auertere cernit,
consilio uersare dolos ingressus et astu
incipit haec: 'quid tam egregium, si femina forti   705
fidis equo? dimitte fugam et te comminus aequo
mecum crede solo pugnaeque accinge pedestri:
iam nosces uentosa ferat cui gloria fraudem.'
dixit, at illa furens acrique accensa dolore
tradit equum comiti paribusque resistit in armis   710
ense pedes nudo puraque interrita parma.
at iuuenis uicisse dolo ratus auolat ipse
(haud mora), conuersisque fugax aufertur habenis
quadripedemque citum ferrata calce fatigat.
'uane Ligus frustraque animis elate superbis,   715
nequiquam patrias temptasti lubricus artis,
nec fraus te incolumem fallaci perferet Auno.'
haec fatur uirgo, et pernicibus ignea plantis
transit equum cursu frenisque aduersa prehensis
congreditur poenasque inimico ex sanguine sumit: 720
quam facile accipiter saxo sacer ales ab alto
consequitur pennis sublimem in nube columbam
comprensamque tenet pedibusque euiscerat uncis;

691–723 *MPR*   691 aduersum ω(*praeter fr*)   707 pugnaque *bd*   708 fraudem M^1P^1R, '*uera et antiqua lectio*' *iudice Seru.*:
laudem M^2P^2ω, *Tib.*   720 ex (*A.* xii 949)] a ω(*praeter bfr*)

tum cruor et uulsae labuntur ab aethere plumae.
At non haec nullis hominum sator atque deorum   725
obseruans oculis summo sedet altus Olympo.
Tyrrhenum genitor Tarchonem in proelia saeua
suscitat et stimulis haud mollibus inicit iras.
ergo inter caedes cedentiaque agmina Tarchon
fertur equo uariisque instigat uocibus alas   730
nomine quemque uocans, reficitque in proelia pulsos.
'quis metus, o numquam dolituri, o semper inertes
Tyrrheni, quae tanta animis ignauia uenit?
femina palantis agit atque haec agmina uertit!
quo ferrum quidue haec gerimus tela inrita dextris?   735
at non in Venerem segnes nocturnaque bella,
aut ubi curua choros indixit tibia Bacchi.
exspectate dapes et plenae pocula mensae
(hic amor, hoc studium) dum sacra secundus haruspex
nuntiet ac lucos uocet hostia pinguis in altos!'   740
haec effatus equum in medios moriturus et ipse
concitat, et Venulo aduersum se turbidus infert
dereptumque ab equo dextra complectitur hostem
et gremium ante suum multa ui concitus aufert.
tollitur in caelum clamor cunctique Latini   745
conuertere oculos. uolat igneus aequore Tarchon
arma uirumque ferens; tum summa ipsius ab hasta
defringit ferrum et partis rimatur apertas,
qua uulnus letale ferat; contra ille repugnans
sustinet a iugulo dextram et uim uiribus exit.   750
utque uolans alte raptum cum fulua draconem
fert aquila implicuitque pedes atque unguibus haesit,
saucius at serpens sinuosa uolumina uersat
arrectisque horret squamis et sibilat ore
arduus insurgens, illa haud minus urget obunco   755

724–36 MPR; 737–55 MγR   728 inicit Rω: incitat (cf. A. x
263) MPbfr: incutit N. Heinsius   735 geritis cehruv, Tib.
738 mensae] dextrae γ   741 et ipse] in hostis (A. ix 554) γ
742 infert Mω: offert γR, Tib.   755 obunco Myf(-cto c): adunco
Rruv: abunco bdeh (cf. A. vi 597)

luctantem rostro, simul aethera uerberat alis:
haud aliter praedam Tiburtum ex agmine Tarchon
portat ouans. ducis exemplum euentumque secuti
Maeonidae incurrunt. tum fatis debitus Arruns
uelocem iaculo et multa prior arte Camillam   760
circuit, et quae sit fortuna facillima temptat.
qua se cumque furens medio tulit agmine uirgo,
hac Arruns subit et tacitus uestigia lustrat;
qua uictrix redit illa pedemque ex hoste reportat,
hac iuuenis furtim celeris detorquet habenas.   765
hos aditus iamque hos aditus omnemque pererrat
undique circuitum et certam quatit improbus hastam.
　　Forte sacer Cybelo Chloreus olimque sacerdos
insignis longe Phrygiis fulgebat in armis
spumantemque agitabat equum, quem pellis aënis   770
in plumam squamis auro conserta tegebat.
ipse peregrina ferrugine clarus et ostro
spicula torquebat Lycio Gortynia cornu;
aureus ex umeris erat arcus et aurea uati
cassida; tum croceam chlamydemque sinusque crepantis
carbaseos fuluo in nodum collegerat auro   776
pictus acu tunicas et barbara tegmina crurum.
hunc uirgo, siue ut templis praefigeret arma
Troia, captiuo siue ut se ferret in auro
uenatrix, unum ex omni certamine pugnae   780
caeca sequebatur totumque incauta per agmen
femineo praedae et spoliorum ardebat amore,
telum ex insidiis cum tandem tempore capto
concitat et superos Arruns sic uoce precatur:
'summe deum, sancti custos Soractis Apollo,   785
quem primi colimus, cui pineus ardor aceruo

756 *MγR*; 757–82 *Mγa*; 783–6 *MPa*　　　　　759 fatis tum
aev, f. tantum *u*　　　　766 iamque] atque *γ*　　　　768 Cybelo
Maω, Seru., Tib.: Cybele *γ*: Cybelae *Macrob.* v i. 12 (*cf. A.* iii 111)
774 umero (*u.* 652) *γ*　　erat] sonat *γcdfh*　　　781 incensa (*A.* iv 300)
dh　　　784 conicit (*A.* ix 411, x 646) *cdfh*　　　786 primis *P¹*

pascitur, et medium freti pietate per ignem
cultores multa premimus uestigia pruna,
da, pater, hoc nostris aboleri dedecus armis,
omnipotens. non exuuias pulsaeue tropaeum   790
uirginis aut spolia ulla peto, mihi cetera laudem
facta ferent; haec dira meo dum uulnere pestis
pulsa cadat, patrias remeabo inglorius urbes.'
    Audiit et uoti Phoebus succedere partem
mente dedit, partem uolucris dispersit in auras: 795
sterneret ut subita turbatam morte Camillam
adnuit oranti; reducem ut patria alta uideret
non dedit, inque Notos uocem uertere procellae.
ergo ut missa manu sonitum dedit hasta per auras,
conuertere animos acris oculosque tulere   800
cuncti ad reginam Volsci. nihil ipsa nec aurae
nec sonitus memor aut uenientis ab aethere teli,
hasta sub exsertam donec perlata papillam
haesit uirgineumque alte bibit acta cruorem.
concurrunt trepidae comites dominamque ruentem   805
suscipiunt. fugit ante omnis exterritus Arruns
laetitia mixtoque metu, nec iam amplius hastae
credere nec telis occurrere uirginis audet.
ac uelut ille, prius quam tela inimica sequantur,
continuo in montis sese auius abdidit altos   810
occiso pastore lupus magnoue iuuenco,
conscius audacis facti, caudamque remulcens
subiecit pauitantem utero siluasque petiuit:
haud secus ex oculis se turbidus abstulit Arruns
contentusque fuga mediis se immiscuit armis.   815
illa manu moriens telum trahit, ossa sed inter
ferreus ad costas alto stat uulnere mucro.
labitur exsanguis, labuntur frigida leto

    787–92 *MPa*; 793–818 *MPR*   789 aboleri *M²Pbdhr*: abolere
M¹aω   792 ferant *du*   794 uotis *Macrob.* v 3. 7   partem succ.
Phoebus *b*   799 ut] ubi *M¹*   801 neque *cdfh*   auras
(*cf. u.* 795, 799) *d*, '*antiqua lectio*' *Seru.*, *ut sit genetiuus singularis*
818 leto] telo '*alii*' *ap. Seru.*

lumina, purpureus quondam color ora reliquit.
tum sic exspirans Accam ex aequalibus unam   820
adloquitur, fida ante alias quae sola Camillae
quicum partiri curas, atque haec ita fatur:
'hactenus, Acca soror, potui: nunc uulnus acerbum
conficit, et tenebris nigrescunt omnia circum.
effuge et haec Turno mandata nouissima perfer: 825
succedat pugnae Troianosque arceat urbe.
iamque uale.' simul his dictis linquebat habenas
ad terram non sponte fluens. tum frigida toto
paulatim exsoluit se corpore, lentaque colla
et captum leto posuit caput, arma relinquens,   830
uitaque cum gemitu fugit indignata sub umbras.
tum uero immensus surgens ferit aurea clamor
sidera: deiecta crudescit pugna Camilla;
incurrunt densi simul omnis copia Teucrum
Tyrrhenique duces Euandrique Arcades alae.   835
    At Triuiae custos iamdudum in montibus Opis
alta sedet summis spectatque interrita pugnas.
utque procul medio iuuenum in clamore furentum
prospexit tristi mulcatam morte Camillam,
ingemuitque deditque has imo pectore uoces: 840
'heu nimium, uirgo, nimium crudele luisti
supplicium Teucros conata lacessere bello!
nec tibi desertae in dumis coluisse Dianam
profuit aut nostras umero gessisse pharetras.
non tamen indecorem tua te regina reliquit   845
extrema iam in morte, neque hoc sine nomine letum

819–46 MPR   819 relinquit c   821 fida M¹Rω: fidam
M²P (fidem b)   822 quicum MRbd: quacum Pω   826 urbe
MP²ω, Tib.: urbi (cf. E. vii 47) P¹R   830 relinquens M²P²ω:
relinquit M¹: reliquit P¹R: relinquunt 'alii' (inter quos Probus)
ap. DSeru., Tib.   834 concurrunt Re   835 Tyrrhenumque
M (cf. u. 171)   838 iuuenem medio P¹: medio iuuenem b
furentem M²(-te M¹)b, interpr. Tib.   839 mulcatam MPRbdr,
DSeru.: multatam fortasse recte ω   844 pharetras PRω: sagittas Mchr   845 reliquit MRf: relinquet Pω: relinquit r, Tib.
846 numine efh

per gentis erit aut famam patieris inultae.
nam quicumque tuum uiolauit uulnere corpus
morte luet merita.' fuit ingens monte sub alto
regis Dercenni terreno ex aggere bustum   850
antiqui Laurentis opacaque ilice tectum;
hic dea se primum rapido pulcherrima nisu
sistit et Arruntem tumulo speculatur ab alto.
ut uidit fulgentem armis ac uana tumentem,
'cur' inquit 'diuersus abis? huc derige gressum,   855
huc periture ueni, capias ut digna Camillae
praemia. tune etiam telis moriere Dianae?'
dixit, et aurata uolucrem Threissa sagittam
deprompsit pharetra cornuque infensa tetendit
et duxit longe, donec curuata coirent   860
inter se capita et manibus iam tangeret aequis,
laeua aciem ferri, dextra neruoque papillam.
extemplo teli stridorem aurasque sonantis
audiit una Arruns haesitque in corpore ferrum.
illum exspirantem socii atque extrema gementem   865
obliti ignoto camporum in puluere linquunt;
Opis ad aetherium pennis aufertur Olympum.

  Prima fugit domina amissa leuis ala Camillae,
turbati fugiunt Rutuli, fugit acer Atinas,
disiectique duces desolatique manipli   870
tuta petunt et equis auersi ad moenia tendunt.
nec quisquam instantis Teucros letumque ferentis
sustentare ualet telis aut sistere contra,
sed laxos referunt umeris languentibus arcus,
quadripedumque putrem cursu quatit ungula campum. 875
uoluitur ad muros caligine turbidus atra
puluis, et e speculis percussae pectora matres

    847–57 *MPR*; 858–77 *FMPR*   852 dea] ea *M*[1]   854 lae-
tantem animis *M*[1]   856 Camilla *R*   861 tenderet *bd*
870 disiectique] defectique *M*[1]   871 equos *P*   aduersi *cev*
875 quadripedoque *F*[1]*Rγ*, *Tib.*, (*cf. A.* viii 596)   877 e *om.*
F[1]*M*[1]*bγ*   speculis] muris *cdf*

femineum clamorem ad caeli sidera tollunt.
qui cursu portas primi inrupere patentis,
hos inimica super mixto premit agmine turba,   880
nec miseram effugiunt mortem, sed limine in ipso,
moenibus in patriis atque inter tuta domorum
confixi exspirant animas. pars claudere portas,
nec sociis aperire uiam nec moenibus audent
accipere orantis, oriturque miserrima caedes   885
defendentum armis aditus inque arma ruentum.
exclusi ante oculos lacrimantumque ora parentum
pars in praecipitis fossas urgente ruina
uoluitur, immissis pars caeca et concita frenis
arietat in portas et duros obice postis.   890
ipsae de muris summo certamine matres
(monstrat amor uerus patriae, ut uidere Camillam)
tela manu trepidae iaciunt ac robore duro
stipitibus ferrum sudibusque imitantur obustis
praecipites, primaeque mori pro moenibus ardent.   895
   Interea Turnum in siluis saeuissimus implet
nuntius et iuueni ingentem fert Acca tumultum:
deletas Volscorum acies, cecidisse Camillam,
ingruere infensos hostis et Marte secundo
omnia corripuisse, metum iam ad moenia ferri.   900
ille furens (et saeua Iouis sic numina poscunt)
deserit obsessos collis, nemora aspera linquit.
uix e conspectu exierat campumque tenebat,
cum pater Aeneas saltus ingressus apertos
exsuperatque iugum siluaque euadit opaca.   905
sic ambo ad muros rapidi totoque feruntur
agmine nec longis inter se passibus absunt;
ac simul Aeneas fumantis puluere campos
prospexit longe Laurentiaque agmina uidit,

878–95 *FMPR*; 896–909 *MPR*   882 inter *FPbcdfhr*: intra
MReuv   892 uersus *R*   895 audent *M²ω(praeter r)*, *Seru.*
901 poscunt (*A*. viii 512)] pellunt *R*   903 camposque *M¹*
908 ac simul] tum pater (*u*. 904) *PReuv*   909 conspexit *b*

391

et saeuum Aenean agnouit Turnus in armis   910
aduentumque pedum flatusque audiuit equorum.
continuoque ineant pugnas et proelia temptent,
ni roseus fessos iam gurgite Phoebus Hibero
tingat equos noctemque die labente reducat.
considunt castris ante urbem et moenia uallant.   915

910–15 *MPR*   910 agnouit] conspexit *P*   911 aduentusque *Mr, Tib. (cf. u.* 607)   flatumque *Rev*   912 ineunt *M¹b*
temptant *c*

AENEIDOS

LIBER XII

Tvrnvs ut infractos aduerso Marte Latinos
defecisse uidet, sua nunc promissa reposci,
se signari oculis, ultro implacabilis ardet
attollitque animos. Poenorum qualis in aruis
saucius ille graui uenantum uulnere pectus   5
tum demum mouet arma leo, gaudetque comantis
excutiens ceruice toros fixumque latronis
impauidus frangit telum et fremit ore cruento:
haud secus accenso gliscit uiolentia Turno.
tum sic adfatur regem atque ita turbidus infit: 10
'nulla mora in Turno; nihil est quod dicta retractent
ignaui Aeneadae, nec quae pepigere recusent:
congredior. fer sacra, pater, et concipe foedus.
aut hac Dardanium dextra sub Tartara mittam
desertorem Asiae (sedeant spectentque Latini),   15
et solus ferro crimen commune refellam,
aut habeat uictos, cedat Lauinia coniunx.'
    Olli sedato respondit corde Latinus:
'o praestans animi iuuenis, quantum ipse feroci
uirtute exsuperas, tanto me impensius aequum est   20
consulere atque omnis metuentem expendere casus.
sunt tibi regna patris Dauni, sunt oppida capta
multa manu, nec non aurumque animusque Latino est;
sunt aliae innuptae Latio et Laurentibus aruis
nec genus indecores. sine me haec haud mollia fatu   25

1–25 *MPR*   16 crimen ferro *Rceuv*   17 uictor *c?*
24 aruis *M, Seru.*: agris (*A.* xi 431) *PRω, Tib.*   25 haud haec
cdfh, Non. 319. 28 (*aliter* 385. 22)

sublatis aperire dolis, simul hoc animo hauri:
me natam nulli ueterum sociare procorum
fas erat, idque omnes diuique hominesque canebant.
uictus amore tui, cognato sanguine uictus
coniugis et maestae lacrimis, uincla omnia rupi;　　30
promissam eripui genero, arma impia sumpsi.
ex illo qui me casus, quae, Turne, sequantur
bella, uides, quantos primus patiare labores.
bis magna uicti pugna uix urbe tuemur
spes Italas; recalent nostro Thybrina fluenta　　35
sanguine adhuc campique ingentes ossibus albent.
quo referor totiens? quae mentem insania mutat?
si Turno exstincto socios sum ascire paratus,
cur non incolumi potius certamina tollo?
quid consanguinei Rutuli, quid cetera dicet　　40
Italia, ad mortem si te (fors dicta refutet!)
prodiderim, natam et conubia nostra petentem?
respice res bello uarias, miserere parentis
longaeui, quem nunc maestum patria Ardea longe
diuidit.' haudquaquam dictis uiolentia Turni　　45
flectitur; exsuperat magis aegrescitque medendo.
ut primum fari potuit, sic institit ore:
'quam pro me curam geris, hanc precor, optime, pro me
deponas letumque sinas pro laude pacisci.
et nos tela, pater, ferrumque haud debile dextra　　50
spargimus, et nostro sequitur de uulnere sanguis.
longe illi dea mater erit, quae nube fugacem
feminea tegat et uanis sese occulat umbris.'
　　At regina noua pugnae conterrita sorte
flebat et ardentem generum moritura tenebat:　　55
'Turne, per has ego te lacrimas, per si quis Amatae
tangit honos animum: spes tu nunc una, senectae

26–46 *MPR*; 47–57 *MγR*　　　　33 patiare *Pω*: patiere *MReu*
35 Thyberina (Thib-, Tyb-) *ω*, Tiberina *Char*. 269. 26　　46 ardescitque tuendo (*A*. i 713) *M*[1]　　　47 incipit (*u*. 692) *M*, *Don. ad
Ter. Hec.* 745

tu requies miserae, decus imperiumque Latini
te penes, in te omnis domus inclinata recumbit.
unum oro: desiste manum committere Teucris.   60
qui te cumque manent isto certamine casus
et me, Turne, manent; simul haec inuisa relinquam
lumina nec generum Aenean captiua uidebo.'
accepit uocem lacrimis Lauinia matris
flagrantis perfusa genas, cui plurimus ignem   65
subiecit rubor et calefacta per ora cucurrit.
Indum sanguineo ueluti uiolauerit ostro
si quis ebur, aut mixta rubent ubi lilia multa
alba rosa, talis uirgo dabat ore colores.
illum turbat amor figitque in uirgine uultus;   70
ardet in arma magis paucisque adfatur Amatam:
'ne, quaeso, ne me lacrimis neue omine tanto
prosequere in duri certamina Martis euntem,
o mater; neque enim Turno mora libera mortis.
nuntius haec, Idmon, Phrygio mea dicta tyranno   75
haud placitura refer. cum primum crastina caelo
puniceis inuecta rotis Aurora rubebit,
non Teucros agat in Rutulos, Teucrum arma quiescant
et Rutuli; nostro dirimamus sanguine bellum,
illo quaeratur coniunx Lauinia campo.'   80
   Haec ubi dicta dedit rapidusque in tecta recessit,
poscit equos gaudetque tuens ante ora frementis,
Pilumno quos ipsa decus dedit Orithyia,
qui candore niues anteirent, cursibus auras.
circumstant properi aurigae manibusque lacessunt   85
pectora plausa cauis et colla comantia pectunt.
ipse dehinc auro squalentem alboque orichalco
circumdat loricam umeris, simul aptat habendo
ensemque clipeumque et rubrae cornua cristae,
ensem quem Dauno ignipotens deus ipse parenti   90

58–90 MγR   76 refer MRcruv: refers γ: refert
ω   79 Rutulum γ   85 properi Mω, Seru.: propere γR
86 pulsa γ

fecerat et Stygia candentem tinxerat unda.
exim quae mediis ingenti adnixa columnae
aedibus astabat, ualidam ui corripit hastam,
Actoris Aurunci spolium, quassatque trementem
uociferans: 'nunc, o numquam frustrata uocatus   95
hasta meos, nunc tempus adest: te maximus Actor,
te Turni nunc dextra gerit; da sternere corpus
loricamque manu ualida lacerare reuulsam
semiuiri Phrygis et foedare in puluere crinis
uibratos calido ferro murraque madentis.'   100
his agitur furiis, totoque ardentis ab ore
scintillae absistunt, oculis micat acribus ignis,
mugitus ueluti cum prima in proelia taurus
terrificos ciet aut irasci in cornua temptat
arboris obnixus trunco, uentosque lacessit   105
ictibus aut sparsa ad pugnam proludit harena.

Nec minus interea maternis saeuus in armis
Aeneas acuit Martem et se suscitat ira,
oblato gaudens componi foedere bellum.
tum socios maestique metum solatur Iuli   110
fata docens, regique iubet responsa Latino
certa referre uiros et pacis dicere leges.

Postera uix summos spargebat lumine montis
orta dies, cum primum alto se gurgite tollunt
Solis equi lucemque elatis naribus efflant: 115
campum ad certamen magnae sub moenibus urbis
dimensi Rutulique uiri Teucrique parabant
in medioque focos et dis communibus aras
gramineas. alii fontemque ignemque ferebant
uelati limo et uerbena tempora uincti.   120

91–2 *MγR*; 93–120 *MPR*   92 columna *γbfhr*, *Arus.* 455. 19
100 cadentis *P*   101 ardentis] loquentis (*A.* vii 118) *P*[1], *Macrob.*
iv 1. 2, *Tib.*   102 absistunt *MP*[2]*ω*: ex(s)istunt *P*[1]*R*
103 prima *Pω*: primam *M*: primum *Rf*, *Tib.*   104 aut *M*[2]*PRbfr*:
atque (*G.* iii 232) *M*[1]*ω*   113 summo *Mbfhr*, *Diom.* 449. 28   terras
(*A.* iv 584, ix 459) *b*, *Diom.*   117 demensi *Mcehv*   120 limo
Caper et Hyginus ap. Seru.: lino *codd.*, *DSeru. ad u.* 169, *Tib.*

procedit legio Ausonidum, pilataque plenis
agmina se fundunt portis. hinc Troius omnis
Tyrrhenusque ruit uariis exercitus armis,
haud secus instructi ferro quam si aspera Martis
pugna uocet. nec non mediis in milibus ipsi   125
ductores auro uolitant ostroque superbi,
et genus Assaraci Mnestheus et fortis Asilas
et Messapus equum domitor, Neptunia proles;
utque dato signo spatia in sua quisque recessit,
defigunt tellure hastas et scuta reclinant.   130
tum studio effusae matres et uulgus inermum
inualidique senes turris ac tecta domorum
obsedere, alii portis sublimibus astant.
  At Iuno ex summo (qui nunc Albanus habetur;
tum neque nomen erat neque honos aut gloria monti)   135
prospiciens tumulo campum aspectabat et ambas
Laurentum Troumque acies urbemque Latini.
extemplo Turni sic est adfata sororem
diua deam, stagnis quae fluminibusque sonoris
praesidet (hunc illi rex aetheris altus honorem   140
Iuppiter erepta pro uirginitate sacrauit):
'nympha, decus fluuiorum, animo gratissima nostro,
scis ut te cunctis unam, quaecumque Latinae
magnanimi Iouis ingratum ascendere cubile,
praetulerim caelique libens in parte locarim: 145
disce tuum, ne me incuses, Iuturna, dolorem.
qua uisa est Fortuna pati Parcaeque sinebant
cedere res Latio, Turnum et tua moenia texi;
nunc iuuenem imparibus uideo concurrere fatis,
Parcarumque dies et uis inimica propinquat.   150
non pugnam aspicere hanc oculis, non foedera possum.

121–51 *MPR*   124 ferro] bello *M*   126 superbi
M: decori (*A*. v 133) *PRω, Tib.*   130 tellure (*A*. vi 652) *MPbdfh,
Arus.* 467. 11: telluri (*G*. ii 290) *Rceruv, Tib.*   132 ac (*A*. ii 445)
PRbev, hac *u*: et *Mcdfhr, Tib.*   133 instant *R*   134 ex] e *M*
135 neque (*2o*)] nec *Mf*   142 gratissima *Mω, Seru.*: carissima
PRb   143 Latinis *P²*   146 nec *Reuv*

tu pro germano si quid praesentius audes,
perge; decet. forsan miseros meliora sequentur.'
uix ea, cum lacrimas oculis Iuturna profundit
terque quaterque manu pectus percussit honestum.　155
'non lacrimis hoc tempus' ait Saturnia Iuno:
'accelera et fratrem, si quis modus, eripe morti;
aut tu bella cie conceptumque excute foedus.
auctor ego audendi.' sic exhortata reliquit
incertam et tristi turbatam uulnere mentis.　160

Interea reges ingenti mole Latinus
quadriiugo uehitur curru (cui tempora circum
aurati bis sex radii fulgentia cingunt,
Solis aui specimen), bigis it Turnus in albis,
bina manu lato crispans hastilia ferro.　165
hinc pater Aeneas, Romanae stirpis origo,
sidereo flagrans clipeo et caelestibus armis
et iuxta Ascanius, magnae spes altera Romae,
procedunt castris, puraque in ueste sacerdos
saetigeri fetum suis intonsamque bidentem　170
attulit admouitque pecus flagrantibus aris.
illi ad surgentem conuersi lumina solem
dant fruges manibus salsas et tempora ferro
summa notant pecudum, paterisque altaria libant.

Tum pius Aeneas stricto sic ense precatur:　175
'esto nunc Sol testis et haec mihi terra uocanti,
quam propter tantos potui perferre labores,
et pater omnipotens et tu Saturnia coniunx
(iam melior, iam, diua, precor), tuque inclute Mauors,
cuncta tuo qui bella, pater, sub numine torques;　180
fontisque fluuiosque uoco, quaeque aetheris alti
religio et quae caeruleo sunt numina ponto:
cesserit Ausonio si fors uictoria Turno,

152–83 *MPR*　　154 profundit (*ut post* uix . . . cum *fere semper poetae mos*) *M*¹: profudit *M²Pω, DSeru.*: profugit *R*　　161 rex ingenti de mole *M*¹　　162 quadrigo *P*　　168 magna '*male quidam*' *ap. Seru., Char.* 280. 7　　176 uocanti *PRω*: precanti *Mch?, Seru., Tib.*　　178 coniunx *PRbf*: Iuno (*u.* 156) *Mω*

conuenit Euandri uictos discedere ad urbem,
cedet Iulus agris, nec post arma ulla rebelles 185
Aeneadae referent ferroue haec regna lacessent.
sin nostrum adnuerit nobis uictoria Martem
(ut potius reor et potius di numine firment),
non ego nec Teucris Italos parere iubebo
nec mihi regna peto: paribus se legibus ambae 190
inuictae gentes aeterna in foedera mittant.
sacra deosque dabo; socer arma Latinus habeto,
imperium sollemne socer; mihi moenia Teucri
constituent urbique dabit Lauinia nomen.'
    Sic prior Aeneas, sequitur sic deinde Latinus 195
suspiciens caelum, tenditque ad sidera dextram:
'haec eadem, Aenea, terram, mare, sidera, iuro
Latonaeque genus duplex Ianumque bifrontem,
uimque deum infernam et duri sacraria Ditis;
audiat haec genitor qui foedera fulmine sancit. 200
tango aras, medios ignis et numina testor:
nulla dies pacem hanc Italis nec foedera rumpet,
quo res cumque cadent; nec me uis ulla uolentem
auertet, non, si tellurem effundat in undas
diluuio miscens caelumque in Tartara soluat, 205
ut sceptrum hoc' (dextra sceptrum nam forte gerebat)
'numquam fronde leui fundet uirgulta nec umbras,
cum semel in siluis imo de stirpe recisum
matre caret posuitque comas et bracchia ferro,
olim arbos, nunc artificis manus aere decoro 210
inclusit patribusque dedit gestare Latinis.'
talibus inter se firmabant foedera dictis
conspectu in medio procerum. tum rite sacratas
in flammam iugulant pecudes et uiscera uiuis
eripiunt, cumulantque oneratis lancibus aras. 215

184–215 MPR   184 decedere M¹   185 cedat Reuv
188 et] ut M   potius (2⁰)] propius R (cf. A. viii 78)   numina P²R
202 rumpit P¹: rumpat P²   203 cadet R   205 caelumue bdfh
213 prospectu M   in (A. ii 67) om. M¹P¹b

At uero Rutulis impar ea pugna uideri
iamdudum et uario misceri pectora motu,
tum magis ut propius cernunt non uiribus aequos.
adiuuat incessu tacito progressus et aram
suppliciter uenerans demisso lumine Turnus   220
pubentesque genae et iuuenali in corpore pallor.
quem simul ac Iuturna soror crebrescere uidit
sermonem et uulgi uariare labantia corda,
in medias acies formam adsimulata Camerti,
cui genus a proauis ingens clarumque paternae   225
nomen erat uirtutis, et ipse acerrimus armis,
in medias dat sese acies haud nescia rerum
rumoresque serit uarios ac talia fatur:
'non pudet, o Rutuli, pro cunctis talibus unam
obiectare animam? numerone an uiribus aequi   230
non sumus? en, omnes et Troes et Arcades hi sunt,
fatalisque manus, infensa Etruria Turno:
uix hostem, alterni si congrediamur, habemus.
ille quidem ad superos, quorum se deuouet aris,
succedet fama uiuusque per ora feretur;   235
nos patria amissa dominis parere superbis
cogemur, qui nunc lenti consedimus aruis.'
    Talibus incensa est iuuenum sententia dictis
iam magis atque magis, serpitque per agmina murmur:
ipsi Laurentes mutati ipsique Latini.   240
qui sibi iam requiem pugnae rebusque salutem
sperabant, nunc arma uolunt foedusque precantur
infectum et Turni sortem miserantur iniquam.
his aliud maius Iuturna adiungit et alto
dat signum caelo, quo non praesentius ullum   245

216–45 *MPR*   218 aequos *Ioh. Schrader*: aequis (*A.* v 809,
x 357, 431) *codd., Seru.*; non uiribus aequis *ut spuria seclusit Brunck*
219 ingressu *d, Tib.*   221 tabentesque *ch, Tib.*   222 ac] ut
ω(*praeter bd*)   223 labentia *R ω*(*praeter bd*)   230 an] ac *P*[2]
aequis *P*   232 fatalisque *Pω, Seru.*: fatalesque *MRb, Tib.*
237 armis *M*   239 iam] tum *P*   245 praesentius (*G.* ii 127)
MPb, Seru.: praestantius *Rω*

turbauit mentes Italas monstroque fefellit.
namque uolans rubra fuluus Iouis ales in aethra
litoreas agitabat auis turbamque sonantem
agminis aligeri, subito cum lapsus ad undas
cycnum excellentem pedibus rapit improbus uncis.   250
arrexere animos Itali, cunctaeque uolucres
conuertunt clamore fugam (mirabile uisu),
aetheraque obscurant pennis hostemque per auras
facta nube premunt, donec ui uictus et ipso
pondere defecit praedamque ex unguibus ales   255
proiecit fluuio, penitusque in nubila fugit.
   Tum uero augurium Rutuli clamore salutant
expediuntque manus, primusque Tolumnius augur
'hoc erat, hoc uotis' inquit 'quod saepe petiui.
accipio agnoscoque deos; me, me duce ferrum   260
corripite, o miseri, quos improbus aduena bello
territat inualidas ut auis, et litora uestra
ui populat. petet ille fugam penitusque profundo
uela dabit. uos unanimi densete cateruas
et regem uobis pugna defendite raptum.'   265
dixit, et aduersos telum contorsit in hostis
procurrens; sonitum dat stridula cornus et auras
certa secat. simul hoc, simul ingens clamor et omnes
turbati cunei calefactaque corda tumultu.
hasta uolans, ut forte nouem pulcherrima fratrum   270
corpora constiterant contra, quos fida crearat
una tot Arcadio coniunx Tyrrhena Gylippo,
horum unum ad medium, teritur qua sutilis aluo
balteus et laterum iuncturas fibula mordet,
egregium forma iuuenem et fulgentibus armis,   275
transadigit costas fuluaque effundit harena.
at fratres, animosa phalanx accensaque luctu,
pars gladios stringunt manibus, pars missile ferrum

246–78 *MPR*   247 fuluus rubra *M*[1]   Iouis] acer (*A*. xi 721) *P*
261 miseri] Rutuli *bcdfh*   264 densate *MPd*   273 mediam *M*
aluo *P²Rω, Seru.*: alueo *P*[1]: auro *M*

corripiunt caecique ruunt. quos agmina contra
procurrunt Laurentum, hinc densi rursus inundant   280
Troes Agyllinique et pictis Arcades armis:
sic omnis amor unus habet decernere ferro.
diripuere aras, it toto turbida caelo
tempestas telorum ac ferreus ingruit imber,
craterasque focosque ferunt. fugit ipse Latinus   285
pulsatos referens infecto foedere diuos.
infrenant alii currus aut corpora saltu
subiciunt in equos et strictis ensibus adsunt.
Messapus regem regisque insigne gerentem
Tyrrhenum Aulesten, auidus confundere foedus,   290
aduerso proterret equo; ruit ille recedens
et miser oppositis a tergo inuoluitur aris
in caput inque umeros. at feruidus aduolat hasta
Messapus teloque orantem multa trabali
desuper altus equo grauiter ferit atque ita fatur: 295
'hoc habet, haec melior magnis data uictima diuis.'
concurrunt Itali spoliantque calentia membra.
obuius ambustum torrem Corynaeus ab ara
corripit et uenienti Ebyso plagamque ferenti
occupat os flammis: olli ingens barba reluxit   300
nidoremque ambusta dedit. super ipse secutus
caesariem laeua turbati corripit hostis
impressoque genu nitens terrae applicat ipsum;
sic rigido latus ense ferit. Podalirius Alsum
pastorem primaque acie per tela ruentem   305
ense sequens nudo superimminet; ille securi
aduersi frontem mediam mentumque reducta
dissicit et sparso late rigat arma cruore.
olli dura quies oculos et ferreus urget
somnus, in aeternam conduntur lumina noctem.   310

279–310 *MPR*   283 deripuere *aeuv*   it] id *M*[1]: et *P*[1]
287 aut] et *M, Seru. ad G.* i 202   288 adstant *M*[2]   290 '*legitur
et* auidum, *sed melius* auidus' *Seru.*   291 auerso *M*   300 illi
PRω, Tib.   304 feret *M*: pedit *P*   308 discidit *R*
310 conduntur *P, Tib.*: claudu ̣ntur (*A.* x 746) *MRω*

At pius Aeneas dextram tendebat inermem
nudato capite atque suos clamore uocabat:
'quo ruitis? quaeue ista repens discordia surgit?
o cohibete iras! ictum iam foedus et omnes
compositae leges. mihi ius concurrere soli;   315
me sinite atque auferte metus. ego foedera faxo
firma manu; Turnum debent haec iam mihi sacra.'
has inter uoces, media inter talia uerba
ecce uiro stridens alis adlapsa sagitta est,
incertum qua pulsa manu, quo turbine adacta,   320
quis tantam Rutulis laudem, casusne deusne,
attulerit; pressa est insignis gloria facti,
nec sese Aeneae iactauit uulnere quisquam.
Turnus ut Aenean cedentem ex agmine uidit
turbatosque duces, subita spe feruidus ardet;   325
poscit equos atque arma simul, saltuque superbus
emicat in currum et manibus molitur habenas.
multa uirum uolitans dat fortia corpora leto.
seminecis uoluit multos: aut agmina curru
proterit aut raptas fugientibus ingerit hastas.   330
qualis apud gelidi cum flumina concitus Hebri
sanguineus Mauors clipeo increpat atque furentis
bella mouens immittit equos, illi aequore aperto
ante Notos Zephyrumque uolant, gemit ultima pulsu
Thraca pedum circumque atrae Formidinis ora   335
Iraeque Insidiaeque, dei comitatus, aguntur:
talis equos alacer media inter proelia Turnus
fumantis sudore quatit, miserabile caesis
hostibus insultans; spargit rapida ungula rores
sanguineos mixtaque cruor calcatur harena.   340
iamque neci Sthenelumque dedit Thamyrumque Pholumque,
hunc congressus et hunc, illum eminus; eminus ambo

311–42 *MPR*   311 inertem *M* (*cf. A*. xi 414, 672)
313 quaeue] quoue *Rceuv*   321 casusue deusue (*A*. ix 211) *M*
330 aut] et *R*   332 increpat *Pbcdfh, Seru.*: intonat *MReuv* (*cf.*
A. vi 607, viii 527, ix 709)   prementi *M*, furenti *R*   342 eminus
bis *cv et correctores saec. ix*: *semel MPRω*

Imbrasidas, Glaucum atque Laden, quos Imbrasus ipse
nutrierat Lycia paribusque ornauerat armis
uel conferre manum uel equo praeuertere uentos.   345
   Parte alia media Eumedes in proelia fertur,
antiqui proles bello praeclara Dolonis,
nomine auum referens, animo manibusque parentem,
qui quondam, castra ut Danaum speculator adiret,
ausus Pelidae pretium sibi poscere currus;   350
illum Tydides alio pro talibus ausis
adfecit pretio nec equis aspirat Achilli.
hunc procul ut campo Turnus prospexit aperto,
ante leui iaculo longum per inane secutus
sistit equos biiugis et curru desilit atque   355
semianimi lapsoque superuenit, et pede collo
impresso dextrae mucronem extorquet et alto
fulgentem tingit iugulo atque haec insuper addit:
'en agros et, quam bello, Troiane, petisti,
Hesperiam metire iacens: haec praemia, qui me   360
ferro ausi temptare, ferunt, sic moenia condunt.'
huic comitem Asbyten coniecta cuspide mittit
Chloreaque Sybarimque Daretaque Thersilochumque
et sternacis equi lapsum ceruice Thymoeten.
ac uelut Edoni Boreae cum spiritus alto   365
insonat Aegaeo sequiturque ad litora fluctus,
qua uenti incubuere, fugam dant nubila caelo:
sic Turno, quacumque uiam secat, agmina cedunt
conuersaeque ruunt acies; fert impetus ipsum
et cristam aduerso curru quatit aura uolantem.   370
non tulit instantem Phegeus animisque frementem
obiecit sese ad currum et spumantia frenis
ora citatorum dextra detorsit equorum.
dum trahitur pendetque iugis, hunc lata retectum

343-74 *MPR*   352 neque *cdh*   353 conspexit *bcdfh*
356 lapsoque *MP²Rω*: elapsoque *P¹bdh, DSeru*.   357 expresso
M¹   dextrae *MPbdfh*: dextra *Rceuv*   374 hunc *Mω*: huic *P*:
hic *Rf*: hinc *d*

lancea consequitur rumpitque infixa bilicem 375
loricam et summum degustat uulnere corpus.
ille tamen clipeo obiecto conuersus in hostem
ibat et auxilium ducto mucrone petebat,
cum rota praecipitem et procursu concitus axis
impulit effunditque solo, Turnusque secutus 380
imam inter galeam summi thoracis et oras
abstulit ense caput truncumque reliquit harenae.
  Atque ea dum campis uictor dat funera Turnus,
interea Aenean Mnestheus et fidus Achates
Ascaniusque comes castris statuere cruentum 385
alternos longa nitentem cuspide gressus.
saeuit et infracta luctatur harundine telum
eripere auxilioque uiam, quae proxima, poscit:
ense secent lato uulnus telique latebram
rescindant penitus, seseque in bella remittant. 390
iamque aderat Phoebo ante alios dilectus Iapyx
Iasides, acri quondam cui captus amore
ipse suas artis, sua munera, laetus Apollo
augurium citharamque dabat celerisque sagittas.
ille, ut depositi proferret fata parentis, 395
scire potestates herbarum usumque medendi
maluit et mutas agitare inglorius artis.
stabat acerba fremens ingentem nixus in hastam
Aeneas magno iuuenum et maerentis Iuli
concursu, lacrimis immobilis. ille retorto 400
Paeonium in morem senior succinctus amictu
multa manu medica Phoebique potentibus herbis
nequiquam trepidat, nequiquam spicula dextra
sollicitat prensatque tenaci forcipe ferrum.
nulla uiam Fortuna regit, nihil auctor Apollo 405

375–405 *MPR*   378 ducto a *Rε*   379 cum] quem *cd*
380 effuditque *Rcev(abest abhinc u)*   382 harenae *MP, Seru.*
ad A. xi 87: harena *Rω*   385 comes *MPω*: puer (*A*. ii 598
al.) *Rev, Tib.*   389 latebras *Mb?d*   394 dedit *M, respuit
Seru.*   397 multas *P¹c*   398 fixus *M¹*   400 lacrimisque
Rdh

subuenit, et saeuus campis magis ac magis horror
crebrescit propiusque malum est. iam puluere caelum
stare uident: subeunt equites et spicula castris
densa cadunt mediis. it tristis ad aethera clamor
bellantum iuuenum et duro sub Marte cadentum.   410

Hic Venus indigno nati concussa dolore
dictamnum genetrix Cretaea carpit ab Ida,
puberibus caulem foliis et flore comantem
purpureo; non illa feris incognita capris
gramina, cum tergo uolucres haesere sagittae.   415
hoc Venus obscuro faciem circumdata nimbo
detulit, hoc fusum labris splendentibus amnem
inficit occulte medicans, spargitque salubris
ambrosiae sucos et odoriferam panaceam.
fouit ea uulnus lympha longaeuus Iapyx   420
ignorans, subitoque omnis de corpore fugit
quippe dolor, omnis stetit imo uulnere sanguis.
iamque secuta manum nullo cogente sagitta
excidit, atque nouae rediere in pristina uires.
'arma citi properate uiro! quid statis?' Iapyx   425
conclamat primusque animos accendit in hostem.
'non haec humanis opibus, non arte magistra
proueniunt, neque te, Aenea, mea dextera seruat:
maior agit deus atque opera ad maiora remittit.'
ille auidus pugnae suras incluserat auro   430
hinc atque hinc oditque moras hastamque coruscat.
postquam habilis lateri clipeus loricaque tergo est,
Ascanium fusis circum complectitur armis
summaque per galeam delibans oscula fatur:
'disce, puer, uirtutem ex me uerumque laborem,   435
fortunam ex aliis. nunc te mea dextera bello
defensum dabit et magna inter praemia ducet.

406–37 *MPR*   406 et] it *P*[1]   408 subeunt *om.*
M: subeuntque *Rev*   412 carpsit *Re*   417 plendentibus
P[1]: pendentibus *R*   422 imo *MP*[1]*bf*: imo in *P*[2]*Rω, Tib.*
423 manum *Rω*: manus *P*[1]: manu *MP*[2], *Tib.*   428 te Aenea]
Aenean *M*

tu facito, mox cum matura adoleuerit aetas,
sis memor et te animo repetentem exempla tuorum
et pater Aeneas et auunculus excitet Hector.'　　　440
　Haec ubi dicta dedit, portis sese extulit ingens
telum immane manu quatiens; simul agmine denso
Antheusque Mnestheusque ruunt, omnisque relictis
turba fluit castris. tum caeco puluere campus
miscetur pulsuque pedum tremit excita tellus.　　　445
uidit ab aduerso uenientis aggere Turnus,
uidere Ausonii, gelidusque per ima cucurrit
ossa tremor; prima ante omnis Iuturna Latinos
audiit agnouitque sonum et tremefacta refugit.
ille uolat campoque atrum rapit agmen aperto.　　　450
qualis ubi ad terras abrupto sidere nimbus
it mare per medium (miseris, heu, praescia longe
horrescunt corda agricolis: dabit ille ruinas
arboribus stragemque satis, ruet omnia late),
ante uolant sonitumque ferunt ad litora uenti:　　　455
talis in aduersos ductor Rhoeteius hostis
agmen agit, densi cuneis se quisque coactis
adglomerant. ferit ense grauem Thymbraeus Osirim,
Arcetium Mnestheus, Epulonem obtruncat Achates
Vfentemque Gyas; cadit ipse Tolumnius augur,　　　460
primus in aduersos telum qui torserat hostis.
tollitur in caelum clamor, uersique uicissim
puluerulenta fuga Rutuli dant terga per agros.
ipse neque auersos dignatur sternere morti
nec pede congressos aequo nec tela ferentis　　　465
insequitur: solum densa in caligine Turnum
uestigat lustrans, solum in certamina poscit.
　Hoc concussa metu mentem Iuturna uirago
aurigam Turni media inter lora Metiscum

438–55 MPR; 456–69 MPRV　　　444 fluit (cf. A. xi 236)] ruit P
446 agmine R　　　449 adgnoscitque P　　　454 ruit Mbdfh
455 uolant P¹Rω: uolans MP²b　　　461 auersos R　　torserat] torsit
in (u. 266) Rv(def. e)　　　464 nec Pb　　auersos RV: aduersos
MPω, Tib.

excutit et longe lapsum temone reliquit;   470
ipsa subit manibusque undantis flectit habenas
cuncta gerens, uocemque et corpus et arma Metisci.
nigra uelut magnas domini cum diuitis aedes
peruolat et pennis alta atria lustrat hirundo
pabula parua legens nidisque loquacibus escas,   475
et nunc porticibus uacuis, nunc umida circum
stagna sonat: similis medios Iuturna per hostis
fertur equis rapidoque uolans obit omnia curru,
iamque hic germanum iamque hic ostentat ouantem
nec conferre manum patitur, uolat auia longe.   480
haud minus Aeneas tortos legit obuius orbis,
uestigatque uirum et disiecta per agmina magna
uoce uocat. quotiens oculos coniecit in hostem
alipedumque fugam cursu temptauit equorum,
auersos totiens currus Iuturna retorsit.   485
heu, quid agat? uario nequiquam fluctuat aestu,
diuersaeque uocant animum in contraria curae.
huic Messapus, uti laeua duo forte gerebat
lenta, leuis cursu, praefixa hastilia ferro,
horum unum certo contorquens derigit ictu.   490
substitit Aeneas et se collegit in arma
poplite subsidens; apicem tamen incita summum
hasta tulit summasque excussit uertice cristas.
tum uero adsurgunt irae, insidiisque subactus,
diuersos ubi sensit equos currumque referri,   495
multa Iouem et laesi testatus foederis aras
iam tandem inuadit medios et Marte secundo
terribilis saeuam nullo discrimine caedem
suscitat, irarumque omnis effundit habenas.
    Quis mihi nunc tot acerba deus, quis carmine caedes   500
diuersas obitumque ducum, quos aequore toto

470–501 *MPRV*   470 reliquit *M¹PR*ω: relinquit
M²V   479 ostentat *M²γRV*ω: ostendit *M¹bch*(*def. P*), *Tib.*
481 totos *V*   485 aduersos *Pcfh*   490 dirigit ω   494 subactis ω(*praeter b; def. e*)   495 sentit *M*   496 testatus *MVω*:
testatur *PR*   497 tamen *P*

408

inque uicem nunc Turnus agit, nunc Troius heros,
expediat? tanton placuit concurrere motu,
Iuppiter, aeterna gentis in pace futuras?
Aeneas Rutulum Sucronem (ea prima ruentis   505
pugna loco statuit Teucros) haud multa morantem
excipit in latus et, qua fata celerrima, crudum
transadigit costas et cratis pectoris ensem.
Turnus equo deiectum Amycum fratremque Dioren,
congressus pedes, hunc uenientem cuspide longa,   510
hunc mucrone ferit, curruque abscisa duorum
suspendit capita et rorantia sanguine portat.
ille Talon Tanaimque neci fortemque Cethegum,
tris uno congressu, et maestum mittit Oniten,
nomen Echionium matrisque genus Peridiae;   515
hic fratres Lycia missos et Apollinis agris
et iuuenem exosum nequiquam bella Menoeten,
Arcada, piscosae cui circum flumina Lernae
ars fuerat pauperque domus nec nota potentum
munera, conductaque pater tellure serebat.   520
ac uelut immissi diuersis partibus ignes
arentem in siluam et uirgulta sonantia lauro,
aut ubi decursu rapido de montibus altis
dant sonitum spumosi amnes et in aequora currunt
quisque suum populatus iter: non segnius ambo   525
Aeneas Turnusque ruunt per proelia; nunc, nunc
fluctuat ira intus, rumpuntur nescia uinci
pectora, nunc totis in uulnera uiribus itur.
   Murranum hic, atauos et auorum antiqua sonantem
nomina per regesque actum genus omne Latinos,   530
praecipitem scopulo atque ingentis turbine saxi
excutit effunditque solo; hunc lora et iuga subter

502–8 *MPRV*; 509–32 *MPR*   503 *u. om. V*   505 furentis *V*
506 morantis *V*: moratum (*A*. iii 610) *DSeru.*   511 abscisa
P[2](-se *P*[1]): abscissa *MRω*   515 nomen Echionium *Pcdhv*(*def. e*),
Seru. ad A. ii 89: nomine Ech. *M*: nomine Chionium *Rbf*, '*male
quidam' ap. Seru., Tib.*   520 munera] limina *M*   sedebat *M*[1]
522 ardentem *M*[1]   532 excutit] excipit (*u.* 507) *M*   effuditque*b*

P. VERGILI MARONIS

prouoluere rotae, crebro super ungula pulsu
incita nec domini memorum proculcat equorum.
ille ruenti Hyllo animisque immane frementi   535
occurrit telumque aurata ad tempora torquet:
olli per galeam fixo stetit hasta cerebro.
dextera nec tua te, Graium fortissime Cretheu,
eripuit Turno, nec di texere Cupencum
Aenea ueniente sui: dedit obuia ferro   540
pectora, nec misero clipei mora profuit aerei.
te quoque Laurentes uiderunt, Aeole, campi
oppetere et late terram consternere tergo.
occidis, Argiuae quem non potuere phalanges
sternere nec Priami regnorum euersor Achilles;   545
hic tibi mortis erant metae, domus alta sub Ida,
Lyrnesi domus alta, solo Laurente sepulcrum.
totae adeo conuersae acies omnesque Latini,
omnes Dardanidae, Mnestheus acerque Serestus
et Messapus equum domitor et fortis Asilas   550
Tuscorumque phalanx Euandrique Arcades alae,
pro se quisque uiri summa nituntur opum ui;
nec mora nec requies, uasto certamine tendunt.

     Hic mentem Aeneae genetrix pulcherrima misit
iret ut ad muros urbique aduerteret agmen   555
ocius et subita turbaret clade Latinos.
ille ut uestigans diuersa per agmina Turnum
huc atque huc acies circumtulit, aspicit urbem
immunem tanti belli atque impune quietam.
continuo pugnae accendit maioris imago: 560
Mnesthea Sergestumque uocat fortemque Serestum
ductores, tumulumque capit quo cetera Teucrum
concurrit legio, nec scuta aut spicula densi
deponunt. celso medius stans aggere fatur:
'ne qua meis esto dictis mora, Iuppiter hac stat,   565
neu quis ob inceptum subitum mihi segnior ito.

533–66 *MPR*   541 aerei *ed. Aldina an.* 1501: aeris *codd.*
559 quietem *R*

410

urbem hodie, causam belli, regna ipsa Latini,
ni frenum accipere et uicti parere fatentur,
eruam et aequa solo fumantia culmina ponam.
scilicet exspectem libeat dum proelia Turno   570
nostra pati rursusque uelit concurrere uictus?
hoc caput, o ciues, haec belli summa nefandi.
ferte faces propere foedusque reposcite flammis.'
dixerat, atque animis pariter certantibus omnes
dant cuneum densaque ad muros mole feruntur;   575
scalae improuiso subitusque apparuit ignis.
discurrunt alii ad portas primosque trucidant,
ferrum alii torquent et obumbrant aethera telis.
ipse inter primos dextram sub moenia tendit
Aeneas, magnaque incusat uoce Latinum   580
testaturque deos iterum se ad proelia cogi,
bis iam Italos hostis, haec altera foedera rumpi.
exoritur trepidos inter discordia ciuis:
urbem alii reserare iubent et pandere portas
Dardanidis ipsumque trahunt in moenia regem;   585
arma ferunt alii et pergunt defendere muros,
inclusas ut cum latebroso in pumice pastor
uestigauit apes fumoque impleuit amaro;
illae intus trepidae rerum per cerea castra
discurrunt magnisque acuunt stridoribus iras;   590
uoluitur ater odor tectis, tum murmure caeco
intus saxa sonant, uacuas it fumus ad auras.
      Accidit haec fessis etiam fortuna Latinis,
quae totam luctu concussit funditus urbem.
regina ut tectis uenientem prospicit hostem,   595
incessi muros, ignis ad tecta uolare,
nusquam acies contra Rutulas, nulla agmina Turni,
infelix pugnae iuuenem in certamine credit

567–98 *MPR*   568 fatetur *M*¹   573 properi *d*
577 trucidant] fatigant *d*   582 haec] haec iam *M*²   587 ut
cum] ueluti (*u.* 749) *M*   588 et fumoque *P*¹   596 incessi
*M*²*Pv, Gramm., Seru. hic et ad G.* iv 68: incedi *M*¹: incensi *R*: incendi
ω   ignesque *Rcev*

exstinctum et subito mentem turbata dolore
se causam clamat crimenque caputque malorum,   600
multaque per maestum demens effata furorem
purpureos moritura manu discindit amictus
et nodum informis leti trabe nectit ab alta.
quam cladem miserae postquam accepere Latinae,
filia prima manu flauos Lauinia crinis   605
et roseas laniata genas, tum cetera circum
turba furit, resonant late plangoribus aedes.
hinc totam infelix uulgatur fama per urbem:
demittunt mentes, it scissa ueste Latinus
coniugis attonitus fatis urbisque ruina,   610
canitiem immundo perfusam puluere turpans.

    Interea extremo bellator in aequore Turnus   614
palantis sequitur paucos iam segnior atque   615
iam minus atque minus successu laetus equorum.
attulit hunc illi caecis terroribus aura
commixtum clamorem, arrectasque impulit auris
confusae sonus urbis et inlaetabile murmur.
'ei mihi! quid tanto turbantur moenia luctu?   620
quisue ruit tantus diuersa clamor ab urbe?'
sic ait, adductisque amens subsistit habenis.
atque huic, in faciem soror ut conuersa Metisci
aurigae currumque et equos et lora regebat,
talibus occurrit dictis: 'hac, Turne, sequamur   625
Troiugenas, qua prima uiam uictoria pandit;
sunt alii qui tecta manu defendere possint.
ingruit Aeneas Italis et proelia miscet,
et nos saeua manu mittamus funera Teucris.
nec numero inferior pugnae neque honore recedes.'   630
Turnus ad haec:

    599–631 *MPR*   605 flauos *codd.*, *Tib.*: floros *'antiqua lectio'*
ap. Seru. (*Probum adlegat DSeru.*)   607 latae *M¹Rc*   clangoribus
ch   612–13 (= xi 471–2, *substitutis uerbis ante*, ultro *pro* ultro,
urbi) *add. cdefv*   617 caecis illi *R¹ev*   624 gerebat *P*
627 possint *MRbf*: possunt *Pcehv*: possent *d*   630 neque] nec
Mω(praeter h)

'o soror, et dudum agnoui, cum prima per artem
foedera turbasti teque haec in bella dedisti,
et nunc nequiquam fallis dea. sed quis Olympo
demissam tantos uoluit te ferre labores?   635
an fratris miseri letum ut crudele uideres?
nam quid ago? aut quae iam spondet Fortuna salutem?
uidi oculos ante ipse meos me uoce uocantem
Murranum, quo non superat mihi carior alter,
oppetere ingentem atque ingenti uulnere uictum.   640
occidit infelix ne nostrum dedecus Vfens
aspiceret; Teucri potiuntur corpore et armis.
exscindine domos (id rebus defuit unum)
perpetiar, dextra nec Drancis dicta refellam?
terga dabo et Turnum fugientem haec terra uidebit?   645
usque adeone mori miserum est? uos o mihi, Manes,
este boni, quoniam superis auersa uoluntas.
sancta ad uos anima atque istius inscia culpae
descendam magnorum haud umquam indignus auorum.'

Vix ea fatus erat: medios uolat ecce per hostis   650
uectus equo spumante Saces, aduersa sagitta
saucius ora, ruitque implorans nomine Turnum:
'Turne, in te suprema salus, miserere tuorum.
fulminat Aeneas armis summasque minatur
deiecturum arces Italum excidioque daturum,   655
iamque faces ad tecta uolant. in te ora Latini,
in te oculos referunt; mussat rex ipse Latinus
quos generos uocet aut quae sese ad foedera flectat.
praeterea regina, tui fidissima, dextra
occidit ipsa sua lucemque exterrita fugit.   660
soli pro portis Messapus et acer Atinas
sustentant acies. circum hos utrimque phalanges
stant densae strictisque seges mucronibus horret
ferrea; tu currum deserto in gramine uersas.'

632–50 *MPR*; 651–64 *MPa*   635 perferre *R*   639 superat]
fuerat *M¹d*   641 nostrum ne *P*   647 aduersa *M¹bf*   648 inscia *codd., Macrob.* iii 3. 6, *Seru.*: nescia *recc. aliquot*   655 Italum
arces *cdh*   662 acies *Maev*: aciem *Pbcdfh*

obstipuit uaria confusus imagine rerum 665
Turnus et obtutu tacito stetit; aestuat ingens
uno in corde pudor mixtoque insania luctu
et furiis agitatus amor et conscia uirtus.
ut primum discussae umbrae et lux reddita menti,
ardentis oculorum orbis ad moenia torsit 670
turbidus eque rotis magnam respexit ad urbem.

Ecce autem flammis inter tabulata uolutus
ad caelum undabat uertex turrimque tenebat,
turrim compactis trabibus quam eduxerat ipse
subdideratque rotas pontisque instrauerat altos. 675
'iam iam fata, soror, superant, absiste morari;
quo deus et quo dura uocat Fortuna sequamur.
stat conferre manum Aeneae, stat, quidquid acerbi est,
morte pati, neque me indecorem, germana, uidebis
amplius. hunc, oro, sine me furere ante furorem.' 680
dixit, et e curru saltum dedit ocius aruis
perque hostis, per tela ruit maestamque sororem
deserit ac rapido cursu media agmina rumpit.
ac ueluti montis saxum de uertice praeceps
cum ruit auulsum uento, seu turbidus imber 685
proluit aut annis soluit sublapsa uetustas;
fertur in abruptum magno mons improbus actu
exsultatque solo, siluas armenta uirosque
inuoluens secum: disiecta per agmina Turnus
sic urbis ruit ad muros, ubi plurima fuso 690
sanguine terra madet striduntque hastilibus aurae,
significatque manu et magno simul incipit ore:
'parcite iam, Rutuli, et uos tela inhibete, Latini.
quaecumque est fortuna, mea est; me uerius unum
pro uobis foedus luere et decernere ferro.' 695
discessere omnes medii spatiumque dedere.

At pater Aeneas audito nomine Turni
deserit et muros et summas deserit arces

665–6 *MPa*; 667–86 *MPaV*; 687–98 *MPRV*   677 quo (2⁰):
qua *P*   698, 699 *inuerso ordine V*

praecipitatque moras omnis, opera omnia rumpit
laetitia exsultans horrendumque intonat armis:　　　　700
quantus Athos aut quantus Eryx aut ipse coruscis
cum fremit ilicibus quantus gaudetque niuali
uertice se attollens pater Appenninus ad auras.
iam uero et Rutuli certatim et Troes et omnes
conuertere oculos Itali, quique alta tenebant　　　　705
moenia quique imos pulsabant ariete muros,
armaque deposuere umeris. stupet ipse Latinus
ingentis, genitos diuersis partibus orbis,
inter se coiisse uiros et cernere ferro.
atque illi, ut uacuo patuerunt aequore campi,　　　　710
procursu rapido coniectis eminus hastis
inuadunt Martem clipeis atque aere sonoro.
dat gemitum tellus; tum crebros ensibus ictus
congeminant, fors et uirtus miscetur in unum.
ac uelut ingenti Sila summoue Taburno　　　　715
cum duo conuersis inimica in proelia tauri
frontibus incurrunt, pauidi cessere magistri,
stat pecus omne metu mutum, mussantque iuuencae
quis nemori imperitet, quem tota armenta sequantur;
illi inter sese multa ui uulnera miscent　　　　720
cornuaque obnixi infigunt et sanguine largo
colla armosque lauant, gemitu nemus omne remugit:
non aliter Tros Aeneas et Daunius heros
concurrunt clipeis, ingens fragor aethera complet.
Iuppiter ipse duas aequato examine lances　　　　725
sustinet et fata imponit diuersa duorum,
quem damnet labor et quo uergat pondere letum.

699–718 *MPRV*; 719–27 *MPR*　　　701 Athon *bc*, '*haec est uera
lectio*' *Seru.*　　　708 orbes *PV*　　　709 et *om. c*　　　cernere *P*[1], *Sen.
ep.* 58. 3, '*uera et antiqua lectio*' *iudice Seru.*: decernere *MP*[2]*RV*ω,
Seru. ad G. ii 256, *A.* ii 508: discernere *b*(*def. d*)　　　713 crebris *M*[1]
714 miscetur (*cf. A.* ii 317) *V*: miscentur *MPR*ω　　　715 Sila *MP*ω,
Asper 538. 17, *Seru. ad G.* iii 219: silua *Rf*, '*pessime quidam*' *ap.
Seru.*: *om. V*　　　719 nemori] pecori *h*　　　imperet et *Rcehv*
720 uulnera] proelia (*G.* iii 220) *γ*　　　727 et] aut *b*, *Non.* 277. 7,
Prisc. viii 27, *Agroec.* 120. 11

Emicat hic impune putans et corpore toto
alte sublatum consurgit Turnus, in ensem
et ferit; exclamant Troes trepidique Latini,   730
arrectaeque amborum acies. at perfidus ensis
frangitur in medioque ardentem deserit ictu,
ni fuga subsidio subeat. fugit ocior Euro
ut capulum ignotum dextramque aspexit inermem.
fama est praecipitem, cum prima in proelia iunctos   735
conscendebat equos, patrio mucrone relicto,
dum trepidat, ferrum aurigae rapuisse Metisci;
idque diu, dum terga dabant palantia Teucri,
suffecit; postquam arma dei ad Volcania uentum est,
mortalis mucro glacies ceu futtilis ictu   740
dissiluit, fulua resplendent fragmina harena.
ergo amens diuersa fuga petit aequora Turnus
et nunc huc, inde huc incertos implicat orbis;
undique enim densa Teucri inclusere corona
atque hinc uasta palus, hinc ardua moenia cingunt.   745
  Nec minus Aeneas, quamquam tardata sagitta
interdum genua impediunt cursumque recusant,
insequitur trepidique pedem pede feruidus urget:
inclusum ueluti si quando flumine nactus
ceruum aut puniceae saeptum formidine pennae   750
uenator cursu canis et latratibus instat;
ille autem insidiis et ripa territus alta
mille fugit refugitque uias, at uiuidus Vmber
haeret hians, iam iamque tenet similisque tenenti
increpuit malis morsuque elusus inani est;   755
tum uero exoritur clamor ripaeque lacusque
responsant circa et caelum tonat omne tumultu.
ille simul fugiens Rutulos simul increpat omnis
nomine quemque uocans notumque efflagitat ensem.

728–58 *MPR*; 759 *MPa*   732 ictum *R*   735 prima *M*ω:
primum *PR*   in] ad *P*   739 sufficit *P¹Rfh*   est *om. M*
741 resplendet (*ita ev*) fragmen *M²R*   744 Teucri densa *M*
746 tardante *M²*   749 quando in *chv*   753 ac *M¹b*: ad *R*
754 tenet] tenens *Rcev*

Aeneas mortem contra praesensque minatur 760
exitium, si quisquam adeat, terretque trementis
excisurum urbem minitans et saucius instat.
quinque orbis explent cursu totidemque retexunt
huc illuc; neque enim leuia aut ludicra petuntur
praemia, sed Turni de uita et sanguine certant. 765
    Forte sacer Fauno foliis oleaster amaris
hic steterat, nautis olim uenerabile lignum,
seruati ex undis ubi figere dona solebant
Laurenti diuo et uotas suspendere uestis;
sed stirpem Teucri nullo discrimine sacrum 770
sustulerant, puro ut possent concurrere campo.
hic hasta Aeneae stabat, huc impetus illam
detulerat fixam et lenta radice tenebat.
incubuit uoluitque manu conuellere ferrum
Dardanides, teloque sequi quem prendere cursu 775
non poterat. tum uero amens formidine Turnus
'Faune, precor, miserere' inquit 'tuque optima ferrum
Terra tene, colui uestros si semper honores,
quos contra Aeneadae bello fecere profanos.'
dixit, opemque dei non cassa in uota uocauit. 780
namque diu luctans lentoque in stirpe moratus
uiribus haud ullis ualuit discludere morsus
roboris Aeneas. dum nititur acer et instat,
rursus in aurigae faciem mutata Metisci
procurrit fratrique ensem dea Daunia reddit. 785
quod Venus audaci nymphae indignata licere
accessit telumque alta ab radice reuellit.
olli sublimes armis animisque refecti,
hic gladio fidens, hic acer et arduus hasta,
adsistunt contra certamina Martis anheli. 790
    Iunonem interea rex omnipotentis Olympi

760–91 *MPa*   764 nec *aev*   773 et *del. M²*, om. *abfh, Tib.*
ab radice (*u.* 787) *M²P*   782 discludere *M²Pbfh* (discurrere *M¹*):
conuellere (*u.* 774) *acv*   784 mutata *M¹aω*: conuersa (*u.* 623)
M²P   788 animumque *P¹*   790 certamine *b, 'alii' ap. Seru.*

417

adloquitur fulua pugnas de nube tuentem:
'quae iam finis erit, coniunx? quid denique restat?
indigetem Aeneaⁱ scis ipsa et scire fateris
deberi caelo fatisque ad sidera tolli.   795
quid struis? aut qua spe gelidis in nubibus haeres?
mortalin decuit uiolari uulnere diuum?
aut ensem (quid enim sine te Iuturna ualeret?)
ereptum reddi Turno et uim crescere uictis?
desine iam tandem precibusque inflectere nostris,   800
ne te tantus edit tacitam dolor et mihi curae
saepe tuo dulci tristes ex ore recursent.
uentum ad supremum est. terris agitare uel undis
Troianos potuisti, infandum accendere bellum,
deformare domum et luctu miscere hymenaeos: 805
ulterius temptare ueto.' sic Iuppiter orsus;
sic dea summisso contra Saturnia uultu:
'ista quidem quia nota mihi tua, magne, uoluntas,
Iuppiter, et Turnum et terras inuita reliqui;
nec tu me aëria solam nunc sede uideres   810
digna indigna pati, sed flammis cincta sub ipsa
starem acie traheremque inimica in proelia Teucros.
Iuturnam misero (fateor) succurrere fratri
suasi et pro uita maiora audere probaui,
non ut tela tamen, non ut contenderet arcum;   815
adiuro Stygii caput implacabile fontis,
una superstitio superis quae reddita diuis.
et nunc cedo equidem pugnasque exosa relinquo.
illud te, nulla fati quod lege tenetur,
pro Latio obtestor, pro maiestate tuorum: 820
cum iam conubiis pacem felicibus (esto)
component, cum iam leges et foedera iungent,
ne uetus indigenas nomen mutare Latinos
neu Troas fieri iubeas Teucrosque uocari

792–824 *MPa*   801 ne *MP²ab, Diom.* 362. 24: ni *P¹*: nec
cfhv, Seru.   edit *P¹a, Diom.*: edat *MP²ω*   802 recusent *M¹c*
808 magna *cf*   809 relinquo (*u.* 818) *P²*   811–12 ipsam . . .
aciem *M*   819 fati nulla *av*   824 Teucrosue *Pf(def. b)*

aut uocem mutare uiros aut uertere uestem.   825
sit Latium, sint Albani per saecula reges,
sit Romana potens Itala uirtute propago:
occidit, occideritque sinas cum nomine Troia.'
olli subridens hominum rerumque repertor:
'es germana Iouis Saturnique altera proles,   830
irarum tantos uoluis sub pectore fluctus.
uerum age et inceptum frustra summitte furorem:
do quod uis, et me uictusque uolensque remitto.
sermonem Ausonii patrium moresque tenebunt,
utque est nomen erit; commixti corpore tantum   835
subsident Teucri. morem ritusque sacrorum
adiciam faciamque omnis uno ore Latinos.
hinc genus Ausonio mixtum quod sanguine surget,
supra homines, supra ire deos pietate uidebis,
nec gens ulla tuos aeque celebrabit honores.'   840
adnuit his Iuno et mentem laetata retorsit;
interea excedit caelo nubemque relinquit.

  His actis aliud genitor secum ipse uolutat
Iuturnamque parat fratris dimittere ab armis.
dicuntur geminae pestes cognomine Dirae,   845
quas et Tartaream Nox intempesta Megaeram
uno eodemque tulit partu, paribusque reuinxit
serpentum spiris uentosasque addidit alas.
hae Iouis ad solium saeuique in limine regis
apparent acuuntque metum mortalibus aegris,   850
si quando letum horrificum morbosque deum rex
molitur, meritas aut bello territat urbes.
harum unam celerem demisit ab aethere summo
Iuppiter inque omen Iuturnae occurrere iussit:
illa uolat celerique ad terram turbine fertur.   855
non secus ac neruo per nubem impulsa sagitta,
armatam saeui Parthus quam felle ueneni,
Parthus siue Cydon, telum immedicabile, torsit,

825 *MPa*; 826–30 *MF*; 831–58 *MPR*   825 uestem *M*: uestes *Pω(def. b)*   835 corpore *MPbfh*: sanguine *Racv*   tanto *R*

stridens et celeris incognita transilit umbras:
talis se sata Nocte tulit terrasque petiuit.   860
postquam acies uidet Iliacas atque agmina Turni,
alitis in paruae subitam collecta figuram,
quae quondam in bustis aut culminibus desertis
nocte sedens serum canit importuna per umbras—
hanc uersa in faciem Turni se pestis ob ora   865
fertque refertque sonans clipeumque euerberat alis.
illi membra nouus soluit formidine torpor,
arrectaeque horrore comae et uox faucibus haesit.

At procul ut Dirae stridorem agnouit et alas,
infelix crinis scindit Iuturna solutos   870
unguibus ora soror foedans et pectora pugnis:
'quid nunc te tua, Turne, potest germana iuuare?
aut quid iam durae superat mihi? qua tibi lucem
arte morer? talin possum me opponere monstro?
iam iam linquo acies. ne me terrete timentem,   875
obscenae uolucres: alarum uerbera nosco
letalemque sonum, nec fallunt iussa superba
magnanimi Iouis. haec pro uirginitate reponit?
quo uitam dedit aeternam? cur mortis adempta est
condicio? possem tantos finire dolores   880
nunc certe, et misero fratri comes ire per umbras!
immortalis ego? aut quicquam mihi dulce meorum
te sine, frater, erit? o quae satis ima dehiscat
terra mihi, Manisque deam demittat ad imos?'
tantum effata caput glauco contexit amictu   885
multa gemens et se fluuio dea condidit alto.

Aeneas instat contra telumque coruscat
ingens arboreum, et saeuo sic pectore fatur:

859–88 MPR   859 umbras] auras 'male quidam' ap. Seru.
862 subito Pb, DSeru. ad A. iii 246   collecta Rω, Seru.: coniecta
Pb?, Tib.: conuersa M   865 ob Rb, Arus. 496. 21, Seru. ad
A. i 233: in ob M¹, in M²: ad Pω   870 scindit crinis Rcv
873 superest bf   874 possim R   880 possim M   882 iam
mortalis cfhv   aut] haud chv   883 quae] quam P   ima] iam
P¹: alta cfh (cf. A. iv 24, x 675)   dehiscet P¹   884 demittit
P¹: dimittat cf, Tib.

'quae nunc deinde mora est? aut quid iam, Turne, retractas?
non cursu, saeuis certandum est comminus armis.   890
uerte omnis tete in facies et contrahe quidquid
siue animis siue arte uales; opta ardua pennis
astra sequi clausumque caua te condere terra.'
ille caput quassans: 'non me tua feruida terrent
dicta, ferox; di me terrent et Iuppiter hostis.'   895
nec plura effatus saxum circumspicit ingens,
saxum antiquum ingens, campo quod forte iacebat,
limes agro positus litem ut discerneret aruis.
uix illum lecti bis sex ceruice subirent,
qualia nunc hominum producit corpora tellus;   900
ille manu raptum trepida torquebat in hostem
altior insurgens et cursu concitus heros.
sed neque currentem se nec cognoscit euntem
tollentemue manu saxumue immane mouentem;
genua labant, gelidus concreuit frigore sanguis.   905
tum lapis ipse uiri uacuum per inane uolutus
nec spatium euasit totum neque pertulit ictum.
ac uelut in somnis, oculos ubi languida pressit
nocte quies, nequiquam auidos extendere cursus
uelle uidemur et in mediis conatibus aegri   910
succidimus; non lingua ualet, non corpore notae
sufficiunt uires nec uox aut uerba sequuntur:
sic Turno, quacumque uiam uirtute petiuit,
successum dea dira negat. tum pectore sensus
uertuntur uarii; Rutulos aspectat et urbem   915
cunctaturque metu letumque instare tremescit,
nec quo se eripiat, nec qua ui tendat in hostem,
nec currus usquam uidet aurigamue sororem.

889–918 *MPR*   893 clausumue *P*   897 quod] que *M*[1]:
qui *recc. aliquot, fortasse ex Seruio*   899 illum *Mbc* (*cf. Aug.
c.d.* xv 9), *Tib.*: illud *PRfhv*   904 tollentemque (*G.* iii 421)
Mchvy, Isid. i 36. 15   manu *Pbcf*: manus *MRhv*   saxumque *cy, Isid.*
907 neque] nec *Rbfvy*   913 quamcumque *P*[1]   916 letumque
P, Rufin. 58. 6: telumque (*cf. u.* 919) *MRcfhv*(*def. b*), *Auson. cento*
92: teloque *Tib.*   918 aurigamue *MPch*: -que *Rbfvy*

Cunctanti telum Aeneas fatale coruscat,
sortitus fortunam oculis, et corpore toto   920
eminus intorquet. murali concita numquam
tormento sic saxa fremunt nec fulmine tanti
dissultant crepitus. uolat atri turbinis instar
exitium dirum hasta ferens orasque recludit
loricae et clipei extremos septemplicis orbis;   925
per medium stridens transit femur. incidit ictus
ingens ad terram duplicato poplite Turnus.
consurgunt gemitu Rutuli totusque remugit
mons circum et uocem late nemora alta remittunt.
ille humilis supplex oculos dextramque precantem   930
protendens 'equidem merui nec deprecor' inquit;
'utere sorte tua. miseri te si qua parentis
tangere cura potest, oro (fuit et tibi talis
Anchises genitor) Dauni miserere senectae
et me, seu corpus spoliatum lumine mauis,   935
redde meis. uicisti et uictum tendere palmas
Ausonii uidere; tua est Lauinia coniunx,
ulterius ne tende odiis.' stetit acer in armis
Aeneas uoluens oculos dextramque repressit;
et iam iamque magis cunctantem flectere sermo   940
coeperat, infelix umero cum apparuit alto
balteus et notis fulserunt cingula bullis
Pallantis pueri, uictum quem uulnere Turnus
strauerat atque umeris inimicum insigne gerebat.
ille, oculis postquam saeui monimenta doloris   945
exuuiasque hausit, furiis accensus et ira
terribilis: 'tune hinc spoliis indute meorum
eripiare mihi? Pallas te hoc uulnere, Pallas
immolat et poenam scelerato ex sanguine sumit.'
hoc dicens ferrum aduerso sub pectore condit   950
feruidus; ast illi soluuntur frigore membra
uitaque cum gemitu fugit indignata sub umbras.

919–38 *MPR*; 939–52 *MP*   922 tanto *P*   929 late
uocem *R*   930 supplex *PRh*: supplexque *Mcfvy(def. b)*

INDEX NOMINVM

Adlegantur hoc ordine Aeneis, Eclogae, Georgica

Abaris *Rutulus* ix 344.

Abas *Graecus* iii 286; *Troianus* i 121; *Etruscus* x 170, 427.

Abella *in Campania* vii 740.

Abydus *ad Hellespontum G.* i 207.

Acamas *Thesei filius* ii 262.

Acarnan v 298.

Acca *Camillae comes* xi 820, 823, 897.

Acerrae *in Campania G.* ii 225.

Acesta *in Sicilia* v 718.

Acestes *rex Siculus* i 195, 550, 558, 570; v 30, 36, 61, 63, 73, 106, 301, 387, 418, 451, 498, 519, 531, 540, 573, 630, 711, 746, 749, 757, 771; ix 218, 286.

Achaemenides *Ithacensis* iii 614, 691.

Achaicus ii 462; v 623.

Achates *Aeneae comes* i 120, 174, 188, 312, 459, 513, 579, 581, 644, 656, 696; iii 523; vi 34, 158; viii 466, 521, 586; x 332, 344; xii 384, 459.

Acheloius *a flumine Aetolo G.* i 9.

Acheron *flumen in infernis* v 99; vi 107, 295; vii 91, 312, 569; xi 23; *G.* ii 492.

Achilles i 30, 458, 468, 475, 484, 752; ii 29, 197, 275, 476, 540; iii 87; v 804; vi 89, 168, 839; ix 742; x 581; xi 404, 438; xii 352, 545; *E.* iv 36; *G.* iii 91. Achilleus iii 326. *Cf.* Aeacides, Pelides.

Achiui i 242, 488; ii 45, 60, 102, 318; v 497; vi 837; x 89; xi 266.

Acidalia mater *Venus* i 720.

Acmon *Lyrnesius* x 128.

Acoetes *Arcas* xi 30, 85.

Aconteus *Latinus* xi 612, 615.

Acragas *in Sicilia* iii 703.

Acrisius *Danaës pater* vii 372. Acrisioneus vii 410.

Acron *Graecus* x 719, 730.

Actaeus *E.* ii 24.

Actias *Attica G.* iv 463.

Actius *ab Actio in Epiro* iii 280; viii 675, 704.

Actor *Troianus* ix 500; *Auruncus* xii 94, 96.

Adamastus *Ithacensis* iii 614.

Adonis *E.* x 18.

Adrastus *rex Argiuus* vi 480.

Aeacides *Achilles* i 99; vi 58; *Perseus* vi 839; *Pyrrhus* iii 296.

Aeaea *Circe* iii 386.

Aegaeon *gigas* x 565.

Aegaeum *mare* xii 366; -us Neptunus iii 74.

Aegle *nympha E.* vi 20, 21.

Aegon *pastor E.* iii 2, v 72.

Aegyptus viii 687, 705; *G.* iv 210, 291. Aegyptia coniunx *Cleopatra* viii 688.

Aeneadae i 157, 565; v 108; vii 284, 334, 616; viii 341, 648; ix 180, 235, 468, 735; x 120; xi 503; xii 12, 186, 779. *Aeni uel Aeneiae incolae* iii 18.